中国艺术研究院
基本科研业务费
后期出版资助项目
（立项号：2024-3-8）

欧亚文化交流背景下
中国早期铜镜

李彦平·著

文化艺术出版社
Culture and Art Publishing House

图书在版编目（CIP）数据

欧亚文化交流背景下中国早期铜镜 / 李彦平著.
北京：文化艺术出版社，2025. 7. -- ISBN 978-7-5039-
7752-7

Ⅰ. K875.24

中国国家版本馆CIP数据核字第2024XL9241号

欧亚文化交流背景下中国早期铜镜

著　　者	李彦平
责任编辑	刘　颖
责任校对	董　斌
书籍设计	顾　紫
出版发行	文化藝術出版社
地　　址	北京市东城区东四八条52号（100700）
网　　址	www.caaph.com
电子邮箱	s@caaph.com
电　　话	（010）84057666（总编室）　84057667（办公室） 　　　　　84057696—84057699（发行部）
传　　真	（010）84057660（总编室）　84057670（办公室） 　　　　　84057690（发行部）
经　　销	新华书店
印　　刷	国英印务有限公司
版　　次	2025年7月第1版
印　　次	2025年7月第1次印刷
开　　本	710毫米×1000毫米　1/16
印　　张	20.5
字　　数	330千字
书　　号	ISBN 978-7-5039-7752-7
定　　价	88.00元

版权所有，侵权必究。如有印装错误，随时调换。

图一·古埃及镜、持镜石雕及化妆盒

1-3. 手柄镜 4. 持镜石雕 5. 化妆盒

图二·黑曜石镜及映照效果

1. 恰塔霍裕克遗址出土部分器物　2-4. 黑曜石镜及映照效果

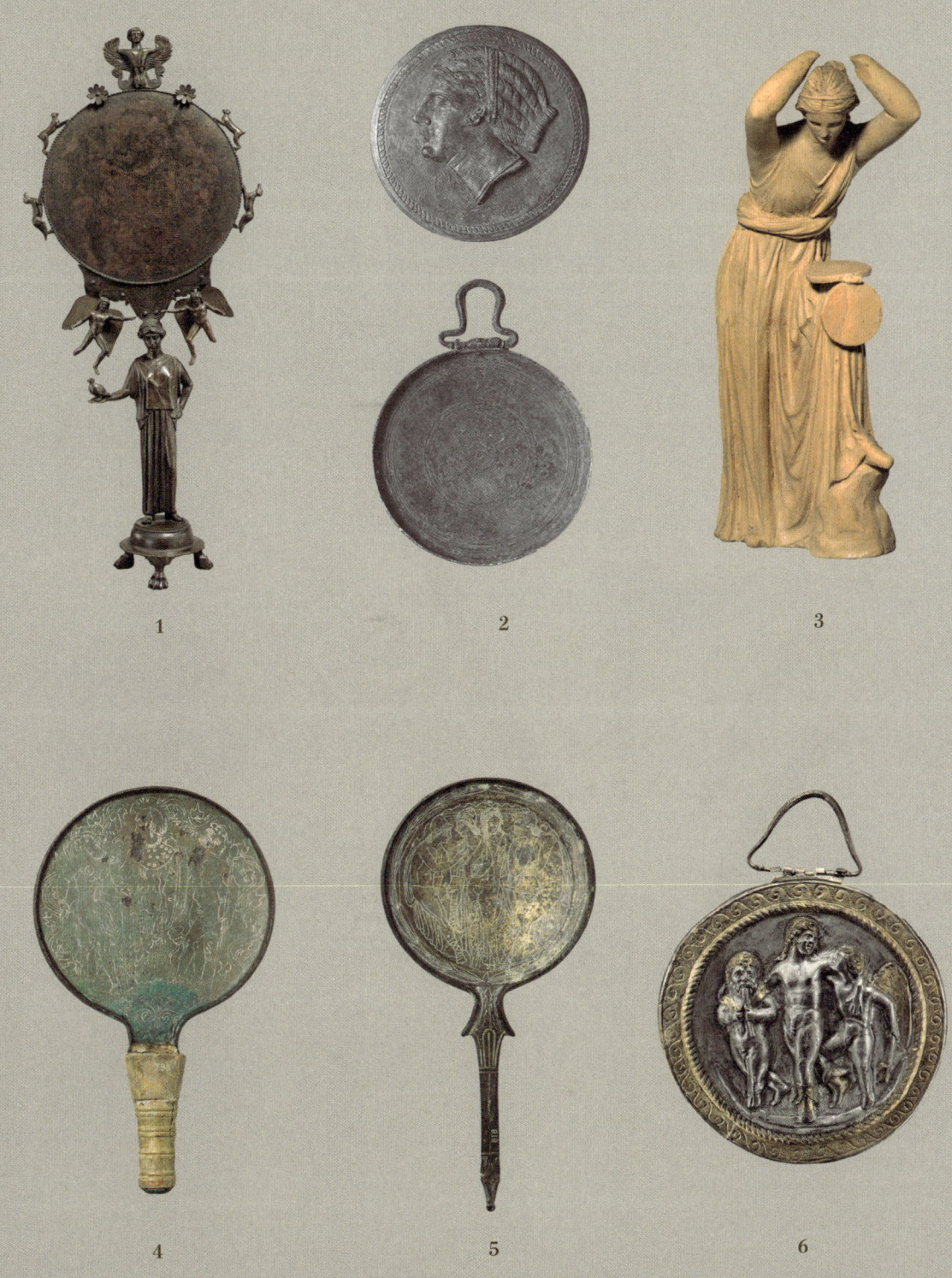

图三·古希腊镜、梳妆雕像及伊特鲁里亚镜

1-3. 古希腊立式镜、盒式镜及梳妆雕像　4-6. 伊特鲁里亚手柄镜及盒式镜

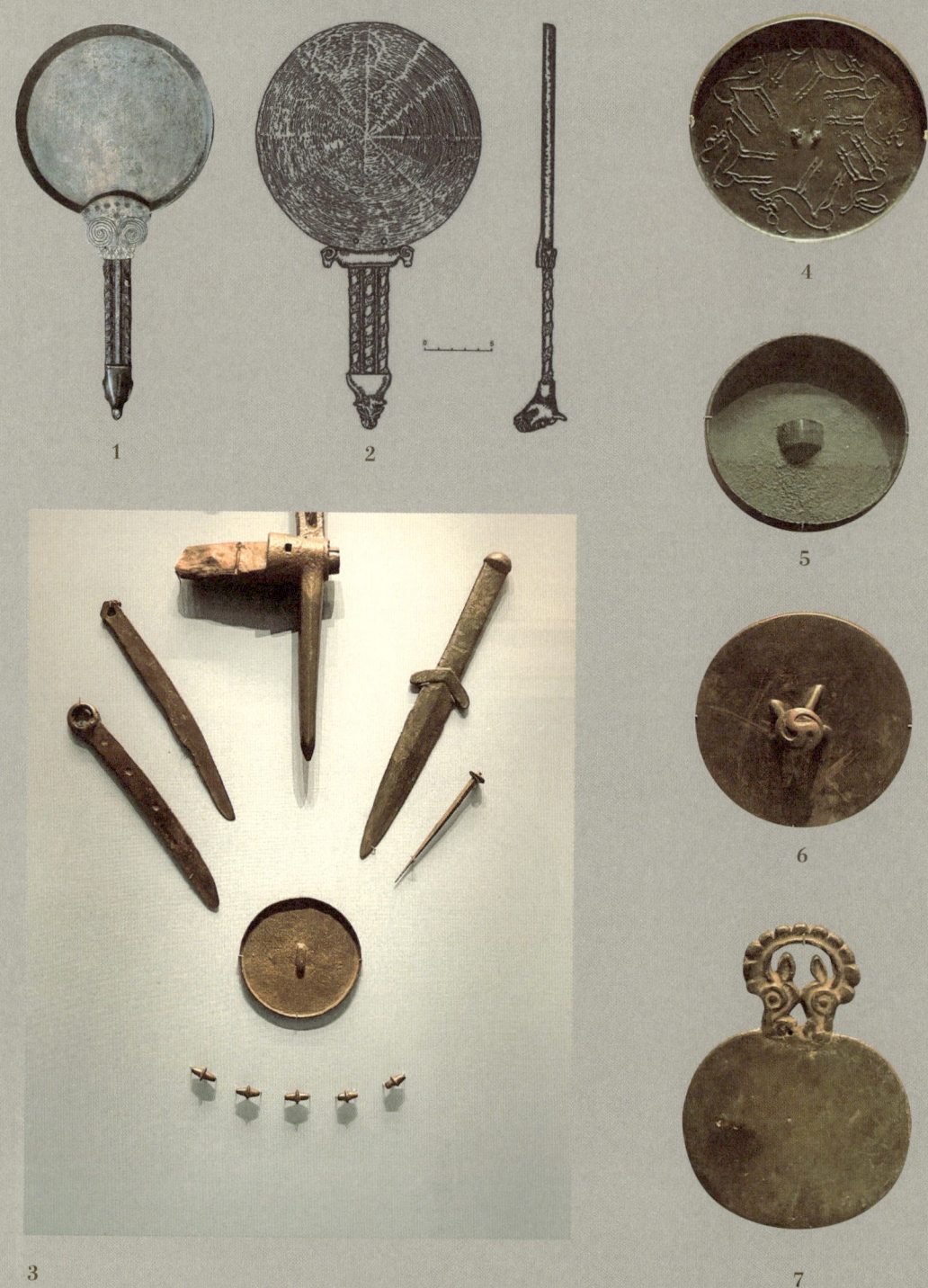

图四 · 斯基泰文化奥利维亚镜及阿尔泰地区出土铜镜

1、2. 斯基泰文化奥利维亚镜　3-7. 阿尔泰地区出土铜镜及相关器物

图五·天山北路墓地出土铜镜及装饰品
1-5. 铜镜　6、7. 项链　8. 耳环　9. 手镯　10. 眉笔　11. 铃铛　12、15. 铜泡　13、14. 铜牌

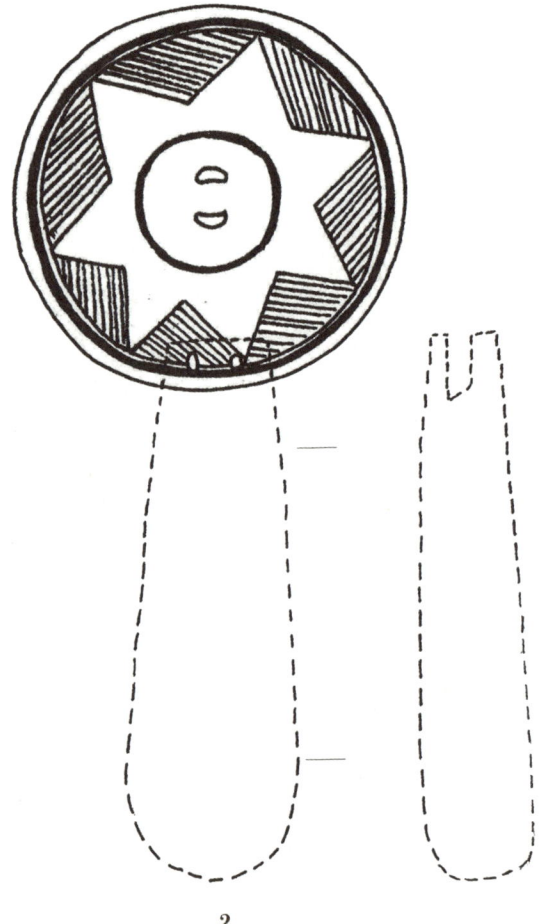

图六·尕马台出土铜镜及模拟复原

1. 铜镜　2. 铜镜手柄模拟复原

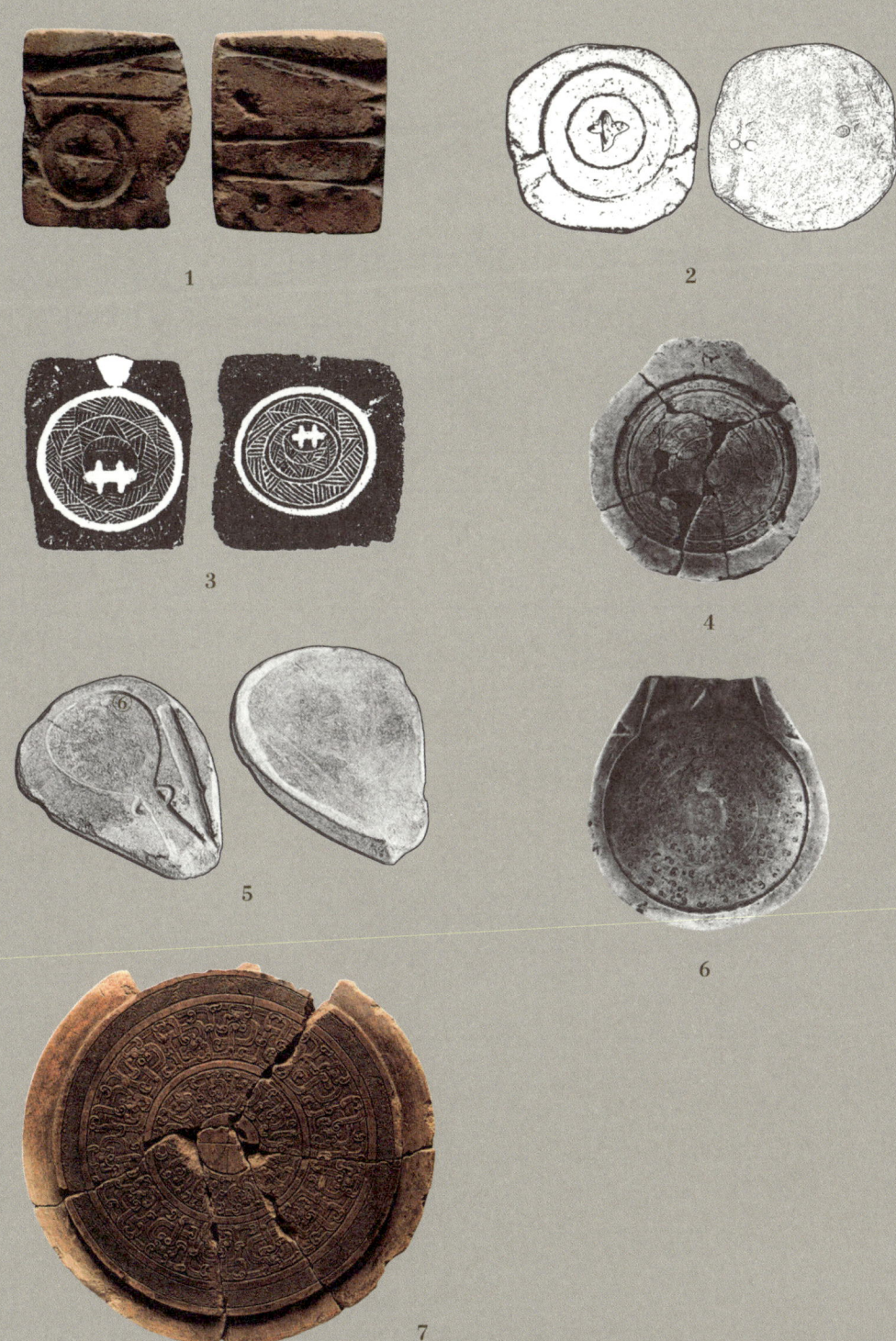

图七·镜范与镜模

1—6. 镜范　7. 镜模

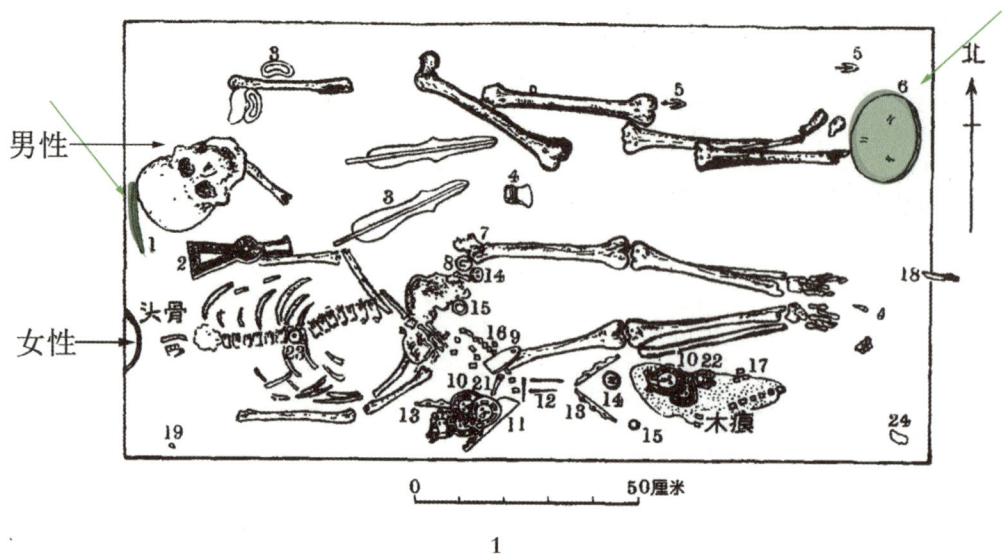

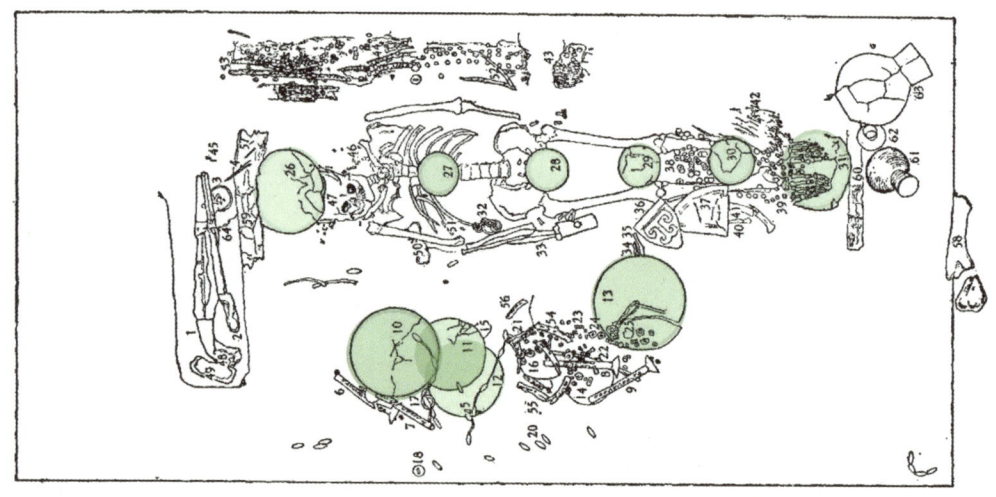

图八 十二台营子1号墓及郑家洼子 M6512 镜形饰出土位置

1. 十二台营子1号墓 2. 郑家洼子 M6512

序

　　李彦平是我的硕士、博士研究生，她学习勤奋、踏实、努力，不仅完成了长达七年的学习，还取得了两次国家奖学金以及多次校级奖学金，一分耕耘一分收获，她凭借自己不懈的努力在学术研究方面不断取得进步。

　　本书是她在博士学位论文《欧亚文化交流背景下中国早期铜镜研究》基础上进行修改的最终成果。长期以来，中国早期铜镜研究多聚焦于本土材料的发掘与类型学分析，虽在分期断代方面成果丰硕，却鲜少将其置于更广阔的文明互动视野中审视。彦平的这部著作，正是在这样的学术背景下应运而生。本书以她扎实的博士学位论文为基础，却又不囿于传统研究的藩篱，以宏阔的欧亚文化交流为视角，将中国早期铜镜置于世界文明互动中重新解读，为这一领域的研究注入了新的活力。

　　李彦平的研究首先以考古资料为基础，她做了一项开创性的工作——系统梳理了古埃及、近东、古希腊、伊特鲁里亚乃至广袤欧亚草原地带的铜镜文化发展脉络。这种全景式的展现，不仅填补了国内学界对域外铜镜传统认知的空白，更为理解中国早期铜镜的出现与发展提供了珍贵的"全球性坐标"。在此基础上，她回归中国本土材料，对迄今所见早期铜镜出土资料进行了全面统计与整理，尤其注重还原铜镜的原始出土状态，从而避免了脱离语境的孤立分析。

　　她的类型学研究亦独具匠心。分类标准不仅关注纹饰特征，还敏锐捕捉到镜体形状、钮式、边缘等形态变化的细节。依托扎实的类型学成果和共存关系证据，她对中国早期铜镜进行了细致的分期与分区研究，揭示了不同地域铜镜在类型、数量与风格上的微妙差异，从而为早期铜镜在中国的传播与流布勾勒出清晰的时空框架。在全球视野的铺垫与中国材料的解构基础上，李彦平向中国早期铜镜研究的核心议题发起了深入探究。关于起源问题，她并未简单归因于"外来说"或"本土说"，而是提出了一种更具动态性的解释：中国早期铜镜确实受到欧亚草原东部地区金属镜制造技术及使用传统的影响，但这种影响并非单向的模仿，而是基于中国本土的青铜铸造传统、审美观念与社会需求，进行了创造性的转化与发展。最终形成的圆形单钮镜正是这种文化融合的鲜明体现。

关于流布路线，她跳脱出单一的"草原通道"叙事，转而勾勒出多元路径网络——北方草原、西北丝绸之路前身，乃至可能的南方交流路线，均在铜镜文化的传播中扮演了不同角色。这种多维度的分析，不仅丰富了我们对早期东西文化交流的理解，也凸显了欧亚大陆作为动态互动场域的本质。

该研究并未止步于器物本身。她尝试透过铜镜这一物质载体，窥见使用者所属的国族身份，甚至触摸他们的生活与信仰。早期铜镜并非单纯的日用器物，而是兼具礼仪、宗教、身份象征等多重功能的物质符号。她的解读贴合了早期社会的复杂性，让人从冰冷的青铜背后，窥见古代工匠的巧思、使用者的情感，以及文明交流长河中那些激动人心的相遇与回响。

该书对铜镜倾注了巨大的热情与严谨的考辨。作为导师，我欣喜地见证她在学术道路上的成长——从扎实的文献梳理到独到的理论建构，从细致的类型学分析到宏观的文明互鉴视角，她的研究能力与学术潜力在本书中得到了充分展现。

这部沉甸甸的著作，如同它所研究的铜镜一般，既映照出古代文明的辉煌，也折射出作者在学术研究道路上的坚定信心。它的出版，不仅凝聚了李彦平多年的心血与求索，更将推动中国早期铜镜研究走向更广阔的天地。我相信，未来会有更多学者受其启发，继续探索欧亚文明交流与互鉴，而这部作品，必将成为这一领域不可或缺的重要著作。

袁广阔
2025 年 7 月于北京

目 录

绪　论 / 1

第一章　世界文明视角的早期铜镜 / 24

　　第一节　古埃及铜镜 / 24

　　第二节　近东地区铜镜 / 42

　　第三节　古希腊铜镜 / 49

　　第四节　伊特鲁里亚铜镜 / 57

　　第五节　欧亚草原铜镜 / 62

第二章　中国早期铜镜出土状态及基本资料 / 83

　　第一节　西北地区 / 83

　　第二节　华北地区 / 101

　　第三节　东北地区 / 105

　　第四节　西南地区 / 109

　　第五节　华中地区 / 110

第三章　中国早期铜镜的类型划分及年代分析 / 117

第一节　单钮镜 / 117

第二节　多钮镜 / 146

第三节　手柄镜 / 151

第四节　钮柄镜 / 156

第五节　圆饼镜 / 162

第四章　欧亚文化交流背景下中国早期铜镜 / 165

第一节　早期铜镜的分期 / 165

第二节　早期铜镜的分区及区域内外的交流互动 / 179

第三节　欧亚文化与中国早期铜镜 / 195

第五章　相关问题的讨论 / 208

第一节　中国早期铜镜的起源及流布路线推测 / 208

第二节　早期铜镜使用者所属的国族 / 241

第三节　早期铜镜的功能探讨 / 248

第四节　结语 / 261

主要参考文献 / 263

附录1：单钮镜资料统计表 / 272

附录2：多钮镜资料统计表 / 294

附录3：手柄镜资料统计表 / 297

附录4：钮柄镜资料统计表 / 299

附录5：圆饼镜资料统计表 / 302

后　记 / 304

插图目录

绪 论

图 0-1　单钮镜 / 5

图 0-2　多钮镜 / 6

图 0-3　手柄镜 / 6

图 0-4　钮柄镜 / 6

图 0-5　圆饼镜 / 6

第一章

图 1-1-1　努比亚地区 137 号墓地 10 号墓出土器物 / 27

图 1-1-2　古埃及镜形制特征 / 29

图 1-1-3　萨卡拉出土石棺及墓室壁画局部 / 30

图 1-1-4　中王国时期的镜及镜盒 / 32

图 1-1-5　新王国时期镜 / 35

图 1-1-6　镜与祭祀 / 37

图 1-1-7　底比斯出土镜与化妆用品 / 38

图 1-1-8　石棺与纸莎草纸图像中的镜 / 39

图 1-1-9　木雕祭祀队伍与彩绘石雕 / 41

图 1-2-1　黑曜石镜及映照效果 / 43

图 1-2-2　金属镜与水镜 / 44

图 1-2-3　石雕上持镜和纺锤的女性 / 45

图 1-2-4　持镜的王后与国王 / 46

图 1-2-5　镜面与手柄 / 47

图 1-2-6　双首动物装饰镜 / 48

图 1-3-1　象牙手柄与铜镜 / 51

图 1-3-2　雅典勒诺曼特街墓葬 B 平面图及出土器物 / 52

图 1-3-3　希腊手柄镜 / 53

图 1-3-4　陶瓶上的镜 / 53

图 1-3-5　立式镜柄及立式铜镜 / 54

图 1-3-6　盒式镜 / 56

图 1-3-7　梳妆女性雕像 / 56

图 1-4-1　伊特鲁里亚镜 / 58

图 1-4-2　手柄镜与盒式镜装饰图案 / 59

图 1-5-1　初始期的欧亚草原铜镜 / 64

图 1-5-2　安德罗诺沃文化和萨帕利文化青铜器 / 67

图 1-5-3　第聂伯河流域出土铜镜 / 71

图 1-5-4　库班河、第聂伯河流域出土铜镜 / 72

图 1-5-5　北高加索出土铜镜 / 73

图 1-5-6　塔加尔文化铜镜 / 76

图 1-5-7　图瓦和阿尔泰地区出土铜镜 / 79

第二章

图 2-5-1　阳燧及取火投影示意图 / 115

第三章

图 3-1-1　单钮镜镜缘及镜钮 / 119

图 3-1-2　素面单钮镜型式划分 / 121

图 3-1-3　几何纹单钮镜型式划分 / 123

图 3-1-4　动物纹单钮镜型式划分 / 125

图 3-1-5　天山北路墓地陶器和青铜器分期 / 128

图 3-1-6　贵南尕马台 M25 平、剖面图及部分出土器物 / 130

图 3-1-7　莫呼查汗ⅠM151 平、剖面图及出土器物 / 133

图 3-1-8　中宁倪丁村 M1、M2 部分出土器物 / 138

图 3-1-9　宁城南山根 M101、M102 部分出土器物 / 142

图 3-2-1　多钮镜型式划分 / 147

图 3-2-2　朝阳十二台营子与郑家洼子出土青铜短剑及剑镖 / 149

图 3-3-1　手柄镜型式划分 / 153

图 3-4-1　钮柄镜型式划分 / 157

图 3-4-2　平山三汲灵寿故城 M8004 部分出土器物 / 159

图 3-4-3　炉霍呷拉宗 M2 出土器物 / 161

图 3-5-1　圆饼镜 / 162

第四章

图 4-1-1　第一期铜镜及共存器物 / 167

图 4-1-2　第二期铜镜及共存器物 / 170

图 4-1-3　第三期铜镜及共存器物 / 174

图 4-1-4　第四期铜镜及共存器物 / 176

图 4-2-1　西城驿遗址出土部分冶金遗物 / 181

图 4-2-2　殷墟出土北方文化因素器物 / 186

图 4-2-3　夏家店上层文化单钮镜与镜形饰 / 189

图 4-2-4　虢国墓地铜镜与夏家店上层文化器物 / 191

图 4-2-5　铜镜及陶范纹饰 / 193

图 4-3-1　安德罗诺沃文化遗存青铜器 / 201

图 4-3-2　叶尼塞河上游出土卡拉苏克文化器物 / 203

图 4-3-3　米努辛斯克盆地塔加尔文化墓葬地表复原及出土器物 / 205

图 4-3-4　动物装饰钮柄镜 / 206

第五章

图 5-1-1　吉仁台沟口出土遗物 / 211

图 5-1-2　单钮镜流布路线推测 / 213

图 5-1-3　阿尔泰、米努辛斯克盆地出土的中国器物 / 216

图 5-1-4　多钮镜及石镜范 / 218

图 5-1-5　俄罗斯滨海地区出土铜剑、铜矛及多钮镜 / 219

图 5-1-6　日本福冈县吉武高木 3 号木棺墓出土器物 / 220

图 5-1-7　韩国全罗南道咸平郡草浦里石棺墓平面图及出土器物 / 220

图 5-1-8　手柄镜 / 223

图 5-1-9　手柄镜石范 / 225

图 5-1-10　阿尔泰与新疆墓葬举例 / 228

图 5-1-11　西藏、南乌拉尔出土手柄镜 / 229

图 5-1-12　手柄镜流布路线推测 / 232

图 5-1-13　钮柄镜 / 235

图 5-1-14　四川、云南出土青铜器 / 237

图 5-1-15　钮柄镜流布路线推测 / 238

图 5-3-1　铜镜出土位置图 / 251

图 5-3-2　天山北路 M400 铜镜出土位置 / 256

图 5-3-3　十二台营子 1 号墓 / 257

图 5-3-4　郑家洼子 M6512 / 258

绪　论

在广袤的欧亚大陆上存在着农耕文明与游牧文明，两种文明以北纬40°左右为分界线，从这条线以南的黄河文明、两河文明、希腊文明等农耕文明到这条线以北的匈奴文明、萨尔马泰文明、斯基泰文明等早期游牧文明，两种文明交错分布，此起彼伏，构成了人类文明的主体。[①] 无论是农耕文明还是游牧文明，铜镜作为古代社会众多日常用品中最微小的、最不起眼的工具之一，既是梳妆打扮、映人照物的主要工具，又承担着宗教法器、财富象征等社会功能，在人类生活中长期存在。随着两种文明的交往与融合、战争与冲突，铜镜与小麦的食用、马匹的驯化和使用、黄金等奢侈品的传播、知识的交流、文明的递进一样，以自身的变化在欧亚大陆构成了一条独特的"铜镜之路"，折射出欧亚大陆技术传播、文化互动与族群迁徙的历史图景。

一、研究对象及范围

（一）研究范畴界定

以止水或以物体光洁表面为"镜"是人类有意识认识自己外表的第一阶段。古埃及纸莎草上有"她在水中看到了她的脸"的描写，《庄子·内篇·德充符》载"人莫鉴于流水，而鉴于止水"。目前公认的世界上最早的人工制作的镜子出现在安纳托利亚高原新石器时代的遗址中，这些由黑曜石制作的圆片形或半球形的镜子表面光洁而明亮，虽然为黑色但具有玻璃镜子的映照效果，时间可以追溯到公元前7000至前6500年。随着青铜时代的到来，人类对金属的认识和冶金技术

---

① 参见杨建华、邵会秋、潘玲《欧亚草原东部的金属之路：丝绸之路与匈奴联盟的孕育过程》"前言"，上海古籍出版社2016年版，第1页。

的掌握迅速发展，金属合金制作的镜子成为人们梳妆照容的主要器具，也兼具科学、宗教、死亡、性别、财富等社会功能。它们由铜、锡、铅（有时还有砷）等合金经过铸造、锤击、打磨等工艺制作，被统称为铜镜。尽管铜镜在公元前3500年左右就出现在较早进入青铜时代的美索不达米亚地区，1500多年后才出现在中国先民的生活中，但铜镜一出现便在中国古代人民的生活中扮演着重要角色，连续不断地见证国家历史的沧桑巨变长达4000年之久，直至清末民初，随着玻璃镜子的引入和普及，才逐渐退出了历史舞台。在长期的使用过程中，铜镜不仅是日常生活中无可取代的梳妆照容器具，还被赋予驱除邪祟、辟除不祥的宗教属性，馈赠邦国、彰显天威的外交使命，知兴替、明得失的政治意义，破镜重圆、明镜高悬的美好期盼，作为古代社会中最微小的、最不起眼的存在见证人们的日常生活、精神信仰和价值观念，成为中国文化的组成部分。中国以其悠久的铜镜使用历史，成为世界上持续使用铜镜时间最长的国家。

  本书以中国早期铜镜为研究对象，即中华人民共和国境内通过出土、采集、征集等途径获得的早期铜镜。这里的"早期"是相对中国传统铜镜——圆形单钮铜镜的出现及发展史来定义的，是指铜镜在楚地大量出现、迅速流行之前的一段时期，大约是铜镜流行的第一个高峰——战国来临之前的一两千年。如果没有明确说明，本书中的铜镜即指圆形单钮镜。这一时期是中国古代铜镜发展的滥觞时期，与铜镜发展的高峰时期相比，铸造工艺不甚精良，装饰纹样简单古朴，发现数量不多，呈现出初始状态。其时间上限为铜石并用时代晚期至青铜时代，下限大约为距今2500年的春秋末期，由于大部分遗迹采用相对年代判断方法，因此一些年代判定为春秋末战国初的铜镜也在研究范围内。从中原地区历史发展来看，早期铜镜的发展大约经历二里头文化、商、西周、春秋四个阶段，二里头文化的年代大约为公元前1800至前1500年，商和周的分界为公元前1046年，即武王克商之年，大部分学者接受和认可这一研究成果[①]；西周和春秋的分界为公元前770年，即申侯勾结犬戎攻破镐京迫使周平王将都城东迁至洛邑之年；春秋和战国的分界目前学术界观点不一，本书采用公元前453年——韩、赵、魏三家列卿瓜分晋国智氏土地的年份，这是《左传》和《国语》记载的春秋时期最晚的重

---

① 参见夏商周断代工程专家组编著《夏商周断代工程报告》，科学出版社2022年版，第59—360页。

要事件，也是《战国策》记录的最早事件。①

（二）铜镜命名与类型特征

国际研究中，学者多以国家、地区或文明命名某一地域和时期特定人群使用的具有鲜明特色的镜子，如埃及镜②（Egyptian Mirrors）、希腊镜③（Greek Mirrors）、伊特鲁里亚镜④（Etruscan Bronze Mirrors）、中国镜⑤（Chinese Mirrors）等，具体到某种类型的镜子，则以其显著的外形特征或使用特征来命名。镜面边缘带有长手柄、握持长柄使用的镜子被西方学者称为hand mirror 或 handle mirror，即手柄镜，持柄映照，用完后多放置在专门的镜盒或镜袋中，这种铜镜起源于古埃及并广泛地影响了周边区域。地中海沿岸诸文明中还流行一种镜面边缘带有长柄且长柄末端带有较重的支撑台，可放置在桌面竖立使用的镜子，学者称为"stand mirror"，即立式镜，如果长柄呈立体雕塑的女性形象，又被称为"caryatid stand mirror"——女像柱立式镜⑥，一些立式镜的顶部背面有活动的挂环，用后还可以挂在化妆间的墙壁上。公元前5世纪至前3世纪，希腊流行的一种圆形且带有盖子的镜子，被称为"box mirror"⑦，即盒式镜，镜面与盖子由铰链连接，可以自由开合，形如带盖的圆盒，盒子的边缘有挂环，便于使用完毕悬挂。青铜时代晚期的欧亚草原东部还流行一种镜体较小、一体铸造、带有较短镜柄的镜子，短柄上多有圆形或椭圆形的穿孔或横直的镜钮，部分铜镜的短柄为骆驼、野猪、鹿等动物的形状，动物肢体间隙为穿孔或背部有钮。这种铜镜

---

① 参见金景芳《中国古代史分期商榷（下）》，载《金景芳全集》第八册，上海古籍出版社2015年版，第3754—3774页。
② Bob Brier, "Rview: Ancient Egyptian Mirrors from the Earliest Times Through the Middle Kingdom", *Journal of the American Research Center in Egypt*, Vol. 19, 1982, pp. 155–156.
③ Lenore O. Keene Congdon, "Greek Mirrors", *Notes in the History of Art*, Vol. 4, No. 2/3, Winter/Spring 1985, pp. 19–25.
④ Mario A. Del Chiaro, " Etruscan Bronze Mirrors", *Archaeology*, Vol. 27, No. 2, 1974, pp. 120–126.
⑤ Frederic Wakeman. Jr, "The Chinese Mirrors", *Proceedings of the Academy of Political Science*, Vol. 31, No. 1, 1973, pp. 208–219.
⑥ Lenore O. Keene Congdon, "Greek Mirrors", *Notes in the History of Art*, Vol. 4, No. 2/3, Winter/Spring 1985, pp. 19–25.
⑦ Lenore O. Keene Congdon, "Greek Mirrors", *Notes in the History of Art*, Vol. 4, No. 2/3, Winter/Spring 1985, pp. 19–25.

往往随身携带，悬挂或捏持短柄使用。俄罗斯学者 H. Л. 奇列诺娃称之为奖章形铜镜。①

我国学者在铜镜研究中一般将其分为东西两大系统，东方系统的铜镜以在中国较早出现且广为流行的圆形、镜背中央有单钮的铜镜为代表，在没有特别指出的情况下，中国铜镜即指这类铜镜。单钮镜是早期铜镜中发现数量最多、流行地域最广的铜镜，其发展演变是本书研究讨论的重点内容。除了单钮镜，在东北地区还短暂流行过一种亦为圆形，但镜背有多个镜钮的铜镜，即多钮镜。多钮镜的镜钮一般为2个以上，并不在镜背中央，而是分散位于镜面边缘或并列于偏离镜背中心的地方。这种铜镜在俄罗斯的滨海地区、日本列岛和朝鲜半岛也有流行。西方系统的铜镜包括上述提及的手柄镜、立式镜、女像柱立式镜、盒式镜等，但我国境内仅发现圆形镜面边缘带有或长或短柄的铜镜，学者笼统地称之为带柄镜②、有柄镜③、具柄镜④，并根据柄的长短称之为长柄镜、短柄镜。那种镜面边缘带有长柄、手持使用的铜镜即西方学者提及的手柄镜，镜面边缘带有短柄或动物状短柄的铜镜即俄罗斯学者奇列诺娃所称的奖章形铜镜，我国学者吕红亮称之为钮柄镜。⑤为避免混淆，本书统一采用钮柄镜这一称谓。钮柄镜的柄较短，上有穿孔或横置的镜钮，即使短柄为动物状，也总是在动物肢体间留有空隙，以便悬挂。钮柄镜在发展过程中受到手柄镜的影响，至较晚时期两者还相互影响，但从考古发现看，这两种铜镜的起源地域、流行时间、形制特征、使用方式等有明显的区别，不宜再笼统地合称。值得注意的是在我国四川、云南流行的一种镜面与镜柄合铸，两者结合处有椭圆形凸起，镜柄呈台座状、末端有銎或穿孔的铜镜，这种铜镜没有具体的名称，学者往往将其归为短柄镜、复合柄镜等。⑥其实，仔细观察可以发现，这种铜镜除了铸造方式与钮柄镜不同外，其大小、形制、使用

---

① 参见乌恩岳斯图《北方草原考古学文化比较研究——青铜时代至早期匈奴时期》，科学出版社2008年版，第193页。
② 参见霍巍《西藏曲贡村石室墓出土的带柄铜镜及其相关问题初探》，《考古》1994年第7期。
③ 参见乌恩岳斯图《北方草原考古学文化比较研究——青铜时代至早期匈奴时期》，科学出版社2008年版，第192页。
④ 参见刘宁《北方式动物纹青铜镜》，《北方文物》2000年第3期。
⑤ 参见张文立《平山三汲出土铜镜初识——兼谈北方系钮柄镜》，载教育部人文社会科学重点研究基地吉林大学边疆考古研究中心编《边疆考古研究》第1辑，科学出版社2002年版，第55—62页。
⑥ 参见郭富《四川地区早期带柄铜镜的初步研究》，《四川文物》2013年第6期。

方式与钮柄镜十分相似，显然可以归入钮柄镜。

此外，在早期铜镜研究中还有一种被忽视的圆饼形镜。镜体呈圆形薄饼状，厚薄一致，边缘无凸起，背部中央无镜钮，侧面边缘无手柄，仔细观察也未发现镜钮和手柄脱落或残损后留下的痕迹。在新疆的察吾呼（亦作"察吾乎"）墓地和萨恩萨伊墓地、内蒙古宁城小黑石沟墓地等均有发现，其自墓葬中出土的位置与其他类型铜镜的位置十分相似，陕西凤翔南指挥西村出土的圆饼镜还像其他单钮镜一样放置在漆盒中保存。一些发掘者和研究者认为其为铜镜，也有研究者对其是否为铜镜持怀疑态度。同样的圆形铜片在近东地区、伊朗高原、欧亚草原广大的区域内也有发现，虽然数量不多，但亦见其流行范围之广泛，一些学者出于学术审慎，会在铜镜后加上"？"，表示不确定。从目前的考古发现看，这类圆形铜片是一种简化的铜镜，捏持边缘或者配合镜架映照使用。少量镜面边缘还有一个圆形的小孔，显示此类镜子也可能会悬挂使用或保存。

结合国内外学者研究及铜镜自身特征，可以将中国早期铜镜分为具钮镜、具柄镜以及圆饼镜三类，前者镜体为圆形，镜背有钮，以镜钮多少分为单钮镜和多钮镜，后者圆形或椭圆形镜面，边缘连接有柄，长柄者为手柄镜，短柄者为钮柄镜。圆饼镜则既无镜钮也无镜柄。

单钮镜（图0-1）。圆形镜面，镜背仅有一个镜钮，一般位于中央，镜背素面或有纹饰装饰。镜钮有弓形、桥形、橄榄形、覆斗形、小环钮等。单钮镜镜背主要由镜钮、纹饰区、镜缘三部分组成。紧挨镜钮处有纹饰或环状装饰称为钮座。镜钮或钮座（如果有）外至镜缘之间为纹饰区，纹饰或不分区域沿镜钮铺陈，或分为不同的区域，由内向外依次为内区、中区、外区，或内区、外区。镜缘位于镜背最外围的边缘，一般为凸棱状，或是较窄的纹饰带。

多钮镜（图0-2）。圆形镜面，镜背有两个或两个以上的镜钮，或素面或有纹饰装饰。镜钮多为桥形，若是两个镜钮，多平行分布，位于镜背稍稍偏离中央处，如是两个以上的镜钮，多分散于接近镜缘处。

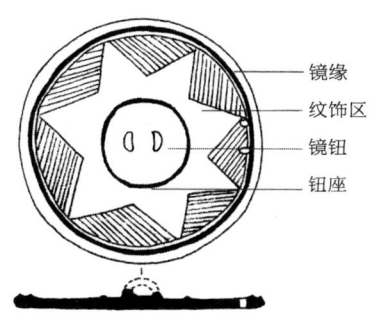

图0-1 单钮镜

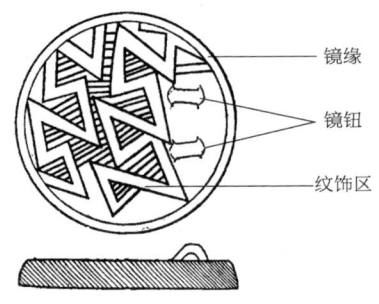

图 0-2　多钮镜

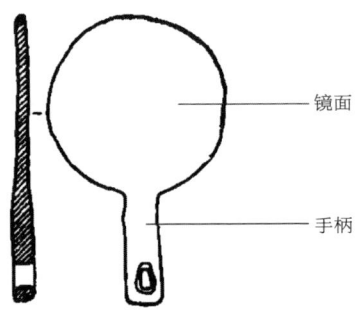

图 0-3　手柄镜

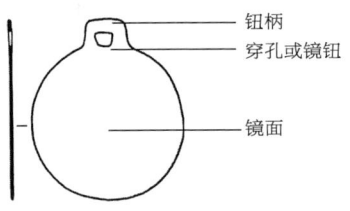

图 0-4　钮柄镜

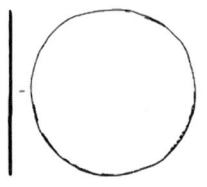

图 0-5　圆饼镜

手柄镜（图0-3）。镜面多为圆形或近圆形，边缘连接手柄，镜面直径在10—15厘米，手柄长度往往接近或超过镜面直径，可手持使用。镜面与手柄的连接方式多样，有一体铸造、插接、铆接、焊接等工艺。手柄镜由镜面与手柄两部分组成。镜面大多素面无装饰，可双面映照。镜面与手柄插接组合时，镜面边缘连带有长方形或针锥状的小短柄（英文称之为"tang"），手柄顶端预留有形状相似的插接孔，两者插接成型后用动植物胶黏结加固，或者用一个铆钉固定。手柄多样，为木、骨、牙等有机质，当手柄遗失或腐朽后，就会仅剩下带有小短柄的镜面，那些小短柄上有一个小而圆铆钉孔的镜面与钮柄镜十分相似。镜面与手柄铆接组合时，镜面多为圆形，边缘有2—3个铆钉孔，用以铆接各种材质的手柄，当手柄遗失或腐朽后，就会仅剩下带有两三个铆钉孔的圆形镜面，往往会被误以为牌饰。

钮柄镜（图0-4）。镜体较小，通长5—10厘米，多随身系挂。镜面为圆形或近圆形，边缘有短柄，一些短柄已经退化为镜面边缘的小凸起。钮柄镜由镜面与钮柄两部分组成，连接方式见一体铸造和合铸两种。镜面大多素面，少量镜背有动物纹饰装饰。短柄较宽时，其上往往有较大的圆形或椭圆形穿孔，或末端有横置的桥形镜钮。

圆饼镜（图0-5）。镜体轻薄，呈圆片状，既无镜钮也无手柄，形制较为简单。

二、中国早期铜镜研究回顾

中国青铜文明的起源问题是近半个世纪以来学术界讨论的重要问题之一，目前有西来说和本土起源说两种主要观点。西来说认为中国古代冶金是西方冶金术自西向东传播的结果；本土起源说认为中国冶金术是中国先民的发明和创造，但关于起源地点学界观点不一致。也有个别学者认为中国早期冶金技术起源问题限于目前的资料无法做出判断。铜镜作为青铜器中较早出现的器物，是中国青铜文明研究中不可或缺的重要组成部分。对中国早期铜镜的认识与研究，伴随着中国考古学的进步以及对中国青铜文明深入探究的历程。

（一）中国早期铜镜研究历史

1. 博古收藏为主，早期铜镜尚未获得关注

北宋时期，以传世或零星出土的钟鼎彝器碑碣石刻为研究对象的金石学初步形成，镜鉴只是青铜器收藏研究的很小一部分，那些带有铭文的铜镜是金石学者关注的重点。宋大观初年，王黼编撰的《宣和博古图录》[①]及王俅的《啸堂集古录》[②]中辑录了不少汉、唐铜镜，记录其名称、纹饰、尺寸、重量、有无铭文等较为简单的信息。

随着清末金石学的成熟，铜镜成为收藏研究的一个单独门类，金石学家们编著图录、著书立说，出现了大量的关于铜镜的专门著录。冯云鹏和冯云鹓编撰的《金石索·金索六·镜鉴之属》[③]、钱坫编撰的《浣花拜石轩镜铭集录》[④]、林钧编撰的《石庐藏镜目》[⑤]、徐乃昌编撰的《小檀栾室镜影》[⑥]、陈介祺编撰的《簠斋藏

---

① （宋）王黼：《宣和博古图录》，载（宋）王黼等《至大重修宣和博古图录》，北京图书馆出版社2005年版。
② （宋）王俅：《啸堂集古录》，中华书局1985年版。
③ 冯云鹏、冯云鹓编撰：《金石索·金索六·镜鉴之属》，清嘉庆年成书，载王云五主编"万有文库"第一集一千种《金石索》（六），商务印书馆1929年版。
④ 钱坫编撰：《浣花拜石轩镜铭集录》，"百一庐金石丛书"第五册，1921年影印本。
⑤ 林钧编撰：《石庐藏镜目》，线装本，1912年。
⑥ 徐乃昌编撰：《小檀栾室镜影》，徐乃昌影印本，民国十七年（1928）。

镜》①和《簠斋藏镜全目抄本》②、罗振玉编撰的《古镜图录》③和《镜话》④、容庚编撰的《古镜拓影文字》⑤等诸多著录相继出现，拓印纹饰，辑录镜铭，考释内容。尽管这些著作的主要目的是介绍和宣扬收藏家们所珍藏的珍贵文物，但它们在一定程度上也具有学术研究的价值，为学术界提供了宝贵的资料和见解。

由于时代发展及金石学研究的局限，清末民初及以前的铜镜流转于古董商人的买卖交易、金石学者的收藏交换之间，铜镜虽然成为青铜器收藏著录中的一个门类，但这些赏玩式的收藏图录往往注重著录那些铭文量多、纹饰精美、品相完好、较为罕见、具有较高收藏和交易价值的汉唐铜镜，早期铜镜被有意或无意地忽视，春秋及以前铜镜的认识和研究尚未涉及，还处于空白阶段。不可否认的是，金石学影响下的博古收藏及著书立说记录了当时所见铜镜，命名、时代、铭文、纹饰、特征等初步研究的开展，为早期铜镜的研究提供了极具价值的参考，奠定了进一步认识和研究中国古代铜镜的基础。

2. 考古学科初创，早期铜镜在争议中确认

1921年仰韶村遗址和1926年夏县西阴村遗址的发掘，标志着中国考古学的发端，考古发掘出土的铜镜资料逐渐增多，早期铜镜进入学者的研究视野。

1934年，殷墟侯家庄西北岗M1005出土了一面背部中央有钮、装饰几何纹和水波纹的圆形"铜片"，引起了学界关于早期铜镜的争议和研究。梁思永先生在发掘日记和报告中确认这是一面铜镜，但陈梦家持异议，认为梁思永推测它为镜"恐不确"，这只是一面带钮的圆形铜片。⑥ 1957年上村岭虢国墓地出土两面素面铜镜和一面装饰虎、鸟、兽纹饰的双钮铜镜，发掘者认为这次铜镜的发现把中国古代先民使用铜镜的上限提到了东周初期⑦，同时质疑西北岗铜镜，认为殷墟"铜片"为铜镜"并不够十分明确"。郭沫若先生确认了虢国墓地出土的这面鸟兽纹铜镜，分析了同墓铜鼎的形制与纹饰，认为我国古代铜镜的使用上限应上溯

---

① 陈介祺：《簠斋藏镜》，江苏广陵古籍刻印社据民国本影印，江苏广陵古籍刻印社1997年版。
② 陈介祺：《簠斋藏镜全目抄本》，江苏广陵古籍刻印社据民国本影印，江苏广陵古籍刻印社1997年版。
③ 罗振玉：《古镜图录》，线装本，1925年。
④ 罗振玉：《镜话》，线装本，1929年。
⑤ 容庚编：《古镜拓影文字》，线装本，1931年。
⑥ 参见陈梦家《殷代铜器三篇》，《考古学报》1954年第1期。
⑦ 参见黄河水库考古工作队《1957年河南陕县发掘简报》，《考古通讯》1958年第11期。

到西周末年，西北岗所谓的铜镜"揣想是不足信的"，还认为古人以水为鉴，铜镜是在盛水铜鉴扁平化的基础上发明的，镜背的纹饰、镜钮即为盛水铜器扁平化的痕迹。① 高去寻的《殷代的一面铜镜及其相关之问题》介绍了中西两大系统的铜镜——具钮镜和具柄镜，通过分析排除了西北岗铜镜作为器盖、铜泡的可能，确认为铜镜，并指出中国铜镜并不是源于梅原末治所认为的斯基泰文化，虽然没有明确中国铜镜是否与卡拉苏克文化有关，但更倾向于中国铜镜可能是本地创造，与外来文化没有关系，并推测其形态并非来源于铜鉴，提出中国早期铜镜的"铜泡来源说"，出于审慎的研究态度，文中指出由于不能断定铜泡早于铜镜，认为这一假说不太成熟。② 此外，岳慎礼提出"阳燧来源说"，认为铜镜是由阳燧演变而来的，两者形制十分相似，且阳燧出现的时间要早于铜镜，鉴于止水，以其静也——鉴（先陶后铜）——因燧而有镜是中国古代铜镜源流模式。③ 梁上椿在郭沫若"鉴来说"基础上进一步补充，认为中国铜镜是由盛水的器皿——鉴发展而来，铜镜发展经历了止水、鉴中净水、无水光鉴、光面铜片、铜片加钮、素背镜、素地绘彩、加铸图纹、加铸字铭的系列过程。④

较早具备近代科学知识的日本金石学家和学者注意到了日本出土铜镜及其与中国铜镜的联系，用较为科学的方法进行研究，著述颇多。1926年，学者后藤守一的著作《汉式镜》⑤问世，记录了多面日本和中国铜镜，这部关于中国古代铜镜的第一部专著点燃了日本学者研究中国铜镜的热情。在中国古代青铜器，尤其是中国古代铜镜研究方面做出杰出贡献的要数梅原末治，这位京都大学教授、著名的考古学家相继出版了《鉴镜的研究》⑥、《汉以前的古镜的研究》⑦、《欧米搜

---

① 参见郭沫若《三门峡出土铜器二三事》，《文物》1959年第1期。
② 高去寻：《殷代的一面铜镜及其相关之问题》，台湾《"中央研究院"历史语言研究所集刊》1958年第29卷第2期，第685—719页。
③ 参见岳慎礼《青铜镜探源》，《大陆杂志》1958年第5期。
④ 参见梁上椿《古镜研究总论》，《大陆杂志》1952年第5期。
⑤ 后藤守一：《汉式镜》，日本东京雄山阁，1926年。
⑥ 梅原末治：《鉴镜的研究》，日本东京大冈山书店，1925年。
⑦ 梅原末治：《汉以前的古镜的研究》，日本东方文化学院京都研究所，1936年。

储中国古镜精华》①、《汉三国六朝纪年镜集录》②、《绍兴古镜聚英》③、《汉三国六朝纪年镜图说》④等诸多专著。与传统的赏玩式的收藏著录不同,梅氏更注重背景资料的搜集及相关的学术研究,较为全面、系统地梳理了中国古代铜镜的发展脉络,尤其是对战国以后铜镜的区分和研究为中国古代铜镜研究提供了极具价值的参考。关于中国早期铜镜的起源,梅氏非常敏锐地意识到中国早期铜镜与欧亚草原的关系,认为中国早期铜镜受到斯基泰文化的影响。⑤江上波夫提出绥远式青铜器的概念,并论述了其与西伯利亚卡拉苏克文化的关系,其中就包括早期铜镜。⑥

殷墟西北岗铜镜出土后,学者以严谨而审慎的态度对其是否为铜镜进行讨论和确认,这面铜镜出土环境明确,共存器物丰富,保存完好,可供断代的标准器物较多,在将中国早期铜镜的出现年代追溯到商代后期的同时,以圆形单钮镜为代表的中国铜镜的起源、发展演变、与欧亚草原的关系等问题进入中外学者的研究视野。由于考古学初创,出土早期铜镜资料较少,认识和研究才刚刚起步,直到20世纪50年代,汉代以前的铜镜还被笼统地称为"先汉式镜""楚式镜""秦式镜",一些结论也失之偏颇,却开启了早期铜镜研究的第一步,为中国青铜文明的起源问题研究提供了新资料、新思路和新课题。

3. 发掘资料增多,早期铜镜研究探讨加深

1975年甘肃广河齐家坪、1976年青海贵南尕马台齐家文化铜镜出土,殷墟妇好墓和大司空M25相继出土5面铜镜,其他地区也陆续出土或发现不少早期铜镜。不仅有圆形单钮镜,还有极具特色的多钮镜和具柄镜,丰富了早期铜镜的类别,也引起了更多学者的探讨,成果丰硕。古代铜镜年代序列建立研究也逐步科学化、系统化、深入化。

---

① 梅原末治:《欧米搜储中国古镜精华》,日本刀江书院,1931年。
② 梅原末治:《汉三国六朝纪年镜集录》,日本大冈书店,1931年。
③ 梅原末治:《绍兴古镜聚英》,日本桑名文星堂,1939年。
④ 梅原末治:《汉三国六朝纪年镜图说》,日本桑名文星堂,1943年。
⑤ 参见梅原末治《汉以前的古镜研究》,日本东方文化学院京都研究所,1936年。
⑥ 参见江上波夫《基于绥远地区出土古铜镜的两三点论述》,日本《考古学杂志》1936年第7期。

（二）早期铜镜的起源、流布路径及其功用

1．单钮镜

以圆形单钮铜镜为代表的中国古代铜镜的起源、用途、在国内的流传途径、与周边文化的关系等是早期铜镜研究的重点，研究一般在类型学分析、分期与分区的基础上展开讨论。

中国早期铜镜的原型、源流及初始功能。何堂坤[①]和李淮生[②]几乎同时提出"金属表面映像说"。何堂坤分析了"鉴来说""阳燧来源说""铜泡来源说"三种关于铜镜起源的观点及其疑窦，提出"金属表面映像说"，即铜镜是受铜刀、铜指环、铜泡等多种早期金属光洁表面可以映像的启发而发明的，我国古代映照方式经历了以自然水、陶鉴中水、铜镜初发明、铜鉴、铜镜取代陶鉴的系列过程。李淮生进一步指出齐家文化出土铜镜是最早的铜镜，齐家文化铸镜技术是自发产生的，此地人们受铜器光洁表面可鉴人的启发而发明铜镜。程建则认为古人的映照方式和铜镜的起源并不同步，铜镜只是映照方式的一种，铜镜起源与中国西北部原始氏族祭神驱鬼的法器有关，最初是作为宗教器具，战国时期才成为主要的映照用具，提出"宗教法器来源说"。[③] 宋新潮认为铜镜并不一定是受到表面光洁铜器的启发而产生，也可能起源于磨光石器表面，西亚铜镜的祖形是石镜，我国也曾有石镜的发现，铜镜自出现起便有宗教和照容功能，越在早期社会宗教意义越突出。[④] 刘学堂将中国古代铜镜的起源归纳为石质或其他材质的圆形饰件 — 铜质圆形小饰件 — 圆形牌饰 — 铜镜的系列过程，认为铜镜与圆形牌饰一样均为原始萨满巫师的法器，兼具装饰品的作用，春秋、战国时期铜镜才成为梳妆照容的日常用具。[⑤] 潘静和井中伟认为早期铜镜一直作为梳妆用具，兼作配饰，亦曾是宗教法器和等级地位的象征，随着后期受众的平民化，特权象征意义逐渐弱化，宗教信仰的功能则不同程度地保留延续。[⑥]

---

① 何堂坤：《铜镜起源初探》，《考古》1988年第2期。
② 李淮生：《中国铜镜的起源及早期传播》，《山东大学学报（哲学社会科学版）》1988年第2期。
③ 参见程建《试论中国铜镜的起源和早期映照方式》，《东南文化》1992年第1期。
④ 参见宋新潮《中国早期铜镜及其相关问题》，《考古学报》1997年第2期。
⑤ 参见刘学堂《再论中国早期铜镜源于西域说》，载田卫疆主编《新疆历史与文化·2006》，新疆人民出版社2007年版，第1—33页。
⑥ 参见潘静、井中伟《中国早期铜镜的类型、流布和功能》，《西域研究》2020年第2期。

中国早期铜镜的起源地域及流布路径。关于早期铜镜起源地域，学者有不同的思考，形成甘青起源说、西域起源说、西北和华北说、中原以外说、多元源流说等观点，流布路径与铜镜起源地域密切相关，自然观点不一。李淮生指出中国早期铜镜在中国本土发明、发展，自成体系，由甘青地区逐渐向东再向南传播，殷墟铜镜可能是伐羌的战利品，来源于甘青地区。[①] 宋新潮将早期铜镜分为中原地区和中原以外两个区域，认为中国铜镜发源于公元前2000年左右黄河上游的甘青地区，先在长城沿线传播，到了商代后期才传入中原地区和东部天山的哈密、吐鲁番一带，西周中晚期铜镜依然保留北方青铜文化装饰风格，春秋晚期到战国时期在中原地区普遍流传。[②] 李学勤认为中国铜镜起源于西北和华北，铜镜在这两地形成了早期传统后扩展到国内各地。[③] 高西省指出，受目前早期铜镜（春秋早期以前）资料所限，不能肯定地说铜镜渊源于黄河上游地区的齐家文化，但中国铜镜的起源地在中原以外的地区，具体是哪个区域还很难得出明确的结论。[④] 刘一曼和孔祥星将早期铜镜分为中原、西北和北方三个区域，认为从目前出土铜镜的地域、类型、纹饰看，中国铜镜有着多元的源流。[⑤] 潘静和井中伟认为中国铜镜最早出现于甘肃、青海和新疆东部地区，晚商时出现地区间的影响和交流，中原和新疆是分布重心，春秋时期中原、东北和新疆正式形成了本地的用镜系统，发展过程呈现出由几何纹镜经素面镜向动物纹镜发展的趋势，河西走廊至新疆东部地区应是探寻中国具钮镜起源的重要线索地。[⑥] 张文瑞梳理了与后迁义遗址出土铜镜纹饰相近的青海、甘肃、内蒙古、河北、辽宁、河南等地出土的几何纹镜，分析总结了西周以前铜镜的纹饰发展演变规律，认为铜镜最早起源于我国的甘青地区应该没有问题，但到商代传播出现两条线路，一条是沿长城文化带自西向东在北方地区传播，从青海、甘肃、内蒙古一直向东到达河北唐山和辽

[①] 参见李淮生《中国铜镜的起源及早期传播》，《山东大学学报（哲学社会科学版）》1988年第2期。
[②] 参见宋新潮《中国早期铜镜及其相关问题》，《考古学报》1997年第2期。
[③] 参见李学勤《中国铜镜的起源及传播》，载《比较考古学随笔》，中华书局（香港）有限公司1991年版，第83—93页。
[④] 参见高西省《论早期铜镜》，《中原文物》2001年第3期。
[⑤] 参见刘一曼、孔祥星《中国早期铜镜的区系及源流》，载宿白主编《苏秉琦与当代中国考古学》，科学出版社2001年版，第569—584页。
[⑥] 参见潘静、井中伟《中国早期铜镜的类型、流布和功能》，《西域研究》2020年第2期。

宁喀左一带，另一条是向中原地区传播，从青海、甘肃传播到黄河中下游的中原地区。①

西域起源说的提出者和倡导者是学者刘学堂，他先后有五篇文章论述这一观点。②作者首先总结梳理了新疆地区青铜时代至早期铁器时代墓葬出土的圆形铜镜和具柄铜镜资料，分析新疆早期铜镜的使用和流行年代，从中原地区商周铜镜不及新疆普及、春秋战国时期中原体系铜镜日渐流行、部分新疆出土铜镜墓地年代上限早于妇好墓、中原出土铜镜并不是初始形态四个方面提出中原地区商末周初铜镜由西域传入的假说。接着，作者指出新疆地区流行的铜镜先传至甘青地区的齐家文化，商代末期作为贡品，流入中原王室并至东北和北方地区，并暂时认定哈密绿洲及其相邻的区域可能是中国圆形铜镜的始源地。在随后的三篇文章中，作者不断补充完善材料支持这一观点，明确指出天山北路墓地是中国早期铜镜的始源地，源于西北地区巫师、巫具的铜镜循两条路线向东传播，一是向中国北方和东北地区流布，直到中原地区自铸铜镜影响到这里之前，另一条线路是从黄河上游沿黄河向中原腹心区域传播，妇好墓铜镜是贸易交换所得。③

也有不少学者继续日本学者观点，探讨中国早期铜镜与欧亚草原的联系。梅建军认为基于目前早期铜镜的考古发现情况，探讨圆形具钮镜的起源要在研究和充分认识新疆周边地区青铜文化的基础上开展，同时要重视中亚和欧亚草原的作用。④魏泽华梳理了商至西周时期铜镜的出土位置和共存器物，认为游牧和农耕文化的交流使铜镜进入中原地区，两种文化生活方式的不同使商周文化区域外铜镜属于日常用具，商周文化区域内则属于外来物品，实用性并不强，因此并没

---

① 参见张文瑞《滦县后迁义遗址商代铜镜探源》，《文物春秋》2017年第2期。
② 参见刘学堂《新疆地区早期铜镜及其相关问题》，《新疆文物》1993年第1期；刘学堂《商末西周铜镜探源及其它》，载国家文物局团委编《文博青年论丛》第1辑，北京图书馆出版社1997年版，第240—247页；刘学堂《中国早期铜镜起源研究——中国早期铜镜源于西域说》，《新疆文物》1998年第3期；刘学堂《论中国早期铜镜源于西域》，《新疆师范大学学报（哲学社会科学版）》1999年第3期；刘学堂《再论中国早期铜镜源于西域说》，载田卫疆主编《新疆历史与文化·2006》，新疆人民出版社2007年版，第1—33页。
③ 参见刘学堂《中国早期铜镜起源研究——中国早期铜镜源于西域说》，《新疆文物》1998年第3期；刘学堂《论中国早期铜镜源于西域》，《新疆师范大学学报（哲学社会科学版）》1999年第3期。
④ 参见梅建军《关于新疆出土早期铜镜研究的几个问题》，载北京科技大学冶金与材料史研究所、北京科技大学科学技术与文明研究中心编《中国冶金史论文集》第五辑，科学出版社2012年版，第28—35页。

有在中原地区大规模流行。① 吴晓筠认为殷墟铜镜属于安德罗诺沃文化的产物或是其派生物，西周铜镜与南西伯利亚地区相关，东周时期是铜镜中原化进程时期，战国时期，铜镜成为中原文化的标志性器物之一，是认识并接受欧亚铜镜后的本地创作。② 张龙海认为圆形具钮铜镜是由中亚西部的七河地区进入新疆天山山脉北部，进而向东传播，进入中原地区，西周之前中原地区铜镜均为舶来品。③ 美国学者安纳特·L.朱利亚诺（Annette L. Juliano）从纹饰、出土地域、形制特点等方面分析了齐家文化铜镜、殷墟铜镜与西周铜镜，认为如果商代铜镜不是直接来自西伯利亚南部的安德罗诺沃文化，那么它们有可能来自一个尚未发现的中间地区，商周之间铜镜缺乏联系，可能是因为西伯利亚南部卡拉苏克文化的第二波影响或输入，通过宁夏（鄂尔多斯）的游牧部落进入周朝。④ 黛安梅林（Diane Mellyn O'Donoghue）的博士学位论文从出土地域、本土传统、纹饰风格等方面重建中国铜镜的美学、文化和历史，认为中国铜镜的起源与马具当卢有关，东周之前，铜镜受到北方文化的影响，东周时期开始了中国本土生产制造，并在形状、纹饰、装饰上显示出本土特色。⑤ 尤其要提到的是谈晟广的《中国铜镜起源新探》一文，作者较为全面地搜集了两河流域、近东地区、中亚、印度河流域、欧亚草原公元前7000年—前5世纪诸多文明中流行使用的柄式镜、钮式镜和圆饼式铜镜，分析探讨其源流、发展和相互借鉴，提出钮式镜起源于中亚，是受到印度河流域流行的钮式印章的启发，在柄式铜镜和圆饼式铜镜之外形成的新镜类，形成时间为巴克特里亚—马尔吉亚纳考古综合体（Bactria-Margiana Archaeological Complex）时期，即公元前2250—前1700年。⑥

无论是作为中国青铜文明进程中的早期铜器研究还是中国铜镜发展史研究，早期铜镜的研究往往是局限于某一种镜类的研究，如圆形单钮铜镜、具柄铜镜、

---

① 参见魏泽华《商至西周时期铜镜的几个问题》，《江汉考古》2017年第2期。
② 参见吴晓筠《商周时期铜镜的出现与使用》，《故宫学术季刊》2017年第2期。
③ 参见张龙海《欧亚草原斯基泰时代铜镜初论》，《温州大学学报（社会科学版）》2018年第4期。
④ Annette Juliano, "Possible Origins of the Chinese Mirror", Notes in the History of Art, New York, 1985, pp.36–45.
⑤ Diane Mellyn O'Donoghue, "Reflection and Reception: The Origins of the Mirror in Bronze Age China", Ph.D. Thesis, Harvard University, 1989.
⑥ 参见谈晟广《中国铜镜起源新探》，《美术大观》2024年第6期。

多钮铜镜，从社会发展大背景探讨这三种铜镜之间的关系、发展演变等的研究较少。仅有两篇硕士学位论文做过专题研究，对中国境内发现的具钮镜、具柄镜进行分期、分区及功能和源流进行讨论，研究重点为中国早期铜镜，涉及少量与中国北方接壤的欧亚草原东部的青铜文化。① 同样，国外学者的研究也存在类似的问题，关于世界范围内早期铜镜的发展趋势及与中国铜镜的关系、两者交流与融合等课题研究尚处于空白地带，急需相关的研究去涉足和补充。首先，中国铜镜并非起源于中原地区，殷墟铜镜为舶来品已经是共识，但关于铜镜的起源地、流布路径还有不同观点。随着近年来学界对中国北方及周边地区考古学文化尤其是新疆周边青铜文化认识的加深，欧亚草原铜镜与中国早期铜镜的关系引起了学者的注意，梅原末治认为中国铜镜源于斯基泰文化的观点早已被高去寻否认，但欧亚草原出土的时代早于中国铜镜的圆形单钮铜镜、和欧亚草原接壤的中国北方地区出土铜镜与欧亚草原铜镜的关系等诸多问题在探讨中国早期铜镜起源问题中确实值得重视。其次，新发现、新发表的考古资料为研究早期铜镜提供了更多依据。齐家文化铜镜在研究中国早期铜镜中具有至关重要的作用，大部分学者认为其是目前国内出土的最早的铜镜，并以此为基础展开研究，只有极少学者持否定态度，认为天山北路墓地年代不晚于齐家文化，进而提出天山北路墓地区域是中国早期铜镜的始源地。② 经过科学考古发掘的齐家文化铜镜大部分为素面，学者的分析重点集中在尕马台墓地出土的七角星纹镜，然而尕马台的考古发掘报告2013年才正式出版，在此之前，铜镜及其墓葬信息资料散见于各种研究中，报告中提供的最新资料显示，在清理七角星纹铜镜时发现有木质镜柄的痕迹，这也解释了铜镜边缘为什么会有两个钻凿的小孔，因为铜镜曾经被改制，两个小孔用来加固手柄，用以通过绳索或铆钉。不管这面铜镜是铸造完成后因镜钮残损直接改制成为手柄镜使用，还是在铜镜作为具钮镜使用较长时间后导致镜钮残损然后改制成为手柄镜使用，十分明显的是，圆形单钮镜与手柄镜之间的确存在相互影响的关系。2024年10月出版的天山北路墓地发掘报告也显示了手柄镜与单钮镜在公元前2000—前1700年已经共存。尤其考虑到安德罗诺沃文化时期，大量的

---

① 参见潘静《中国早期铜镜研究》，硕士学位论文，吉林大学，2015年；李彦平《中国境内发现的早期铜镜研究》，硕士学位论文，首都师范大学，2015年。
② 参见刘学堂《论中国早期铜镜源于西域》，《新疆师范大学学报（哲学社会科学版）》1999年第3期。

手柄铜镜与单钮镜已经同时出现在欧亚草原东部地区，中国铜镜的起源更需要重新梳理。

2. 多钮镜

早期铜镜除了常见的单钮铜镜，还有仅在东北亚地区短暂流行的多钮铜镜。张锡瑛把我国东北地区出土的多钮铜镜分为素面镜、粗纹镜、细纹镜三类，指出素面铜镜流行时间早，纹饰铜镜出现时间晚，通过与中原同时期铜镜的对比，发现纹饰布局由镜面到镜背、纹饰发展由简单到复杂、纹饰线条由粗到细的过程，关于东北地区的铜镜的起源，张氏认为是在中原地区铜镜影响下于大凌河地区产生的。① 随着研究的增多，中国铜镜并非起源于中原地区，殷墟铜镜为舶来品已经是共识，多钮镜的起源显然与中原地区铜镜关系不大。

对多钮镜资料梳理、分期分析及传播方向等的研究是多钮镜研究成果中较为充分的。吕军在研究东北系青铜短剑时，分析了与东北系青铜剑共存的多钮镜，提出其纹饰发展由复杂到简单再到复杂，钮间距由大变小、由边缘向镜背中心移动的观点。② 多钮镜不是其研究主题，因此并没有展开详细的论述。杜超搜集了中国、日本、朝鲜出土的多钮镜，根据纹饰精细程度及布局特点分为四种类型，将其发展演变分为出现期、多钮粗纹镜向多钮细纹镜过渡期、多钮细纹镜的繁荣时期，指出公元前8世纪，辽西及辽河平原的人群开始使用多钮镜；公元前3世纪前后，使用多钮镜的人群向东迁移至我国吉长地区及朝鲜半岛，并且在这两个地区继续发展传播，东北亚系青铜文化的部分因素也进入日本列岛；公元前2世纪初期，多钮几何纹铜镜完成了由粗纹镜向细纹镜的发展，各式细纹镜的数量进一步增加；公元前1世纪，随着汉文化传入朝鲜半岛及日本列岛，多钮几何纹铜镜因素逐渐消失。③ 杜超、王建新将东北亚地区流行的多钮镜分为甲类多钮粗纹镜和乙类多钮细纹镜，前者根据镜背纹饰分为三型，后者根据纹样形式的变化和铸造技术分为二型，每种类型又细分为不同的式，依此总结不同类型铜镜特征及发展过程。作者从出土位置和镜钮的设置方式推测多钮镜是作为悬挂使用的某种法器，在使用者死后也随之埋葬，认为其纹饰表现出由"之"字形雷纹向太

---

① 参见张锡瑛《试论东北地区先秦铜镜》，《考古》1986年第2期。
② 参见吕军《中国东北系青铜短剑研究》，博士学位论文，吉林大学，2006年。
③ 参见杜超《东北亚系多钮几何纹铜镜研究》，硕士学位论文，西北大学，2020年。

阳光放射纹的转变过程，进入朝鲜半岛和日本列岛后，多钮镜的形式发生了一定程度的变化，虽然逐渐被汉式镜取代，但原始功能所体现的象征意义和对铜镜崇拜的意识却被保留下来，也使八咫铜镜成为日本天皇家族世代传承的三大神器之一，且流传至今。①

韩国学者金元永（Won-Yong Kim）和全荣来等，日本学者梅原末治、驹井和爱等结合本国出土多钮镜资料及中国东北地区多钮镜发现情况展开研究和讨论。辽宁朝阳地区是多钮铜镜的起源地，日本列岛和朝鲜半岛的多钮镜是在此基础上发展、流传而来的已成为公认的观点。韩国学者李清圭认为多钮镜大约出现在公元前8世纪、消失于公元前1世纪，同时指出多钮铜镜是中国东北地区、朝鲜半岛和日本列岛特有的礼器，代表着最高权威。②在分析了多钮镜的随葬方式后，李清圭指出完整多钮镜多与琵琶形铜剑共存，也出现在细形铜剑时期的大部分墓葬中，表明墓主地位较高；碎片多钮镜在细形铜剑后期数量增长，表明墓主人经济地位身份较低，具有保存墓主人身体或灵魂的巫术意义。③

3. 具柄镜

具柄镜包括手柄镜和钮柄镜，中国境内出土的这两类铜镜数量不多，在早期铜镜研究范围内的数量更少。学者在研究时，多将手柄镜和钮柄镜归为一类，往往以某一类或某一地区出土的具柄镜为研究对象，梳理相关的手柄镜和钮柄镜资料，将其与境外出土的类似铜镜联系对比的同时对中国境内流行的早期具柄镜追源溯流。

我国学者对手柄镜和钮柄镜的讨论源于拉萨曲贡铁柄铜镜的出土，这面铜镜出土前，仅有刘学堂在论述新疆出土的早期铜镜时，兼顾了具柄铜镜资料的搜集，指出新疆境内的具柄铜镜多发现在天山山沟及天山北路、伊犁盆地④，但并没有就其具体来源及流布展开论述。拉萨曲贡铜镜出土后，其年代、来源、流传

---

① 参见杜超、王建新《东北亚系多钮几何纹铜镜的源流及其象征意义》，载文化遗产研究与保护技术教育部重点实验室等编《西部考古》第19辑，科学出版社2020年版，第208—222页。
② 参见［韩］李清圭《多钮几何纹铜镜的出现与消失》，成璟瑭译，载《鄂尔多斯青铜器国际学术研讨会论文集》编辑组《鄂尔多斯青铜器国际学术研讨会论文集》，科学出版社2009年版，第77—80页。
③ 参见［韩］李清圭《多钮镜的随葬方式及其含义》，载北京大学出土文献研究所编《青铜器与金文》第5辑，上海古籍出版社2020年版，第47—57页。
④ 参见刘学堂《新疆地区早期铜镜及其相关问题》，《新疆文物》1993年第1期。

途径成为研究重点，有诸多论述。学者不仅列举了西亚、中亚等地的手柄镜，且均注意到我国西南、西北边疆出土的钮柄铜镜。其中，霍巍关于曲贡铜镜的文章最为丰富①，他认为曲贡铁柄铜镜年代为春秋、战国时期，可能为西藏本地铸造，也可能是从周边地区获得，与西南地区云南、四川等地的有柄铜镜关系密切，可能是由新疆地区传入的，同时认为早期有柄镜起源于中亚和蒙古草原，羌人部落的活动使其传入我国境内，关于东京国立博物馆藏与曲贡铁柄铜镜类似的带柄镜，霍巍认为其很可能也是来自中国的云南、四川地区。赵慧民认为曲贡铁柄铜镜可能来源于南亚次大陆，与印度北部的古代文化有关，是通过吐蕃—尼婆罗通道传入中国境内的，新疆和云南出土的有柄镜与中亚斯基泰文化有关。②吕红亮认为曲贡铁柄铜镜不是本地铸造，很可能自中亚南部或印度北部并由西藏西部传入，其年代不会早于西汉，也许经过西藏本土艺术家的加工改造，是萨满文化通神的道具。③仝涛综述了德国、俄罗斯等国学者关于曲贡铜镜的研究观点，提出了藏式带柄铜镜的概念，认为包括曲贡铁柄铜镜在内的三枚铜镜的纹饰、铸造工艺与滇文化类似，其制作地可能在滇文化邻近地区。④韩磊综述了新疆和西藏发现的有柄镜，认为西藏带柄镜是由新疆南缘传入的。⑤张文立提出了钮柄镜的概念，认为其受到有柄镜的影响，但不是有柄镜直接发展而来的，较晚时期两者相互影响，我国北方地区可能是钮柄镜流行的边缘。⑥郭富认为四川地区具柄镜（即钮柄镜）源于北方草原，经甘青地区传播到四川西部后形成了本地特色的纹饰装饰，之后又传播到云南等地，梳妆照容是主要用途。⑦张龙海认为长柄镜（即

---

① 参见霍巍《西藏曲贡村石室墓出土的带柄铜镜及其相关问题初探》，《考古》1994年第7期；霍巍《再论西藏带柄铜镜的有关问题》，《考古》1997年第11期；霍巍《从新出考古材料论我国西南的带柄铜镜问题》，《四川文物》2000年第2期。
② 参见赵慧民《西藏曲贡出土的铁柄铜镜的有关问题》，《考古》1994年第7期。
③ 参见吕红亮《西藏带柄铜镜补论》，载四川大学中国藏学研究所编《藏学学刊》第5辑，四川大学出版社2009年版，第33—45页。
④ 参见仝涛《三枚藏式带柄铜镜的装饰风格来源问题》，载四川大学中国藏学研究所编《藏学学刊》第6辑，四川大学出版社2010年版，第137—148页。
⑤ 参见韩磊《新疆与西藏考古发现带柄铜镜的相关问题》，《文化创新比较研究》2017年第26期。
⑥ 参见张文立《平山三汲出土铜镜初识——兼谈北方系钮柄镜》，载教育部人文社会科学重点研究基地吉林大学边疆考古研究中心编《边疆考古研究》第1辑，科学出版社2002年版，第55—62页。
⑦ 参见郭富《四川地区早期带柄铜镜的初步研究》，《四川文物》2013年第6期。

手柄镜）在新疆的出现与斯基泰游牧人群的活动有关。① 陈亚军推测了钮柄镜进入中国的时间和路径，即切木尔切克文化时期，随着欧亚草原的人群进入新疆北部地区，借着三道海子文化的迅速扩散，钮柄镜从阿尔泰地区直接进入新疆阿勒泰地区，一边沿着东天山扩散，一边通过河西走廊向北方地区、川西高原流布。②

在早期铜镜研究时间范围内，尤其是在欧亚草原文化交流的背景下，西方系统的具柄镜与东方系统的具钮镜共存共用背后反映的社会变化是中国早期铜镜研究的重要组成部分。然而学者在论述有柄镜时，新疆出土手柄镜和钮柄镜只是作为重要的材料和论述的组成部分，目前尚无关于新疆出土有柄铜镜的专题研究，不能不说是研究和认识中国早期有柄镜、分析其与境外文化的关系及其在国内的发展流布的缺失内容。

此外，还需要注意的一点是，在铜镜研究领域，外国学者对中国铜镜的研究较多，而我国学者对同时期国外文明铜镜的介绍、总结与梳理的学术成果相对较少。这些成果通常仅在研究过程中被简要提及，用以与特定文化或遗址中的铜镜进行比较分析，而缺乏专门或全面的研究。造成这一现象的原因，一方面是语言差异所造成的障碍以及国外资料搜集的难度，另一方面可能是研究者在心理上，有意或无意地忽视了这些铜镜与中国早期铜镜之间的联系。即便偶尔有所涉及，研究也往往仅限于与中亚、欧亚草原地区相似铜镜的对比分析。

（三）早期铜镜加工工艺研究

铜镜制作技术在一定程度上反映了当时的青铜冶铸技术和加工工艺水平的高低。先秦时期我国工匠已经积累了一定的合金知识，不同的器物用不同成分的合金来铸造。《考工记》云："金有六齐……金锡半，谓之鉴燧之齐。"郑玄注："鉴亦镜也。凡金多锡则刃白且明也。""六齐"指不同合金，金即铜，也就是说春秋战国时期的工匠已经用铜锡合金来制镜。然而"金锡半"是指金锡各占一半，即各占50%，还是锡含量占铜的一半，即铜占66.7%，锡占33.3%，学界曾有争议，但科技分析结果更接近后者。

---

① 参见张龙海《欧亚草原斯基泰时代铜镜初论》，《温州大学学报（社会科学版）》2018年第4期。
② 参见陈亚军《河西走廊发现早期带柄铜镜研究》，《敦煌学辑刊》2020年第4期。

金相、矿相、扫描电镜、X射线能谱分析等现代科技手段在青铜器成分分析和检测中普遍应用，关于铜镜材料的分析成果、加工工艺等研究成果逐渐丰富。李虎侯采用快中子放射法分析了齐家文化七角星纹铜镜的合金成分，结果显示铜镜中至少有铜和锡两种金属元素，锡含量大约为8.76%，较对比测量的爵、戈以及两面汉镜都低。[①] 赤峰市文物工作站和中国科学院自然科学史研究所的工作人员分析了南山根M101出土的两面铜镜，M101:59主要成分为铜和锡，M101:60中还含有少量铅，但分辨不出是有意加入还是无意带入，两面铜镜的含锡量均为15.223%，高于齐家文化铜镜但低于战国铜镜，这两面铜镜均为铸造，似乎经打磨和抛光，未经淬火，表面可能未经过处理，显示此时铜镜铸造技术尚不够成熟。[②] 新疆地区出土铜器的科技分析成果最为丰富，如梅建军、刘国瑞、常喜恩对新疆哈密及其邻近地区史前时期铜器进行检验与分析[③]，潜伟对哈密及其邻近地区史前时期的234件铜器进行检验与分析[④]，伊弟利斯·阿不都热苏勒等学者对克孜尔水库墓地出土的19件铜器的分析[⑤]，尽管涉及早期铜镜科技分析的资料不多，但为研究早期铜镜与中原地区及与周边文化的关系提供了有力的、科学的依据。此外，何堂坤系统探究了古代铜镜的铸造工艺，对中国古代铜镜的合金成分、铸造技术、处理技术等方面进行了分析。[⑥]

早期铜镜主要采用的是范铸加工的工艺，目前出土的镜范有石范和陶范两种。具钮镜镜范发现有陶范和石范两种，学者白云翔认为，齐家文化、安阳殷墟及虢国墓地出土铜镜为几何纹样，以线条表现纹饰，花纹粗疏不甚清晰，具有石范铸造技术特征，东北地区流行的多钮几何纹镜也属于石范镜，中国古代陶范铸镜技术的发生可能在公元前9世纪前后西周王朝统治区的中心地带，即关中以及豫西和晋南地区，陶范铸镜技术的发生标志着具有古代中国特色的铸镜技术传统

---

① 参见李虎侯《齐家文化铜镜的非破坏鉴定——快中子放射化分析法》，《考古》1980年第4期。
② 参见赤峰市文物工作站、自然科学史研究所《宁城早期铜镜及其科学分析》，《考古》1985年第7期。
③ 参见梅建军、刘国瑞、常喜恩《新疆东部地区出土早期铜器的初步分析和研究》，《西域研究》2002年第2期。
④ 参见潜伟《新疆哈密及其邻近地区史前时期铜器的检验与分析》，《广西民族学院学报（自然科学版）》2004年第2期。
⑤ 参见伊弟利斯·阿不都热苏勒等《拜城克孜尔水库墓地出土铜器的冶金学研究》，载贾应逸、霍旭初主编《龟兹学研究》第一辑，新疆大学出版社2006年版，第92～103页。
⑥ 参见何堂坤《中国古代铜镜的技术研究》，紫禁城出版社1999年版。

的真正形成。① 最新的考古资料显示，距今 3600 年的新疆尼勒克县吉仁台沟口遗址出土陶镜范一套两件②，距今 4000—3700 年的甘肃张掖西城驿遗址出土石镜范一套两件③，具钮镜陶范和石范的出土意义重大，尤其是西城驿遗址出土的镜范，时间早于齐家文化铜镜，打破了目前学术界普遍认为的"齐家文化铜镜是中国最早的铜镜"这一基本认识，对探究齐家文化铜镜的来源以及中国早期铜镜的起源与发展至关重要。带柄镜镜范目前仅在伊犁河谷发现 3 面，均为石范，由麻石制成，特克斯县采集的石范存单范，伊宁县采集的石范为镜面和镜背范一套两件，有学者指出，伊犁河谷发现的带柄镜范是受到中亚西部带柄镜的影响。④

（四）早期铜镜纹饰研究

纹样装饰不仅显示古人的审美情趣，也是古人思想意识的物化体现。学者在研究早期铜镜的起源流布、加工工艺等问题时，均已经涉及纹饰的研究，且注意到了早期铜镜装饰纹样以几何纹为主的特点。

早期铜镜纹饰内涵和象征意义的专题研究出现在 21 世纪初期。有研究认为齐家文化出土铜镜采用圆形的形制并装饰星形纹饰来源于当时人对天空的观察，是天空、太阳、星星的物化，星星还可能与人类灵魂的归宿有关⑤，但作者只是推测这种天象观察、灵魂观念，并没有提供更多的研究依据。也有研究认为殷墟妇好墓出土的 4 面铜镜有两种固定的寓意，一种为古代对十二节气太阳运动轨迹模拟的"七衡六间图"，一种是战国以前的星象分区图式，两面铜镜上的纹饰是古代先民盖天理论的完整表现，确立了中国铜镜圆以象天的传统，并被后世继承和发展。⑥ 但妇好墓铜镜并不是中原文化下的产品，而是来自商王朝周边的区域，铜镜来源的西北边疆的人们是否掌握了中原地区精英阶层才能掌握并理解的天象

---

① 参见白云翔《试论东亚古代铜镜铸造技术的两个传统》，《考古》2010 年第 2 期。
② 参见新疆文物考古研究所、伊犁哈萨克自治州文物局、尼勒克县文物局《新疆尼勒克县吉仁台沟口遗址》，《考古》2017 年第 7 期。
③ 参见陈国科《西城驿——齐家冶金共同体——河西走廊地区早期冶金人群及相关问题初探》，《考古与文物》2017 年第 5 期。
④ 参见刘学堂、李溯源《新疆发现的铸铜石范及其意义》，《西域研究》2008 年第 4 期。
⑤ 参见吴振银《早期铜镜神秘功能蠡测与道教用镜》，硕士学位论文，山东大学，2009 年。
⑥ 参见王煜《殷墟妇好墓出土铜镜寓意试探》，《中原文物》2014 年第 2 期。

概念及其运行模式并将其反映在铜镜背面,其证据似乎并不确凿。

回顾中国古代铜镜研究历程可以发现,从博古收藏到科学研究,考古学科的发展至关重要,考古发掘铜镜资料的增多、考古学科的确立、科技考古的介入,为研究中国古代铜镜,尤其是早期铜镜提供了多角度的切入点。诸多学者从不同领域关注中国早期铜镜的研究,并付出辛勤劳动,取得了较为丰富的研究成果。

此外,近年来国内学者对欧亚草原考古文化发展序列、流行年代、文化特征等方面的研究成果逐渐增多,国际上关于欧亚草原文化、中国在欧亚草原文化交流中的地位与作用等新研究也不断涌现,将中国早期铜镜的研究置于欧亚文化交流背景下成为一个新的研究课题。

三、研究方法及相关说明

金属的使用、冶金技术的发展及相关的活动通常会促进专业化的分工及物料和人员的远距离流动,进而促进社会的变化及经济结构的调整转变,对人类社会发展产生重要影响。中国早期青铜文明与世界文明的关系备受学术界关注,在欧亚大陆早期跨区域交流背景下,对中国早期铜镜的空间布局、各类铜镜之间的关系、中国境内铜镜的传播路线、不同时期的铜镜特征等问题,讨论其缘由与表现,对于认识中国青铜文明的发展,认识中国文明与世界文明的关系,乃至认识古代文明的发展历程都有重要的学术价值和意义。

本书首先以图像资料为对象,对与中国早期铜镜同一时期的古埃及、近东、古希腊、伊特鲁里亚及欧亚草原铜镜的形制、类别、特征进行介绍,便于读者认识了解不同文明铜镜的特点,也将中国早期铜镜的研究纳入全球视野。在中国早期铜镜的研究中,结合考古发掘、博物馆收藏铜镜资料,关注墓葬形制、葬式葬俗、器物组合、铜镜位置等铜镜出土背景信息,以及其他学者的研究成果,探究中国早期铜镜发展演变格局的形成。因自铜镜出土的遗址所能获得的信息会随发掘时间、发掘者的经验、考古文献材料的出版内容和质量产生较大差别,所以,本书更加注重铜镜所处考古学背景的资料搜集。在材料的搜集上,优先关注出土铜镜的墓葬资料,包括地表装饰、葬式葬俗、墓主人性别,以及与铜镜共存的器物,尤其是与铜镜一样作为日常装饰器具的器物组合,将铜镜作为丧葬习俗的副产物置于所在的文化环境中,因为墓葬不仅是死者尸骨的存放之地,还是举行丧葬仪式的一个场所,体现了一定的社会现实情况。同时,关注中国早期铜镜与境外相关文化出土铜镜的形制变化、装饰纹样、出土位置、制作技艺、使用人群等信息,以类型学为基础,通过文化因素分析、文化因素比较,在欧亚草原冶金技术交流、人群流动迁移、生活方式转变等文化传播交流的大背景下探讨探究中国早期铜镜的起源发展、演变趋势、传播交流、不同类型铜镜的流行时期及地域、各类铜镜之间的相互关系和流传路径、早期铜镜的时代特征与区域特征、早期铜镜的作用及社会功能等问题,构建早期铜镜发展序列时空框架,勾勒欧亚文化交流大背景下的中国早期铜镜传播演进之路。

东方系统的圆形具钮镜与西方系统的具柄镜共存共用是中国早期铜镜的特征之一,这与中国所处欧亚草原的地理位置密切相关。欧亚草原贯穿欧亚大陆草原地带,西起欧洲多瑙河下游,向东延伸至东欧平原、西西伯利亚平原、哈萨克丘陵、蒙古高原、中国的东北地区及包含这一区域周边地区在内的广大区域,其南部边界大致与中国的长城接近。[①] 中国境内的早期铜镜主要分布在西北、华北、东北、西南和中原地区,即现在的新疆、甘肃、青海、陕西、山西、河北、内蒙古、辽宁、吉林、河南等省、自治区、直辖市,大部分区域位于欧亚草原的东南部边缘。这一区域是古代华夏文明的边缘地带,文化特色十分显著,是认识和理解中西交流的关键所在。因此,将中国早期铜镜置于欧亚文化交流的大背景下,便于从文化传播的角度对中国境内流行的早期铜镜追根溯源。

公元前5世纪及以前,是世界范围内铜镜最为丰富的时期,除了中国,铜镜在古埃及、近东、古希腊、伊特鲁里亚以及欧亚草原等地均有流行,铜镜的制作和使用既有一定的相似性,也拥有各自独特的特点和风格。在这一特定的历史时期,铜镜的使用不仅仅局限于某一地区或文明,而是一种跨越国界和文化的"全球化"现象。考古发现也显示了中国的铜镜与其他文明的铜镜存在着直接或间接的联系。这些联系体现在制作工艺、纹饰风格、使用功能等方面,显示出不同文明之间的交流和互动。因此,在本书中,亦对多种文明的铜镜进行了简要的整理与阐述,以便于读者对同时期镜类有所了解。

---

① 参见李刚《中国北方青铜器的欧亚草原文化因素》,文物出版社2011年版,第7页。

第一章　世界文明视角的早期铜镜

中国早期铜镜是本书研究与论述的核心内容，也是全球古代铜镜文化的重要构成部分。在深入探讨中国早期铜镜的起源与演变之前，我们有必要从世界文明视角梳理同时期文明中铜镜的使用情况，从跨文化的维度审视其发展历程与变化，以帮助我们更加清晰地梳理出中国早期铜镜与世界其他文明之间的关联，以及其随时代变迁的脉络。

根据镜子流行的地理区域和文化特色，大致可以将公元前5世纪及以前的铜镜分为古埃及铜镜、近东地区铜镜、古希腊铜镜、伊特鲁里亚铜镜、欧亚草原铜镜和中国铜镜，在不同文化背景下，铜镜形制和纹饰各具特色，蕴含着不同文化的独特艺术魅力。限于篇幅及不同语言考古和文献资料搜集的困难，加之不同文明复杂多样的文化背景，在探讨不同文化的铜镜特色时，我们主要依托图像资料辅以相应的文化背景信息[①]，展示不同文化铜镜在形制特色、装饰风格、使用方式等方面的独特之处与差异。

第一节　古埃及铜镜

古埃及是世界四大文明古国之一，地处欧亚非三洲的交汇处，地理位置十分优越，世界上最长的河流尼罗河从南向北贯穿埃及，为埃及人带来了肥沃的土壤和充足的水源，也为古埃及文明提供了丰厚的滋养。故古希腊历史学家希罗多

---

① 图像资料首选报告、论著、图录等出版物中高清图片或线描图，对于一些清晰度不尽如人意的资料，为凸显铜镜细部特征，也使用博物馆藏镜且公开权限的图片，尤其是一些研究中涉及但藏于博物馆的铜镜的图片。

德说"埃及是尼罗河的赠礼"。

　　古埃及的历史可划分为三个主要时期：史前时代、法老时代以及希腊罗马统治时代。大约在几十万年或一百万年前，古埃及人的祖先便在尼罗河流域繁衍生息，公元前5000/4500年至公元前3100年的前王朝时代，古埃及社会经历了新石器时代以及铜石并用时代的发展。公元前3100年，原本分裂的上下埃及实现了统一，形成了一个统一的王国，是古埃及法老时代的开始。从公元前3100年至前332年马其顿的亚历山大大帝征服埃及为止，古埃及经历了近三千年的法老时期，这一时期通常被细分为早王朝时代、古王国时代、中王国时代、新王国时代、后埃及时代等发展阶段，某些法老政权瘫痪的阶段，被称为中间期（见表1-1-1，个别年代不能连接是因为王朝兴亡而无法连接）。公元前332年马其顿亚历山大大帝征服埃及至641年埃及被阿拉伯人占领之前的一段时期，为希腊、罗马统治时期，阿拉伯人占领埃及后，埃及古代文明随之终结并步入中世纪。①长达五千年悠久历史的古埃及文明，对世界文明进程，特别是对地中海周边地区的文明发展产生了深远的影响。

表1-1-1　古埃及历史及考古学分期表②

历史发展阶段	考古学年代	传统历史分期	绝对年代
史前时代	石器时代	原始文化	前4500年以前
	铜石并用时代	前王朝文化	前4500—前3100年
法老时代		早王朝与古王国时代	前3100—前2181年
	青铜时代	中王国时期与希克索斯时代	前2133—前1567年
		新王国时代	前1567—前1085年
		后埃及时代	前1085—前332年
希腊、罗马统治时代	铁器时代	希腊统治时代	前332—前31年
		罗马（拜占庭）统治时代	前31—641年

① 参见刘文鹏《埃及考古学》，生活·读书·新知三联书店2008年版，第26—31页。
② 刘文鹏：《埃及考古学》"导论"，生活·读书·新知三联书店2008年版，第31页。

古埃及人使用镜子的历史源远流长，可追溯至史前时代。当时的古埃及人使用的镜子主要包括三种类型。第一种是以水为镜，即将可以手持的容器中装满清水，以此作为映照面容的工具。在《伊浦味箴言》(《一个埃及贤人的训诫》)中有"她看向水中自己的脸是镜子的拥有者"的记载，这一描述生动地反映了当时人们以水为镜的习俗，也有学者认为陶碗装上水可以做镜子使用。另有一种观点认为，在前王朝时代，埃及人还曾以浸过水的石头作为镜子[1]，但水分的蒸发可能导致镜面模糊，需要频繁洒水以保持其清晰度，因此，这一做法的实用性及普及程度在学术界尚存争议。[2] 大约在公元前4500年，古埃及步入了铜石并用时代，金属镜也随之诞生。古埃及的金属镜通常由铜或青铜制成，也见金或银或镀金镀银，不同的历史发展阶段流行的铜镜样式各有特色。根据克里斯汀·莉莉奎斯特（Christine Lilyquist）对古埃及中王国及之前铜镜的研究，以及古埃及考古学分期，可以将古埃及铜镜的发展分为五个时期。

一、前王朝、早王朝至古王国早期

这一时期是古埃及镜的萌芽期，发现数量较少，铜镜和石镜同时使用。1911年，哈佛大学—波士顿艺术博物馆努比亚考古调查局发掘了古埃及努比亚地区137号墓地10号墓，出土了彩陶碗、钵、手镯、项链等随葬品（图1-1-1），其中有一件近圆形的云母片，长约9厘米，宽约11厘米（图1-1-1，6），尽管已经破碎断裂，反光面也变得昏暗无光泽，但依然可以清楚地看到反光面经过了精心磨制，发掘者指出这件云母片是作为镜子使用的，墓葬时间在公元前3100—前3000年。[3]

---

[1] Christine Lilyquist, "Ancient Egyptian Mirrors from the Earliest Times through the Middle Kingdom", Ph.D. Thesis, New York University, Graduate School, February 1971, p. 10.

[2] Robert Steven Bianchi, "Reflections of the Sky's Eyes", *Notes in the History of Art*, Vol. 4, No. 2/3, Winter/Spring 1985, pp. 10–18.

[3] 现藏于波士顿艺术博物馆，https://www.mfa.org/collections/object/mirror-fragment-142253。

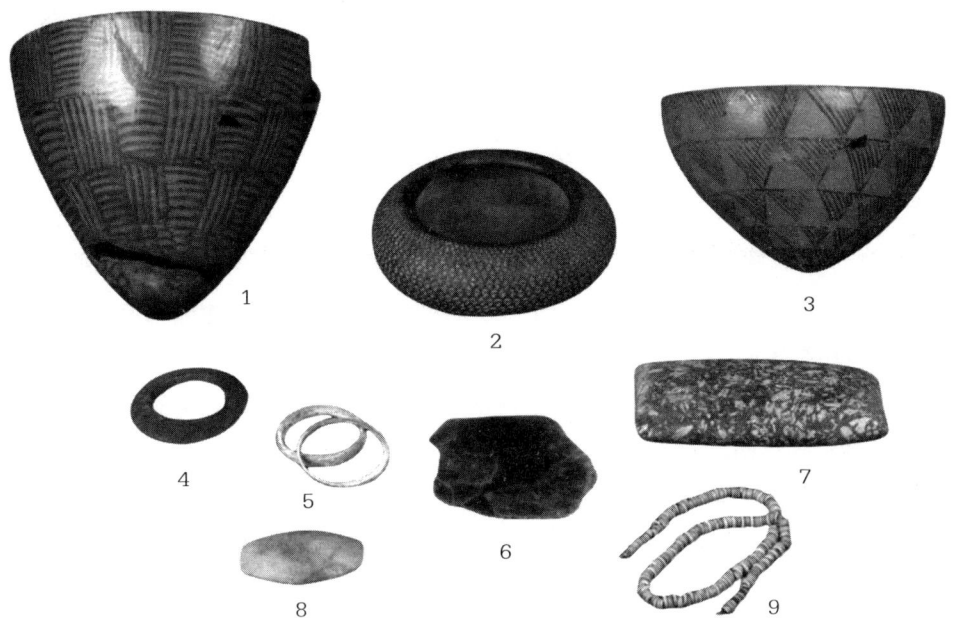

图 1-1-1　努比亚地区 137 号墓地 10 号墓出土器物

1、3. 陶碗　2. 陶钵　4、5. 手镯　6. 云母镜　7. 石刀　8. 石珠　9. 项链

目前发现的较为古老的金属镜实物出土自古埃及孟斐斯地区（现在埃及开罗郊外）公元前 3200—前 2700 年早王朝时期的墓葬中。一些带有短柄（tang）、两面抛光的铜合金心形圆片被认为是镜子，平直的边缘没有凸起，下端收拢为针锥状的短柄，以方便与手柄固定。[①] 遗憾的是手柄已经遗失，无法了解其材质和形状。

这种带有短柄的心形的镜面一直延续使用至古王国早期，手柄多采用木头、象牙等易腐朽的材质，因此，发掘出土时手柄往往消失不见，出土数量也不多。然而，自古埃及铜镜诞生之初，这种圆片状镜面且边缘带有短柄、需插接于手柄组合成型的样式，以及镜子两面均经过抛光，大多可双面使用的方式便成为古埃及铜镜的主要特征。

---

① Robert Steven Bianchi, "Reflections of the Sky's Eyes", *Notes in the History of Art*, Vol. 4, No. 2/3, Winter/Spring 1985, pp. 10-18.

二、古王国晚期至中王国早期

从古王国开始，椭圆形的镜面成为古埃及镜的主要形制，圆形和心形的镜面较为少见。学者普遍认为，铜镜上的圆盘实际上代表了太阳圆盘，当太阳在地平线上出现的时候，顶部和底部略显扁平，镜面的椭圆形正是对这一初升太阳的模仿和反映。[1] 镜面的材质以铜或青铜为主，还有少量的银质和金质镜面。一般是先铸造成型，然后锤击、退火，也许还有重新锤击，再对两个侧面进行打磨和抛光，最后在表面涂上一层银色的高砷铜合金，以增强映照效果。[2] 因为砷铜不仅仅是一种替代合金，也是一种着色技术，可以产生一种人造银的效果。[3]

至古王国晚期，铜镜的形制已经十分成熟，带有短柄的椭圆形镜面、连接镜面和手柄的镜托、各种材质的手柄，三段式构成是古埃及镜的主要形制特征。如大英博物馆纸莎草手柄镜[4]，镜面为椭圆形，边缘连铸有方形的短柄；镜托弧形面上刻有一周象形文字，为镜子拥有者的姓名，托身以流畅的凹线模仿纸莎草的线条状花瓣；手柄呈纺锤状，与镜托一体，均为釉陶工艺烧制，整体散发出鲜明的蓝绿色光泽，镜托和手柄末端的三角形纹饰装饰也彼此呼应（图1-1-2）。工匠在设计时已经充分考虑了镜子三部分的连接组合，不管镜托与手柄是一体成型，还是分开制作再组合，连接处总是形成榫卯结构，并利用动植物胶进行黏合加固。

古王国时期，镜子的二维图像出现在石棺雕刻或者绘画图像中。底比斯（Thebes）出土的第五王朝时期的石棺图像和德沙沙（Deshasha）出土的石棺图像虽然较为模糊，但仍然能看出是一群工人正在作坊中忙碌。底比斯石棺图像上有5名工人，冶炼、铸造、锤打各有分工，制作的各种器物整齐地放在画面左上方

---

[1] Arielle P. Kozloff, "Mirror, Mirror", *The Bulletin of the Cleveland Museum of Art*, Vol. 71, No. 8, Oct. 1984, pp. 271–276.

[2] Christine Lilyquist, "Ancient Egyptian Mirrors from the Earliest Times through the Middle Kingdom", Ph.D. Thesis, New York University, Graduate School, February 1971, pp. 144–148.

[3] E. R. Eaton and Hugh McKerrell, "Near Eastern Alloying and Some Textual Evidence for the Early Use of Arsenical Copper", *World Archaeology*, Vol. 8, No. 2, Oct. 1976, pp. 169–191.

[4] https://media.britishmuseum.org/media/Repository/Documents/2014_10/6_13/cdb251b5_021e_43a8_b94c_a3bc00e0a460/mid_00420013_001.jpg.

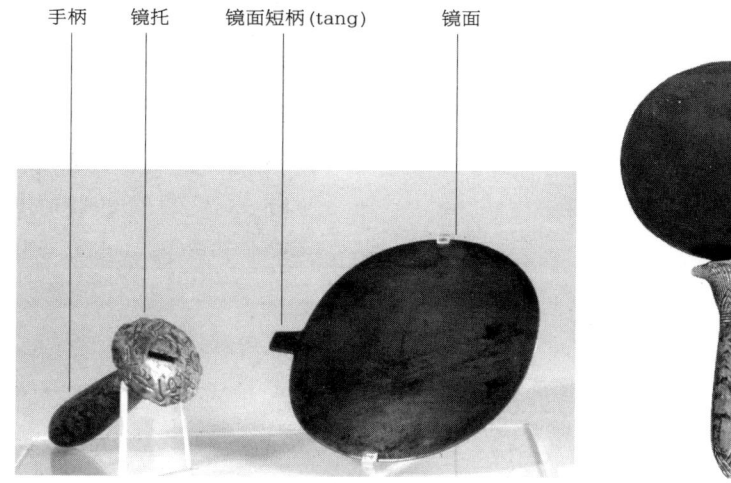

图1-1-2 古埃及镜形制特征

的架子上。镜子尚未完工,刚刚制作出镜面,还未来得及安装手柄,暂时与碗、瓶等物品放置在一起。德沙沙石棺上的两名工人正在制作瓶子,镜子已经完工并被放入镜袋中,仅露出手柄,与手提包、油瓶等一起被放在桌子上。图像上方有象形文字"制作礼物",说明这是一家专门为顾客提供定制礼物的作坊。萨卡拉(Saqqara)出土的石棺图像显示,正在举办的一场舞会中镜子是重要的道具(图1-1-3,1),另一幅图像上的镜子似乎是交换的物品(图1-1-3,2)。[1] 萨卡拉地区的一些墓室壁画上有镜子或放入镜袋的镜子,与头枕、头巾、油瓶等日用品整齐地分列放置(图1-1-3,3、4),这些图像一般出现在墓室假门的旁边,象征墓主人的灵魂通过假门进入地下世界后能够继续享用这些图像上的物品。不同的图像,显示了镜子在古埃及人的生活中的不同地位与作用。

图像中的镜子大多为纸莎草状手柄镜,这种手柄样式是古王国时期最为流行的,也是埃及用镜历史上流行时间最长、最为常见的。纸莎草是一种类似芦苇的莎草科水生植物,尼罗河三角洲是其主要生长地区之一。其茎部不长叶子,扇

---

[1] Christine Lilyquist, "Ancient Egyptian Mirrors from the Earliest Times through the Middle Kingdom", Ph.D. Thesis, New York University, Graduate School, February 1971, p. 218. Fig.103, 104, 105, 106.

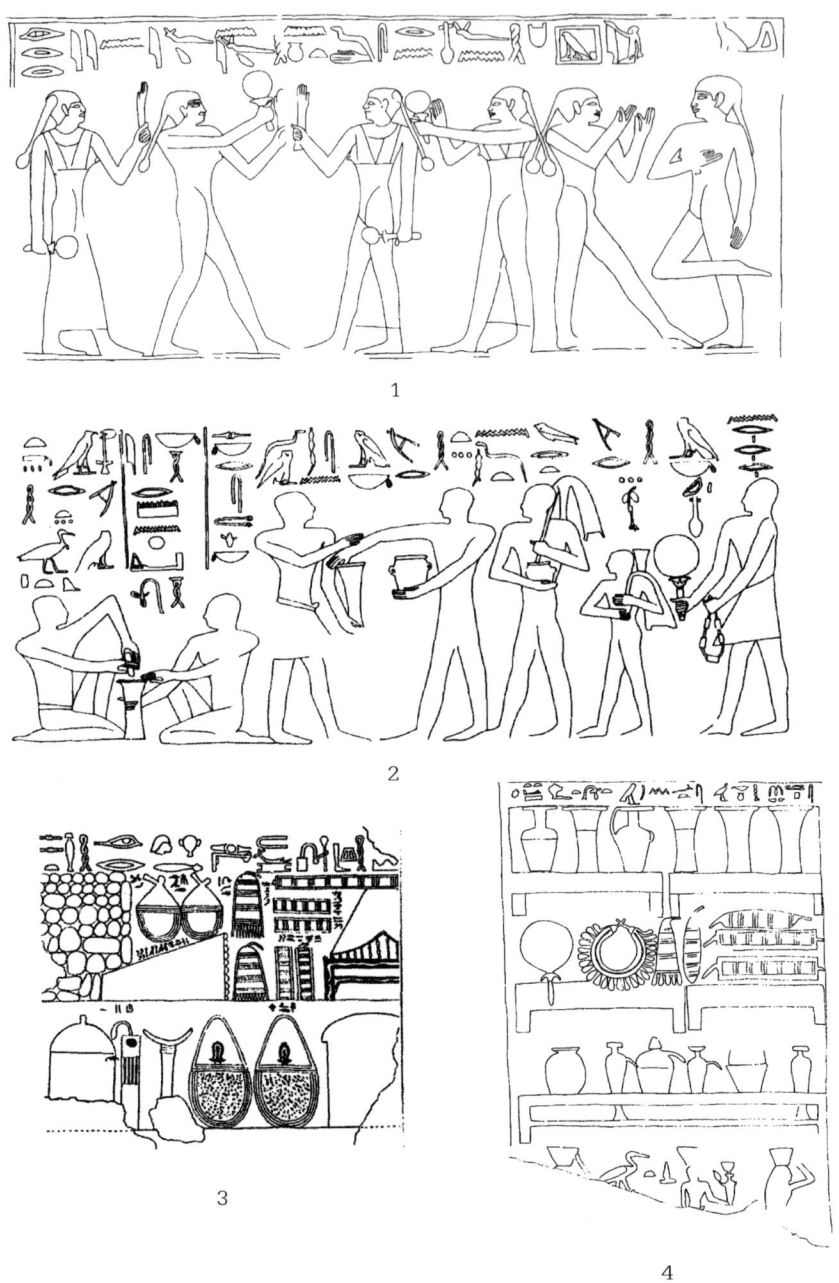

图1-1-3 萨卡拉出土石棺及墓室壁画局部

1、2.石棺　3、4.墓室壁画

形的花朵生长在茎部顶端，手柄和镜托即是对纸莎草茎和花序的模仿。纸莎草在埃及人的生活中占有重要地位，造纸、编织、照明、燃烧等均以纸莎草为原料，纸莎草的形象也常见于石雕、壁画等图案中。

三、中王国晚期至新王国早期

中王国时期，镜子几乎成为每一位古埃及人梳妆打扮必不可少的器具。除了纸莎草装饰的手柄镜，还出现了柱状手柄镜、几何形手柄镜等。几何形手柄镜的手柄往往由木头制成，呈现曲尺形、三角形等，镜柄直接插入木头手柄之中，如代尔伯沙（Deir el-Bersha）10号墓出土镜（图1-1-4，1）。手柄材质有乌木、象牙、釉陶、滑石等多种，到了中王国晚期，金属手柄（主要为铜，少见银、金）也开始出现，哈索尔神、荷鲁斯神成为镜上的装饰。

铜镜镜面绘画一只正视的眼睛图案在中王国晚期较为常见（图1-1-4，2、3）[1]，一般认为是拉神或者荷鲁斯神的眼睛，具有治疗和保护的力量。[2] 拉神一直是古埃及神话中最重要的神，是埃及的太阳神，被视为正午的太阳。拉神有很多形象，最常见的形象是鹰首人身，或者是人像头顶有太阳圆盘及一条盘曲的蛇。荷鲁斯神是埃及古老的天空之神，他的右眼代表太阳，象征好运和创造力，左眼代表月亮，具有情绪探索的力量，铜镜上的眼睛显然是荷鲁斯神的右眼。此外，一些铜镜的镜面边缘或手柄上还有"神圣""永恒""看向镜子的脸"等字样的象形文字或古埃及生命符号——"Ankh"，显示了镜子非同一般的功能。

在使用过程中，铜镜镜面会被不经意地磨损从而影响映照效果，中王国时期出现了不少保护铜镜的镜袋和化妆盒。镜袋多由亚麻或皮革制成，呈弦月的形状，用以放置镜面，手柄则露在外面，有或长或短的带子以供背挎或手提。化妆盒是保存铜镜的另一种重要工具，中王国晚期出现。上埃及底比斯出土了一个

---

[1] 图1-1-4，1见波士顿艺术博物馆藏镜，https://www.mfa.org/collections/object/mirror-and-handle-144864；图1-1-4，2、3见 Christine Lilyquist, "Ancient Egyptian Mirrors from the Earliest Times through the Middle Kingdom", Ph.D. Thesis, New York University, Graduate School, February 1971, Fig.71, 72。

[2] Robert Steven Bianchi, "Reflections of the Sky's Eyes", *Notes in the History of Art*, Vol. 4, No. 2/3, Winter/Spring 1985, pp. 10–18.

精美的化妆盒，长25厘米，宽11.3厘米，高22.3厘米，保存完好。盒子的正面描绘了墓主人向国王献祭的场景；向外轻拉，即可打开下层抽屉，内置6个雪花石小罐，里面可能盛装用于祭祀仪式的圣油；盒子上盖可打开，内为镜格，专为放置镜子设计，在手柄处有卡扣固定，防止镜子滑动（图1-1-4，4、5）。①镜盒设计精巧，兼顾实用与美观，是一件不可多得的艺术珍品。这面镜子的镜面包裹金箔，手柄由珍贵的乌木制成，柄颈有莲花形的金箔装饰，柄身刻有主人雷尼塞尼布（Reniseneb）的名字。这是一位古埃及的官员，镜子上的象形文字显示他的头衔是"南方十大人物之一"，他地位较为显赫，拥有奢华的镜子与镜盒也不足为奇。

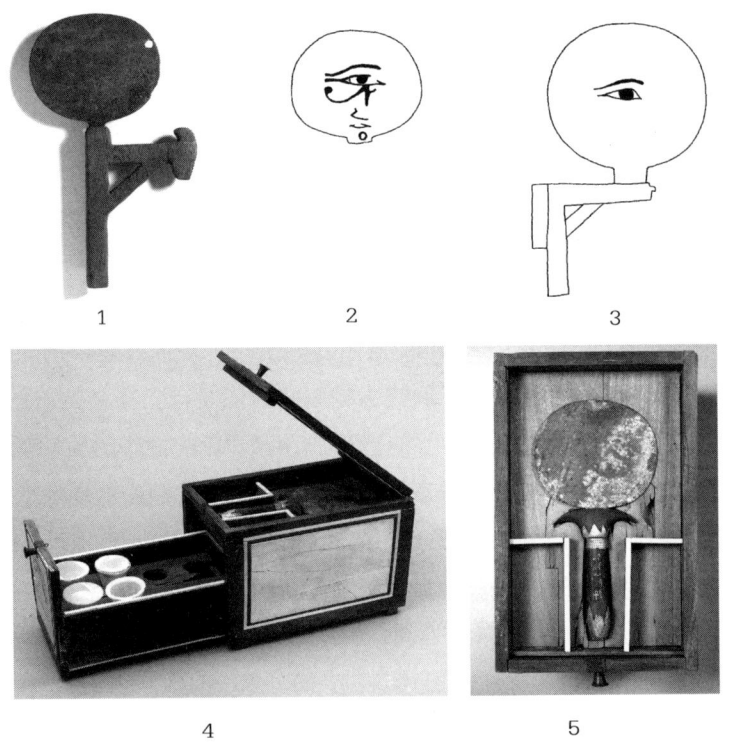

图1-1-4　中王国时期的镜及镜盒
1.代尔伯沙10号墓出土镜　2、3.开罗出土镜　4、5.底比斯出土镜盒及镜

① 见 https://www.metmuseum.org/art/collection/search/544234。

金属镜子的大量出现是在古王国晚期至中王国时期，相关研究要数克里斯汀·莉莉奎斯特的博士学位论文《早期时代到中王国时期的古埃及镜子》最为充分，该文搜集了古埃及出土或博物馆藏的古埃及镜子数百面，先对这些镜子的年代进行界定，然后从三个方面分析镜子的主题特征，包括镜面、手柄等部位的物理特性，出土的墓葬、神庙、房屋等背景信息，以及镜子拥有者的头衔、姓名、性别等，最后对所有材料进行仔细解释，总结归纳了古埃及镜子在日常生活中的作用，堪称古埃及铜镜研究领域的专业与权威之作。[1]

四、新王国晚期

在新王国时期，第十八王朝的强盛带动了古埃及铜镜工艺的显著发展，铸造精良，工艺精湛，手柄设计变化多样，展现出极高的艺术价值，是古埃及铜镜艺术的鼎盛时代。除了常见的纸莎草、几何形手柄镜，哈索尔神、荷鲁斯神、贝斯神装饰的镜子是流行的主要形制，以站立的人像为手柄的铜镜也十分有特色，反映了古埃及人的神崇拜及审美。这一时期的手柄多见铜质，新月形镜托的中间往往有一个铆钉，将手柄与镜面较为牢固地连接在一起，因此，目前发现的此类铜镜的手柄都较为完好地保存了下来。

哈索尔是古埃及人最为喜爱也最为崇拜的女神之一，尤其是在王室，哈索尔崇拜十分突出，不少地方建有专门献给哈索尔的巨大神庙。哈索尔被认为"拉神的眼睛""天空之妇"等，掌管智慧和艺术，也是青春、性欲、爱情女神和孕育、死亡的母神，是生殖力、活力和青春的象征。哈索尔经常以奶牛、牛头人身或长有牛耳的女性形象出现。在镜子上，哈索尔头像往往作为镜托装饰，最常见的是有两只牛耳的妇女形象。底比斯出土的两面银镜异常精美，一面镜子哈索尔头像上方雕刻国王的头像，手柄是木质的，包裹金箔（图1-1-5，1）；另一面镜子上哈索尔的眉毛和眼睛用黑色的颜料勾边，显得格外突出（图1-1-5，2），这

---

[1] Christine Lilyquist, "Ancient Egyptian Mirrors from the Earliest Times through the Middle Kingdom", Ph.D. Thesis, New York University, Graduate School, February 1971.

两面镜子的主人是图特摩斯三世的三位外国妻子之一。[①] 此外，头戴假发的女性形象和两角间有太阳圆盘的女性形象也是哈索尔的常见形象。

荷鲁斯神也经常作为铜镜上的装饰，多以立鹰的形象出现在镜托上。荷鲁斯是冥王奥西里斯和伊西丝的儿子，古埃及法老的守护神，也是王权的象征，有站立的鹰隼、鹰头人身、头戴王冠的鹰或展翅的雄鹰等多种形象。镜托上的荷鲁

[①] 图1-1-5，1见大都会艺术博物馆，https://www.metmuseum.org/art/collection/search/545165；图1-1-5，2见大都会艺术博物馆，https://www.metmuseum.org/art/collection/search/548673。

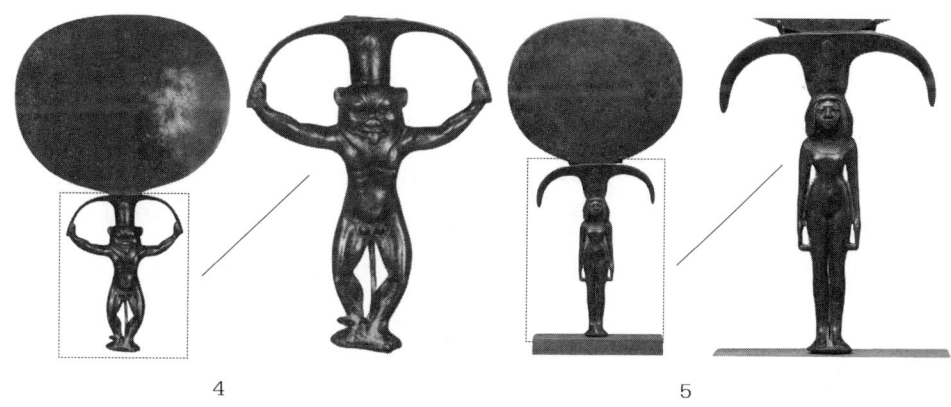

图1-1-5 新王国时期镜

1、2.哈索尔装饰镜 3.荷鲁斯神装饰镜 4.贝斯小神装饰镜 5.女性雕像柄镜

斯神多以左右对称、背向站立的双鹰形式出现，脚踏新月形的镜托，头顶镜面下缘，既是镜面装饰，又加固了手柄与镜面的连接。哈佛大学—波士顿艺术博物馆探险队在苏丹时期的塞姆纳墓地发现的铜镜上不仅有荷鲁斯神的立鹰形象，也有哈索尔装饰（图1-1-5，3）。[①]

贝斯是一位忙碌的小神，他是一位家庭的守护神，保护儿童、孕妇、婚礼、壁炉等。这个带腿的生物最初是一个狮子形象的神，后来变成了狮首人身、身材矮小、拖着长尾的半人半神的形象，往往装饰在与人直接接触的物体之上。作为镜子的手柄，常以吐着舌头的狮兽形象装饰镜托，或者以整个身体作为手柄出现，矮小的身材托起大大的镜面，显得十分滑稽（图1-1-5，4）。[②]

女性雕像柄镜第一次在埃及流行是在第十八王朝时期。[③]常见站立的裸体女性形象，身材纤细，姿态不一。或为较为呆板的站立形象，假发垂肩，双手下垂

---

① Christine Lilyquist, "Ancient Egyptian Mirrors from the Earliest Times through the Middle Kingdom", Ph.D. Thesis, New York University, Graduate School, February 1971, pp.168-170, Fig.82-87. 图片见 https://collections.mfa.org/objects/146189/mirror-with-falcons?ctx=48cced06-b1aa-46ff-a215-9aa62cbe54d3&idx=0。

② Arielle P. Kozloff, "Mirror, Mirror", *The Bulletin of the Cleveland Museum of Art*, Vol. 71, No. 8, Oct. 1984, pp. 271-276.

③ Arielle P. Kozloff, "Mirror, Mirror", *The Bulletin of the Cleveland Museum of Art*, Vol. 71, No. 8, Oct. 1984, pp. 271-276.

在身体两侧（图 1-1-5,5）①，或是双臂呈"W"状托举在新月形镜托的两边，或者一手曲于胸前，一手下垂。雕像的脚下有作为支撑的底座，与需要握持手柄使用的铜镜不同，这种铜镜可以放置在桌面上单独直立，不用手持就可以使用，解放双手，使用起来更为方便，使用完毕即可立于桌面一角，又成为一件极具装饰效果的工艺品，体现了这一时期镜子使用方式的变化和功用的增多。在米坦尼国王写给埃及法老的信中，特意提到送给法老的礼物中有两面女性雕像柄镜②，这种新出现的镜类比较新奇，首先在上层阶层中流行使用，并相互馈赠。

新王国时代，无论是铜镜的数量还是质量，都达到了古埃及历史上的顶峰。这与第十八王朝的强盛是分不开的。第十八王朝时期是古埃及 31 个王朝中延续时间最长、版图最大、国力最为强盛的时期。宗教改革削弱了祭司阶层的权利，加强了王权统治，涌现了埃及历史上最为著名的法老图特摩斯一世、阿蒙霍特普四世、图坦卡蒙、拉美西斯一世等。上下埃及被统一起来，大规模的向外扩张将西亚和北非联系起来，成为世界上第一个大帝国。国家实力的增强和繁荣昌盛，进一步推动了手工业的蓬勃发展。特别是在金属冶炼领域，技术的进步和效率的显著提升为生产高质量的铜镜提供了坚实的基础。随着工艺的不断改进和创新，铜镜的铸造工艺达到了一个新的高度，铜镜不仅在日常生活中得到了广泛应用，还成为艺术品和奢侈品的一部分，反映了社会的繁荣和进步，也展示了工匠们精湛的技艺和对细节的追求。

五、后埃及时代及希腊、罗马统治时期

新王国晚期，祭司和贵族势力庞大，王权衰落，随着海上民族的入侵，新王国在第十九王朝末期的奴隶起义中被摧毁，进入后埃及时代及希腊、罗马统治时期。

中王国时期的资料显示了镜子与葬礼的关系，越往后期，镜子属于自我满

---

① 图片见大都会艺术博物馆藏镜，https://www.metmuseum.org/art/collection/search/545895。
② Robert Steven Bianchi, "Reflections of the Sky's Eyes", *Notes in the History of Art*, Vol. 4, No. 2/3, Winter/Spring 1985, pp. 10-18.

足物品的特性越明显。① 在后埃及时代，尤其是公元前720年之后的几百年里，心形镜面的镜子重新流行起来，用细线雕刻穆特神（Mut）坐在神龛内接受献祭的场景成为铜镜上的流行装饰，也是祭司和贵族势力庞大的标志，如大英博物馆藏镜（图1-1-6，1）②，以及丹德拉出土的托勒密二世时期（前285—前246年在位）的一块石碑上的图案，画面中表现的是把镜子献祭给女神的情景，手持镜子的女性被认为穆特女神的追随者，即女祭司（图1-1-6，2）。③ 可见这一时期信仰的变化及镜子与神权的密切关联。

后埃及时代及希腊、罗马统治时期是古埃及历史上的动荡时期，分裂及割据和外族入侵是这一阶段的特点，也是铜镜的衰落时期，出土铜镜数量和质量明显不如以前，在保留本地特色的基础上显示了希腊、罗马文化的影响。直至641年，阿拉伯人入侵埃及，古埃及铜镜随着埃及文明的终止而逐渐消失。

1　　　　　　　　　　2

图1-1-6　镜与祭祀

1. 大英博物馆藏镜　2. 丹德拉出土石雕局部

---

① Robert Steven Bianchi, "Reflections of the Sky's Eyes", *Notes in the History of Art*, Vol. 4, No. 2/3, Winter/Spring 1985, pp. 10-18.
② 图片见大英博物馆，https://www.britishmuseum.org/collection/image/1613055709。
③ Robert Steven Bianchi, "Reflections of the Sky's Eyes", *Notes in the History of Art*, Vol. 4, No. 2/3, Winter/Spring 1985, pp. 10-18.

小　结

　　古埃及人极为重视个人形象与仪容的保持，尤其是贵族女性，她们在日常生活中频繁地佩戴假发、施以浓重的妆容，以展现独特的魅力。在这一过程中，镜子是不可或缺的工具，不仅助力女性完成化妆与修饰，还帮助她们细致地整理仪容，确保在任何场合都能展现出整洁、优雅的外貌。

　　新王国时期底比斯一座带有庭院的墓葬中出土了一套化妆用品，包括一个用于眼部化妆品的盒子、一把剃须刀、一把镊子、一块磨石和一面镜子（图1-1-7）。① 在日常生活中，镜子总是与化妆用品放置在一起。在图像资料中，镜子通常也与化妆有关，不仅有女性，还有不少男性使用镜子。底比斯一座墓室内的建筑石刻显示，墓主人是一位男性，镜子被放置在他身后的椅面上（图1-1-8，1），代尔巴赫里神庙建筑石雕上的三面镜子出现在椅子下方，两面倒挂，一面在侍者手中（图1-1-8，2）。镜子被放置在椅子上面或下方，可能与墓主人总是坐在椅子上梳妆有关。底比斯出土的第十一王朝石棺上的图像显示了一位贵族女性正在梳妆，女主人坐在高背椅子上，左手拿着一面镜子，右手端着饮品正在享用，男仆为其倾倒饮品，女仆为其佩戴假发，甚是悠闲和惬意（图

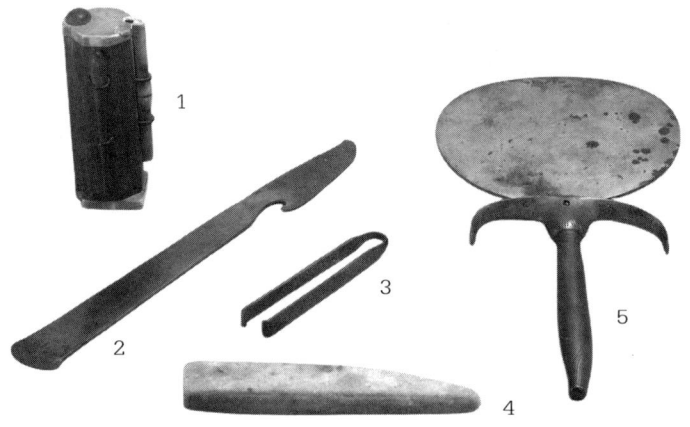

图1-1-7　底比斯出土镜与化妆用品
1.眼影盒　2.剃须刀　3.镊子　4.磨石　5.铜镜

---

① 图片见大都会艺术博物馆，https://www.metmuseum.org/art/collection/search/590954。

图1-1-8 石棺与纸莎草纸图像中的镜

1、4.底比斯墓葬出土 2.代尔巴赫里神庙遗址出土 3.卢浮宫藏 5.都灵出土纸莎草

1-1-8,4）。① 为贵族提供美容服务的人员属于不同的职业。卢浮宫藏古埃及石雕上墓主人的后方有一手提镜袋和油瓶的女性，上方标识符号显示其为侍者（图1-1-8,3），其他石雕上还见抄写员、理发师等身份或职业的标识符号。镜子甚至出现在情色场景中。都灵出土的纸莎草纸上，一位裸体女子双腿张开，一手持镜子，一手持化妆笔，旁边还有一位跪着的裸体男性（图1-1-8,5）。② 值得注意的是，墓葬图像中的镜子是丧葬符号的代表，在普通人的墓葬中，这种符号作用更为明显和突出。在一些图画中，镜子的镜面上会刻上所有者的姓名和头衔，可能也与此有关。③

镜子不仅是古埃及人必不可少的日常用品，还具有神圣的功能。在古埃及人的观念中，生与死是一个循环的过程，因为人拥有肉体和灵魂两种形式的生命，身体死亡后，灵魂会进入冥界，经过考验的灵魂将重新进入肉体以获得重生。法老死后会让人将自己的肉体制作成木乃伊，财力不济的普通人也力图保留肉体的一部分，以等待自己的灵魂回到身体里。而镜子是灵魂进出肉体的重要介质，是帮助死者实现重生、获得永生的重要物品之一。因此，无论是男性还是女性，墓葬中必须有镜子作为陪葬品，镜子被放置在木乃伊身体缠绕的绷带之中，或是在棺椁之中。代尔伯沙10号墓出土了一件中王国时期的祭祀队伍木雕，一位男牧师和三位侍女带着祭品来迎接墓主人的灵魂归来。牧师拿着酒罐和香炉带路，紧跟着的两个侍女献上食物和饮料，第三位侍女带着个人护理用品：一个小型木制化妆品箱和一面装在皮革袋子中的纸莎草柄镜子。这个简短的游行队伍象征性地提供了重生仪式中所必需的物品以及用于吸引和安抚神灵接受死者的献祭：食物、饮料、个人装饰品（图1-1-9,1）。④ 大都会艺术博物馆所藏一块来自上埃及底比斯的彩绘石雕上描绘了墓主人夫妇献祭的场景，大步向前的丈夫左手拿着

---

① Christine Lilyquist, "Ancient Egyptian Mirrors from the Earliest Times through the Middle Kingdom", Ph.D. Thesis, New York University, Graduate School, February 1971, p. 218, 图1-1-8, 1见Fig.109, 图1-1-8, 2见Fig.110, 图1-1-8, 3见Fig.128, 图1-1-8, 4见Fig.135。

② Robert Steven Bianchi, "Reflections of the Sky's Eyes", *Notes in the History of Art*, Vol. 4, No. 2/3, Winter/Spring 1985, pp. 10-18, Fig.6.

③ Robert Steven Bianchi, "Reflections of the Sky's Eyes", *Notes in the History of Art*, Vol. 4, No. 2/3, Winter/Spring 1985, pp. 10-18.

④ 图片见波士顿艺术博物馆，https://collections.mfa.org/objects/143592/model-of-a-procession-of-offering-bearers-the-bersha。

1　　　　　　　　　　　　2

图1-1-9　木雕祭祀队伍与彩绘石雕

1.代尔伯沙10号墓出土　2.底比斯出土

一根长杖，右手拿着一根较短的杖，追随其后的妻子的左手放在丈夫的肩膀上，右手拿着一面纸莎草状手柄镜，镜面为白色，可能为银质，手柄为黑色，可能是珍贵的乌木（图1-1-9，2）。图画中的镜子往往呈现不同的颜色，这是因为在古埃及颜色有着复杂的象征意义，一种颜色可以代表一种以上的金属。如橙色、红色、棕色代表青铜，黄色或白色表示银，红色、白色或橙色再加上替换符号，也可以表示金、银、青铜，纸莎草的镜柄则通常显示为绿色。[①]

镜子总是与神圣物品和仪式用品一起出现，表明它们具有神圣或魔法的性质。镜子与哈索尔女神的关系在中王国早期非常密切，圆形的镜面被视作哈索尔的太阳圆盘。也有学者认为哈索尔头像之所以常作为镜子手柄的装饰，是因为哈索尔有两张背靠背的脸，有"双面人"的称号，这与镜子可双面使用有相似之处。[②] 此外，尽管在寺庙中很少发现镜子，但刻在镜子边缘的祭司和女祭司的头

---

① Robert Steven Bianchi,"Reflections of the Sky's Eyes", *Notes in the History of Art*, Vol. 4, No. 2/3, Winter/Spring 1985, pp. 10–18.

② Arielle P. Kozloff, "Mirror, Mirror", *The Bulletin of the Cleveland Museum of Art*, Vol. 71, No. 8, Oct. 1984, pp. 271–276.

衔表明,在神社和神殿中都使用镜子祭献神灵。① 献镜仪式还形成了一整套仪程,在 15 座神庙中发现了 18 个独立的场景。② 因此,在古埃及人的生活中,镜子不仅是物质生活的一部分,还是精神信仰的寄托,不管对于活着的人还是逝去的人,镜子同样重要。

第二节　近东地区铜镜

　　近东、中东、远东这组概念通常被认为欧洲中心论的产物,是根据距离欧洲的远近对世界进行的划分。近东地区通常指地中海东部沿岸地区,涵盖伊朗高原、阿拉伯半岛、美索不达米亚平原以及小亚细亚半岛等辽阔地域,大致为现在的伊朗、伊拉克、土耳其、叙利亚、黎巴嫩、以色列、约旦等国家和地区。公元前 9 千纪至前 7 千纪,安纳托利亚、伊朗和两河地区先后出现天然铜制作的吊坠、管、锥、凿等小件铜器,公元前 6 千纪至前 5 千纪,安纳托利亚地区的人们开始尝试金属冶炼,从矿石中提取红铜和铅制作工具、装饰品等器物,并在伊朗高原形成一定规模,公元前 5 千纪至前 3 千纪的铜石并用时代中晚期,安纳托利亚、美索不达米亚、伊朗高原出现砷合金,包括铜镜在内的铜器种类和数量显著增多,及至公元前 3 千纪至前 2 千纪,锡青铜合金成为铜器加工的主要原料,并在伊朗高原发展出具有本地特色的发达的青铜文明。③ 近东地区是世界上较早使用铜镜的地区,在探讨这一区域铜镜发展序列时,主要参考《近东地区的古代铜镜》一文。④

　　目前世界上最早的人造镜子出现在安纳托利亚西南部的新石器时代遗址中,

---

① Christine Lilyquist,"Ancient Egyptian Mirrors from the Earliest Times through the Middle Kingdom",Ph.D. Thesis,New York University,Graduate School,February 1971,p. 255.
② Robert Steven Bianchi,"Reflections of the Sky's Eyes",Notes int he History of Art,Vol. 4,No. 2/3,Winter/Spring 1985,pp. 10–18.
③ 参见桑栎《近东地区冶金术的发展历程》,载教育部人文社会科学重点研究基地吉林大学边疆考古研究中心编《边疆考古研究》第 17 辑,科学出版社 2015 年版,第 175—196 页。
④ Pauline Albenda,"Mirrors in the Ancient Near East",Notes in the History of Art,Vol. 4,No. 2/3,Winter/Spring 1985,本书中没有添加引用的介绍均出自此文章。

恰塔霍裕克（Çatal Hüyük）遗址发掘有多座神庙、房屋和墓葬，出土了一些黑曜石制成的镜子。① 黑曜石是火山爆发喷涌的熔岩冷却后形成的一种天然玻璃，主要成分为二氧化硅，磨光后可以较好地成像。土耳其科尼亚考古博物馆展陈了该遗址出土的部分镜子（图1-2-1，1）②，镜子整体呈半球形，截面经过精细的磨制，光洁明亮，尽管颜色较深，但仍能较好地映照出人像（图1-2-1，3）。③

图1-2-1　黑曜石镜及映照效果
1.科尼亚考古博物馆藏　2.乌沙克博物馆藏　3.映照效果

---

① James Mellaart,"Excavations at Çatal Hüyük, 1962: Second Preliminary Report", *Anatolian Studies*, Vol.13, 1963, pp.43-103; James Mellaart,"Excavations at Çatal Hüyük, 1963", *Anatolian Studies*, Vol.14, 1964, pp.94-95.
② Jay M. Enoch,"History of Mirrors Dating Back 8000 Years", *Optometry and Vision Science*, Vol. 83, No. 10, October 2006, pp.75-81.
③ 拍摄于土耳其科尼亚考古博物馆。

图1-2-2 金属镜与水镜
1.泰勒遗址出土 2.乌尔遗址出土 3.阿拉加丘地遗址出土

这两面镜子的年代为公元前7000—前6500年。在该遗址公元前6000—前5900年的女性墓葬中出土的圆片状黑曜石镜子更为精致和轻巧，直径约9厘米，呈中间略鼓的饼形，镜面经过高度抛光，十分光亮，下面还配有石膏制成的底座（图1-2-1，2）。①发掘资料显示，这些镜子是女性用品，因为男性墓葬中出土了燧石匕首、黑曜石刀片等工具，女性墓葬中不仅有黑曜石镜子，还有香水瓶、珠宝、项链、骨勺、别针、手镯、石斧等与女性化妆有关的小饰品。

金属镜子的出现在2000多年后，美索不达米亚南部出现了边缘平直和带有凸棱的手柄镜，发现的铜镜数量不多，铸造也不甚精良。这些手柄镜的镜面为圆形，直径在12—16厘米，一些镜子上还残留着纺织品的痕迹，多与化妆用品一起出现在女性墓葬中。公元前4千纪后期—前3千纪初期的泰勒（Tello）遗址中出土的手柄镜需要插接在其他材质的手柄中使用（图1-2-2，1）。公元前2900年的乌尔（Ur）遗址中出土的手柄镜边缘有一周凸棱（图1-2-2，2）。公元前2300年伊朗的锡亚尔克（Sialk）遗址中也出土有插接式手柄镜。公元前3千纪晚期安纳托利亚阿拉加丘地遗址还出土了一种带有较短手柄的铜镜，镜面的边缘有较高的侧缘折向镜背，形成盘状，这种铜镜被称为"Water mirror"，即水镜（图1-2-2，3）。②根据形制推测，应该是在镜盘中存储清水，待水面平静后即可映照，与中国铜鉴

---

① 拍摄于土耳其乌沙克博物馆。
② 参见谈晟广《中国铜镜的起源新探》，《美术大观》2024年第6期，图片1-2-2，1-3分别见图6、7、11。

的功能相似。

公元前2000年至公元前1400年出土的金属镜子主要来自西亚地区，手柄镜依然是主流。叙利亚马里（Mari）遗址公元前14世纪至前13世纪的女性亚述人墓葬中出土了一面有柄的铜镜。位于地中海沿岸黎凡特地区的一座比布鲁斯人的坟墓里也发现了一面小型有柄铜镜，与镜子同时发现的银碗上浮雕两周螺旋状的环形带，这种装饰流行在公元前1500—前1450年的迈锡尼时期。

图1-2-3 石雕上持镜和纺锤的女性

1.卡基米什出土 2.津西利出土

公元前1400年到公元前700年，叙利亚北部发现了大量有站着或坐着手持镜子和纺锤的女性形象的石雕，这些女性被认为王室与神祇的标识，少量平民墓葬中出现的这类石雕则表示丧葬的含义。安纳托利亚中北部出土的文本资料显示，早在公元前2千纪的后半期，赫梯人正式记录了镜子与纺锤象征着女性地位。出土石雕上的图像也证实了这一点，这些坐着或站着的手持镜子的女性被认为女神或者神的妻子、女儿。卡基米什（Carchemish）出土了一件站立女性石雕，其头部残缺不全，两臂曲于胸前，左手持镜，右手持纺锤（图1-2-3，1）。石碑背面铭刻"卡基米什的王，100位神之一（？）"，可能是常见的库巴巴女神。贝瑞德吉克（Biredjik）出土的石雕立柱显示的是一位左手持镜的女神的侧面形象。津西利（Zincirli）出土的石雕上也描绘了一位站着的女神，她右手拿镜映照，左手拿纺锤置于胸前（图1-2-3，2）。类似的一手持镜、一手持纺锤的女性形象在安纳托利亚中北部出土的公元前1300年的石雕上多有出现，伊朗西北部出土的年代为公元前1200—前900年的黄金小船上也有相似的形象。带着镜子的上

图1-2-4 持镜的王后与国王

流社会夫妇形象出现在另一块来自马拉什（Marash）的石雕图像上，墓主人夫妇在椅子上正襟危坐，表情肃穆，面对前方。马拉什还出土了一件雕刻着一家人的石雕，包括父亲、母亲和女儿。女儿举起的右手拿着一面镜子，左手拿着纺锤，母亲左臂拥着女儿，右手拿着纺锤。另一块石雕描绘了一位坐着的妇女，她右手持镜，左手扶着竖琴，膝上有一个婴儿。学者认为雕刻凡人妇女的石碑是用于墓葬的，属于丧葬用品。

在同一时期的亚述艺术中，持镜女性的形象不多。卢浮宫藏的一面残缺的铜牌上描绘了两位行进中的皇室成员，由雕刻的楔形文字可知他们是王后纳乔·扎库图和国王伊萨哈顿（前680—前669年在位），王后左手持镜，右手拿着一个植物放在鼻子下。从图片看，镜面平直，镜柄处有凸起的装饰（图1-2-4）。这面镜子与贝瑞德吉克石雕上镜子的形制基本一样。一封写给亚述国王萨尔贡二世（约前765—前705年）的信中，提到了两面新铸造的铜镜的质量，显然铜镜不仅是王室的日用品，还是交往中的重要礼品之一。

公元前1000年左右，西亚地区发现的铜镜实物有两种形制，一种有较长手柄，另一种为插接式，镜子通常由一个不同材料的把手和一个金属圆盘组成。在锡亚尔克B组墓地，许多坟墓里都出土了带有长柄的青铜镜，时间可以追溯到公元前8世纪或公元前7世纪。这些镜子形制相似，镜面平直无装饰，边缘有一个突出的平面手柄，直径从10.5厘米到18厘米不等。发掘者认为出土的镜子属于女性墓主人。如发掘的52号墓里有三具骨骼，其中两人脚上都有脚链，应该是女性，发现的两面镜子可能属于她们，另一人随葬匕首、矛尖和马衔，这些物品可能是属于男性的。在伊朗卡斯普西南的埃尔伯兹山脉的马利克（Marlk）10号墓发现了一个简单的带有短柄的直径17厘米的青铜圆盘，还有一个脱落的木制手柄，两者可以插接组合，与在锡亚尔克发现的相似。这件铜镜随葬的时候可能是放在镜盒或镜袋中的，因为镜面残存有粗布盒子的痕迹。

公元前8世纪或更晚期，伊拉克北部的一座私人住宅中出土了一面有柄的镜子，镜面直径14厘米，镜柄由宽逐渐变窄、变细。相对于前期较短的镜柄，这种镜柄较长并逐渐变细变尖，更易于插入手柄之中。这种形式的镜子在叙利亚北部、地中海地区出现的时间要晚至公元前5世纪—前4世纪（图1-2-5，1）。叙利亚北部、地中海沿岸、美索不达米亚均出土有单独的镜子手柄。波斯波利斯出土了象牙手柄，其顶部呈棕榈叶状，向两边张开，并预留插接镜柄的小孔（图1-2-5，2）。这种手柄与公元前6世纪流行的扇形手柄风格接近。亚述人遗址出土的象牙手柄虽然破碎，但图像完整，雕刻了两个或四个背靠背站立的女性形象，她们的头上覆盖着叶状物。这件手柄与努比亚法老沙巴科（约前716—前701）墓中发现的青铜镜的镀银手柄形制相似，应当属于同一时期。

站立女性形象的手柄镜在近东地区也较为流行。德黑兰西部出土的一面铜镜显示，女性的形象似乎已经风格化，头部刻画不是十分精细，身材为纤细的柱状，举起的手臂显得比较随意，与硕大的镜面对比，手柄显得格外纤细。卢浮宫藏有一面类似的铜镜，但被错误地认为出土于伊朗（图1-2-5，3）。

从叙利亚北部出土的石柱看，镜子的手柄有两种形式，一种是平素的，没有任何装饰，一种是花叶状的。来自马拉什的两块石柱上的花叶设计几乎完全相

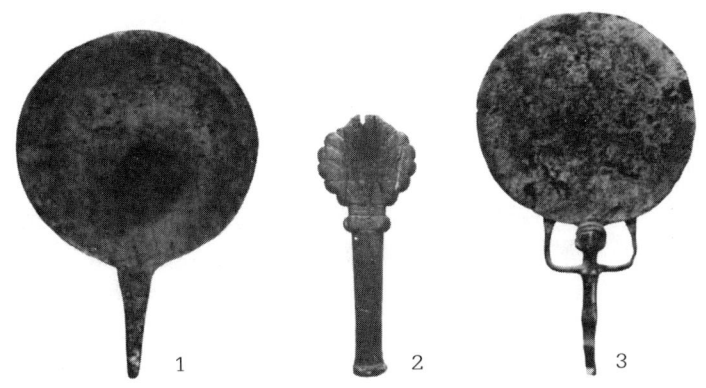

图1-2-5　镜面与手柄

1、2.大英博物馆藏　3.卢浮宫藏

图1-2-6 双首动物装饰镜
1. 大英博物馆藏 2. 波士顿艺术博物馆藏

同,由一对螺旋状的涡卷组成,浮雕碎片上类似的花叶状装饰较为复杂,叶片从中央伸展出来,涡卷状的装饰是希腊爱奥尼亚柱头上的常见装饰,在近东地区出现应当是受希腊文化的影响。

公元前700年以后,镜面与镜柄的组合出现新方式。安纳托利亚中部一座公元前6世纪晚期的墓葬中出土了一面银镜,镜面呈圆形,手柄上部为两个背向的马头,呈夹子状咬合镜面边缘并用两个铆钉固定(图1-2-6,1)。手柄虽然遗失,但从残存处推测手柄可能是中空的。波士顿艺术博物馆藏类似的铜镜一面,圆形的镜面边缘环绕41颗乳钉,咬合镜面的夹子是双首马的形象,残存的手柄为铁质,这是一件有乌拉尔艺术特色的铜镜,圆形的镜面及周围的乳钉是太阳的象征(图1-2-6,2)。[1] 这两面铜镜手柄上的装饰基本一致:两个动物双首背向,共用一个身体。安纳托利亚人早在新石器时代就表现出对双首动物的偏爱,赫梯遗址出土的展翅的双首鹰、恰塔尔休于遗址出土的公元前6000年左右的双首女神石雕、现代城市开塞利附近的卡尼什遗址出土的大约为公元前3000年的大理石双首石雕、赫梯首都哈图萨斯出土的黏土制成的双首鸭容器[2],等等,均可以见到这种双首背向共用一体的动物形象。

小 结

近东地区是世界上最早使用镜子的区域,早在公元前7000—前6500年,安

---

[1] Timothy Kendall, "Urartian Art in Boston: Two Bronze Belts and a Mirror", *Boston Museum Bulletin*, Vol. 75, 1977, pp. 26–55.
[2] 参见[美]戴尔·布朗主编《安纳托利亚:文化繁盛之地》,王淑芳、赵光毅、杨大治译,华夏出版社、广西人民出版社2002年版,第20—21页。

纳托利亚高原新石器时代聚落中就开始用抛光的黑曜石作为镜子。进入青铜时代后，金属镜子首先在美索不达米亚出现，公元前4000—前3000年，圆盘形、有折沿以及平缘的有柄铜镜同时出现。公元前2000年后，手柄铜镜成为西亚镜子的主要形制。据公元前2千纪后半期赫梯人的记载，铜镜与纺锤同时出现象征着女性较高的社会地位，大量石柱上的图像显示了铜镜和纺锤往往与王室或神祇有关，凸显其特殊地位。然而，在平民墓葬的石雕中，女性同样手持铜镜与纺锤，但这一场景更多地展现了世俗家庭生活的片段，是被用作丧葬仪式中的一种符号。

近东地区的手柄镜深受古埃及镜的影响，圆形的镜面边缘有短柄，需要插接在不同材质的手柄中使用，象牙材质手柄较为常见。公元前700年之际，镜面与镜柄的组合方式经历了显著变革。此前广泛采用的镜面与手柄的插接组合方式逐渐淡出视野，取而代之的是手柄上部演变而成的夹子状结构，咬合于圆形镜面的边缘，并通过铆钉加固，确保手柄与镜面结合的牢固性。与此同时，手柄与镜面连接区域的装饰艺术亦发生了深刻变化，手柄颈部常以双首背向共用一体的立体动物作为装饰，并以精细的刻画表现动物细节特征，赋予铜镜更为丰富的视觉层次与文化寓意。这一时期还出现了铁质手柄，标志着材料应用上的新突破。手柄的变化可能与公元前1000年以后象牙的日益稀缺，人们更喜欢不那么笨重的手柄有关。[1]

第三节　古希腊铜镜

从公元前5世纪的爱琴海地图上看，古希腊的中心地带位于巴尔干半岛南部以及爱琴海中星罗棋布的岛屿。历史学家们通常把古希腊历史划分为五个时期，大约为公元前3200—前1200年的爱琴文明、公元前1200—前750年的"黑暗

---

[1] Pauline Albenda, "Mirrors in the Ancient Near East", *Notes in the History of Art*, Vol. 4, No. 2/3, Winter/Spring 1985, pp. 2-9.

时期"、公元前750—前479年的古风时代、公元前478—前338年的古典时代、公元前338—前30年的希腊化时代。① 在古埃及文明、波斯文明、巴比伦文明的影响下，经过本土的吸收和创新，古希腊政治、经济、文化自成特色，创造了光辉灿烂的希腊文化，对后世产生了深远影响。就铜镜来说，古希腊铜镜既有周边文化的因素，也有自己的鲜明特点，手柄镜、立式镜、盒式镜三种形式的铜镜反映了典型的希腊需求与审美及艺术特色。

一、手柄镜

希腊手柄镜镜面与手柄结合的方式有两种：一种手柄与镜面以组合的方式连接，有铆接式和插接式两种；另一种是镜面与手柄一体铸造。

铆接式手柄镜，手柄顶端分为两片，咬合镜面边缘后再用铆钉固定。这种镜子的镜面为圆片状，没有常见的小短柄，镜面平直，边缘无凸棱，通常为青铜合金材质，手柄多由象牙制成，下部呈圆柱状，与镜面的咬合处呈半圆形或方形，上有雕刻图案。因手柄多为象牙材质，脱落或腐朽之后往往仅留下圆片状、边缘有两三个铆钉孔的镜面。早在公元前16世纪至前11世纪，铆接式手柄镜已经在地中海东部的爱琴文明中流行，手柄与镜面咬合处的早期装饰为半圆形，晚期则为方牌形，往往雕刻人物、玫瑰花等作为装饰。② 塞浦路斯恩科米一座公元前1300—前1200年的墓葬中出土了一件象牙手柄③，手柄的上端呈正方形，采用高浮雕技艺雕刻正反两面图案。一面展现了持盾握剑的武士正与有翼、鹫首、狮身的神兽激战；另一面则是一头狮子与一头公牛相互撕咬搏斗的场景，具有典型的希腊艺术风格（图1-3-1，1）。公元前1100—前700年，是希腊本土铜镜发展史上的空白时期，铜镜发展处于停滞状态，几乎无相关实物出土。④

---

① 参见田宝宏主编《古希腊通识六讲》，华东师范大学出版社2017年版，第13页。
② Laura Elisabeth Alvarez, Typology of Bronze Age Aegeanmirrors-Mirrors in the Aegean from 16th to the 11th century BCE, 2022年8月31日 The International Virtual Mirror Studies Conference（IVMSC）线上会议报告。
③ Joan Aruz, Kim Benzel, and Jean M. Evans, *Beyond Babylon: Art, Trade, and Diplomacy in the Second Millennium B. C.*, The Metropolitan Museum of Art, 2008, p.413.
④ Lenore O. Keene Congdon, "Greek Mirrors", *Notes in the History of Art*, Vol. 4, No. 2/3, Winter/Spring 1985, pp. 19–25.

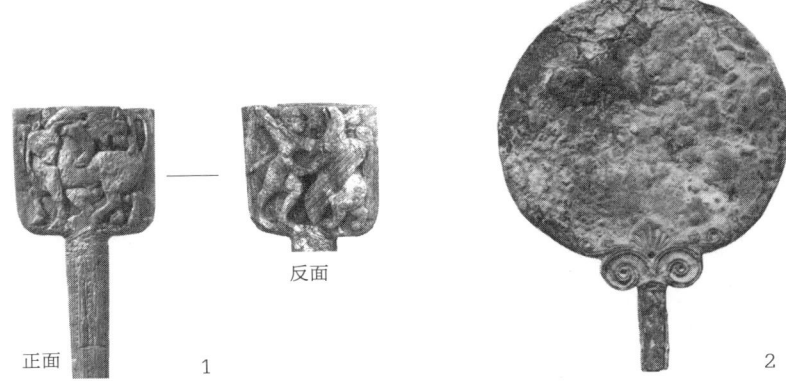

图 1-3-1 象牙手柄与铜镜

1. 恩科米出土 2. 勒诺曼特街墓葬 A 出土

插接式手柄镜与古埃及镜的组合方式相似，镜面边缘带有短柄，插接在手柄中即可成型。但希腊镜镜面和短柄连接处往往有凸线刻画的一对涡卷装饰及棕榈叶图案，涡卷装饰是希腊建筑中常见的爱奥尼柱式的柱头装饰。1936 年，考古学家在雅典勒诺曼特（Lenormant）街 28 号发掘了一个公元前 5 世纪上半期至公元前 1 世纪的墓葬群[①]，出土陶器、青铜器、铁器等随葬品。墓葬 A 出土黑底或白底的细颈陶瓶 11 件、青铜器 4 件，其中一件铜器是一面手柄断裂的铜镜。从形制看，应当是一面插接式手柄镜。这面镜子的镜面呈圆形，手柄与镜面连接处装饰棕榈叶、藤蔓及两个涡状图案（图 1-3-1，2），该墓葬的年代为公元前 480—前 470 年。

一体式手柄镜可能在公元前 6 世纪—前 5 世纪出现。比雅典勒诺曼特街墓葬 A 稍晚一些的墓葬 B 中，墓主人左脚旁边放置了一面镜面向上的镜子，同时出土陶瓶、铜盖帽和铁钉（图 1-3-2）。这面铜镜的镜面呈圆形，边缘稍稍向后卷起，手柄残损，残存心形的柄部末端。波士顿艺术博物馆藏有一面具有希腊装饰特色的手柄镜[②]，铜镜为一次铸造成型，镜面与手柄连接处呈宽扁的长方形，

---

① Cedric G. Boulter, "Graves in Lenormant Street", *The Journal of the American School of Classical Studies at Athens*, Vol. 32, No. 2, Apr.-Jun. 1963, pp. 113-137.

② Lenore O. Keene Congdon, "Greek Mirrors", *Notes in the History of Art*, Vol. 4, No. 2/3, Winter/Spring 1985, pp. 19-25. 图片见波士顿艺术博物馆，https://www.mfa.org/cections/object/mirror-152991。

可能是镜托的简化形状,连接处雕刻花朵、涡纹及波折纹,镜柄的末端雕刻盛开的玫瑰花(图1-3-3)。这面铜镜由 W. 弗瑞斯特(W. Forest)夫妇捐赠,据说来自希腊。黑海北岸公元前6世纪末期斯基泰人墓葬中也出土有类似的镜子。俄罗斯学者指出,这种镜子的制造中心为斯巴达、阿尔戈斯和科林斯,出现时间不早于公元前6世纪。①

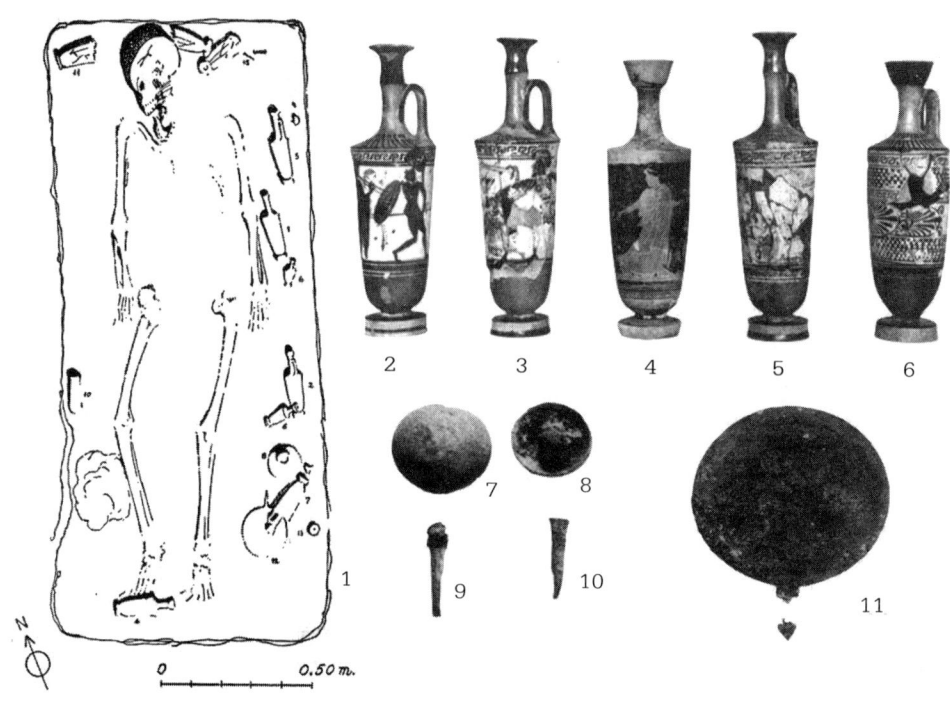

图1-3-2　雅典勒诺曼特街墓葬 B 平面图及出土器物
1.墓葬平面图　2-6.陶瓶　7、8.铜盖帽　9、10.铁钉　11.铜镜

陶瓶和石雕上的图案显示,手柄镜往往与香水瓶、羊毛等女性用品一起出现,或者与女性形象同时出现,显示出镜子与女性的密切关系。波士顿艺术博物馆藏公元前480年的黑底长颈油瓶上绘有一位站立的女性,她右手持镜,左

---

① Т.М. Кузнецова, "О времени и условиях появления бронзовых зеркал в Северопонтийском регионе", Археология, этнография и антропология Евразии, т. 46, № 4, 2018, С. 59–66.

手正在整理妆容，背后的墙上挂着一个袋子，应是装镜子的镜袋（图1-3-4，1）。另一个黑底长颈油瓶上绘画的是一位坐在椅子上梳理羊毛的女性，她旁边的墙上挂着一面镜子，可以隐约看到镜背上有头像装饰（图1-3-4，2）。[①]

二、立式镜

立式铜镜与手柄镜的主要区别在于立式镜能够独立于桌面站立，因此无须手持即可使用。希腊立式镜由镜盘、站立女性形象的立柄和底座三部分组成。这类铜镜被称为"Caryatid stand mirror"，即女像立柱铜镜。镜面呈圆形，边缘往往有一周凸棱，一些镜子的凸棱外还环绕着公鸡、狗、狐狸等圆雕动物装饰。镜柄往往为站立的人像，大部分为女性形象，男性形象较为少见。女性形象庄重典雅，衣着得体，衣物褶皱十分流畅，身体各部位比例匀称，尽显女性身体的曲线之美。人像柄大部分情况是插入底座的，也有极少数与底座一体铸造。为了支撑镜面和镜柄，底座不仅沉重且较为宽大，呈半球形、方形等，一些方形底座有三个动物足状的脚作为支撑，另有

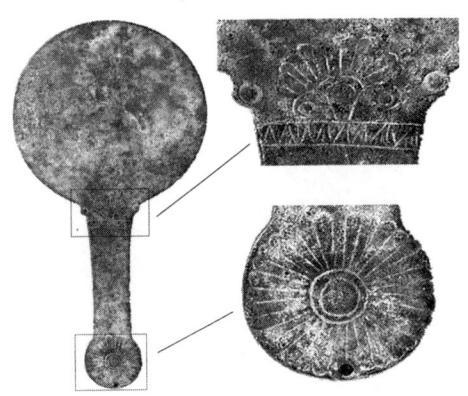

图1-3-3　希腊手柄镜

图1-3-4　陶瓶上的镜

---

① 图片见 https://www.mfa.org/collections/object/oil-flask-lekythos-with-woman-beautifying-herself-153776；https://www.mfa.org/collections/object/oil-flask-lekythos-with-a-woman-working-wool-153786。

图 1-3-5　立式镜柄及立式铜镜

少量支撑为动物形或椅子形。少量较小铜镜镜面上端的背面有挂环，不用的时候可以悬挂在墙上，但大部分没有挂环，可能与铜镜的使用方式和较大、较重有关。人类、动物、神话三维图形融入功能对象的设计是希腊艺术的标志之一，立式镜将这种三维艺术发挥得淋漓尽致，它不仅是一件日常用品，更是展示精湛工艺和设计的艺术品。

立式镜的立柄和镜面连接处有一个柱头，柱头上有凹槽，用以承托镜面，背部还有一个支撑，用来连接镜子，通常还用铆钉再次固定。大都会艺术博物馆藏一件镜面遗失的立式镜显示了这一设计特色，这也是较为少见的男性形象的立式镜（图1-3-5,1）[①]，留存部分高14厘米。另外一面女性立式镜保存完好（图1-3-5,2）[②]，站立的女性身着简洁的羊毛衣裙，裙子褶皱清晰可见。她右手平托一只小鸟，左臂弯曲，左手放在腰侧，表情严肃，似在沉思。两只长着翅膀的小天使在她的头上盘旋。镜面两侧的边缘分别为一只猎犬追赶一只野兔，镜面顶部中央是一尊人首鸟身的圆雕小像，充满动感和活力。这面镜子总高40.4厘米，重达0.9千克，较为沉重。

希腊的立式铜镜出现于公元前7世纪，持续流行到公元前5世纪后半期，在意大利南部流行的时间要再长几十年。立式镜在希腊的出现，受到埃及和近东地区女性雕像充当手柄的影响。立式镜的功能和意义目前还不太明确，在公元前6世纪，与其他铜镜大多出自墓葬不同的是，相当多的一部分立式镜是在神庙建筑

---

① 图片见 https://www.metmuseum.org/art/collection/search/247516。
② 图片见 https://www.metmuseum.org/art/collection/search/255391。

中发现的，它们可能是作为宗教祭品使用的，被女祭司用于仪式活动。到了公元前5世纪，立式铜镜的人像立柱发生了变化，早期庄重、高雅的女性被裸体女孩替代，从她们的腰带以及性感的打扮来看，可能是寺庙的舞者、杂技演员或某种主祭，这时的立式镜可能已经成为贵族的实用物品。[①]

立式铜镜通常尺寸比较大，结构复杂。铜镜采用分铸法铸造，一些复杂的铜镜铸件往往在15块以上，镜盘正面微微凹陷，背面微微凸起，用来放大和缩小人像。作为手柄的站立人像由青铜制成，有些镀金或镶嵌金、银，甚至有些是著名雕像的微缩版。立式镜因其对铸造技术的严格要求而显得价值不菲，或许是受伯罗奔尼撒战争的破坏性影响，这种昂贵的镜类在公元前5世纪晚期逐渐退出了历史舞台，取而代之的是新兴的镜类——盒式镜。

三、盒式镜

盒式镜，镜如其名，整体呈圆盒状，镜面与盒盖通过铰链连接，打开盖子即可使用，使用完毕盖上盖子可以保护镜面。镜面与盒盖连接处往往有挂环，以便不用的时候可以悬挂起来。镜盒的盖子上多有装饰，一般采用锤揲工艺浮雕希腊神话场景或是某一位神话人物的头像（图1-3-6）[②]，还采用镀金或镀银的方式增强装饰效果，显得比较华丽。大都会艺术博物馆藏雕像显示了这种铜镜的使用相当方便，随时可以取用（图1-3-7）。

盒式铜镜在希腊化时代广泛流行，并延续至罗马时期。较小的直径约8厘米，一般直径为15—20厘米。[③] 这些镜面上常见精细的同心圆摩擦痕迹，这表明它们可能是通过车床工艺制作的。镜盒盖上的浮雕装饰则采用锤揲技术，使图案呈现出强烈的立体感。相较于立式铜镜，盒式铜镜的制作工艺更为简化，车床的应用不仅提高了生产效率，还降低了生产成本，进而使得其价格更为亲民。此外，

---

① Lenore O. Keene Congdon, "Greek Mirrors", *Notes in the History of Art*, Vol. 4, No. 2/3, Winter/Spring 1985, pp. 19-25.

② 图1-3-6，1见大都会艺术博物馆藏镜，https://www.metmuseum.org/art/collection/search/247872；图1-3-6，2见大都会艺术博物馆藏镜，https://www.metmuseum.org/art/collection/search/247873。

③ Agnes Schwarzmeier, "A Greek Box Mirror in the Cleveland Museum of Art", *The Bulletin of the Cleveland Museum of Art*, Vol. 80, No. 9, Nov. 1993, pp. 354-367.

　　　　　1　　　　　　　　　　　　　2

图 1-3-6　盒式镜

盒式铜镜还具备便携与易用的优势，这些因素共同促使其在问世后迅速普及，成为希腊铜镜中数量最为庞大的种类。

小　结

公元前2000年左右，埃及铜镜传播到近东和希腊，经过公元前1100—前700年的停滞发展，公元前6世纪，希腊铜镜已发展出独具一格的艺术风格，手柄镜、立式镜、盒式镜相继流行。

图 1-3-7　梳妆女性雕像

希腊手柄镜与立式镜的形制深受古埃及镜之影响，然而，希腊人在继承其精髓的基础上，进行了改造与创新。手柄与镜面的连接方式融合了古埃及镜插接组合传统，并吸纳了地中海沿岸文明中手柄咬合镜面边缘的独特手法。在此基础上，更进行了创新性的尝试，推出了镜面与手柄一体化的新颖形制。手柄镜上的装饰也反映了与周边文化的交流。塞浦路斯恩科米出土象牙镜柄上的有翼鹫首狮身怪兽是美索不达米亚地区流行的装饰图案，象牙则是从近东或埃及进口到塞浦路斯的，盛开的玫瑰花是塞浦路斯人最为喜欢的装饰图案，最初灵感来自叙利亚和腓尼基的艺术装饰及纺织品设计。[①] 用线刻画涡卷纹、花叶纹等，则是借鉴了希腊建筑石柱上的装饰。希腊文化的开放与包容丰富了铜镜的艺术特色。

立式镜上人物、动物、神话三维图形融为一体的设计是希腊艺术的标志之一，展现了希腊青铜铸造技艺的娴熟与高超。早期的立式镜主要发现于神庙建筑中，显示了其与宗教的密切关系，后期在社会地位较高者的墓葬中出现，作为支撑柄的人物也变得世俗起来。伯罗奔尼撒战争之后，立式铜镜逐渐消失，携带方便、使用自由的盒式铜镜开始出现。铜镜制作中车床的使用，既降低了成本，又能大规模生产，因此盒式铜镜一出现就广泛流行，成为希腊、罗马铜镜中发现数量较多的一种。

第四节　伊特鲁里亚铜镜

伊特鲁里亚人（Etruscans）又称埃特鲁里亚人，是居住在古代意大利西北部台伯河和阿尔诺河之间伊特鲁里亚地区（大约位于现在的亚平宁山脉以西及以南台伯河与阿尔诺河之间的地带）的古老民族。公元前8世纪—前7世纪，伊特鲁里亚人由氏族社会过渡到阶级社会，至公元前6世纪中叶时，伊特鲁里亚文明达到顶峰。公元前3世纪罗马人控制伊特鲁里亚后，其文明被罗马文化同化，逐渐衰落。伊特鲁里亚艺术受希腊文化影响深刻，但也形成了自己的特色，其文字、建筑、雕塑对后来的罗马文化产生了重要影响。伊特鲁里亚人的冶金技术比较发达，以青铜雕塑闻名，青铜镜子自成一格，手柄镜形制和装饰独具特色，此外也流行希腊常见的盒式镜。

[①] Lenore O. Keene Congdon, "Greek Mirrors", *Notes in the History of Art*, Vol. 4, No. 2/3, Winter/Spring 1985, pp. 19-25.

一、手柄镜

伊特鲁里亚手柄镜由圆形的镜面、束腰状的连接和手柄三部分构成。镜面近圆形，正面微微凸起，经过抛光处理，镜背边缘有一周凸起的棱状镜缘，或者镜缘呈弧状起翘，以保护镜背凹陷处繁复的线雕刻装饰。镜面下端逐渐收拢成束腰状并连接手柄。

镜面和手柄有两种连接方式。插接式手柄镜延续了古埃及手柄镜的设计形式。镜面边缘束腰部分下连接着较短的针锥状或条状的柄，需要插接在手柄中使用，手柄见木质或骨质。从大都会艺术博物馆藏镜看，束腰状的设计不仅是镜面的装饰，还是固定手柄的卡子（图1-4-1，1），镜柄逐渐变细、变尖，显然是为了便于插接组合，强化镜面和手柄的连接（图1-4-1，2），这面镜子直径17.3厘米，总长为29.4厘米，镜体较大。① 插接手柄镜主要流行于公元前6世纪末至前3世纪。一体铸造式手柄镜的镜体较薄，手柄纤细，末端呈水滴形。大都会艺术博物馆馆藏多面这样的镜子，其中一面镜子的镜背雕刻了四位站立人物（图1-4-1，3）②，两位男性和其中一位女性裸体，另外一位女性穿着长裙，裸体女性可能是阿芙罗狄蒂、维纳斯或者是海伦。镜面直径13.2厘米，总

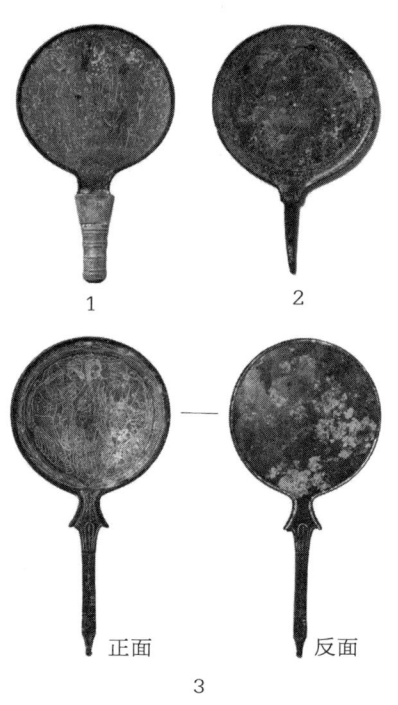

图1-4-1 伊特鲁里亚镜

1.象牙手柄镜 2.手柄镜面
3.一体式手柄镜正面、反面

---

① 图片见 https://www.metmuseum.org/art/collection/search/246693；https://www.metmuseum.org/art/collection/search/246692。

② 图片见 https://www.metmuseum.org/art/collection/search/256653。

图1-4-2　手柄镜与盒式镜装饰图案

长27厘米。一体铸造的手柄镜是公元前3世纪之后的主流镜形。[1]

镜背以细阴线雕刻繁复的希腊神话人物或故事情节是伊特鲁里亚镜鲜明的装饰特色。这种极具特色的线雕刻纹饰镜出现于公元前6世纪末,是伊特鲁里亚人吸收古希腊艺术进行的创新,在同时期的希腊镜子中,雕刻镜极为罕见。[2] 镜背上的雕刻内容包括丰富多样的主题,关于希腊神话的主题最受欢迎,尤其是与特洛伊战争和狄俄尼索斯王相关的主题,出现频率非常高。如雅典娜和自杀的大埃阿斯、阿芙罗狄蒂藏匿阿多尼斯等故事中的情节。在许多浪漫的场景中,伊特鲁里亚的爱情女神图兰(Turan)往往是主角,她出现在多种情景中(图1-4-2,1)。在构图中,图兰总是处于图像的主导位置,旁边围绕着追求她的年轻人,或是给她喷香水,或给她提供丝带、珠宝和其他装饰品。此外,一些镜面边缘用伊特鲁里亚语雕刻出图像中人物的名字或镜子拥有者的名字,从右向左书写也是伊特鲁里亚人的书写习惯。这些名字帮助研究者将伊特鲁里亚人的神和英雄与希腊、罗马或其他神话中的雕像人物联系或区分开来。

伊特鲁里亚手柄镜主要采用铸造工艺,可能也使用失蜡工艺,并通过一系列的锤击和退火进一步成形,使其更加耐用,镜面用金刚砂和氧化锡抛光,但表

---

[1] Nancy Thomson de Grummond, "The Etruscan Mirror", *Notes in the History of Art*, Vol. 4, No. 2/3, Winter/Spring 1985, pp. 26-35.

[2] Mario A. Del Chiaro, "Etruscan Bronze Mirrors", *Archaeology*, Vol. 27, No. 2, April 1974, pp. 120-126.

面没有镀层。① 镜体极为轻薄，厚度仅 0.2 厘米，然其照容效果并未因此受到丝毫影响。镜面的微凸设计，虽然使映照的图像相较于实物略小一些，却能在同一直径的范围内，捕捉并展现更为丰富的影像细节。镜缘采用凸起设计，使镜背呈现凹面形态，从而保护镜背细阴线雕刻的繁复图案，免于遭受划碰或损伤。通常镜背中央有一微小凹坑，是车床加工过程中用于稳固固定的点，确保镜子在旋转过程中流畅无阻，该点亦被雕刻工匠视为构图布局的核心，实现艺术与工艺的完美结合。

二、盒式铜镜

盒式铜镜大约与一体铸造的手柄镜一起出现，流行时间为公元前 3 世纪到前 1 世纪。② 这种镜子受到了希腊盒式镜的影响，整体呈圆形，盖子和镜面由合页连接，打开盖子即可使用，背面的挂环便于悬挂保存。波士顿美术馆藏镜的盒盖以锤揲技术高浮雕三个希腊神话人物，中间的是有动物蹄足的牧神潘，其右手拥着吹乐器的狄俄尼索斯，左手拥着手持火把的厄洛斯，画面动感十足。人物身上以及镜缘有镀金作为装饰，炫美而富丽（图 1-4-2，2）。③

小　结

伊特鲁里亚镜是伊特鲁里亚人在希腊文化影响下的继承性创造，公元前 6 世纪晚期出现并持续流行到希腊化时代，公元前 3 世纪罗马人统治时期逐渐衰落。铜镜有两种形式，一种是手柄镜，另一种是盒式镜，这两种铜镜均是希腊铜镜的形制，但不管是插接柄镜还是一体铸造的手柄镜，镜子总是保持由镜面、束腰状的连接和手柄三部分组成的形制特点，以及镜背用阴线刻画神话故事的装饰特

---

① Nancy Thomson de Grummond, "The Etruscan Mirror", *Notes in the History of Art*, Vol. 4, No. 2/3, Winter/Spring 1985, pp. 26-35.
② Nancy Thomson de Grummond, "The Etruscan Mirror", *Notes in the History of Art*, Vol. 4, No. 2/3, Winter/Spring 1985, pp. 26-35.
③ 图片见 https://www.mfa.org/collections/object/mirror-case-with-dionysos-eros-and-pan-228402。

色，装饰图案或表现繁复的神话人物及神话故事场景，或表现伊特鲁里亚人自己的神，爱情女神图兰是最受欢迎的主题，镜子上往往还用伊特鲁里亚语标注所刻画的人物姓名，是研究伊特鲁里亚人的信仰和社会生活的重要资料。伊特鲁里亚镜大部分出土于墓葬中，且与梳子、香水瓶、化妆盒以及各种各样的珠宝一起出土，显示其与女性的密切关系。

公元前8世纪，伊特鲁里亚人通过希腊商人学会了书写，当时的人们把字母书写当作一种地位的象征，富人们的墓葬随葬品上往往装饰刻画的字母，字母可能代表着一种威严，也许还有某种魔力。[1] 在伊特鲁里亚地区，还发现大量进口的希腊彩绘花瓶，说明伊特鲁里亚与希腊有频繁的贸易往来。越来越多的证据表明：希腊艺术家和工匠从希腊或意大利南部移居到伊特鲁里亚重要的艺术中心从事生产活动，其中就包括生产铸造铜镜，并雕刻各种纹饰和图案。[2]

伊特鲁里亚地区有着丰富的矿产资源，南部的托尔法山和北部的梅塔利费雷山的矿产最为丰富，这两处地名的含义即为金属矿藏丰富的山地，伊特鲁里亚人几乎控制了地中海中部所有的铜矿和铁矿，公元前8世纪的矿坑中即有竖井、坑道、通道、锥形的熔炉和大量的矿渣。[3] 外来的先进技术、天然的矿产资源、开放包容的文化态度造就了伊特鲁里亚人高超的冶金技术，使其成为地中海金属贸易网的中心，创造了独具特色的伊特鲁里亚青铜文明。[4] 大约在公元前3世纪至前2世纪，伊特鲁里亚铜镜还出口至意大利北部，影响了当地的铜镜风格。[5]

---

[1] 参见［美］戴尔·布朗主编《伊特鲁里亚人：意大利一支热爱生活的民族》，徐征、贾朝辉、王楠崇译，华夏出版社、广西人民出版社2002年版，第17页。

[2] Nancy Thomson de Grummond, "The Etruscan Mirror", *Notes in the History of Art*, Vol. 4, No. 2/3, Winter/Spring 1985, pp. 26–35. 图1-4-2，1见Fig. 3。

[3] Marioa. A. Del Chiaro, "Etruscan Bronze Mirrors", *Archaeology*, Vol. 27, No. 2, April 1974, pp. 120–126.

[4] Marioa. A. Del Chiaro, "Etruscan Bronze Mirrors", *Archaeology*, Vol. 27, No. 2, April 1974, pp. 120–126.

[5] Larissa Bonfante, "The Arnoaldi Mirror, the Treviso Discs, and Etruscan Mirrors in North Italy", *American Journal of Archaeology*, Vol. 82, No. 2, Spring 1978, pp. 235–240.

第五节　欧亚草原铜镜

欧亚草原地带西起欧洲多瑙河下游，向东延伸经过东欧平原、西伯利亚平原、哈萨克丘陵、蒙古高原直到中国东北的松辽平原，长城以北的中国北疆也是欧亚草原东端的一部分，欧亚草原大致可以分为西部、中部、东部三个区域。[①] 欧亚草原特殊的地理位置和自然环境，使其成为几千年来欧亚文化交流和传播的活跃地带，商品、技术、信仰、艺术等诸多方面的交流与交融深深影响了古代文明的形成与发展进程。与古埃及、古希腊和近东地区属于定居文明不同，从喀尔巴阡山东麓向东，到乌拉尔山南部、乌拉尔山东麓，以及米努辛斯克盆地、图瓦、阿尔泰地区，在这一辽阔的区域不仅有定居的农耕民族，还有诸多游牧民族，生业方式的不同深刻地反映在生活中的方方面面，包括铜镜这一微小的日用器具。

一、青铜器初始期的铜镜

公元前3千纪初至前2千纪初期，是欧亚草原青铜器发展的初始阶段，青铜器常见板斧、锥、凿等工具，以及短茎剑、銎内斧、镞等武器，多发见于欧亚草原西部各地，较晚时期，欧亚草原东部的南西伯利亚、中国的西北等地出现镜及刀、锥等小件工具。这一时期也是铜镜出现的初始阶段，出土数量不多。从镜子的形制看，手柄镜和圆饼镜共存，在较晚时期出现了带钮的镜子。

位于中亚南部绿洲的纳马兹加文化因土库曼斯坦南部与伊朗东北交界处的纳马兹加遗址而得名。该文化序列分为I—VI期，前三期为铜石并用时代，后三期为青铜时代，两者的分界时间大约为公元前3000年。[②] 前三期时的铜器主要是锻造的小型工具、武器、装饰品等红铜制品。在属于II期的吉克修尔1号（Geoksyur I）定居遗址出土有圆饼镜，镜面稍稍内凹。有学者认为这可能是目前中亚地区出土的最早的铜镜，也意味着"近东柄式镜传统在中亚的变异"。[③]

[①] 参见李刚《中国北方青铜器的欧亚草原文化因素》，文物出版社2011年版，第16页。
[②] Phillip Kohl, "Ceutral Asia Paleolithic Beginnings to the Iron Age", *Paris*, 1984.
[③] 参见谈晟广《中国铜镜的起源新探》，《美术大观》2024年第6期。

阿富汗东南部蒙迪加克（Mundigak）遗址出土有类似的圆饼镜，不同的是需卡在镜托上使用，镜托下部有柄，中部有横梁并向上延伸出卡子，将镜片固定在横梁之上。这面圆饼镜的直径有6.3厘米，加上镜托，显然可以作为手柄镜使用（图1-5-1，1）。从形制上看，这面镜子与古埃及流行的手柄为木制几何形的镜子十分相似，只在镜面上部多了一个固定的卡子。这面有镜托的圆饼镜属于蒙迪加克Ⅳ期，年代在公元前3000/2900至前2500/2400年。[①] 蒙迪加克遗址与伊朗的沙赫里索克塔（Shahr-I Sokhta，意为被焚之城）遗址是流行于伊朗东南部和阿富汗西南部的赫尔曼德文明（Helmand Civilization）的代表性遗址。

纳马兹加文化的后三期分别为青铜时代的早期、中期和晚期。在年代大约为公元前2千纪初的第Ⅴ期墓地中，青铜器中出现了前一时期不曾出现的新器物，不仅有手柄镜，还有管銎斧、锥形器、铜容器、印章等具有当地风格的器物。手柄镜的镜面和手柄分别制作，然后组合在一起，镜面边缘嵌在微束腰的柱状手柄中（图1-5-1，2），与地中海沿岸文明中流行的手柄咬合镜面边缘的手柄镜较为相似，但铜镜边缘微翘显示了当地风格。值得注意的是，有学者指出这一时期流行的铜刀的造型与二里头文化或商文化的素柄刀十分相似。[②]

青铜时代中期墓地出土的手柄镜有插接式和一体铸造式两种。自塔吉克斯坦南部、伊朗东北部的希萨尔遗址中出土的镜子手柄已经遗失，仅留下带有短柄的镜面，镜面呈圆形，平直，边缘无凸棱，短柄逐渐变细，呈针锥状，连铸于镜面边缘（图1-5-1，3、4）。[③] 希萨尔河谷和瓦赫什河谷上游的康古尔图特（Kangurttut）墓地还出土有一体铸造的手柄镜。希萨尔河谷出土镜的圆形镜面与长条状的手柄一体铸造，镜背的边缘有一周凸棱，凸棱截面呈规整的方形，与镜背呈直角（图1-5-1，5）。康古尔图特墓地出土的镜子有圆形镜面，连铸的手柄较宽（图1-5-1，6）。该墓葬中还出土一把刀、一个斧头和一个小青铜杯。发掘者指出，这类镜面和手柄一体铸造的手柄镜与中亚、伊朗出土的十分相似，

[①] Raymond Allchin, Norman Hammond, Warwick Ball, *The Archaeology of Afghanistan: From Earliest Times to the Timurid Period*, Edinburgh University Press, 2019, p.190, p.220, Fig.4.44, 14.

[②] 参见李刚《中国北方青铜器的欧亚草原文化因素》，文物出版社2011年版，第21页。

[③] 参见杨建华、邵会秋、潘玲《欧亚草原东部的金属之路：丝绸之路与匈奴联盟的孕育过程》，上海古籍出版社2016年版，第10—12页。

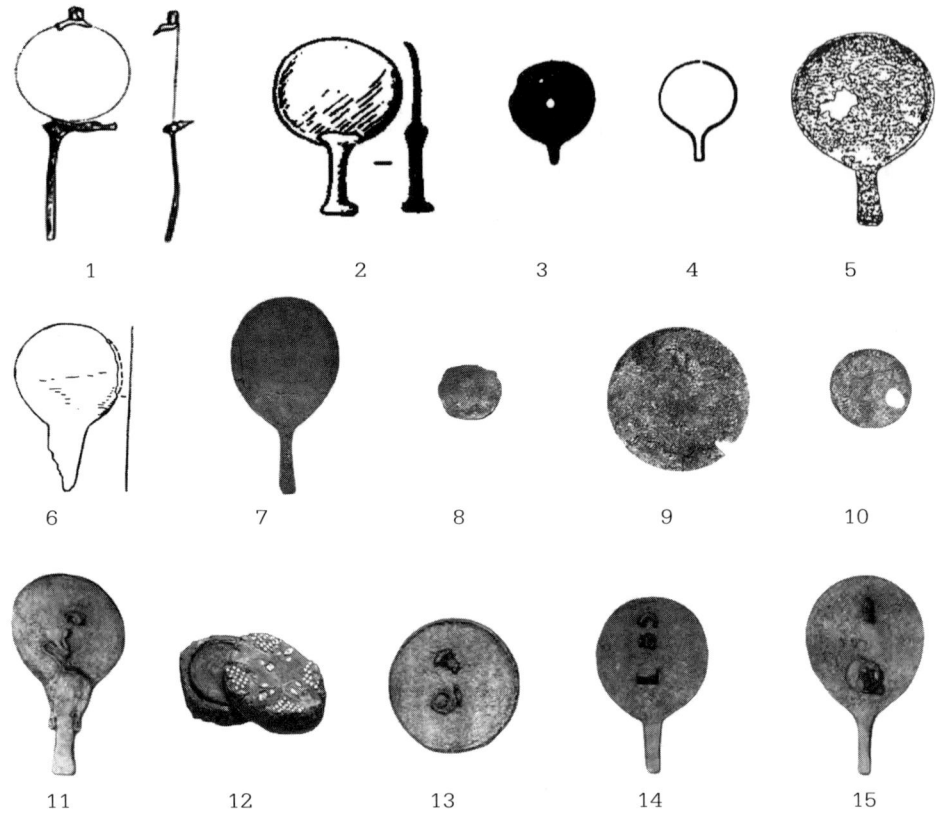

图 1-5-1　初始期的欧亚草原铜镜

1. 蒙迪加克出土　2. 纳马兹加文化第Ⅴ期墓地出土　3、4. 希萨尔遗址出土　5. 希萨尔河谷出土
6. Kangurttut 墓地出土　7-10. 巴基斯坦国家博物馆藏　11、13-15. BMAC 出土镜及镜盒
12. 古诺尔—特佩194号墓出土

出土的铸范显示，当地可能存在冶铸活动。[①]

巴基斯坦国家博物馆所藏手柄镜和圆饼镜流行在印度河流域文明中。手柄镜出土于公元前2500—前1800年的摩亨佐·达罗（Mohenjo-daro）遗址，椭圆形镜面微微内凹，边缘连接长条状的手柄（图1-5-1，7）。圆饼镜出自奎达

[①] Natalia M. Vinogradova and Giovanna Lombardo, "Farming Sites of the Late Bronze and Early Iron Ages in Southern Tajikistan", *East and West*, Vol. 52, No. 1/4, December 2002, pp. 71-125.

窖藏（Quetta Hoard），约为公元前2000年（图1-5-1，8~10）。公元前2250至前1700年，在今阿富汗北部、塔吉克斯坦西南部、乌兹别克斯坦东南部和土库曼斯坦中东部的广大区域内，青铜文明高度发达，被考古学界称为巴克特里亚—马尔吉亚纳考古综合体（Bactria-Margiana Archaeological Complex，简称BMAC），BMAC发现的铜镜以手柄镜和圆饼镜为主，手柄镜的镜面见平直边缘无凸棱者，也见镜缘有一周凸棱者，凸棱垂直于镜面边缘，截面呈方形。古诺尔—特佩194号墓出土的圆饼镜还有保护和放置镜子的圆形镜盒，上有马赛克装饰，十分精致（图1-5-1，12）。有一种带钮状装饰的镜子很有特色，不管是圆形镜还是手柄镜，在镜背都有数个钮，有方形的，有桥形的，还有钮状的（图1-5-1，11、13~15）。有研究者认为这种带钮的镜子可能受到了赫尔曼德文明和印度河文明中十分流行的钮式印章的启发，在手柄镜和圆饼镜基础上发展而来。[①] 但这些钮的形状和位置比较随意，数量往往为两三个，看起来更像是镜背的装饰，并不具有钮用于穿系的实际功能。

　　手柄镜在西亚和中亚地区较为盛行，单钮镜也出现并流行。吉尔吉斯斯坦、苏克鲁克、萨德沃耶、沙马什的窖藏中，以及楚斯特文化聚落费尔干纳，均出土了手柄镜，在楚斯特文化聚落中还发现了用于铸造这些镜子的模具。库兹米娜指出，圆形镜子类器物（包括圆饼镜及单钮镜）和带柄的镜子在纳马兹加文化遗址、土库曼斯坦的南部地区以及巴克特里亚—马尔吉亚纳考古综合体中均有发现，后者是农耕文化序列的一部分，由于草原人群和农业人群的交流，圆形镜子类器物（包括圆饼镜和单钮镜）出现在扎曼—巴巴文化（公元前3000—前2000年分布在中亚草原地带）中，并在青铜时代晚期的河中地区依然存在，带柄的镜子则通过彼得罗沃部落从南方被带到乌拉尔。[②] 遗憾的是该书涉及的中亚草原相关考古资料原著没有搜集到，但在探究中国单钮铜镜起源时，一定不能忽视中亚地区的关键作用。

---

① 参见谈晟广《中国铜镜的起源新探》，《美术大观》2024年第6期。图1-5-1，7-15转引自该文。
② 参见［俄］叶莲娜·伊菲莫夫纳·库兹米娜《丝绸之路史前史》，［美］梅维恒英文编译，李春长译，科学出版社2015年版，第87—88页。

二、青铜器发达期的铜镜

公元前2千纪至前1千纪初，欧亚草原中部、东部青铜文化开始崛起，分布范围扩大，铸造技术明显提升，青铜器的种类和数量增多，是青铜文化十分兴盛的时期。① 公元前1700年前后，安德罗诺沃文化在欧亚草原的中部和东部兴起，分布在西起乌拉尔、南到中亚内陆草原、东至叶尼塞河沿岸、北达西伯利亚森林南界的广阔地带，也影响了中国新疆及北方地区，公元前1千纪初期，安德罗诺沃文化趋于衰落。公元前2千纪的后半叶，俄罗斯南部和蒙古中部的阿尔泰山一带兴起塞伊玛—图尔宾诺文化（Seima-Turbino Culture），青铜器主要有矛、短剑、刀、管銎斧、有銎斧、板斧、臂钏等，与中国北方和西北地区的青铜文化存在一定的联系。最迟在公元前13世纪，卡拉苏克文化占据了安德罗诺沃文化在米努辛斯克盆地的分布区，而迫使安德罗诺沃文化向西收缩。

安德罗诺沃文化的青铜器有矛、镞、短剑、斧、镰、锛等，最有特色的是由铜条打制的一端尖细一端呈喇叭状的耳环。安德罗诺沃文化分布区内铜矿资源十分丰富，为冶金业的迅速发展提供了重要的物料来源。大约在公元前2千纪中叶，安德罗诺沃文化人群开始大规模地铸造圆形镜背中央带有镜钮的铜镜，铜镜均素面无装饰，区别在于一些镜面的边缘平直，另一些镜面的边缘有凸起的棱，单钮镜在卡拉苏克文化时期开始了更大规模的铸造。② 七河地区沙马什（Shamshi）窖藏出土有铜镜、管銎斧、刀、鱼钩、泡等多件铜器（图1-5-2，1~23）③，出土铜镜见圆饼镜、单钮镜和手柄镜。圆饼镜发现数量不多，镜面微凸（图1-5-2，2）。单钮镜数量较多，大小不一，镜面微凸，镜背有桥形钮，均为平缘（图1-5-2，3~5、17、18）。插接式手柄镜有两种，一种形体较小，近圆形镜面连铸有小短柄（图1-5-2，1），另一种镜体稍大，镜面为长椭圆形，短柄与镜面连接处的两面均有凸起，似为连接手柄的卡子（图1-5-2，6）。萨德沃耶（Sadovoe）窖

---

① 参见李刚《中国北方青铜器的欧亚草原文化因素》，文物出版社2011年版，第15页。
② E. Loubo-Lesnitchenko, "Imported Mirrors in the Minusinsk Basin", *Artibus Asiae*, Vol. 35, No. 1/2, 1973, pp.25-61.
③ 参见［俄］叶莲娜·伊菲莫夫纳·库兹米娜《丝绸之路史前史》，［美］梅维恒英文编译，李春长译，科学出版社2015年版，图50。

第一章　世界文明视角的早期铜镜

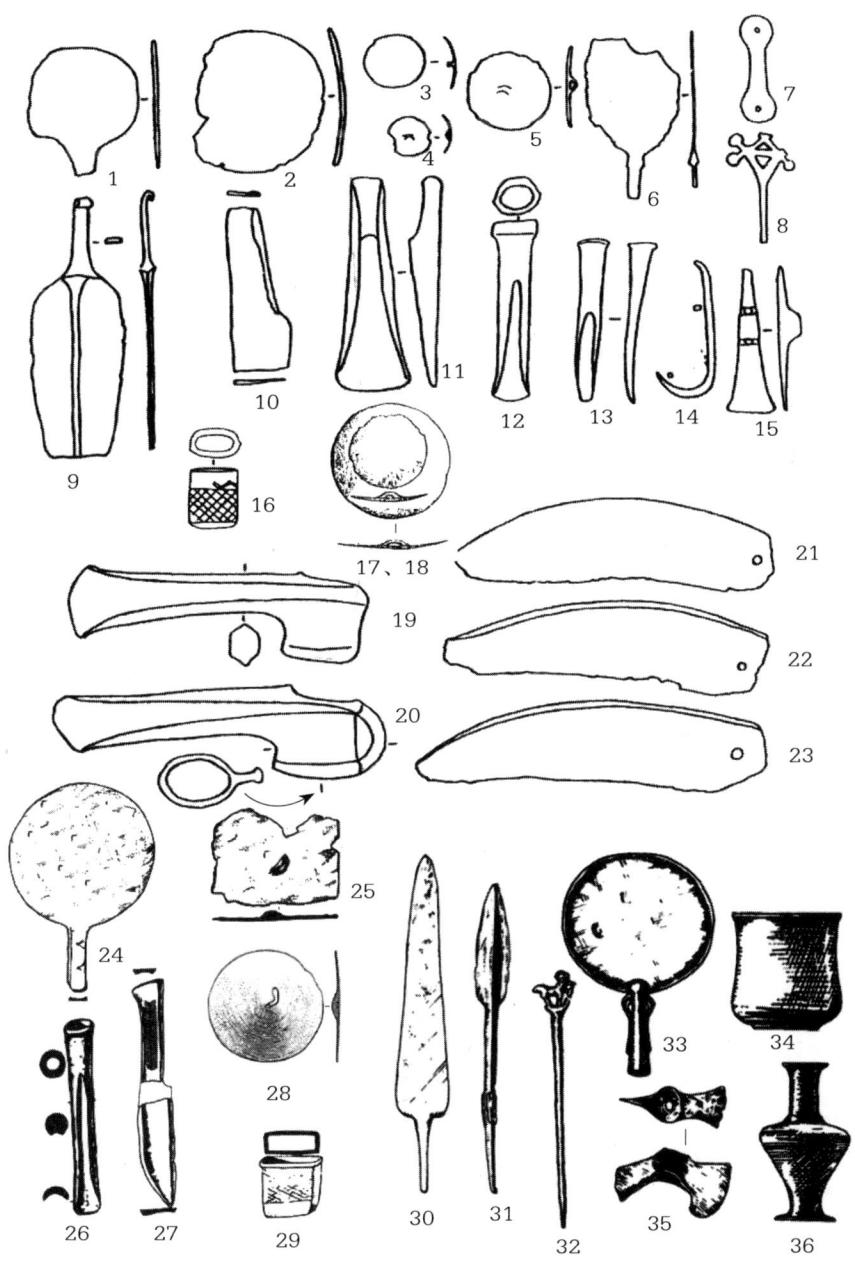

图1-5-2　安德罗诺沃文化和萨帕利文化青铜器

1-29.安德罗诺沃文化　30-36.萨帕利文化

藏不仅出土一件手柄与镜面连铸的手柄镜（图1-5-2，24），还出土一件方形带钮的镜子，虽然边缘残损，但中间的桥形镜钮保存完好（图1-5-2，25），同出土有小刀、空首斧等（图1-5-2，26、27、29）。① 公元前2千纪上半叶的末期，安德罗诺沃文化已经深入西西伯利亚平原南部、额尔齐斯河森林草原地带，并与当地文化结合，典型器物除了单钮铜镜（图1-5-2，28）外，还见有刺戳纹的缸形陶器、喇叭形耳环等。②

公元前2千纪中叶，中亚地区阿姆河中游的乌兹别克斯坦和塔吉克斯坦地区出现了萨帕利文化，在这个定居农业聚落墓葬遗址中，出土了大量陶器和铜斧、手柄镜、铜瓶、铜剑、别针等青铜器（图1-5-2，30~36）。③ 手柄镜背部边缘有凸棱，柱状手柄咬合镜面边缘，接近镜面处有两耳（图1-5-2，33），手柄与镜面的组合方式与纳马兹加文化V期墓地出土的手柄镜相同。此外，哈萨克斯坦西南青铜时代中期的墓葬中出土一件圆饼形镜，镜面已经变得平直，直径10.2厘米。④ 中亚地区虽然出土的圆饼镜数量不多，但可以观察到其经历了镜面由凹陷到平直的发展阶段。

卡拉苏克文化铜镜延续了安德罗诺沃文化铜镜的形制，以圆形、镜背中央带钮的形制为主。一般镜面平直，边缘无凸棱装饰。铜镜往往出土于墓葬中，多与日用工具及耳环、手镯、项链、指环，以及大量的作为装饰品的坠饰一起出土。铜镜较大者直径在10厘米以上，一般出土于墓主人的胸前，有学者认为这样的镜子是作为护身符使用的，类似萨满在围兜或衣服上悬挂数面大大小小的镜子，胸前悬挂镜子的习俗源于奥库涅夫文化，是奥库涅夫文化区域出土的女巫服装上的常见装扮，在其后的塔加尔文化中，铜镜作为护身符悬挂在胸前的习俗依

---

① 参见杨建华、邵会秋、潘玲《欧亚草原东部的金属之路：丝绸之路与匈奴联盟的孕育过程》，上海古籍出版社2016年版，第67页。
② Молодин В.И., К вопросу о позднекротовской(черноозерской) культуре (прииртышская лесостепь), Arkheologiia, etnografiia i antropologiia Evrazii , № 1, 2014.
③ 参见［法］A. H. 丹尼、［法］V. M. 马松主编《中亚文明史 第1卷：文明的曙光：远古时代至公元前700年》，芮传明译，中国对外翻译出版公司2002年版，第250—265页。
④ Виноградова Н. М., Памятники эпохи средней бронзы в юго-западном таджикистане , вестник древней истории , № 4, 2011.

然持续。①

限于资料搜集以及语言的障碍，欧亚草原发达期铜镜的资料并不充分，但显而易见的是，青铜时代晚期，手柄镜、单钮镜、圆饼镜同时发展，尤其是单钮镜在中亚地区得到了进一步发展，与手柄镜共存共用共发展。

三、早期游牧文化铜镜

公元前1000年左右，欧亚草原诸部落相继进入早期铁器时代，游牧文化逐渐在欧亚草原占据主导地位，成为该区域的主流文化，众多部落联盟与国家相继崛起，形成了较为强大的政治实体。这些游牧民族与农耕国家之间，既存在战争与冲突的紧张态势，也不乏和平交流与合作的契机。欧亚草原西部，铜镜在斯基泰文化、萨夫罗马特文化遗存中大量发现，中部和东部地区，铜镜出现在外乌拉尔和西西伯利亚地区的戈罗霍夫文化和萨尔马泰文化、阿尔泰地区的巴泽雷克文化、图瓦地区的乌尤克文化、米努辛斯克盆地的塔加尔文化、外贝加尔地区的石板墓文化中。在诸多游牧部族的铜镜中，最有特色的是斯基泰文化铜镜、塔加尔文化铜镜和图瓦、阿尔泰地区出土铜镜。

（一）斯基泰文化铜镜

斯基泰人是欧亚草原早期游牧民族中最为著名的一支，也是欧亚草原游牧民族中研究最为充分的。希腊历史学家希罗多德在《历史》中就有对斯基泰人的描述。根据希罗多德的记载，斯基泰人最早来自里海东部的草原，公元前7至前4世纪占据了黑海北岸地区，因此，公元前9世纪—前7世纪的遗存一般被称为前斯基泰文化。19世纪初，一些学者把公元前10世纪欧亚草原地带盛行的游牧民族文化泛称为斯基泰文化，但随着对欧亚草原地带考古学文化认识的加深，当前考古学意义上的斯基泰文化是指分布于黑海北岸一带的狭义的斯基泰文化。②斯基泰文化的器物基本上都出于墓葬，发达的武器、马具和动物装饰艺术被称为

---

① Вадецкая Э.Б., Археологические памятники в степях "среднего енисея", ленирград издательство "наука" ленинградское отделение, 1986, C.62.

② 参见李刚《中国北方青铜器的欧亚草原文化因素》，文物出版社2011年版，第32—33页。

"斯基泰三要素"，也是该文化最突出的特征。斯基泰铜镜见圆形单钮铜镜和手柄镜两种主要形制。《斯基泰时期的有色金属加工业——第聂伯河左岸森林草原地带》一书对斯基泰时期的铜镜及其合金成分有较为详细的分析，这些铜镜从公元前6世纪延续到公元前4世纪，一些种类可以晚到公元前3世纪（图1-5-3、图1-5-4）。①

1. 单钮镜

圆形镜面、镜背有多样化的钮、镜面边缘有垂直凸棱是斯基泰单钮镜的主要特征。斯基泰单钮镜最为常见的是桥形钮镜（图1-5-3，2~4），桥形钮镜的铜料中含有比例较高的铋和锑，与黑海当地的铜镜成分不同，它们是欧亚大陆东部地区的产品，因为贸易或其他方式的接触流传到黑海北岸，使用时间为公元前6世纪末至公元前5世纪初。② 库兹涅娃认为这一时间可能更早一些，可以追溯到公元前7世纪末。③ 鸟形钮镜偶有发现，镜钮呈回首的鸟形，偏离镜背中（图1-5-3，1），还有一种镜钮较长呈柱形抓手状的铜镜，抓手位于镜背中央，高高凸起，可以像手柄镜那样抓握，如库班河北岸出土的一面镜子，钮高达7厘米，镜钮末端装饰鹰的造型，镜面直径22厘米（图1-5-4，1）。凳形钮镜往往有两只或四只"脚"连接镜面，"凳面"或素面无装饰，或有螺旋状的花朵形装饰（图1-5-3，5~7；图1-5-4，3、4）。凳形钮的铜镜分布范围较广，黑海地区以及向东的北哈萨克斯坦、米努辛斯克盆地、图瓦、阿尔泰等广阔的区域内均有发现。与桥形钮铜镜一样，黑海北岸出土的这些铜镜是从东方传播到斯基泰人群中的，东方是它们起源的中心。④

2. 手柄镜

斯基泰手柄镜镜面与手柄的组合方式以及纹样装饰与希腊镜十分相似，学

---

① 参见［苏联］巴尔采娃《斯基泰时期的有色金属加工业——第聂伯河左岸森林草原地带》，张良仁、李明华译，兰州大学出版社2012年版，第89~99页。
② 参见［苏联］巴尔采娃《斯基泰时期的有色金属加工业——第聂伯河左岸森林草原地带》，张良仁、李明华译，兰州大学出版社2012年版，第90页。
③ Кузнецова Т.М., О времени и условиях появления дронзовыз зеркал в Северопонтийском регионе, Археология, этнография и антропология Евразии, № 4, 2018.
④ 参见［苏联］巴尔采娃《斯基泰时期的有色金属加工业——第聂伯河左岸森林草原地带》，张良仁、李明华译，兰州大学出版社2012年版，第93页。

者普遍认为是受到了希腊文化的影响。一种为一体铸造式，即镜面与手柄一体铸造成型，镜体扁平。另一种为铆接式，镜面为圆形，边缘平直，无凸棱装饰，手柄咬合镜面边缘并用2—3个铆钉固定，手柄遗失后，往往剩下边缘有两三个小铆钉孔的圆形镜面。还有一种可能是在奥利维亚地区制造生产的、被俄罗斯学者称为"奥利维亚镜"的手柄镜，该镜形是一体铸造成型，还是分解制作再组合，学界尚有不同观点。

一体铸造式手柄镜。一种手柄呈长条状或长梯形，末端近方形，镜子通体素面无装饰（图1-5-3，17~19；图1-5-4，10~13），这种手柄镜是斯基泰手柄镜最基本的形制，在公元前5世纪到公元前3世纪的索罗马特人中也十分流行。另一种长条状手柄的末端为圆形，大部分铜镜无装饰，少量镜面边缘有一周乳钉装饰，或在镜柄末端有盛开的玫瑰装饰（图1-5-3，14、15；图1-5-4，14~16）。这种铜镜在古希腊地区比较流行。如前所述，盛开的玫瑰花是塞浦路斯人最为喜欢和流行的装饰图案。还有些铜镜上有爱奥尼柱式柱头上常见的一对涡卷装饰，或

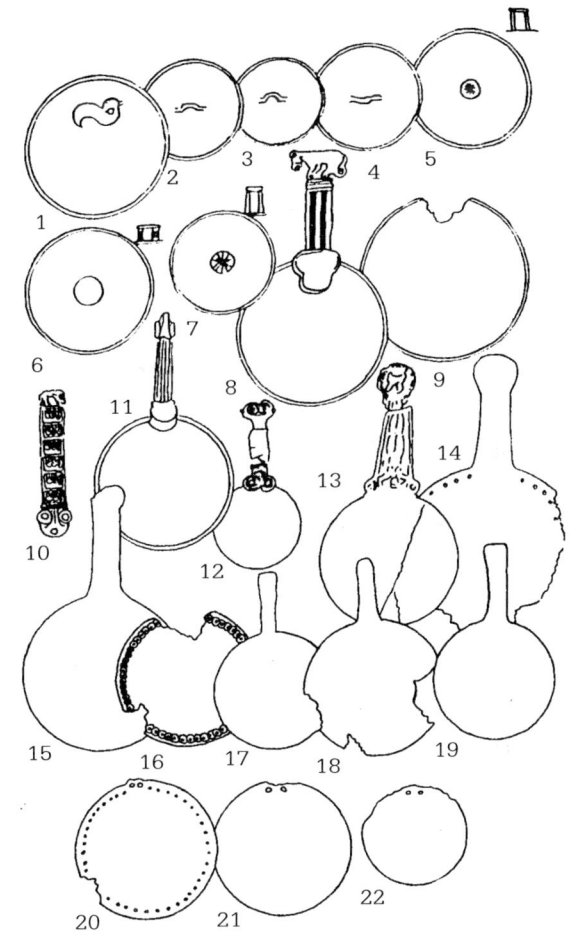

图1-5-3 第聂伯河流域出土铜镜

1.鸟形钮镜 2-4.桥形钮镜 5-7.圆凳形钮镜
8、11.奥利维亚镜 9、16.残损的镜面 10.手柄
12-15、17-19.一体铸造式手柄镜 20-22.铆接式手柄镜镜面

是古希腊神话人物装饰，如格列芬（图1-5-3，12）、阿芙洛狄忒和斯芬克斯（图1-5-3，13）等。很明显，斯基泰一体式手柄镜的装饰和形制均具有希腊艺术的特点。

铆接式手柄镜。手柄材质多样，常见木质、骨质、铁质等，材质容易腐朽，保存下来的不多，因此常见镜缘带有两三个铆钉孔的圆形镜面（图1-5-3，20~22）。这种镜子是手柄镜中出现最晚的，在黑海地区流行的时间在公元前4—前3世纪。俄罗斯北庞蒂克地区出土的这类铜镜手柄保存完好，清楚显示了手柄咬合镜面的组合方式（图1-5-5，1、2），手柄与镜

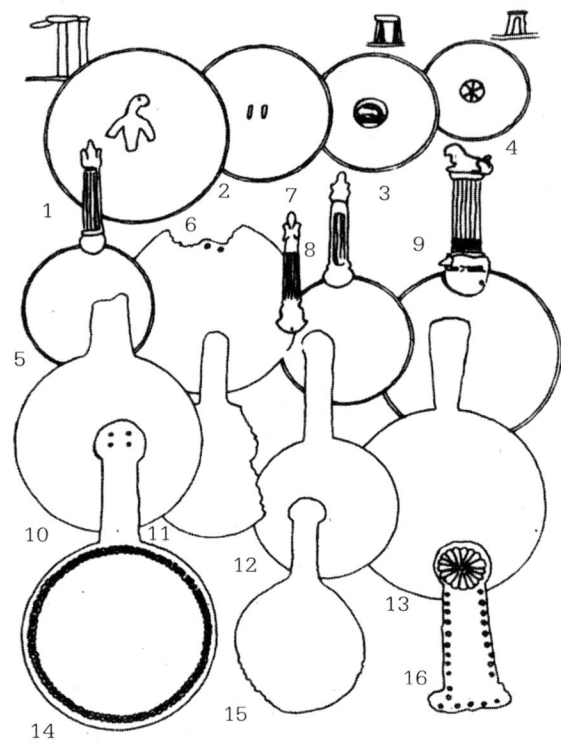

图1-5-4　库班河、第聂伯河流域出土铜镜
1.柱状钮镜　2.残损的单钮镜面　3、4.凳形钮镜
6.残损的手柄镜面　5、8、9.奥利维亚镜
7、16.手柄　10-15.一体铸造式手柄镜

面结合处的方形，是希腊手柄镜的特色之一，这种镜子被认为是斯基泰人模仿的希腊镜。① 这一区域是斯基泰人和萨尔马提亚人组成的部落联盟的所在地域，斯基泰人在这里逗留了超过150年的时间。② 手柄咬合镜面的形式在公元前2千纪中叶的地中海沿岸便已流行，希腊人沿用了这种手柄与镜面的组合方式并传递给

---

① Кузнецова Т.М., О времени и условиях появления дронзовыз зеркал в Северопонтийском регионе, Археология, этнография и антропология Евразии, № 4, 2018.
② Кузнецова Т.М., О соотношений дат курганов, "репяховатая могила", "червона могила" и келермесского могильника, российская археология, № 2, 2019.

斯基泰人。除了手柄所采用的材料并非地中海沿岸常见的象牙外，斯基泰手柄镜在镜面呈圆形、手柄咬合设计以及使用铆钉加固等方面，均与地中海沿岸流行的手柄镜保持一致。

"奥利维亚"镜。公元前6世纪末期（公元前566年以后），抑或公元前6世纪与公元前5世纪之交，奥利维亚手柄镜在北非、西欧、黑海北部、伏尔加河、乌拉尔和北高加索地区有较为广泛的分布。① 大部分镜面有侧立的边沿，向外倾斜，与镜面呈钝角，边沿最高达1厘

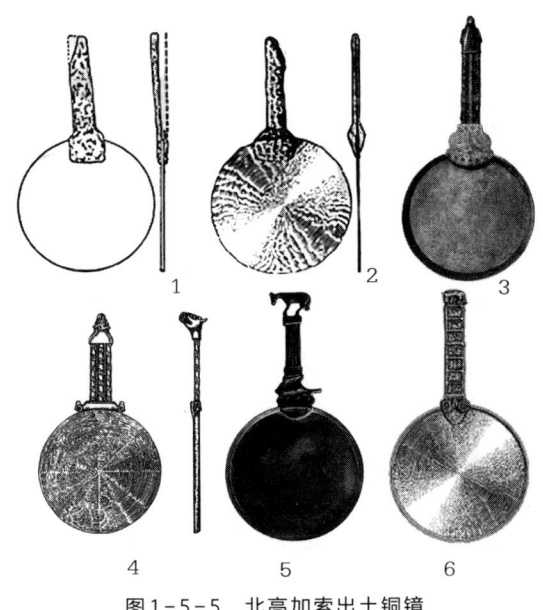

图1-5-5　北高加索出土铜镜

1、2.铆接式手柄镜　3—6.奥利维亚镜

米，使镜面呈盘状；镜面边缘有高于镜面的半圆形或重叠半圆形凸起，其下连手柄；手柄呈条状，上有数道凹槽装饰，手柄末端常见公牛、野猪、山羊等有蹄类动物（图1-5-3，8、10；图1-5-5，5、6），还见卧狮、豹子等捕食动物装饰（图1-5-4，9），或者仅有动物的头像（图1-5-3，11；图1-5-4，5、7、8；图1-5-5，3、4）。无论是手柄上的凹槽，还是末端的动物装饰，正反两面基本相似，因此，亦无法确定镜子的正面、反面，似乎两面均可使用，只是一面平整，另一面有折沿。合金成分显示，黑海北岸的这类镜子多半是在西部的生产中心制造，但少部分镜子可能使用了南乌拉尔类型的原料。②

奥利维亚镜与北高加索地区关系密切。公元前6世纪，北庞蒂克和北高加索地区存在土著文化、斯基泰文化和希腊文化，出土的大量希腊彩陶陶片显示，北

---

① Кузнецова Т. М., Зеркала "ольвийского типа" – показатель влияния античного мира на северном кавказе, российская археология, № 2, 2019.
② 参见［苏联］巴尔采娃《斯基泰时期的有色金属加工业——第聂伯河左岸森林草原地带》，张良仁、李明华译，兰州大学出版社2012年版，第92—93页。

高加索地区与希腊的贸易活动比较频繁。在对北高加索地区及周边区域出土的此类镜子上动物形象的相似性系数分析后，库兹涅娃指出奥利维亚镜上捕食者形象是沿着从现实形象到简化和示意性形象的转变路线进行的，镜子上的动物图像来自北高加索周边文化中的装饰，尤其与希腊有关。① 铜镜上躺着的狮子装饰将其与希腊城邦米利都联系起来，因为躺着的狮子是米利都的标志。奥利维亚镜上鹿的典型姿势和斯基泰风格十分相似，但奥利维亚镜上的图像很难归因于斯基泰动物风格，因为在造型技术方面，其与斯基泰动物装饰几乎没有相似之处，即平面图像的动物外形及动物肢体的主要特征没有被强调。一般认为动物装饰是斯基泰文化特色，但奥利维亚镜与北高加索地区关系十分密切，库兹涅娃认为奥利维亚镜可能是北高加索工匠的作品，但有希腊工匠参与了镜子的设计与创新。

斯基泰人使用的边缘有反折的圆形铜镜是来自东方的产品，手柄镜是来自西方的产品，奥利维亚镜则与北高加索有关。斯基泰人是镜子的使用者，也是镜子的传播者，但他们并没有掌握铜镜的铸造技术②，便无法将来自东方的圆形单钮镜的制造技能传授给黑海地区的工匠，所以在斯基泰人离开了为他们制造这种铜镜的工匠之后，黑海地区圆形折沿单钮镜在公元前5世纪便逐渐衰落，而在欧亚大陆的东部，尤其是图瓦、阿尔泰地区，这种折沿单钮镜和平缘的单钮镜同时流行。受希腊文化影响的各种类型的手柄镜，在黑海地区的出现不早于公元前6世纪，是因为从公元前6世纪开始，希腊人在黑海沿岸建立了一些殖民地，与斯基泰人开始有频繁的联系和交往。两者不仅有密切的贸易关系，还是军事合作伙伴，希腊人用彩陶瓶、纺织品、装饰品、武器、葡萄酒、橄榄油等来换取斯基泰人的羊毛、兽皮、奴隶、木材等，斯基泰人的骑兵战术、武器也启发了希腊人。因此，除了典型的斯基泰圆形折沿单钮镜，手柄镜无论形制还是装饰，均汲取了希腊文化因素。

斯基泰文化中圆形折沿单钮镜和手柄镜共存共用，这种用镜方式也在同时期的欧亚草原中部和东部流行，从斯基泰人的东部邻居萨夫罗马泰，到分布于哈

---

① Кузнецова Т. М., Зеркала "ольвийского типа" – показатель влияния античного мира на северном кавказе, российская археология, № 2, 2019.

② Кузнецова Т.М., О времени и условиях появления дронзовыз зеркал в Северопонтийском регионе, Археология, этнография и антропология Евразии, № 4, 2018.

萨克斯坦中部和南部的萨卡文化，到天山七河、费尔干纳和帕米尔地区，一直到南西伯利亚地区，均有折沿单钮镜和手柄镜的同时发现，但地理位置越向东，手柄镜的数量越少，折沿和平缘的单钮镜数量越多，越占优势，这也显示了单钮镜和手柄镜分别与东部和西部的人群有密切联系。

（二）塔加尔文化铜镜

塔加尔文化主要分布于公元前7世纪至前3世纪（也有人认为是前1世纪）叶尼塞河中游的米努辛斯克盆地，塔加尔文化青铜器中武器比较发达，主要有短剑、管銎战斧、镞等，日用品中以刀和马具数量居多，装饰品见耳环、项链、镜等身体装饰用品，以及头饰、衣物上的坠饰等，发达的动物装饰艺术也是塔加尔文化的特色。塔加尔文化铜镜早期以单钮镜为主，晚期流行钮柄镜，同时有少量的手柄镜。在单钮镜中，镜面平直、桥形钮的素面单钮铜镜出现时间最早，可追溯至公元前2千纪中叶安德罗诺沃文化时期。折沿桥形钮或平缘凳形钮的铜镜在公元前7世纪至前6世纪盛行一时。边缘装饰有环状钮或动物状钮的钮柄镜，则流行于公元前5世纪至前3世纪。

桥形钮的单钮镜是塔加尔文化铜镜中发现数最多的，也是出现时间最早、流行时间最长的，贯穿塔加尔文化整个时期。《塔加尔文化的起源和早期历史》一书中共统计有435面镜子，其中158面出土于墓葬，272面为偶然发现，5面在窖藏中被发现，可见塔加尔文化中铜镜的使用极为普遍。[①] 在卡拉苏克文化时期，带有"X"状装饰的单钮镜较为流行，而这一现象在塔加尔文化中亦有所体现，只是数量较少（图1-5-6，1）。塔加尔文化单钮镜镜缘设计可分为两种类型：一种为镜缘垂直反折（图1-5-6，2），另一种则是镜面平直无凸起（图1-5-6，3），在多数考古发掘中，这两种类型的镜子常常相伴出土。折沿镜子是对平缘镜子的改造，毕竟平缘的镜子不够坚固，考古发现的平缘镜子的边缘多有损毁也是这个原因，而折沿的镜子则较少有损坏的情况。单钮平缘铜镜在公元前7世纪中期至前6世纪十分流行，一般直径8—10厘米，厚1—2毫米，直径超过10厘

---

① Членова Н.Л., Происхождение и ранняя история племен тагарской культуры, издательство "наука" москва, 1967, C.81-91.

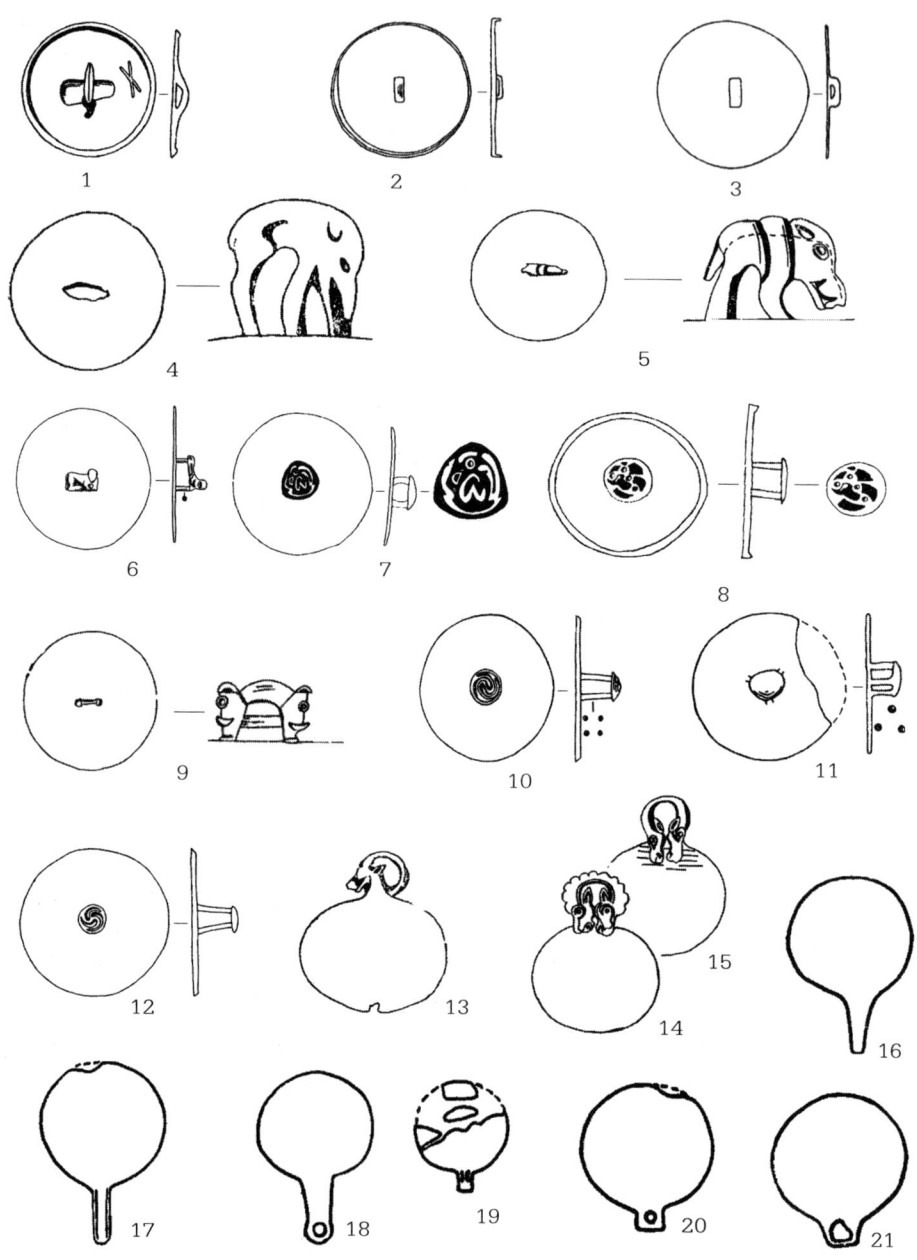

图1-5-6 塔加尔文化铜镜

1、2.折沿镜 3.平缘镜 4、5.野猪钮镜 6.卧羊钮镜 7、8、10-12.凳形钮镜
9.双首野猪钮镜 13-15.动物钮柄镜 16-20.手柄镜 21.钮柄镜

米的，厚度为2—3毫米。折沿的镜子也在公元前7世纪出现并流行，但在公元前6世纪末，呈现镜体减小并变薄的趋势，直径为6—8厘米，常见直径约5厘米，大多厚度不超过1毫米。

镜钮呈动物状是塔加尔单钮镜的显著特征之一。这些钮常见野猪的形象，它们往往以低头站立的姿态呈现，前两肢和后两肢分别重合，与拱起的背部共同构成钮孔（图1-5-6，4、5）；也见双首野猪状的钮，两只野猪共用一具身体，双首背向而立，身体下方则形成钮孔（图1-5-6，9）。除此之外，卧羊状的钮也是常见的装饰形式之一（图1-5-6，6）。塔加尔铜镜上的动物装饰接近圆雕形象，这种装饰风格流行于美索不达米亚、伊朗北部等地区，这一地区以圆雕动物作为器物盖子抓手的情况十分常见。公元前5世纪开始出现并流行的塔加尔文化圆雕动物装饰风格应来源于上述地区的影响。

凳形钮的单钮铜镜在斯基泰文化中较为常见，在塔加尔文化中也十分流行。凳面为圆形或方形，或素面无装饰，或有螺旋状或者蜷曲动物装饰（图1-5-6，7、8），镜钮见四脚、三脚、两脚者（图1-5-6，10~12），还见仅有一脚、形似钉子的钮。这类镜子大多为平缘，极少见凸缘者，标准厚度为0.5厘米。镜体较大，直径12—14厘米，镜钮较高，2.5—4厘米。公元前7世纪至前5世纪比较流行，之后呈现镜体渐小变薄、镜钮变低的趋势。类似的镜子在黑海北岸斯基泰人的墓葬中有较多发现，均带有侧缘，且凳状钮的凳面上仅见螺旋状装饰，不见动物纹饰，这类镜子可能是斯基泰人从中亚地区带到黑海北岸的，但西部地区流行的凳形钮多见两脚者，东部则多见四脚者。

公元前5世纪至前3世纪，塔加尔文化中十分流行钮柄镜。最有特色的是侧缘的钮为动物状，见羊首、鹿首等，或是一只动物，或是两只动物共用一身，首部连接镜面，身体形成镜钮（图1-5-6，13~15）；也见侧面为环状、无装饰的钮柄镜（图1-5-6，21）。钮柄镜在阿勒泰地区出现时间较早，在图瓦、哈萨克斯坦东部和北部流行时间为公元前5世纪至前4世纪，在米努辛斯克盆地出现的时间不早于公元前5世纪。此外，塔加尔铜镜中还有少量的手柄镜，有插接式（图1-5-6，16、19、20）和一体铸造式两种（图1-5-6，17、18）。

(三)图瓦、阿尔泰地区出土铜镜

图瓦和阿尔泰地区北迄鄂毕河上游、阿尔泰山北麓,南接中国的新疆地区,西邻哈萨克斯坦东部,东至西萨彦岭,大部分归属于现在俄罗斯联邦的图瓦共和国和阿尔泰共和国,还包括蒙古国西部的小部分,处于欧亚大陆的中心位置。早期铁器时代,生活在这里的游牧民族汲取了来自欧亚草原、中亚、西亚乃至希腊的文化因素,形成了独特的装饰艺术,成为东西方文化交流平台的同时,对我国的北方地区和新疆产生了一定的影响。图瓦和阿尔泰地区流行的铜镜与塔加尔文化的铜镜相似,以单钮镜、钮柄镜为主,手柄镜也有流行和使用,但也形成了自身的装饰特色。

单钮镜镜缘有平直和折沿两种,大多素面无装饰,最早可以追溯到公元前9世纪或前8世纪,镜钮中残存的布带,显示了铜镜的使用和携带方式(图1-5-7,1、2)。折沿的单钮镜也有细微不同,折沿一般较高,与镜钮高度接近,或垂直于镜背,或向镜背反折成锐角状。折沿垂直于镜背者,往往镜体较大,最大直径达15.5厘米(图1-5-7,3)。[1]哈萨克斯坦中部塔兹莫拉文化出土的一面折沿单钮镜比较特别,镜背靠近边缘处有12个连弧纹装饰(图1-5-7,4)。[2]阿尔泰地区的一个墓葬中,铜镜与一个小石祭坛和几颗珠子一起出土,可能是祭祀仪式的遗物,这面铜镜的镜缘垂直于装饰五只鹿纹和一只山羊的镜背(图1-5-7,5)。带有侧边的铜镜被斯基泰人视为圣物,鹿也是斯基泰人的崇拜动物之一。[3]折沿向镜背反折,使铜镜的边沿呈锋利的锐角者,大约在公元前7世纪至前6世纪出现(图1-5-7,6)。[4]镜钮呈凳子状的铜镜也较为流行,钮多有四脚,凳面多为圆形或圆角方形,无装饰,高约1.5厘米(图1-5-7,7、8)。

公元前5世纪至前2世纪,镜面边缘带有短柄的钮柄镜在图瓦和阿尔泰地区

---

[1] Кирюшин Ю.Ф., Тишкин А.А., Скифская эпоха горного алтая Часть I : культура населения в раннескифское время, Издательство Алтайского государственного университета, 1997, C. 82—91.

[2] 参见马健《公元前8—前3世纪的萨彦—阿尔泰——早期铁器时代欧亚东部草原文化交流》,载余太山、李锦绣主编《欧亚学刊》第8辑,中华书局2008年版,第38—84页。

[3] Кирюшин Ю.Ф., Тишкин А.А., Скифская эпоха горного алтая Часть I : культура населения в раннескифское время, Издательство Алтайского государственного университета, 1997, C. 82—91.

[4] 参见[俄] A. A. 提什金、H. H. 谢列金:《金属镜:阿尔泰古代和中世纪的资料》,陕西省考古研究院译,文物出版社2012年版,第17—19页。

第一章　世界文明视角的早期铜镜 | 79

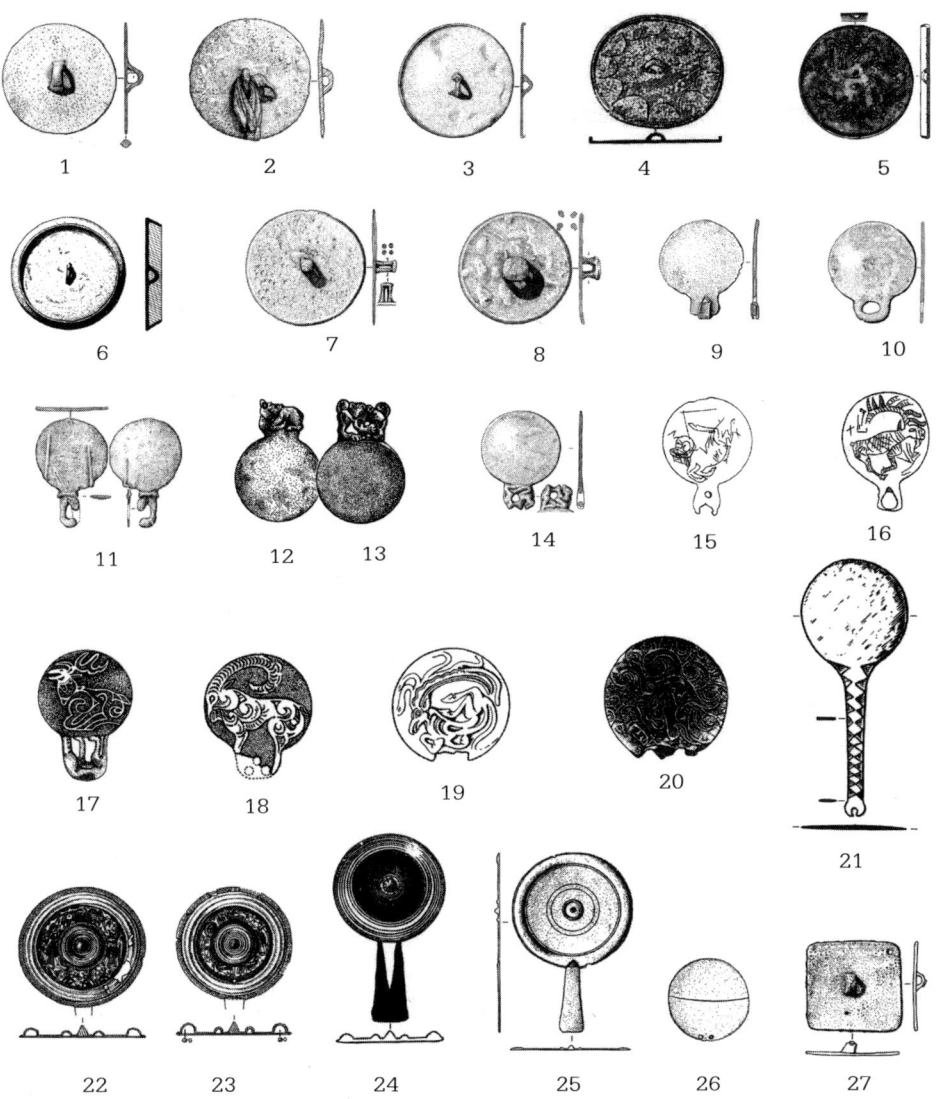

图1-5-7　图瓦和阿尔泰地区出土铜镜

1-8、27.单钮镜　9-20.钮柄镜　21-26.手柄镜

也较为流行。① 素面无装饰、钮柄呈环状的最为常见，往往镜体较小，直径在5厘米左右（图1-5-7，9、10）。也见短柄稍长者，长短介于手柄镜和钮柄镜之间，柄上部接近镜面处有凸棱装饰（图1-5-7，11）。还有一种短柄呈动物状者，见骆驼、山羊、野猪等，动物往往呈站立状，肢体与镜面边缘接触处有空隙用以系挂（图1-5-7，12～14）。钮柄镜中也见镜面有动物装饰的，有刻画动物纹和铸造动物纹两种。刻画动物装饰镜是图瓦和阿尔泰地区的特色，在动物装饰钮柄镜十分流行的塔加尔文化中尚未发现。动物纹饰是在铜镜铸造完成后阴刻在镜面上的。线条较细，刻画出动物的轮廓和特征，然后又用线条填充身体空白处，显得较为凌乱，纹饰十分随意和潦草（图1-5-7，15、16）。铸造动物纹是在铸范上完成纹饰，镜面铸造完成便有凸起的线条表现的动物纹饰，见山羊、鹿、格列芬等，纹饰写实，动物特征明显（图1-5-7，17～20），艺术性强，尤其是格列芬纹饰，线条流畅，纹饰夸张，极具动感。

此外，图瓦、阿尔泰地区还流行一体式手柄镜、铆接式手柄镜以及方形单钮镜（1-5-7，21、26、27）。有四面手柄镜形制和纹饰都比较特殊（1-5-7，22～25），镜子背面中央有凸起的钮，镜缘和镜面中央有弧状的较高凸起，纹饰以刻画、錾刻工艺为主，装饰人物、动物、植物等，铸造时镜内被有意放入小颗粒重物，晃动时会发出响声，因此，这种镜子被称为"摇镜"或"响镜"，一般认为与印度有关。②

图瓦、阿尔泰地区铜镜主要出土于女性墓葬中，一般位于腰部的位置，往往被放置在镜盒或镜袋中，内有化妆用具、珠子等。男性墓葬中很少发现铜镜，有学者认为这类镜子可能代表了投掷武器，因为其有锋利的边缘，圆盘的形状也便于投掷。③ 但这类铜镜若被认作武器而没有进入墓葬，那么就无法解释男性墓葬中随葬匕首、短剑、箭镞等属于武器的青铜器的原因，因此，这一观点还有待商榷。

---

① Куварев В.Д., Древние зеркала алтая , Археология, этнография и антропология Евразии, № 11, 2002.
② Равич И.Г.,Сиротин С.В.,Трейстер М.Ю, Индийское(?)бронзовое зеркало из кочевнического погребения IV в. до н.э. В южном приуралье, Vestnik drevnei istorii, № 4, 2012.
③ Кирюшин Ю.Ф.,Тишкин А.А., Скмфская эпоха горното алтая Часть II: Погребально- поминальные комплексы пазырыкской культуры, Изд-во Алт. ун-та,1997.С. 200.

小　结

目前所知最早的人工制作的镜子出现在公元前7500—前6500年的美索不达米亚，作为天然玻璃的黑曜石经过悉心地分割、打磨、抛光，其光洁的表面即可映照人像。金属镜子的出现要晚至公元前4000至前3000年，泰勒遗址、乌尔遗址等出土有平缘和边缘有凸棱的插接式或一体式手柄镜。公元前3200—前2700年，古埃及早王朝时期的墓葬中出土心形镜面带有短柄、需要插接在手柄中使用的镜子，西方系统的铜镜进入发展时期，这种组合方式也成为古埃及铜镜的主要形制。随后，手柄镜在北非、地中海沿岸、近东地区、伊朗、高加索、中亚等地逐步发展起来，形成了早期手柄镜使用中心。公元前3000至前2000年，中亚草原的扎曼—巴巴文化中圆饼镜、单钮镜与手柄镜共存。只是限于资料，无法得知这些单钮镜的形制和共存器物等信息。公元前2250至前1700年的巴克特里亚—马尔吉亚纳考古综合体遗址出土的圆形镜和手柄镜的镜背上出现了多个类似钮的小铜件，尽管有学者认为是具钮镜的雏形，但这些钮很可能只是一种装饰，一面镜子的镜背上有两三个，由铜条弯曲成螺旋形、蛇形等造型后焊接而成，并不具备镜钮穿系的实际功能。直到公元前2千纪中叶的安德罗诺沃文化时期，单钮镜开始持续出现并流行。

欧亚草原文明受黑海北岸、伊朗东部、近东地区、中亚、印度、中国、西伯利亚等诸多文明的影响，呈现多元文化并存发展的繁荣局面，这种多元文化也影响着连接欧亚草原东南边缘的中国北方地区。就不同类型铜镜的流行和使用来说，圆饼镜因出土数量较少，并没有显示出明显的差别，但欧亚草原西部和东部流行的镜类既有相似，又有区别。总的来说，越靠近西部，手柄镜数量越占据优势；越靠近东部，具钮镜则占据优势；中间地带，手柄镜和具钮镜共存共用，尤其是将中国早期铜镜纳入这一全球视域，区域差异更为明显。众所周知，中国铜镜的典型代表形制是具钮的圆形铜镜，然而，在公元前5世纪及以前，中国除了单钮镜这种典型形制外，还流行手柄镜、圆饼镜、钮柄镜，在东北亚地区还曾短暂地流行过多钮镜，各种镜类的起源和发展及其与欧亚草原的关系是后续研究的重点与要点。

纵观早期铜镜的布局，公元前5世纪左右是世界范围内铜镜最为丰富的时期。在古埃及，铜镜发展虽然已经步入衰落的阶段，但其传统的形制依然得到了保留和传承。在近东地区、古希腊、伊特鲁里亚以及欧亚草原等地，铜镜的制作和使用既呈现一定的相似性，也各自拥有独特的特点和风格。形制、装饰、使用方式上的共通和特色反映了不同文化背景下的审美观念与技术水平，如花朵般在各自的地理空间内绽放，构成了早期铜镜世界空间布局。这也是在深入研究和探讨中国早期铜镜的历史和文化之前，对世界不同文明用镜的历史进行介绍和梳理的重要原因。因为中国早期铜镜不仅仅是中国古代文明的组成部分，而且与其他地区流行的铜镜之间存在着直接或间接的联系，是世界青铜文明的一部分。通过对这些联系的探讨，我们可以更好地理解中国铜镜的独特性及与其他文明的互动，以跨文化视角探究铜镜所承载的不同文明之间的交流和影响，从而更全面地认识人类早期文明的发展历程。

第二章　中国早期铜镜出土状态及基本资料

鉴于中国早期铜镜分布区域的广泛性，本章依据我国行政区域的划分，搜集每个区域内出土的早期铜镜资料，并将铜镜置于其原始的墓葬场景中，注重墓葬形制、共存器物、出土位置、墓主人的性别等基本信息的搜集，也关注铜镜本身的细节资料，如数量、大小、纹饰特征等，为后续的研究与讨论提供基础资料和依据。

第一节　西北地区

西北地区深居中国内陆，与俄罗斯、蒙古国、哈萨克斯坦等国相邻。行政区划中的西北地区，常被称为"西北五省"或"西北三省二区"，包括陕西省、甘肃省、宁夏回族自治区、青海省、新疆维吾尔自治区，面积广大，地广人稀，地形包括天山山脉、阿尔金山脉、祁连山脉、昆仑山脉、阿尔泰山脉、河西走廊、准噶尔盆地、塔里木盆地、塔克拉玛干沙漠、吐鲁番盆地等山地、盆地、沙漠、戈壁。大多为干旱、半干旱环境，降水较少，自然环境比较严酷，却是早期铜镜资料遗存最为丰富的地区。

一、新疆出土铜镜资料

新疆古称西域，自古以来就是欧亚大陆的交通要道。新疆北部及东北部有阿尔泰山，西北部为塔尔巴哈台山脉等，西南部为帕米尔高原，南部为昆仑山及阿尔金山，横贯东西的天山把新疆分为南北两个部分，南部为塔里木盆地，北部为准噶尔盆地，俗称"三山夹两盆"。铜镜主要分布于天山山脉南北山麓，西至伊犁盆地，东达哈密，最北端至阿勒泰地区。出土铜镜数量较多，形制丰富，包括单钮镜、手柄镜、钮柄镜、圆饼镜四种。

察吾呼（察吾呼沟口）墓地共出土铜镜7面，包括单钮镜4面，圆饼镜1面，钮柄镜2面①，其中1面钮柄镜出土于沟西一座被破坏的墓葬中②

墓地位于和静县哈尔莫墩北部、天山南麓山前地带的察吾呼沟口至觉伦吐尔根村北面的洪积台地上，由察吾呼沟斜向西北可通往著名的裕勒都斯大草原。经过发掘的一、二、四、五号墓地属于察吾呼文化，共计428座。出土铜镜的墓葬为多人合葬墓，见婴儿、成年男女，肢体多残缺不全，分层放置，部分有马头坑，内葬1只或2只马头，随葬陶器见带流杯、带流罐、勺杯等，残损居多，铜器见刀、镜、扣、戒指、马衔等，另有骨纺轮、木纺轮、木箭杆、石纺轮、骨锥、石珠、铁渣等。

单钮镜中，一号墓地M206和四号墓地M154出土镜素面无装饰，四号墓地M114与M165出土镜相似，均有狼纹装饰。M165:8，圆形，桥形镜钮，镜面平直，镜缘微卷，镜钮外环以凸起的线条勾勒一只蜷曲的狼，张牙露齿，绕钮蜷曲，首尾相接。直径9厘米、厚0.4厘米。圆饼镜出土于二号墓地M218。另有钮柄镜2面，一面出自二号墓地M6，圆形镜面边缘有一较小的凸起，上有小孔，直径5.7厘米、厚0.1厘米；另一面出自察吾呼沟西墓地③，编号标本55。

莫呼查汗墓地出土单钮镜11面④

莫呼查汗墓地位于和静县莫呼查汗乌孙河东岸的台地上，一条季节性冲沟将墓地分为南、北两区，即Ⅰ号墓地和Ⅱ号墓地。共发掘墓葬248座，其中青铜时代墓葬236座，出土铜镜11面。墓葬地表多见圆形、椭圆形的石围，南北向竖

---

① 参见新疆文物考古研究所编著《新疆察吾呼——大型氏族墓地发掘报告》，东方出版社1999年版，第12—298页。
② 参见新疆文物考古研究所、和静县文化馆《和静县察吾呼沟西一座被破坏墓葬的清理》，载新疆文物考古研究所、新疆维吾尔自治区博物馆编《新疆文物考古新收获（续）1990—1996》，新疆美术摄影出版社1997年版，第276—280页。
③ 参见新疆文物考古研究所、和静县文化馆《和静县察吾呼沟西一座被破坏墓葬的清理》，《新疆文物》1994年第1期。
④ 参见新疆文物考古研究所《新疆和静县莫呼查汗墓地发掘简报》，《考古与文物》2014年第5期；新疆维吾尔自治区文物考古研究所编著《新疆莫呼查汗墓地》，科学出版社2016年版，第5—332页。

穴土坑石室墓为主，一些石室上有松木圆木棚盖，上盖芨芨草，墓主人一般头北面东，侧身左曲。

ⅠM8墓室南北向，竖穴土坑墓，砾石围就，近椭圆形。石室内葬两具尸骨，西侧为男性成年人，35岁左右，双手放在面前，颈部有铜珠1颗，胸腹部有铜镜1；东侧为未成年人，年龄10余岁，双手放在头顶部，头部斜上方有残陶罐1。铜镜ⅠM8:2，桥形镜钮，镜面平直，无装饰，平缘。直径7.8厘米，钮长1.6厘米、高0.7厘米、宽0.9厘米。

ⅠM128墓室由片石和砾石围就。墓主人为成年女性，20岁左右。面前有铜镜1、单耳带流陶罐1，颈部有铜项链1串，左肱骨处有"十"字形铜扣1、首部装饰立马的铜别针1，右肱骨处有"十"字形铜扣1，腹部有铜扣4，胯部左右各有羊脊椎骨1段。铜镜M128:2，桥形镜钮，镜面平直，钮外有两周凸弦纹，外区至镜缘亦有两周凸弦纹，各填18条短凸线。直径6.5厘米、厚0.1—0.2厘米，钮长1.3厘米、高0.4厘米、宽0.6厘米。

此外，ⅠM130镜背分为四区，内填平行折线纹；ⅠM106镜背装饰一周凸弦纹，镜缘凸起；ⅠM10、ⅠM79、ⅠM124、ⅠM125、ⅠM150、ⅠM151、ⅡM15各出土素面镜1面。

群巴克墓地出土铜镜3面，单钮镜1面，手柄镜2面

群巴克墓地位于轮台县西北的群巴克乡，先后经过三次发掘，发掘墓葬约100座。墓葬地表一般有封土堆，竖穴土坑墓室为椭圆形或圆角方形，多数墓葬有盖木、草席等葬具。随葬品有双耳罐、带流罐、单耳罐、单耳杯、壶等陶器，铜器有刀、镞、戈、针、马具等，另有金器、石器、铁器等。

ⅠM1出土单钮镜1面。[①] 该墓地表有砂砾封堆，竖穴土坑墓，多人合葬，墓室四壁有木柱，上有盖木，墓室底部铺有芨芨草。墓葬共埋葬约42人，为成年人和未成年男、女，随葬品有陶纺轮、磨石、石锥、石珠、铜镜、带扣、铁刀等小件器物。铜镜ⅠM1:31，桥形镜钮，镜缘向镜背后反折，呈锐角。直径15厘米。

---

① 参见中国社会科学院考古研究所新疆队、新疆巴音郭楞蒙古自治州文管所《新疆轮台群巴克古墓葬第一次发掘简报》，《考古》1987年第11期。

ⅠM34和ⅡM4各出土手柄镜1面。① ⅠM34墓葬地表有圆形封土，下有两个墓室，各葬1人。东边的A墓室出土陶纺轮1，西侧B墓室出土手柄镜1。铜镜ⅠM34B:1，镜面圆形，稍薄，侧边连接一稍厚的长条形手柄，柄末端有孔，一体铸造成型。镜面直径8.9厘米、厚0.2厘米、通长14.4厘米。铜镜ⅡM4:12，形制与ⅠM34B:1一致，亦为一体铸造。镜面直径9.5厘米、厚0.3厘米、通长14.2厘米。

哈布其罕墓地出土单钮镜1面②

哈布其罕墓地位于和静县巴伦台镇南的天山深谷中，一号墓地和二号墓地共发掘墓葬48座。墓葬地表有弧腰形或圆形石围，见单人葬与合葬墓，少数颅骨有穿孔。随葬品见带流杯、带流罐、勺杯等陶器及少量彩陶，青铜器有刀、锥、镜、带钩等，另有少量金、银、木器。铜镜出自一号墓地M2，墓葬形制不详，编号M2:4，桥形镜钮，素面无装饰，平缘稍残。直径7.2厘米、厚0.5厘米。同时出土铜扣、铜环、铜管等。

克孜尔水库墓地出土单钮镜1面③

克孜尔水库墓地位于拜城克孜尔水库西岸的台地上，墓地经过两次发掘，共发掘墓葬39座。铜镜出自M30，墓葬形制及随葬器物不详。铜镜桥形钮，镜缘较高，向镜背反折，上有一小穿孔，应为铸造缺陷。直径12.5厘米、厚0.3厘米。

萨恩萨伊墓地出土单钮镜3面，圆饼镜1面④

墓地位于乌鲁木齐市南郊板房沟乡萨恩萨伊沟口南侧台地及山坡上，地处天山深处，共发掘墓葬182座。

M106墓为石堆石圈墓，墓坑为东西向不规则的长方形竖穴土坑，填黄土和

---

① 参见中国社会科学院考古研究所新疆工作队、新疆巴音郭楞蒙古自治州文管所《新疆轮台县群巴克墓葬的第二、三次发掘简报》，《考古》1991年第8期。铜镜原编号ⅠM34A:1有误，应为ⅠM34B:1。
② 参见新疆文物考古研究所等《和静哈布其罕Ⅰ号墓地发掘简报》，《新疆文物》1999年第1期；新疆文物考古研究所等《和静哈布其罕二号墓地发掘简报》，《新疆文物》2001年第3、4期。
③ 参见新疆文物考古研究所等《新疆拜城县克孜尔吐尔墓地第二次发掘简报》，《新疆文物》2004年第4期；新疆文物考古研究所《新疆拜城县克孜尔吐尔墓地第一次发掘》，《考古》2002年第6期。图片见新疆维吾尔自治区文物事业管理局等编《新疆文物古迹大观》，新疆美术摄影出版社1999年版，第234—239页。
④ 参见新疆文物考古研究所编著《新疆萨恩萨伊墓地》，文物出版社2013年版，第2—233页。

卵石。墓主人为成年女性，葬于墓底北部，一次葬，仰身直肢，头西脚东，双腿交叉，头脚两端铺片石。头右侧随葬彩陶罐1、铜节约1，颈部有由2颗玻璃珠和36颗石珠组成的项链，腹部放置铜镜1，镜上有石扣1，身右侧随葬羊骨及铜刀1，脚端随葬马头和羊头各1，铜节约1，马嘴中含铜马衔1。铜镜M106:5，桥形镜钮，素面无装饰，镜缘较高，向镜背反折，呈浅盘状。直径9.6厘米、厚0.2厘米。

M89出土铜镜虽有残损，但仍可清晰地看出镜缘较高，向镜背反折，镜缘上似有凹陷做四等分。M113出土铜镜的桥形钮外有两周凸弦纹，钮至镜缘有十数条放射状凸弦纹。此外，M37出土圆饼镜1面。

苏贝希三号墓地出土手柄镜1面[①]

墓地位于火焰山中段腹地，吐鲁番鄯善县吐峪沟北口、苏贝希村南3公里处。三号墓地共清理墓葬30余座，29座竖穴土坑墓，1座竖穴侧室墓。墓穴一般深2米左右，墓底铺细沙、苇秆和草绳扎制的垫子作为葬具。死者仰卧，头和身侧放置随葬品，墓口有圆木搭棚，上压苇苫、茅草，顶部用黄泥或石块镇压。除随葬衣物外，随葬品见陶器、木器、皮革制品及铁、石、铜、角制品200余件。铜镜出自三号墓地M17，墓葬形制及随葬品不详。M17:8，手柄遗失仅留下圆形镜面，边缘稍残，残缺处有两个小圆孔，为连接手柄的铆钉孔。厚0.1厘米、直径9.3厘米。

加依墓地出土单钮镜1面[②]

墓地位于吐鲁番亚尔乡加依村南3公里的戈壁台地上，共发掘墓葬217座。墓地遭多次破坏，现存墓地少数地表有圆形土坯围墙。铜镜出自M55。该墓墓穴为天然砾石堆积层，墓主人为女性，年龄18—20岁，仰身屈肢葬，颅骨缺失，身下有芦苇秆、秸秆制作的葬具。左侧肋骨与肱骨之间有铜镜1，头部处有倒扣的单耳陶罐1，右肱骨顶端有骨扣1，中南部有木纺轮1，腹部有羊头1。铜镜M55:1，桥形镜钮，镜钮外有八条线段构成四个直角，另有两条线段构成的一个锐角，边缘有一周凸弦纹。直径6.5厘米。

---

① 参见新疆文物考古研究所、吐鲁番地区博物馆《鄯善苏贝希墓群三号墓地》，《新疆文物》1994年第2期；《新疆鄯善县苏贝希遗址及墓地》，《考古》2002年第6期。

② 参见吐鲁番学研究院、新疆文物考古研究所《吐鲁番加依墓地发掘简报》，《吐鲁番学研究》2014年第1期。

努尔加墓地出土单钮镜1面[①]

墓地位于昌吉市阿什里哈萨克族乡努尔加村南努尔加河西岸台地上，2012年发掘墓葬53座。墓葬地表多有卵石封堆，墓室有双室墓和偏室墓两种。随葬器物有单耳罐、敞口罐、钵等，铜器有刀、锥、镞、镜等，另有砺石、鹿石、料珠等。铜镜出自M34，该墓有四座墓室，A墓室墓主人头颈处有料珠，右臂处有铜镜，左臂处有铜刀、铜锥，右肋处有骨扣。墓主人可能为女性。出土铜镜有桥形镜钮，镜面平直，素面无纹饰，平缘。直径11.1厘米。

天山北路墓地出土铜镜52面，包括手柄镜1面，单钮镜51面[②]

天山北路墓地位于哈密市天山北路林场和雅满苏矿办事处一带，因此，墓地最初被称为哈密雅满苏矿、林场办事处墓地[③]，后改名为天山北路墓地。经过发掘的墓葬大约有706座，其中12座资料遗失。墓葬均为竖穴土坑墓，部分墓葬有生土或熟土二层台，445座墓葬中以土坯椁室为葬具，多为东北—西南方向，葬式以单人侧身屈肢为主。随葬品以铜器为大宗，有牌、镜、刀、锥、凿、锛、镯、泡、珠、管等，集中出土于墓主人上半身，彩绘陶器出土数量不多，纹样多见三角纹、网格纹等，一般每个墓葬出土1件，双耳罐出土数量最多。另有杵、敲砸器、镞等石器及少量金银饰品。天山北路人群较为重视装饰，身体装饰除了耳环、手镯，最为常见的是颈部和手腕处佩戴有绿松石、玛瑙、滑石、铜等珠、管组成的串饰。衣物装饰中出土最多的是各种牌饰、泡、珠、管等。

M036墓室底部有生土二层台，人骨1具，保存较差，葬式不明。随葬品共155件，二层台上有单耳陶杯、石化妆棒各1。头骨东侧有筒形陶罐1。椁室中部出土手柄镜1件及串珠多颗，串珠为3串，一串由23颗绿松石和2颗玉髓组成，一串为3颗绿松石、3颗滑石及1颗玉髓组成，还有一串由34颗绿松石、15件滑石珠和71件黑色小石珠组成。另有1铜锥出土于椁室东壁。镜M036：1，镜面为长椭圆形，连接针锥状短柄。通长11厘米，镜面直径7.2厘米左右。

[①] 参见新疆文物考古研究所《新疆昌吉努尔加墓地2012年的发掘简报》，《文物》2013年第12期。
[②] 参见新疆维吾尔自治区文物考古研究所等编著《新疆哈密天山北路墓地》，科学出版社2024年版，第56—1035页。报告中提到墓地出土铜镜34面，通过葬葬器物统计，铜镜共计52面。
[③] 常喜恩：《哈密市雅满苏矿、林场办事处古代墓葬》，载中国考古学会编《中国考古学年鉴（1989）》，文物出版社1990年版，第274—275页。

M483墓室底部有长方形土坯椁室，四壁错缝平砌4层土坯，人骨1具，侧身屈肢，头向东、面向南。随葬品共200件，双耳陶罐1件位于足部。铜器112件。头部有铜镜、铜手镯、铜泡、铜牌，颈部除了铜牌，还有大量玉髓、滑石等组成的串珠，肱骨处有铜泡、铜牌，腕部有手镯及铜珠、铜管、铜牌、绿松石串珠等，此外还出土羊距骨1件。铜镜4面出土于头骨后方。M483∶1，呈红色，桥形钮外绕一周圆形凸弦纹，凸弦纹内靠近镜钮处有两个乳钉，外有一周长短不一的放射状线段，形似太阳人面纹。直径7.9厘米、厚0.2厘米。另外3面均为素面，无装饰，M483∶18，正面略弧，直径9.5厘米；M483∶20，为两面铜镜共用1个编号，镜面平直，直径分别为8.7厘米、7.7厘米。

M190墓室底部有长方形土坯椁室，椁室东、西两壁错缝平砌5层土坯，人骨1具，左侧身屈肢，头向东、面向南，女性。随葬品共282件，双耳陶罐1件，出土于椁室西南角，铜器176件集中于墓主人上半身，头部前后有耳环、铜牌、铜镜、双联铜泡、铜管、海贝等，颈部有104颗绿松石、滑石、玉髓组成的串饰，腕部有铜手镯，膝部有铜串珠。铜镜2面，与铜牌饰一起出土于头部周围。M190∶14，桥形镜钮，镜背靠近边缘处有凸弦纹，内填近乎平行的短竖线一周。直径7.7厘米，厚0.2厘米，重68.27克。M190∶12，桥形镜钮，素面无装饰，直径6.4厘米，厚0.3厘米，重54.23克。

除了上述提到的7面铜镜，另见M400出土7面，M125、M266、M301各出土4面，M015、M311各出土3面，M148、M315、M341各出土2面，M065、M073、M126、M226、M235、M281、M307、M437、M441、M479、M606、M620、M640、M679各出土1面，共计52面。除M036镜为手柄镜外，其余全部为单钮镜。其中镜M015∶13、M266∶28、M400∶5桥形钮外有辐射凸线至镜缘，与镜背的数周凸弦纹形成多圈环带纹，直径分别为7.7厘米、8.3—8.8厘米、7.6厘米。M315∶24、M640∶11靠近镜缘处有一周压点纹，形成封闭的圆形，前者直径6.5厘米，后者直径6.3厘米。M301∶12-2，桥形钮外有羊角状图案，直径7.2厘米。其余铜镜均素面无装饰，大部分镜面平直，个别镜面微凸，直径多为6—9厘米，最大者如M479∶9，直径11.2厘米。

五堡墓地出土手柄镜 1 面①

墓地位于哈密五堡村西戈壁台地上，3 次发掘墓葬共计 113 座。墓室以竖穴土坑为主，大部分墓葬砌筑坯室，单人侧身屈肢葬为主，其次为合葬。随葬陶器有单耳钵、豆、盘等，少量彩陶，装饰三角纹、水波纹、横条纹、竖条纹。铜器有刀、锥、泡、镜、锛、铃等，木器较为丰富，另有石磨盘、石杵、砺石、骨簪、骨针、骨纺轮、海贝、毛织品等。手柄镜镜面为椭圆形，有明显的织物痕迹，边缘连接长条状手柄，柄末端横铸桥形钮，高 1 厘米，上系皮带。镜面直径 8.5 厘米、手柄长 6.8 厘米、通长 15.3 厘米。

焉不拉克墓地出土单钮镜 8 面②

墓地位于哈密三堡乡西北，焉不拉克文化因其而得名，目前共发掘墓葬 90 座。墓葬形制有土坯墓、竖穴土坑墓，出土铜镜的墓葬均有二层台。随葬品有单耳罐、单耳杯、双耳罐等陶器，彩陶装饰十字纹、水波纹。铜器有刀、镞、锥、针、镜、耳环等 112 件，铁器 7 件，主要是刀、剑、戒指。

M45 为男女合葬墓，葬式不详，男性 30—53 岁，女性约 43 岁。随葬品见单耳杯、铜镜、铜管、铜耳环、石珠、骨珠、木盘。铜镜 M45:3，矩形镜钮，素面无纹饰，直径 4.5 厘米、厚 0.1 厘米。

M64 为三人合葬墓，男性 30—40 岁，女性 35—40 岁，女婴约 1.5 岁。随葬钵、豆、腹耳壶、单耳杯、单耳罐、铜镜、磨石。铜镜 M64:3，桥形钮，素面平缘。直径 6.7 厘米、厚 0.2 厘米。另一面铜镜③，编号不详，圆形，桥形钮，镜面边缘向镜背反卷。直径 9.4 厘米、厚 0.2 厘米。

此外，M35、M69 各出土素面单钮镜 1 面。1957—1958 年，该墓地曾发掘

---

① 参见吕恩国、常喜恩、王炳华《新疆青铜时代考古文化浅论》，载宿白主编《苏秉琦与当代中国考古学》，科学出版社 2001 年版，第 172—193 页；新疆文物考古研究所《新疆哈密五堡墓地 151、152 号墓葬》，《新疆文物》1992 年第 3 期，第 1—10 页。图片见哈密博物馆编《哈密文物精粹》，科学出版社 2013 年版，第 57 页。

② 1986 年发掘出土 4 面，见新疆维吾尔自治区文化厅文物处、新疆大学历史系文博干部专修班《新疆哈密焉不拉克墓地》，《考古学报》1989 年第 3 期；1957—1958 年发掘出土 3 面，见黄文弼《新疆考古发掘报告》，文物出版社 1983 年版，第 8 页。图片见新疆维吾尔自治区文物事业管理局等编《新疆文物古迹大观》，新疆美术摄影出版社 1999 年版，第 122 页。

③ 这面铜镜在发掘报告中没有提到。图片及介绍见哈密博物馆编《哈密文物精粹》，科学出版社 2013 年版，第 122 页。

出土3面铜镜，均为素面无装饰。直径4.5—6.7厘米、厚0.1—0.2厘米。

南湾墓地出土单钮镜3面[①]

墓地位于巴里坤奎苏乡西北，两次发掘墓葬100余座，仅有少量资料发表。墓葬地表已被破坏，无法判断是否有标志。墓室多为长方形竖穴土坑，侧身屈肢葬为主，头多向东南，随葬品主要为陶器和铜器，铜器有刀、锥、斧、凿、扣、耳环等。出土的3面铜镜均为圆形，桥形钮镜，素面无装饰，平缘，一些镜或刀出土时被放置在皮套内。

吉仁台沟口墓地出土手柄镜1面[②]

新疆尼勒克县位于西天山伊犁河谷的东端，吉仁台沟口遗址位于尼勒克盆地东北角。遗址发现房址、窑址、灶（火塘）、灰坑、冶炼遗迹等300余座，出土铜镜、铜锥、菱首剑、管銎铜戈等陶模和陶范多件，以及炼炉、鼓风管、铜矿石、铜锭、坩埚、炉渣、炼渣等冶金遗物。发掘青铜时代墓葬8座，铜镜出土于M49。M49墓室平面呈东西向椭圆形。墓面内填黄色土，包含较多卵石，葬式为单人一次葬，仰身左屈肢，头西脚东，双手置于腿上，墓室西北角，墓主人头部左侧有铜镜和陶罐各1件。镜M49:1，浇铸而成，镜面圆形，正背面均素面，中部较边缘略厚。镜面边缘连接短直手柄，柄部尾端反卷形成穿孔。镜面直径9.4厘米、厚0.2厘米。此外，该遗址还出土陶质镜面和镜背范一套两件，为圆形素面具钮镜镜范。

阔克苏西2号墓地出土单钮镜2面[③]

阔克苏西2号墓群位于特克斯县城东南，发掘墓葬93座。大部分墓葬地表有封堆，墓室分为竖穴土坑、竖穴偏室和竖穴石室三类，出土铜镜的2座墓葬地表有石堆，为竖穴土坑墓，仰身直肢葬式，属于青铜时代和早期铁器时代墓葬。

---

① 参见羊毅勇《新疆的铜石并用文化》，《新疆文物》1985年第1期；贺新《新疆巴里坤南湾M95号墓》，《考古与文物》1987年第5期；新疆维吾尔自治区博物馆《巴里坤南湾墓地66号墓清理简报》，《新疆文物》1985年第1期。
② 参见袁晓、罗佳明、阮秋荣《新疆尼勒克县吉仁台沟口遗址2019年发掘收获与初步认识》，《西域研究》2020年第1期；王永强、袁晓、阮秋荣《新疆尼勒克县吉仁台沟口遗址2015—2018年考古收获及初步认识》，《西域研究》2019年第1期；王永强、阮秋荣《2015年新疆尼勒克县吉仁台沟口考古工作的新收获》，《西域研究》2016年第1期；新疆文物考古研究所、伊犁哈萨克自治州文物局、尼勒克县文物局《新疆尼勒克县吉仁台沟口遗址》，《考古》2017年第7期。
③ 参见新疆文物考古研究所《新疆特克斯县阔克苏西2号墓群的发掘》，《考古》2012年第9期。

M47墓主人为一中老年女性，腰部左侧毛布梳妆袋内有铜镜、骨梳各1件。铜镜M47：1，桥形钮，素面无装饰，边缘微微凸起，较为厚重，直径9.3厘米、厚0.5厘米。M59为男女合葬墓，女性墓主人腰部左侧有铜镜1。铜镜M59：1，圆形，桥形钮，素面无装饰，中间较厚，平缘稍残。直径8.2厘米，厚0.2厘米。

东麦里墓地出土手柄镜1面[①]

铜镜出土于M27，编号M27：1，镜面圆形，边缘连接长条状手柄，手柄末端有一横钮，呈桥形。直径9.4厘米，柄长5.4厘米、宽2.2厘米。

流水墓地出土单钮铜镜1面[②]

墓地位于新疆和田地区于田县阿羌乡阿克布拉克台地上，距于田县城约100公里。2006年发掘墓葬共52座。墓葬地表有石围或石堆，竖穴土坑墓室，为椭圆形或圆角方形，以多人合葬墓为主，葬式多为仰身屈肢，头向东，部分墓葬有木棍制作的尸床。铜镜出自M18，素面无装饰，平缘，桥形镜钮，尺寸不详。随葬品有深腹罐、铜刀、铜扣、铜珠、贝壳、石眉笔等。

克尔木齐墓地出土单钮镜1面[③]

墓地位于新疆阿勒泰市切木尔切克镇附近的草原上，1963年发掘墓葬32座。出土罐、钵、杯等18件石器，圜底罐、平底罐、尖底罐等陶器21件，刀、矛、镜等铜器9件，以及锛、带扣、钉子等铁器。铜镜出自M22，墓葬地表有残石，墓室中有块石围成的墓穴，二层台上有马骨，2人合葬墓，屈肢葬，头东面北。随葬品有铜镜1、残陶器2、残铁刀1、铜钉1、金箔若干片及马1匹。铜镜桥形镜钮，素面无纹饰，边缘向镜背卷折。直径6厘米。

吉尔赞喀勒墓地出土铜镜4面，2面圆饼镜，2面手柄镜

墓地位于新疆西南部的帕米尔高原塔什库尔干塔吉克自治县，2013年发掘墓葬10座，2014年发掘墓葬29座。墓葬地表的圆形封土堆及黑白石条遗迹为新疆和中亚的首次发现。

[①] 参见新疆文物考古研究所《尼勒克县一级电站墓地考古发掘简报》，《新疆文物》2012年第2期。
[②] 参见中国社会科学院考古研究所新疆队《新疆于田县流水青铜时代墓地》，《考古》2006年第7期；中国社会科学院考古研究所新疆队《新疆于田县流水青铜时代墓地发掘简报》，《考古》2016年第12期。
[③] 参见新疆社会科学院考古研究所《新疆克尔木齐古墓群发掘简报》，《文物》1981年第1期。图片见新疆维吾尔自治区文物事业管理局等编《新疆文物古迹大观》，新疆美术摄影出版社1999年版，第338页。

2014年发掘出土圆饼镜2面。[①]M16墓主人为女性，年龄20岁左右，裸身葬，仰身直肢。头骨右侧有木笸箩1、陶罐1、木盘1，木盘内有铁刀1及羊椎骨和肋骨，头顶有铜镜1、贝饰3、砾石1，头部左侧有蚀花玉髓珠23颗，手腕处有铜镯各1，人骨右侧有全羊1。镜M16:6，平面呈圆形，表面有锈蚀，无镜钮。直径8.8厘米、厚0.2厘米。另一面圆饼镜出自M32，直径6.5厘米。

2013年发掘出土手柄铜镜2面。[②]M11地表无明显的封土堆，圆形墓室东南部有墓道，墓口及墓道有18根圆木组成的棚木依次排列，墓底有圆木尸床，墓室有三具女性骨架。A、B葬式为侧身屈肢，C葬式为仰身直肢。C颈部有铜铃1，右手腕有铜镯1，胯骨处有铜镜1，左上臂处有玻璃珠1，小臂处有石眉笔1，手腕有玛瑙串成的手链，右足处有陶罐1，其他两位墓主人随葬有陶罐、陶盘、陶钵、木盘、铜镯、铁刀、木火坛、石眉笔、木饰、卵石、玛瑙珠。铜镜M11:11，镜面圆形，边缘有短柄，上有穿孔及铁锈痕，应为固定手柄的铆钉孔。直径11.9厘米，短柄长2—2.1厘米、宽0.9—2.6厘米、孔径0.3厘米。M14出土镜与M11形制相似。

二、甘肃、青海、宁夏出土铜镜资料

甘肃、青海、宁夏三省区是中国西北地区的重要组成部分，三省的主体区域位于黄河上游，历史悠久，文化资源丰富，是我国较早使用青铜器的区域，出土铜镜数量较多。

广河齐家坪墓地出土单钮镜1面、齐家文化博物馆藏2面

齐家坪遗址位于甘肃广河县齐家坪村，为齐家文化命名地。遗址发掘有墓葬116座，另有房址、灰坑、窑址等遗迹。出土物包括石器、陶器、骨器、玉器、铜器等生产工具和生活用具。以陶器数量最多，见泥质、夹砂、彩陶三种，器形有双大耳罐、单大耳罐、双小耳罐等。铜器数量较少，仅3件，见铜环1、铜镜1、

---

① 参见中国社会科学院考古研究所新疆工作队、新疆喀什地区文物局、塔什库尔干县文物管理所《新疆塔什库尔干吉尔赞喀勒墓地2014年发掘报告》，《考古学报》2017年第4期。
② 参见中国社会科学院考古研究所新疆工作队《新疆塔什库尔干吉尔赞喀勒墓地发掘报告》，《考古学报》2015年第2期。

铜斧1。M41位于墓地A区中部，墓葬结构、墓向等未记录，墓主人为一儿童，随葬品仅有一镜。① 铜镜M41∶1，素面无装饰，桥形钮，镜面稍稍凸起，直径6.2厘米、厚0.25厘米，钮高0.5厘米。② 笔者在甘肃齐家文化博物馆还见到2面铜镜，形制基本相似。

中国国家博物馆藏单钮镜1面，相传出土于甘肃临夏③

铜镜呈圆形，半球形镜钮，凸弦纹钮座，镜背装饰两周多角星纹，以凸弦纹间隔，星外填充斜线，直径14.6厘米。

永昌西岗和柴湾岗墓地出土铜镜16面④**，西岗墓地出土单钮镜6面、钮柄镜6面，柴湾岗出土钮柄镜4面**

墓地位于河西走廊东部，祁连山北麓，4次发掘共清理墓葬452座。墓葬均为土坑墓，偏洞室墓是主要形制，单人葬居多，少数合葬墓，仰身直肢为主，人骨下铺有芨芨草和白灰，偏洞室墓墓口插有木棒，墓葬二层台上横搭木棒，并铺有芨芨草。随葬品丰富，以铜器为大宗，陶器次之，另有铁器、金器、石器、木器等。陶器均为日常生活中常用的容器，铜器多为小件的装饰品，有联珠饰、环形饰、牌饰、泡饰等，另有少量兵器。

西岗墓地单钮镜出土于M140、M427、M56、M75、M83、M114，除M427∶9外，均为素面平缘镜。M140墓主人为女性，年龄40—45岁，头北足南，骨架下先铺白灰，再铺芨芨草，身上盖着芨芨草编席，尸骨涂成红色。墓主人颈部有绿松石佩4、骨珠2、圆金片1，腹部有皮革一块，上缝缀皮条四根，每根皮条上套一个铜箍，可能为腹部饰物。腰部系有腰带，腰带饰分三层，由对马饰牌、S形铜饰、三联珠、S形三联珠饰、葫芦形铜管状饰等组成。左腿外侧，有皮革穿系铜环、环首形饰、铜镜组成吊饰1串，在两大腿之间还有兽头饰2、铜泡1、铜刀1。镜M140∶14，中间厚、边缘薄，镜缘刃状，残留纤维痕迹，镜钮已残损，在边缘钻有小孔。镜面直径8.2厘米、厚0.1厘米，重60.2克。镜M427∶9，

---

① 参见甘肃省文物考古研究所、复旦大学文物与博物馆学系编《广河齐家坪》，文物出版社2023年版，第89页。
② 参见安志敏《中国早期铜器的几个问题》，《考古学报》1981年第3期；严文明《论中国的铜石并用时代》，《史前研究》1984年第1期，记载了该镜的钮高。
③ 参见海国林《史树清先生慧眼识真》，《中国文物报》1993年3月31日。
④ 参见甘肃省文物考古研究所《永昌西岗柴湾岗——沙井文化墓葬发掘报告》，甘肃人民出版社2001年版，第12—99页。

镜体稍厚，镜面微凸，背面为金色，桥形钮外环绕纹似为龙凤纹，图案模糊，镜缘素平。直径5厘米、厚0.2厘米，重17.1克。

西岗墓地钮柄镜于M54、M79、M199、M224各出土1面，采集2面。M224墓主人为青年女性，年龄15—20岁。头骨处有双耳陶壶1，盆骨及左右两股骨外侧有六联珠饰4、四联环1、多孔饰牌1，左腿骨膝盖外侧有连环1、铜镜1、铜圆针线筒1。镜M224:6，镜体薄小，镜面椭圆形，边缘有残损的钮状短柄。橙红色底，绿锈，正面、反面印有纤维纹。通高4.9厘米、厚0.2厘米，重6.4克。镜M199:1，镜面微凸，边缘有一凸起的挂环，挂环背面有桥形钮，残损后钻两孔。铜镜出土时装在皮质镜套内，通长7.3厘米、厚0.2厘米，重30.1克。

柴湾岗墓地出土4面钮柄镜，分别出土于M23、M50、M27、M75。M23墓主人为成年男性，年龄35—40岁。骨架下铺芨芨草，并有大量白灰。右耳下有铜耳环1、左手下方有铜镜1、铜刀1，另有方形四联环2、铜泡1、铜环1、铜带扣1。镜M23:7，镜面圆形平直，边缘有一方形短柄，上有较大的方形穿孔。直径6.4厘米、厚0.1厘米，重36.2克。镜M50:4，镜面为上小下大的椭圆形，镜背黏附毛织物的纤维，镜面与方形短柄合铸而成，即将镜面上端夹在作为柄的两片铜片之中，短柄残损后，又在柄部下面的镜面上开一小圆孔。镜背黏附着许多毛织物的纤维。镜面最大径7.3厘米、厚0.15厘米，重4.64克。出土时，铜镜与铜牌饰2、铜环2组成串饰，垂挂于墓主人腰间。

崇信于家湾周墓出土单钮镜2面[①]

崇信县地处甘肃省东部，墓葬位于崇信县于家湾村东台地上，墓地共发掘周墓138座，出土铜镜2面。墓葬均为长方形竖穴土坑墓，南北向，大多数墓葬有二层台，多数墓有木质棺椁葬具，仰身直肢葬居多，头向北脚向南，死者身上涂抹有朱砂。M38为一中型墓葬，墓壁龛内有陶鬲1、铜镞1，西北角二层台上方随葬陶鬲1、蚌泡4，西南角二层台上方放置砺石2件。棺内残存的随葬品集中出土于墓主人膝骨以下，两腿间有海贝50枚，另有铜镜2面、铜泡8件。墓主人头部有零碎的蚌壳碎片。镜84CYM38:3，橄榄形镜钮，镜面微鼓、略微椭圆，无装饰，平缘。直径8.5厘米、厚0.15厘米，重68克。镜84CYM38:4，覆斗

---

① 参见甘肃省文物考古研究所编著《崇信于家湾周墓》，文物出版社2009年版，第34页。

形镜钮，镜面微鼓，无装饰，平缘，镜面残存丝织物痕迹，直径8厘米、厚0.2厘米，重50克。

漳县农副收购站拣选出单钮镜1面①

镜面平直，桥形镜钮，镜背装饰两条盘曲的蟠蛇纹。直径6.5厘米、厚0.1厘米。钮长2.1厘米、宽0.7厘米、高0.4厘米。

平凉废品站拣选出单钮镜1面②

圆形，镜面微凸，桥形镜钮，双圈弦纹间装饰放射状短线。直径6.8厘米、厚0.1—0.2厘米，重35克。钮高0.54厘米。

贵南尕马台墓地出土单钮镜1面③

贵南县位于青海省海南藏族自治州南部，尕马台遗址位于贵南县拉乙亥乡昂索村南500米处黄河南岸台地上，共发掘齐家文化墓葬44座。墓葬以竖穴土坑墓为主，无葬具，葬式复杂，有单人葬和多人葬两种，俯身直肢葬式，有二次葬、无头葬、迁葬等多种形式，为同一时期同一氏族墓地。M25为竖穴土坑墓，墓主人为男性，俯身直肢葬，头向东，墓葬未被扰乱。墓主人头骨处有1粗陶盆，盆内放1彩陶双耳罐，颈部有11枚海贝、583枚骨珠及16枚绿松石珠组合而成的复杂颈饰，左手腕外侧有铜泡2件，应是手腕装饰。铜镜出土于骨架下的胸部处，有木柄，用绳与铜镜的两个圆孔相系。铜镜M25∶6，镜面圆形，镜钮残损，有凸弦纹钮座，内区装饰七角星纹，星外填充平行斜线，镜缘装饰一周较粗的凸弦纹。镜缘有两个梨状小孔，捆系的圆木镜柄已腐朽，无法采集。直径8.9厘米、厚0.3厘米。

湟源大华中庄墓地出土单钮镜34面④

墓地位于大华乡中庄村西北山坡上，1983年清理墓葬118座，其中117座为卡约文化时期墓葬。墓葬形制有三角形或圆形等，随葬品有陶器、铜器、石器、骨器等千余件，铜器有人形饰、权杖头、矛、刀、镜、泡、管、铃等。铜镜

---

① 参见陈俊峰《甘肃漳县发现的蟠蛇纹铜镜》，《文物》1994年第11期。
② 参见高阿申《甘肃平凉发现一件商代铜镜》，《文物》1991年第5期。
③ 参见青海省文物考古研究所、北京大学考古文博学院编著《贵南尕马台》，科学出版社2016年版，第104—105页。
④ 参见青海省湟源县博物馆、青海省文物考古队、青海省社会科学院历史研究室《青海湟源县大华中庄卡约文化墓地发掘简报》，《考古与文物》1985年第5期。

多位于二层台足端处，大多出自男性墓葬。镜面微凹或平直，直径4—9厘米。M101出土铜镜镜面平直，直径10.5厘米，M90出土铜镜镜面微凹，直径9厘米。因墓地资料未全部发表，其他信息不详。

湟中出土单钮镜2面①

村民挖地窖时发现铜镜2面，铜钺1件。一面铜镜镜面微凸，桥形钮一端饰扇面状短线纹、锯齿纹，镜背装饰两周凸弦纹，间饰放射状线段，直径5.5厘米、厚0.2厘米，重31克。另一面铜镜的桥形镜钮外饰三周弦纹，制作粗糙，直径6厘米、厚0.2厘米，重18.5克。

中宁倪丁村M2出土单钮铜镜2面②

墓地位于宁夏回族自治区中宁县关帝乡西南约5公里的倪丁村西北，发掘墓葬2座，铜镜均出土于M2。该墓为长方形竖穴土坑墓，东西向，墓主人头向东，仰身直肢葬式。人骨上有散乱的马骨，分属于两个个体，马头骨处有当卢，墓主人头部有陶勺、绿松石、管銎斧等，盆骨附近有铜镞、铜削刀、铜环、铜镜、铜圆形饰，股骨处有短剑，足下有陶壶，随葬品共计109件。铜镜出土于墓主人右手与盆骨之间。镜M2:9，圆形，桥形钮，一周凸弦纹将纹饰区分为内外两部分，内区三只似虎的兽首尾相接，绕钮环绕，外区六只犀牛脚踩弦纹环绕奔走。镜体轻薄，直径7.4厘米、厚不及0.1厘米。另一面与M2：9大小形制相似。

三、陕西出土铜镜资料

西安张家坡墓地出土单钮镜1面

墓地位于西安市长安区沣河西岸，1983年至1986年发掘西周时期双墓道大型墓、单墓道大型墓、竖穴墓、洞室墓、车马坑等共490座。铜镜出自M170。③

---

① 参见李汉才《青海湟中县发现古代双马铜钺和铜镜》，《文物》1992年第2期。
② 参见宁夏回族自治区博物馆考古队《宁夏中宁县青铜短剑墓清理简报》，《考古》1987年第9期。简报中提到铜镜有3面，2面动物纹，1面素面。M2：24直径3.5厘米，接近边缘的地方有钮，无纹饰。直径和钮显示其应是铜牌，非铜镜。
③ 参见中国社会科学院考古研究所编著《张家坡西周墓地》，中国大百科全书出版社1999年版，第27—368页。报告中将形似铜镜，镜面内凹的M303：8定名为铜镜，但从镜面凹陷程度看，似为取火用的阳燧，因此暂不做铜镜统计。

该墓为一座"甲"字形大墓,是仅发现的三座单墓道大墓之一,为井叔家族墓地。长方形土坑竖穴墓,墓室南面连接斜坡墓道,墓室内有椁室、头箱、外椁和内椁,椁室底部铺设一层木炭,墓葬虽然被盗仍出土青铜礼器、车马器、漆器、玉器等大量文物。铜镜M170:061,桥形钮,素面无装饰,镜背微鼓,镜体残留丝织品痕迹,直径7.2厘米、厚0.1厘米。

淳化赵家村出土单钮镜1面[①]

铜镜镜面呈不规则圆形,桥形钮,圆形钮座外以乳钉四等分,间饰平行线纹,直径5.5厘米,现藏陕西历史博物馆。

淳化秋社村出土单钮镜1面[②]

墓葬为淳化县秋社村社员在掘窑洞时发现,由于破坏严重,墓葬形制不详,出土有铜镜、铜壶、陶罐、陶鼎、陶簋、石圭,十多年前该地还出土了铜鼎、铜戈、人骨、马骨等。铜镜圆形,桥形钮,圆钮座,平素缘,镜背饰三圈逆时针排列的动物纹饰带,由两周凸弦纹间隔,近边缘一圈为虎、豹相间的四组动物,中间一圈装饰鹿、牛相间的三组动物,内圈为虎、豹相间的两组动物。动物外形轮廓用流畅的线条表现,长尾和肩、腿等关节处用卷涡纹突出。直径7.7厘米、厚0.2厘米,重100克。

淳化史家塬一号墓出土单钮镜1面[③]

铜镜残损严重,可见桥形钮,出土时位于棺椁中。同出土铜鼎、乳钉纹簋等,铜鼎通高122厘米、口径83厘米,重226千克,是目前发现的最大、最重的西周青铜器。

扶风县博物馆藏单钮镜1面[④]、**出土铜镜1面**[⑤]

扶风县博物馆藏铜镜编号0321,系扶风县召公镇收购站拣选。镜面微凸,三弦钮外围绕两周凸弦纹,直径12厘米。另一面铜镜镜面微凸,近圆形,桥形镜钮,直径8.5—8.8厘米,钮长2厘米。

---

① 参见姚生民《陕西淳化县出土的商周青铜器》,《考古与文物》1986年第5期。
② 参见何汉南、姚生民《淳化县出土春秋时期文物》,《文博》1985年第3期。
③ 参见淳化县博物馆《陕西淳化出土西周大鼎》,《考古与文物》1980年第2期。
④ 参见王仓西《扶风博物馆藏历代铜镜介绍》,《文博》1988年第4期。
⑤ 参见高西省《扶风出土的几组商周青铜兵器》,《考古与文物》1993年第3期。

宝鸡市郊区出土单钮镜2面[①]

一面铜镜出土于宝鸡市郊区的一座墓葬中，墓葬形制不详。镜面平直，制作粗糙，橄榄形镜钮，镜体覆盖绿锈。直径6.5厘米、厚0.22厘米。同出土分裆鼎、饕餮纹鼎、涡纹鼎、蝉纹鼎、乳钉纹簋、云雷纹戈。另一面铜镜出土于凤翔彪角新庄河，墓葬形制不详。镜面圆形微凸，矩形钮，制作粗糙。直径7.22厘米、钮长0.8厘米。同出土乳钉纹鼎和乳钉纹簋各1件。

凤翔南指挥西村出土单钮镜2面，圆饼镜1面[②]

墓地位于村西雍水南岸，共发掘墓葬210座，为西周畿内的一处低等级墓地。出土铜镜3面。镜79M39:2和79M62:3，均为圆形，桥形镜钮，素面无装饰，平缘，制作粗糙。前者直径7.2厘米，后者直径7厘米。镜79M46:2，镜面近圆形，无钮，镜背装饰一宽0.5厘米的凸棱及类似文字的符号，直径7.1厘米。出土时置于一长方形漆器内。

北吕周人墓地ⅡM3出土单钮镜1面[③]

墓地位于陕西省关中平原西部的渭河北岸，古周原的南端，先后经过六次发掘，共发掘墓葬302座，其中，先周和西周墓葬284座。铜镜出土于Ⅱ号墓地M3。该墓为长方形竖穴土坑墓，挖筑草率，四壁不甚规整，四周夯筑熟土二层台。葬具为一棺，腐朽严重。仰身直肢葬式，人骨保存很差，不能看出年龄、性别。墓葬未见陶器，仅从左侧二层台上出土铜戈1、右侧二层台中部出土铜镜1。镜ⅡM3:1，镜面平直，制作粗糙，上有砂眼，镜钮呈橄榄形，似乎为焊接，直径7.8厘米、厚0.09厘米。

宝鸡旭光墓地出土单钮镜2面[④]

旭光墓地位于高新区东沙河西岸，隔渭河与斗鸡台相望，西距石鼓山约5千米。共清理墓葬8座，包括西周早期墓葬5座，战国墓葬3座，2面铜镜均出土自西周墓葬M74。

M74为长方形竖穴土坑墓，墓底部四周有熟土二层台，有两个壁龛，一壁

---

① 参见王光永、曹明檀《宝鸡市郊区和凤翔发现西周早期铜镜等文物》，《文物》1979年第12期。
② 参见雍城考古队《凤翔南指挥西村周墓的发掘》，《考古与文物》1982年第4期。
③ 参见宝鸡市周原博物馆、罗西章《北吕周人墓地》，西北大学出版社1995年版，第95页。
④ 参见宝鸡市考古研究所编《宝鸡旭光墓地》，文物出版社2023年版，第113—123页。

龛位于墓室南侧，另一位置因墓葬扰动不可知。墓主人仰身直肢，头南脚北。随葬器物均为青铜器，共24件。3鼎、5簋出自壁龛，墓主人右肩胛骨处有镜1、戟1，左肩西侧有镜1、泡1，右腹部有戈2、刀1、戟1、钺1、策2、弓形器1，两股间有戈1、戟1，棺内东北部有戈2。两面铜镜均为圆形，桥形钮，素面无装饰，平缘。M74：2，与铜戟位于墓主人右肩处，背面有丝织物包裹痕迹，直径7.4厘米、厚0.2厘米，钮长2.3厘米、钮高0.5厘米。M74：16，位于墓主人左肩西侧，直径7.5厘米、厚0.2厘米，钮长2.3厘米、钮高0.6厘米。

凤翔秦景公墓出土单钮镜1面[①]

铜镜为圆形，桥形钮，圆形钮座，装饰细密繁缛的蟠螭纹。直径11厘米。现藏陕西省考古研究院。

武功黄家河墓地出土单钮镜1面[②]

墓地位于陕西武功黄家河西北，1982—1983年发掘周代灰坑及墓葬51座、2座马坑。铜镜出自M23，墓葬为长方形竖穴土坑墓，底部有二层台。墓主人性别不详，仰身直肢葬，有棺木。随葬品为陶鬲、铜镜、铜戈、铜泡等。铜镜M23：2，桥形镜钮，镜体轻薄，镜面微鼓，平缘。直径8.8厘米、厚0.1厘米。

旬邑崔家河东村墓地出土单钮镜1面[③]

铜镜编号78M1：48，有残损，桥形镜钮略扁，素面无装饰，平缘，锈蚀上有席纹痕迹。直径9.5厘米、厚0.2厘米，重100克。

旬邑下魏洛墓地出土单钮镜3面[④]

墓地位于旬邑县赤道乡，处于三水河支流的发源地。墓葬编号M1，竖穴土坑墓，平面长方形，墓室的四壁内和外椁间有熟土二层，墓室底部的中间有一长方形腰坑，内有禽类骨骼。两椁一棺，随葬器物丰富。棺内有一具骨架，头北脚南，腰坑北部有铜镜2，西部二层台上，南部有女性殉人1，北部有镜1、铜戈1、铜戟2、铜钺2，北部二层台上有男性殉人1，北部二层台和东部二层台拐角处有

---

① 参见李学勤主编《中国美术全集·工艺美术编5·青铜器》下，文物出版社1986年版，第20页。
② 参见中国社会科学院考古研究所武功发掘队《1982—1983年陕西武功黄家河遗址发掘简报》，《考古》1988年第7期。
③ 参见咸阳地区文管会、旬邑县文化馆《陕西旬邑县崔家河遗址调查记》，《考古与文物》1984年第4期。
④ 参见咸阳市文物考古研究所、旬邑县博物馆《陕西旬邑下魏洛西周早期墓发掘简报》，《文物》2006年第8期。

土鼎4、簋1、甗1、尊1、斝1、爵2。3面铜镜均为桥形钮，镜体轻薄，正面微凸，素面无装饰，平缘。M1:17直径10厘米、M1:18直径8.8厘米、M1:19直径10.5厘米，厚均为0.2厘米。其中M1:19镜缘有残损。

岐山王家嘴墓出土单钮镜1面[①]

铜镜出土于窖穴之中，圆形，桥形镜钮，镜面平直，素面平缘。直径8.7厘米。现藏陕西历史博物馆，同出土涡纹鼎、夔纹鼎等青铜礼器、兵器、铜饰等。

陇县曹家湾征集单钮镜1面[②]

编号1202，圆形，桥形钮，素面无装饰，平缘。直径7.7厘米。

第二节　华北地区

华北地区北至中蒙边境，南靠秦岭淮河，东临渤海和黄海，西邻青藏高原，内有太行山、阴山、燕山等山脉，包括北京、天津、河北、山西和内蒙古自治区中部。

一、河北出土铜镜资料

张北收集单钮镜1面[③]

20世纪20年代，安特生在河北省张北县收集。圆形镜面，桥形镜钮，周围环绕五周凸弦纹，弦纹间填放射状短直线，该镜直径6.9厘米。

平山三汲灵寿故城墓地出土钮柄镜1面[④]

灵寿故城位于今河北省石家庄市辖区西部的平山县三汲乡境内，距现在的灵寿县城约10公里。铜镜出土于M8004。墓葬为土圹竖穴积石墓。葬具为一棺，

---

① 参见陕西省考古研究所、陕西省文物管理委员会、陕西省博物馆编《陕西出土商周青铜器》一，文物出版社1979年版，第125、22页。
② 参见肖琦《陕西陇县出土的历代铜镜》，《考古与文物》1993年第2期。
③ 参见宋新潮《中国早期铜镜及其相关问题》，《考古学报》1997年第2期。
④ 参见河北省文物研究所《战国中山国灵寿城——1975—1993年考古发掘报告》，文物出版社2005年版，第263页。

棺外四周置积石，棺内有人骨架一具，男性，40—45岁，俯身葬。棺内小件随葬器物较多，头顶部有铜笄1，头骨两侧有金丝耳环各一个，颈部有长形鸟骨管和绿松石扁形珠相间串联成的项饰。背部放置铜斤1、铜锛1、铜凿1，腰部有铜削1、铜镜1、铜卡条10根，腰腿部有圆形泡饰22枚。在棺外西北角积石下有铜鼎1，鼎内置小铜勺1件，棺顶部填土中有箭镞12、西部有铜马衔1，棺南部积石下有铜戈1。铜镜位于男性墓主人腰部左侧。圆形镜面，侧面边缘有梯形柄，上有穿孔。通长6.8厘米、直径4.7厘米、厚0.2厘米。

唐山后迁义墓地出土单钮铜镜2面[①]

后迁义遗址位于河北省唐山市滦州响堂镇后迁义村北部高台地上，1999年、2001年两次发掘商代墓葬11座。1999LQT2②M4出土铜镜2面。墓葬为长方形土坑竖穴墓，西端坑壁凸出一壁龛。葬具为一木棺，棺上面随葬牛头2、羊头2。棺内骨骼零乱不全，头东足西，面向北，葬式不详。墓主人为男性，45—50岁，头骨左侧有陶鬲1、陶罐1，头骨右上方靠近陶鬲处有铜镜1，头骨右侧有金鬓环1、陶罐1，头骨下颌部有金鬓环1，颈部有绿松石串饰1，颈部左侧有铜镜1，左下肢骨右侧有残损铜簋1，左脚处有残损铜鼎1，内有野猪牙1。

1999LQT2②M4：6，为同心圆纹镜，桥形镜钮外环绕6周同心圆纹，内三周间距相等，较疏朗，外三周间距相等，稍致密。直径10.2厘米、厚0.6厘米，出土时位于墓主人颈部左侧。1999LQT2②M4：7，镜面略显弧状，桥形镜钮外环绕五周同心圆纹饰带，自内向外第一、四周为三角纹带，二、三、五周凸弦纹间填饰平行线段，直径9.6厘米、厚0.4厘米，出土时位于墓主人头顶右上方。

二、山西出土铜镜资料

原平刘庄塔岗梁墓地出土单钮镜1面[②]

墓地位于忻定盆地西部边缘，滹沱河支流云中河畔，刘庄村西南0.5公里处

[①] 参见张文瑞、翟良富主编《后迁义遗址考古发掘报告及冀东地区考古学文化研究》，文物出版社2016年版，第27—28页。

[②] 参见忻州地区文物管理处、原平市博物馆《山西原平刘庄塔岗梁东周墓第二次清理简报》，《文物季刊》1998年第1期。

的坡地上，共发掘墓葬22座，均为长方形竖穴土坑墓，南北向略偏东，无墓道，部分墓葬有石椁。大部分墓葬被盗扰或破坏，墓地随葬品以铜器为主，有车軎、马衔、节约、泡等车马器，矛、戈、剑等兵器，另有环首刀、斧、錾、匕等工具，以及镜、带钩等，玉器有剑首、玦、杯、璧、环等。出土的包金铁柄铜剑十分有特色。由于墓葬被扰乱，出土铜镜墓葬资料不详。铜镜圆形，桥形钮，有圆形钮座，镜背装饰两周纠结缠绕的蟠螭纹，镜缘凸起，直径7.5厘米。

闻喜上郭村出土单钮镜2面

墓地群位于闻喜县城南5公里的上郭村北门外，共发掘24座墓葬。墓葬均为南北向，或偏西，竖穴土坑墓，平面呈长方形，葬具多为一棺一椁，少见单棺，仰身直肢葬式，随葬品以铜鱼、铜铃、玉、骨、蚌、石质佩饰等数量居多。M54为一棺一椁墓，因被盗扰，随葬品不详。① 铜镜M54:1，形小体薄，圆形无装饰，桥形钮，直径5.7厘米、厚0.2厘米。89WSM19:4，直径6.4厘米、厚0.2厘米。②

太原金胜村M251出土单钮镜1面③

墓葬位于山西太原金胜村，为大型积石积炭木椁土圹墓，无墓道。墓主人用三重棺椁，有殉人4，殉人有单棺和随葬品。墓主人随葬品共3000多件，为晋国贵族墓葬。随葬的青铜器有礼器、乐器、兵器、车马器及生活用具1400余件，另有玉器、金器、木器、陶器等多件。

铜镜M251:400，圆形，镜面平直，略有锈斑，桥形钮，钮外有三只单翼夔龙纠结缠绕。夔龙的唇部尖而长，向上卷起，张口露齿，头上有后仰的角，前爪踏镜钮，身体上有单翼，后爪抓一条蛇，蛇身卷绕龙身。三只夔龙头尾相接，疏密有致，空白处以鱼籽纹为底，接近镜缘处有陶索纹、贝纹各一周。直径9.1厘米、厚0.15厘米。

---

① 参见朱华《闻喜上郭村古墓群试掘》，载山西省考古研究所编《三晋考古》第一辑，山西人民出版社1994年版，第95—122页。
② 参见山西省考古研究所《闻喜县上郭村1989年发掘简报》，载山西省考古研究所编《三晋考古》第一辑，山西人民出版社1994年版，第139—153页。
③ 参见山西省考古研究所、太原市文物管理委员会、陶正刚、侯毅、渠川福《太原晋国赵卿墓》，文物出版社1996年版，第130页。

长子牛家坡 M7 出土单钮镜 1 面[①]

墓地位于长子县城西的雍河南岸，东周城址的西侧，共发掘墓葬 8 座。M7 出土铜镜 1 面。该墓为长方形竖穴土坑，墓口略大于底。葬具有两层套椁及棺木，椁与墓壁间填青膏泥。墓主人可能为成年女性，仰身直肢葬式，有殉人 3。铜器大多放在椁室东南部、外椁和 2 号陪葬棺之间，以礼器为主，有鼎、壶、簋、甗、盆、豆等，椁室西部放置车马器，包括衔、当卢、铃、泡、軎等，外椁的东侧和北侧有木俑。玉器等放在棺内人骨的上半身，人骨左臂外有串珠、镜、假发、木梳、漆盒等，右臂外有带钩、环首刀等，在内外椁间东部空隙处也放有少量铜器和玉器。铜镜 M7：53，纹饰与山西太原赵卿墓 M251 基本相似，三只单翼夔龙围绕镜钮纠结缠绕，鱼籽纹为底，接近镜缘处有陶索纹、贝纹各一周。出土时断成两半，直径 10.2 厘米、厚 0.1 厘米。

新绛东柳泉墓地采集单钮镜 1 面[②]

铜镜圆形，镜钮为站立的猪形，圆形钮座，内填蟠虺纹，圆点为地纹，中区以浅浮雕的形式表现六只似虎的野兽，昂首卷尾呈奔跑状，爪为圆圈纹，外圈装饰 13 组蟠虺纹，有鱼子纹为地纹。铜镜直径 15.1 厘米、厚 0.2 厘米。同时采集的还有铜豆、匜、车軎、马衔、戈等铜器。

三、内蒙古出土铜镜资料

鄂尔多斯地区发现单钮镜 5 面[③]

5 面铜镜均为圆形，镜面平直，桥形钮。E·1639 镜背有两圈凸弦纹，弦纹之间填饰放射状短线，该镜直径 6.3 厘米。E·1641 与其形制、纹饰相同，直径 5 厘米。E·1640 镜背有两圈较窄的网纹带，直径 6.1 厘米。另有两面素面铜镜，E·1637 镜钮焊接于镜背，直径 7 厘米。E·1638 略椭圆，直径 5.8—6.2 厘米。

[①] 参见山西省考古研究所《山西长子县东周墓》，《考古学报》1984 年第 4 期。简报中描述此镜"厚 1 厘米"，从图片比例尺看当有笔误，应为 0.1 厘米。

[②] 参见《新绛柳泉墓地采集的铜器》，载山西省考古研究所侯马工作站编《晋都新田》，山西人民出版社 1996 年版，第 188—193 页。

[③] 参见内蒙古自治区文物工作队、田广金、郭素新编著《鄂尔多斯式青铜器》，文物出版社 1986 年版，第 143 页。

忻州窑子出土钮柄镜2面[①]

墓葬位于内蒙古自治区乌兰察布市凉城县，2003年发掘墓葬69座。墓葬均为竖穴土坑墓，流行头龛及二层台，仰身直肢单人葬，普遍殉牲。出土双耳壶、素面壶、双耳罐等陶器，铜器有扣、环、铃、耳环、别针、牌饰等装饰品，另有绿松石珠、玛瑙珠、骨镞、贝饰等。

M23墓室呈梯形，随葬品有素面陶罐1、联珠饰21、管状饰12、扣饰2、耳环2、镜1，殉牲牛1、羊5。镜M23:2，镜面微鼓，边缘略薄，钮柄呈挂环状，直径8.2厘米、厚0.2厘米，钮孔径0.7厘米，通长9.9厘米。M1墓葬形制不详，随葬品有素面罐1、铜扣饰1、镜1。镜M1:2，镜面微鼓，钮柄凸起，背面有桥形钮，残留有穿木柄的痕迹。通长6.4厘米、凸起宽2厘米、镜面直径4.6厘米。发掘者将其定名为镜形饰，应当为钮柄镜。

第三节 东北地区

东北地区，指辽宁、吉林、黑龙江三省以及内蒙古东盟五市构成的区域，与营州、辽东、关东、关外等地名有承接关系。该区域西接蒙古、南濒大海，东部与朝鲜半岛相连，北部与俄罗斯接壤，三面环山，中间为平原，山环水绕，物产丰富。

一、内蒙古东盟五市出土铜镜资料

宁城南山根墓地出土单钮镜4面[②]

宁城县位于内蒙古自治区中东部、赤峰市南部，境内山岭起伏，北部有老

[①] 参见内蒙古文物考古研究所《内蒙古凉城县忻州窑子墓地发掘简报》，《考古》2009年第3期。
[②] 其中2面见辽宁省昭乌达盟文物工作站、中国科学院考古研究所东北工作队《宁城县南山根的石椁墓》，《考古学报》1973年第2期。101号墓3面铜镜的详细介绍见赤峰市文物工作站、自然科学史研究所《宁城早期铜镜及其科学分析》，《考古》1985年第7期。

哈河的支流坤都仑河。当地群众在耕地时发现一座墓葬，编号 M101。该墓为一座小型石椁墓，长方形的竖穴土坑内用石块砌成，棺木已腐朽，葬式不详。墓葬共出土青铜器500多件，有鼎、簋、簠等容器，刀、斧、凿等工具和戈、矛、剑、盾等兵器，还有衔、銮铃、铜泡等车马器，以及牌饰和镜。

M101出土铜镜3面。镜 M101：59，桥形钮，长1.4厘米、宽0.64厘米、高0.8厘米，钮孔0.3厘米；素面无装饰，有绿色锈蚀，镜缘凸起，凸起部分宽0.4厘米、厚0.35厘米，镜缘凸起高约0.2厘米。该镜直径6.6厘米、厚0.15厘米。镜 M101：60，残存50%，小桥钮，长0.14厘米、宽0.4厘米、高0.55厘米，钮孔高0.18厘米；素面无装饰，镜体平直，镜缘起翘较高，达0.4厘米。该镜直径约8.4厘米、厚约0.15厘米。镜 M101：59.2，圆形，桥形钮，钮孔锈死，长1.65厘米、宽0.65厘米、高0.65厘米；镜面平直，镜背有四周弦纹，外缘无明显凸起，镜体有的地方稍厚，达0.35厘米，通体覆盖一层厚厚的绿锈。该镜直径7.5厘米。

M102为长方形竖穴土坑墓①，砺石叠砌墓室四壁，墓主人为男性，仰身直肢葬，有木椁。头骨处有串饰，应为帽子上的装饰品，腰部有铜镜和铜刀，右臂下有刻纹骨板，可能是臂上装饰，人骨右侧有凸形铜饰及马衔、马骨，当为殉马装饰，人骨架右下侧有铜凿、铜锛、铜刀、铜镞，30件铜泡主要分布在人骨架的上半部，可能是葬具上的装饰品。铜镜 M102：34，圆形，桥形钮，镜面平直，无装饰，镜缘微卷。直径7.8厘米。

宁城小黑石沟遗址出土圆饼镜1面②，双钮镜1面

遗址位于赤峰市西南40公里、小黑石沟村东南台地之上。经过多次发掘，清理房址、灰沟、灰坑、墓葬等遗迹多处，出土大量陶器、石器、骨器及铜器等遗物。铜镜出土于98NDXA Ⅲ M5。该墓为长方形竖穴土坑石棺墓，墓圹四壁为垒砌而成的石棺，人骨保存极差，仅残存肢骨残片，故葬式不明，可能为北向。墓室西侧靠近墓主人头部处随葬铜鼎1，东部有铜镜1，盆骨处有铜刀和短剑，墓室下半部分散见动物纹牌饰、铜泡、环首刀等小型铜饰件，以及金质豹纹

---

① 参见中国社会科学院考古研究所东北工作队《内蒙古宁城县南山根102号石椁墓》，《考古》1981年第4期。
② 参见内蒙古自治区文物考古研究所、宁城县辽中京博物馆编著《小黑石沟：夏家店上层文化遗址发掘报告》，科学出版社2009年版，第358、428页。98NDXA Ⅲ M5：12图片见图三一四，第389页。

饰件、砺石、骨锥、陶猪等。镜98NDXAⅢM5:12，平面呈圆形，未见镜钮，正面平直，边缘内折，两面可见麻布包裹痕迹。直径8.5厘米、厚0.6厘米。发掘者称其为铜镜，亦称为镜形饰，从形制看应当为铜镜。

此外，内蒙古自治区文物考古研究院藏双钮镜1面，为1998年小黑石沟遗址出土。[①] 出土墓葬信息不详。镜体厚重，镜面残留纤维织品包裹痕迹，两个桥形钮并列于镜背上部边缘，钮上有斜线纹。镜背纹饰由地纹和主纹构成，地纹为细密的平行短斜线，主纹为宽条三角勾连雷纹。直径17.3厘米、厚0.9厘米。

二、辽宁出土铜镜资料

法库湾柳街遗址采集单钮镜1面[②]

湾柳街遗址位于法库县丁家房乡湾柳街台地上。铜镜系采集所得，编号FW89采:6，圆形，桥形小钮，素面无装饰，平缘边缘略残。直径8厘米、厚0.5厘米。同时采集到的还有鹿首刀、环首刀、板状斧、有銎斧等具有北方草原特点的青铜器物。

喀左道虎沟出土单钮镜1面[③]

道虎沟村位于辽宁省朝阳市喀左县山嘴子镇。该墓为竖穴土坑墓，已被破坏。铜镜圆形，桥形镜钮，镜背边缘装饰一圈斜线纹。直径6.1厘米、厚0.15厘米。同出土铜耳环5、玉玦1、绳纹陶钵1。

朝阳十二台营子出土多钮铜镜5面[④]

墓葬位于朝阳县城西南12.5公里处，发掘清理墓葬3座。1号墓为方形石室墓，石块和卵石砌筑，夫妻合葬，头西脚东，葬具为木板和草席。出土三钮镜2面，出土时，镜面相对，分别竖立于男性墓主人头顶、脚下。随葬器物以青铜器

---

① 参见上海博物馆编《草原瑰宝——内蒙古文物考古精品》，上海书画出版社2000年版，第113页。
② 参见铁岭市博物馆《法库县湾柳街遗址试掘报告》，载沈阳市文物考古研究所编《沈阳考古发现六十年·报告卷》，辽海出版社2008年版，第165—173页。
③ 参见郭大顺《试论魏营子类型》，载苏秉琦主编《考古学文化论集》一，文物出版社1987年版，第79—98页。
④ 参见朱贵《辽宁朝阳十二台营子青铜短剑墓》，《考古学报》1960年第1期。

为大宗。男性墓主人除随葬铜镜，还有琵琶形短剑及石加重器、Y形铜具、铜斧、铜镞。女性墓主人随葬器物较多，腰部左右有铜鱼钩、石网坠、铜刀、铜带具、铜节约、铜管状饰、人面铜牌、有孔砾石等。2面铜镜形制基本一样，镜体厚重，圆形镜面微鼓，三个桥形镜钮，呈三角状位于镜背边缘。镜面装饰两圈几何纹饰带，由凸弦纹、回纹、斜线纹组成，直径20.4厘米、厚0.5—0.6厘米。

2号墓墓室形制、铜镜纹饰及出土位置与1号墓一致。出土四钮镜2件，镜体厚重，镜面边缘有两周几何纹装饰，镜背边缘有方形排列的四个镜钮，钮孔留有绳索的朽痕，直径20—20.1厘米、厚0.2—0.3厘米。同出土琵琶形短剑、Y形铜具、铜节约、铜斧、铜镞等铜器。

3号墓已被扰乱，仅发现铜镜1、石枕状物1。铜镜为三钮镜，镜体厚重，镜面边缘、镜背、镜钮布满填充短线的勾连几何纹。镜钮呈"川"字形横列于镜背一侧，直径22.5厘米、厚0.8厘米，钮长3.3厘米、宽1.3厘米、高0.5厘米。墓葬遭破坏，出土位置不详。

沈阳郑家洼子M6512出土双钮铜镜1面[①]

郑家洼子墓地位于沈阳西南部、沈阳站东约5公里处，第一地点和第二地点发现青铜短剑等器物，第三地点发掘墓葬14座。M6512为竖穴土坑墓，一棺一椁，棺底铺席，墓主人为老年男性，头西足东，仰身直肢。墓主人头上脚下各立一面大型镜形饰，身上等距离放置四面略小的镜形饰，镜形饰上有锈结的麻布痕，推测当时曾用衣物或麻布包裹。头上戴有小石串珠，颈上胸前佩戴大石串珠，右腰处佩青铜短剑，右膝旁有刀囊和斧囊，刀囊内放刀、锥，斧囊旁有斧、凿。胫骨、脚骨上排列多个小铜泡，应当是皮靴上的装饰，在脚骨左侧有一束箭，可能原来置于棺上或棺外左侧，东侧圹边出有牛骨。随葬器物极为丰富，共计797件。铜镜与琵琶形青铜剑一起出土于棺木西部剑椟内。镜背装饰粗三角勾连纹，纹饰间填充短线，靠近镜缘处有平行并列的两个镜钮，钮孔有绦带穿结的残痕。铜镜较小，直径8.8厘米、厚1厘米，钮长1.4厘米。

[①] 参见沈阳故宫博物院、沈阳市文物管理办公室《沈阳郑家洼子的两座青铜时代墓葬》，《考古学报》1975年第1期。

建平大拉罕沟 M851 出土双钮镜和单钮镜各1面，炮手营子 M881 出土双钮镜1面①

大拉罕沟 M851 墓葬已被扰乱，出土青铜短剑、加重器、铜斧、铜刀、镜、镜形饰、石斧、骨镞等11件。出土单钮素面镜1件、双钮镜1件。单钮镜，椭圆形，素面，背面有桥形钮，锈蚀严重。直径5.8厘米，重45克。双钮镜 M851:6，镜背边缘装饰长方形构成的纹饰带，中间填充平行线、斜线，内区装饰填充平行线的三角勾连纹，双钮并列于镜背上方。直径14.1厘米、缘厚0.6厘米、中间厚0.3厘米，钮宽1厘米、长2.1厘米、高0.6厘米。

炮手营子 M881 为石椁墓，墓葬已扰乱，随葬品有短剑、铜加重器、铜矛、铜盒、铜扣、铜刀、当卢，以及石斧、石珠、骨镞等共70余件。双钮镜镜背内区饰三角勾连纹，边缘为三角形纹饰带。直径12.5厘米、厚0.3厘米、缘厚0.4厘米，钮长1.7厘米、宽0.9厘米。

第四节　西南地区

西南地区，东临华中地区、华南地区，北依西北地区，包括青藏高原东南部、四川盆地、云贵高原大部。行政区域包括重庆市、四川省、贵州省、云南省、西藏自治区共五个省、自治区、直辖市。早期铜镜仅在四川发现1面。

炉霍呷拉宗出土钮柄镜1面②

墓地位于四川省西部，南部紧邻甘孜藏族自治州。M2为长方形竖穴土坑木椁墓，墓内有多层填土。铜镜与双耳陶罐、铜钺形器、玛瑙珠、绿松石珠、铜铃、石斧、铜手镯出土于下层木棺内。M2:12，镜面圆形，镜背中央有小孔，饰四组蜷曲的蛇纹，镜面边缘有一体铸造的短柄，连接处呈束腰状，直径6厘米。

---

① 参见李殿福《建平孤山子、榆树林子青铜时代墓葬》，《辽海文物学刊》1991年第2期。
② 参见四川省文物考古研究院等《四川炉霍县呷拉宗遗址发掘简报》，《四川文物》2012年第3期。

第五节　华中地区

华中地区位于中国中部、黄河中下游和长江中游地区，涵盖海河、黄河、淮河、长江四大水系，地形地貌以岗地、平原、丘陵、盆地、山地为主，从行政区划看，包括河南、湖北、湖南三省。

安阳妇好墓出土单钮镜4面[①]

妇好墓位于河南省安阳市殷墟宫殿宗庙区丙组基址西南，是殷墟科学发掘以来发现的、唯一保存完整的商代王室成员墓葬，共出土青铜器、玉器、宝石器、象牙器等1928件及大量海贝。随葬品制作精美，种类丰富，组合完整。

墓葬为长方形竖穴墓，东西两壁中部有长条形壁龛，墓地四壁有夯打的熟土二层台，底部有腰坑，葬具为木椁和木棺，殉人至少16人。墓室填土随葬品可分为六层，距墓口最深的第六层出土器物最多，包括铜镜3面。第六层器物还可分为上下两层。上层出土有玉盘1、铜内玉援戈1、铜"丁"字形器1、铜镜1（标本41）、铜镞2，及散乱的骨笄等；下层中部出土有铜弓形器1，东西并列的铜镜2（标本45、75），铜镜南部有小石牛、孔雀石兽头、石蝉、小石罐等小型雕刻件，南部有铜弓形器1，弓形器西北侧有玉管、骨匕、蚌蛙、蚌戈、红螺壳、玛瑙珠、玉璇玑等。另有铜镜标本786，出于椁室内，具体位置不明。

墓葬出土的4面铜镜均为圆形，镜体较薄，镜背中央有桥形钮。标本786，主体纹饰似叶脉状，三周凸弦纹将其等分为四部分，每个区域内装饰两组叶脉纹，镜缘有两周凸弦纹，内环一周排列规整的小乳钉，直径12.5厘米、厚0.4厘米，钮高1厘米，重0.25千克。标本75与标本786十分相似，边缘的小乳钉部分锈蚀脱落，边缘微微起翘，正、背两面锈蚀严重，直径11.2厘米、厚0.2厘米，钮高0.7厘米，重0.2千克。标本45，镜面微凸，镜背饰六周凸弦纹，凸弦纹间装饰放射状短线，直径11.8厘米、厚0.2厘米，钮高0.8厘米，重0.2千克。标本41与45相似，镜背饰凸弦纹五周，内填放射状短线。直径7.1厘米、厚0.2厘米，钮高0.4厘米，重0.05千克。

[①] 参见中国社会科学院考古研究所编著《殷墟妇好墓》，文物出版社1980年版，第7—13、103—104页。

安阳大司空出土单钮镜 1 面①

1986 年,中国社会科学院考古研究所安阳工作队在安阳大司空南清理殷商小墓 29 座,出土青铜器、玉器、陶器多件。铜镜出自 86ASNM25。M25 为竖穴土坑墓,有熟土二层台和腰坑,葬具为棺和椁,髹漆。随葬品有铜戈、铜矛、铜爵、铜锥、玉环、玉柄形饰等,铜礼器及铜钺、铜镜位于腰坑范围内,铜镜出土时压于铜觚之下。镜 M25∶20,镜面稍鼓,桥形镜钮,内区装饰三周凸弦纹。直径 7.5 厘米、厚 0.3 厘米。

安阳侯家庄出土单钮镜 1 面②

铜镜出自 M1005,桥形钮,镜面微凸,镜缘凸起。接近镜缘处有一周凸弦纹将纹饰分为两区,内区四等分,布满长短相次的平行线段,两组横平行线,两组竖平行线,相对分布,外区饰横置的"3"字纹,形似水波。直径 6.7 厘米、厚 0.2—0.3 厘米。

淅川下寺楚墓出土单钮镜 1 面③

淅川县位于河南省西南部,丹江和淅水贯穿全境。下寺位于淅川县城南约 50 公里丹江口水库西岸的龙山脚下,因此处原有一名为"下寺"的寺院而得名。墓地共发掘大中型春秋墓 5 座、小型春秋墓 15 座、车马坑 5 座以及汉墓 8 座。铜镜出土于 M3。该墓是一座长方形竖穴土坑墓,墓壁填五花土,夯打锤实。葬具为一椁两棺,腐朽严重。椁室呈长方形,西部有两棺南北并列。仰身直肢葬式,头向东,南部墓主人两手交叉放于腹部,北棺下铺朱砂一层,墓主人右手放于腹部,左手放于下腹部。随葬品 1100 余件,椁内的东侧和南侧放置青铜礼器,有鼎、簠、缶、盘等。北部棺内,墓主人头骨处放一鹿角,胸部和腹部有玉器,见璧、琮、牌等,左腿边一红色方形大漆奁盒内有铜削、铜镜和玉饰等。铜镜 M3∶25,圆形,轻薄,素面无纹饰,背面正中有小桥钮。直径 8.7 厘米、厚 0.1 厘米。

---

① 参见中国社会科学院考古研究所安阳工作队《1986 年安阳大司空村南地的两座殷墓》,《考古》1989 年第 7 期。
② 参见高去寻《殷代的一面铜镜及其相关问题》,台湾"中央研究院"历史语言研究所集刊 1958 年第 29 卷第 2 期,第 685—719 页;陈梦家《殷代铜器三篇》,《考古学报》1954 年第 1 期。
③ 参见河南省文物研究所、河南省丹江库区考古发掘队、淅川县博物馆《淅川下寺春秋楚墓》,文物出版社 1991 年版,第 235 页。

浚县辛村卫国墓地出土单钮镜 1 面[①]

铜镜出土于浚县辛村 M42，该墓是一座单墓道的"甲"字形土坑墓。墓室较大，墓室面积约 37 平方米。有熟土二层台，一棺一椁。随葬品分上、中、下三层。上层为车器，中层为兵器，下层放置在棺椁之中。中层随葬品放置在二层台上，铜镜出土于东部台上，同出土甲泡、戈、戟、斧等。镜 M42：181，圆形，镜钮小而细，镜面平直，中间厚边缘薄，素面无装饰，平缘。直径约 10 厘米。

三门峡虢国墓地出土单钮镜 2 面，双钮镜 1 面[②]

墓地位于河南省三门峡市上村岭，共发掘墓葬 234 座。全部为竖穴墓，墓口略大于墓底。出土陶器、铜器、玉器等多件。M1650 葬具为一椁一棺，墓主人直肢葬式，随葬品有陶鬲 1、陶豆 1、陶盆 1、三足罐 1、石戈 3、铜镜 2。出土时两镜覆合，位于墓主人胸部。均为圆形，桥形镜钮，素面无装饰，边沿略卷。镜 M1650：1.1，直径 5.9 厘米、厚 0.2 厘米、边厚 0.25 厘米，钮长 1.7 厘米、宽 0.7 厘米、高 0.55 厘米。镜 M1650：1.2，直径 6.4 厘米、厚 0.25 厘米、边厚 0.3—0.35 厘米，钮长 1.9 厘米、宽 0.5 厘米、高 0.7 厘米。

M1612 位于墓地中部，葬具为一椁一棺，墓主人直肢葬式，棺椁东南角有铜鼎 2，棺内人架胸部有骨戈、串饰，小腿西侧有铜镜。镜 M1612：65，铜镜圆形镜面，镜身平直，镜背中央有两个平行的弓形钮，无钮座，钮外以凸起的线条描绘四只动物，分别为一只展翅的鸟，两只相对的虎，一只站立的有蹄类动物，似鹿又似马，鸟身填充斜纹，虎身装饰蜷曲花纹。直径 6.7 厘米、厚 0.35 厘米，钮长 2.1 厘米、宽 0.45 厘米、高 0.25 厘米。

焦作市博物馆藏单钮镜 1 面[③]

铜镜圆形，桥形钮，镜背装饰繁密缠绕的蟠虺纹。直径 12.3 厘米。

[①] 参见郭宝钧著，中国科学院考古研究所编《考古学专刊 乙种第十三号 浚县辛村》，科学出版社 1964 年版，第 13 页。
[②] 参见中国科学院考古研究所编著《考古学专刊 丁种第十号 上村岭虢国墓地》，科学出版社 1959 年版，第 12 页。M1052 还出土一件镜面内凹、装饰虎纹的"铜弧面形器"，早期学者往往认为是铜镜，此类器物应是取火用的阳燧，不宜归入铜镜。
[③] 参见郭继宾、郭建设《焦作市博物馆收藏的部分古代铜镜》，《中原文物》1994 年第 2 期。

洛阳纱西路出土单钮镜1面[①]

墓地位于陇海铁路以南的邙山脚下，南距周王城北墙约150米。共发掘墓葬15座，春秋时期的有9座。春秋时期的墓葬均为长方形土坑墓，东西成行，南北成列，排列有序。墓葬见无二层台、有二层台、有腰坑三种形式，有仰身直肢、侧身屈肢两种葬式，随葬品仅见铜镜和铜带钩两件。铜镜出土于M664，残损，圆形素面，镜面平直，镜体轻薄，镜钮很小，呈桥形。直径10.1厘米、厚0.1厘米。

江陵溪峨山墓地出土单钮镜2面[②]

墓地位于湖北荆州城西门外，发掘的10座楚墓均为长方形竖穴土坑墓，部分墓葬残存木质葬具。墓地共出土器物159件，见陶器、铜器、漆木器、竹器等。头箱、壁龛一般放置日用明器，棺内或棺侧面放置兵器、车马器。铜镜出土于M9，葬具不详，仰身直肢葬式。M9:2，圆形素面，镜体较薄，镜钮很小，呈小环状，直径8厘米。另一面不详。

黄陂鲁台山M31出土圆饼镜1面[③]

墓葬位于湖北省武汉市北部，1977年至1978年，清理墓葬35座。铜镜出土于M31，该墓为竖穴土坑墓，墓底填一层白膏泥，棺椁上有朱砂。随葬器物放置于墓底的西北角，铜器有爵1、戈1、镞1、镜1，陶器有罐1、爵1，陶罐倒置，内装有红、白、黑三色石丸各1。铜镜为圆形，质薄，素面，无钮，边缘上端有一小圆孔。直径14厘米、厚0.3厘米。

长沙楚墓出土单钮镜3面[④]

龙洞坡M826出土单钮镜1面。[⑤]M6（原编号：52龙洞坡M826）墓葬为有墓道带龛长方形土坑墓，东西向，东端有墓道，墓道与墓室连接处的正下方有壁龛，墓底涂有白膏泥。随葬品共计6件，墓室底部正中有铜剑1，其余5件出土于壁龛。铜镜位于壁龛正中，上有铁匕首1，壁龛右边有陶盆1，左边有陶鬲1，

[①] 参见洛阳市第二文物工作队《洛阳春秋刑徒墓发掘简报》，《中原文物》1998年第3期。
[②] 参见江陵县博物馆《江陵溪峨山楚墓》，《江汉考古》1992年第4期。
[③] 参见黄陂县文化馆、孝感地区博物馆、湖北省博物馆《湖北黄陂鲁台山两周遗址与墓葬》，《江汉考古》1982年第2期。
[④] 参见湖南省博物馆等编著《长沙楚墓》，文物出版社2000年版，第77—78页。
[⑤] 图片参见湖南省博物馆编《湖南出土铜镜图录》，文物出版社1960年版，第27页。

陶鬲后有一堆陶片，可能是件陶壶，墓底中部有铜剑1。铜镜镜面平直，镜体轻薄，表面光滑，色乌黑，钮小而扁。直径8.8厘米、钮长0.5厘米、镜厚0.2厘米。

长沙烈士陵园M17（原编号：56长烈园M6）出土镜的镜面有凸弦纹一周，小钮，直径9.8厘米。长沙子弹库M21（原编号：61长子M2）出土镜边缘稍卷，色乌黑，镜钮残损不见。直径9.1厘米、厚0.1厘米。

博物馆藏单钮镜3面

上海博物馆藏罗伊德·扣岑先生捐赠镜1面[①]，镜面为圆形，半球形镜钮，镜背装饰星纹，镜缘有两个小孔，但无明显的穿挂使用痕迹。类似察吾呼出土的圆形蜷曲狼纹铜镜在日本有两面[②]，一面藏东洋美术馆，一面为守屋孝藏收藏，据悉，这两面铜镜均为中国出土。

上述搜集早期铜镜共计246面，其中单钮镜204面，多钮镜10面，手柄镜9面，钮柄镜16面，圆饼镜7面。从铜镜分布地域看，早期铜镜呈现北多南少的鲜明特征。西北地区不仅出土铜镜数量最多，铜镜种类也最为丰富。单钮镜共计163面，约占出土总数的80%，其中以天山北路墓地出土数量最多，共计51面，大华中庄墓地是另一个单钮镜集中分布的墓地，约34面。在这两个墓地中，一处墓葬随葬2面以上铜镜的现象较常见，尤其是天山北路墓地M400，出土铜镜达7面之多。早期手柄镜共发现9面，均为西北地区出土，不见于其他区域。钮柄镜和圆饼镜也以西北地区出土数量最多。可见，西北地区是探究早期铜镜相关问题的关键区域，无论是单钮镜、手柄镜，还是钮柄镜、圆饼镜，西北地区应是关注的重点。东北地区是多钮镜的主要分布区域，除了华中地区的1面，其他地区未见出土。研究多钮镜时，东北地区必须予以重视。在墓葬中，还出土一些外观类似铜镜的圆形单钮铜制品，直径大约在5厘米，体型较小，通常被称为镜形饰或牌饰，由于无法确切断定这些物品是否曾被用作铜镜，故未将其纳入铜镜的范畴之内。

---

① 参见上海博物馆编《镜映乾坤——罗伊德·扣岑先生捐赠铜镜精粹》，上海书画出版社2012年版，第20—21页。

② 东洋美术馆藏镜，参见刘宁《北方式动物纹青铜镜》，《北方文物》2000年第3期；守屋孝藏搜集镜，参见宋新潮《中国早期铜镜及其相关问题》，《考古学报》1997年第2期。

表2-5-1　早期铜镜数量及分布统计表

类别	西北	华北	东北	西南	华中	其他	合计
单钮镜	163	14	7	0	17	3	204
多钮镜	0	0	9	0	1	0	10
手柄镜	9	0	0	0	0	0	9
钮柄镜	12	3	0	1	0	0	16
圆饼镜	5	0	1	0	1	0	7

此外，一些研究者也注意到镜面形制的不同与作用的关系。一般来说，平直的镜面可以原大成像，微凸的镜面近距离可以放大影像，而内凹的镜面近距离成像会变小，不利于人们照容使用。那些同样为圆形、背部中央有钮的"凹面镜"并不是日常照容用的铜镜，而是用来取火的阳燧（图2-5-1，1）。何堂坤测量了北京昌平白浮出土的"凹面镜"（图2-5-1，2），其中心凹下约0.4厘米，各部曲率均匀，曲率半径为0.308米。[①] 西北光学仪器厂测定陕西扶风县黄堆村60号墓出土的"凹面镜"曲率半径为20厘米，周原博物馆翻模复制了这件器物，实验显示，在强阳光下，三五秒即可引燃焦点处的可燃物（图2-5-1，3）。[②] 陕西扶

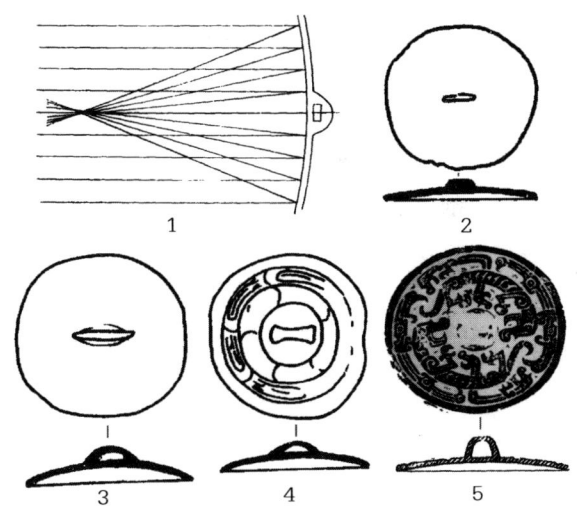

图2-5-1　阳燧及取火投影示意图

1.阳燧取火投影线示意图　2.昌平白浮出土　3.扶风黄堆出土
4.扶风王太川出土　5.虢国墓地出土

---

① 参见何堂坤《铜镜起源初探》，《考古》1988年第2期。
② 参见曲圆《陕西出土西周青铜阳燧》，《中国文物报》1995年11月19日；罗西章《阳燧》，《寻根》1996年第3期。

风王太川出土的"重环纹镜"（图2-5-1，4）、上村岭虢太子墓出土的"夔龙纹镜"（图2-5-1，5）等被当作铜镜来研究的铜器，已经被确认为阳燧无疑。[①] 青海省湟源县大华中庄墓出土铜镜34面，其中就包含一些"凹面镜"，如M90出土镜，直径9厘米，可能也是作为阳燧来使用的，但由于详细的资料尚未发表，是否还有其他的阳燧，尚待以后确认。

---

① 参见杨军昌、段艳丽《中国早期阳燧的几个问题》，《东南文化》2000年第8期。

第三章 中国早期铜镜的类型划分及年代分析

中国早期铜镜可以分为具钮镜、具柄镜、圆饼镜三类，其中，具钮镜包括单钮镜和多钮镜，而具柄镜则包括手柄镜与钮柄镜。本章梳理现有研究的类型学划分标准及研究成果，结合考古发掘出土铜镜的具体特征，制定相应的分类准则，以便探究铜镜形态变化过程，找出其先后演变规律和逻辑发展序列。此外，铜镜的使用年代与所属遗迹年代关联密切，鉴于一些遗迹曾经延续使用的时间较长，同一遗址出土铜镜年代也可能跨度较大，因此，需要进行年代学分析以确定铜镜年代。

第一节 单钮镜

一、型式划分

宋新潮将单钮镜出土地域分为中原和中原以外两个区域，将中原地区出土的商代几何纹镜以纹饰和面积的不同分为五式，西周铜镜分为素面镜和纹饰镜两大类，素面镜以镜面凸凹、镜钮特点、凸棱形制分为五式，纹饰镜根据纹饰变化分为重环纹、线描动物纹、虺龙纹三式；中原以外分为黄河上游地区、北方长城沿线、新疆地区三个区域进行介绍，没有进行进一步型式划分。[①] 孔祥星和刘一曼将中原地区出土铜镜分为几何纹类、动物纹类、素面类三类，几何纹镜又分为三周弦纹镜、叶脉纹镜、多圈带短斜线纹镜、平行线纹镜、重环纹镜，动物纹镜

---

① 参见宋新潮《中国早期铜镜及其相关问题》，《考古学报》1997年第2期。

分为鸟兽纹镜、虺龙纹镜、禽鸟人物纹镜，素面镜下列无钮镜、镜面平整或微凸镜、镜面内凹镜三种；西北地区出土铜镜分为素面类、几何纹类、动物纹类，几何纹镜下又分为七角星纹镜、重轮多角星纹镜、多圈带短斜线纹镜、圈带弦纹镜，动物纹镜分为多足蛇纹镜和兽纹镜；北方地区铜镜分为素面类、几何纹类，几何纹类镜分多圈带短斜线纹镜、圈带窄网纹镜、短斜线纹镜。[1] 程建将齐家文化出土的铜镜分为素面镜、七角星纹镜、多角星纹镜。[2] 韩金秋将晚商时期的铜镜分为内外两层纹饰镜、同心圆凸弦纹镜两型，后者又细分为凸弦纹内填直线或斜线镜、凸弦纹间无纹饰镜两式；将西周时期铜镜分为素面镜、重环纹镜、宽带纹镜、单线动物纹镜、其他纹饰镜五种类型，素面镜细分为无外缘镜和有外缘镜两式。[3] 潘静依据是否有纹饰及纹饰变化将单钮镜分为几何纹镜、素面镜、动物纹镜三种类型，几何纹镜又分为多角星纹镜、重圈放射纹镜、重圈纹镜、叶脉纹镜四个亚型，素面镜分为平缘素面镜和折沿素面镜两个亚型，动物纹镜分为蟠虺纹镜、龙虎纹镜、狼纹镜三个亚型。[4]

综上所述可以发现，单钮镜型式划分最主要的分类依据在于镜背的设计特征。具体而言，若镜背未施加任何纹样，则可将其归类为素面镜。反之，若镜背存在纹饰，则根据其特征划分为几何纹镜或动物纹镜，纹饰细分则根据布局、形状各有见地。需要注意的是，在研究中，镜缘与镜钮是被忽视的两个方面，仔细观察可以发现，两者是有一定的变化的，亦可以作为划分的依据。本书同样依据纹饰的有无及特征将单钮镜分为素面镜、几何纹镜、动物纹镜三种类型，但在亚型和式的划分上将镜缘和镜钮的变化考虑在内。

素面镜中明显的变化在于镜缘和镜钮（图3-1-1）。平缘镜，即镜缘平直，与镜面在同一水平面，无凸起或起翘，平缘镜是最为常见，也是发现数量最多的镜型。镜沿微凸者，镜缘微微凸起，形成较低的边沿，如虢国墓地镜M1650:1.1，镜厚0.2厘米，边沿厚0.25厘米，凸起高度仅0.05厘米，微微的凸起似乎是铸

---

[1] 参见刘一曼、孔祥星《中国早期铜镜的区系及源流》，载宿白主编《苏秉琦与当代中国考古学》，科学出版社2001年版，第569—584页。
[2] 参见程建《试论中国铜镜的起源和早期映照方式》，《东南文化》1992年第1期。
[3] 参见韩金秋《夏商西周中原的北方系青铜器研究》，上海古籍出版社2015年版，第133—141页。
[4] 参见潘静《中国早期铜镜研究》，硕士学位论文，吉林大学，2015年。

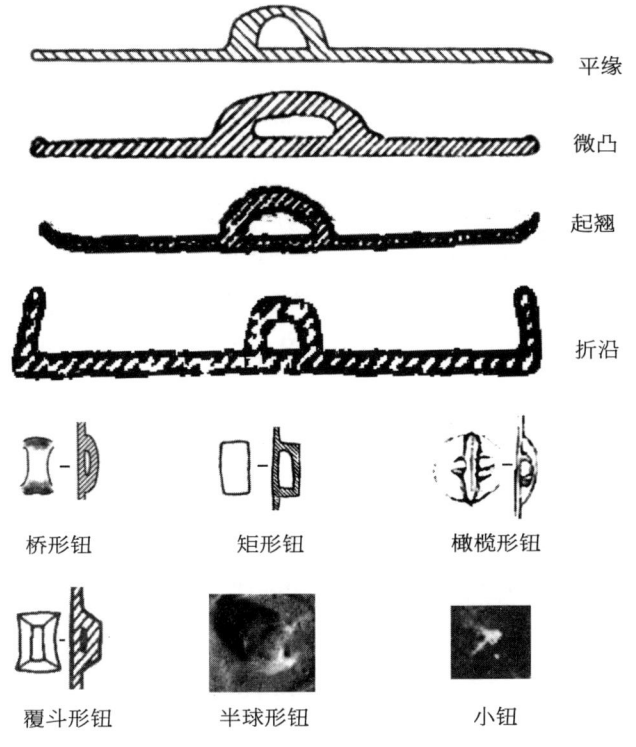

图 3-1-1　单钮镜镜缘及镜钮

造中无意形成的，可与平缘镜归为一类。镜缘起翘和镜缘卷折的铜镜是铸造时的有意设计。镜缘起翘者，镜缘与镜面成弧状，如南山根镜 M102∶47。镜缘较高向镜背反折或反卷的折沿镜，镜缘往往与钮高度接近或高于钮的顶部，反折的镜缘与镜背形成稍小于 90°的锐角，使镜背呈盘状，这种折沿很可能是在铸造完成后经过二次加工形成的。

　　素面镜另一个明显的变化是镜钮。桥形镜钮最为常见，也有细微的区别。束腰形钮，即拱起的最高处略窄，与镜面连接的两端稍宽；一种没有粗细宽窄变化的钮，也有学者称之为环状钮、弓形钮；矩形镜钮形似订书钉，钮顶较平，拐角处接近直角，钮身宽窄一致，这几种钮在发掘报告中一般不做区分，均被称为桥形钮。还有一种橄榄形钮和覆斗形钮形制比较特别。橄榄形钮，微扁，略长，与镜面连接的两端较细较尖；覆斗形钮，状如覆斗，钮顶平整呈方形，四边外扩倾斜至镜面。此外，还流行半球状的钮，以及一种很小的钮，前者较为圆滑，为半球形，后者宽、高往往不及0.5厘米，呈小环形、扁弓形、米粒形等，较其他几种钮要小得多，形体纤细小巧。因此，素面铜镜型式划分应当考虑到镜缘和镜钮的变化及差异。

几何纹饰自发地产生于世界各地，可能与原始的编制技术有关，常见于装饰艺术发展的较早阶段，在发展中，直线条衍生出三角纹、方形、菱形、锯齿形等图案，而曲线产生了圆圈、波形线、螺旋形线。[①] 几何纹镜的装饰纹样是由点、圆圈、线段、弧线、折线等线性形状构成的多样化图案，这些纹饰是在铸造之前就设计好并在镜背范上刻画完成的，铸造后的纹饰便凸起于镜面，尽管纹饰的构成相对简单质朴，但各元素之间的相互交织却形成独具特色的图案。根据图案构成特点可以分为散点环形纹镜、连续三角纹镜、同心圆环带纹（单圈和多圈）镜、四等分纹饰镜四个亚型。几何纹镜中镜钮和纹饰的粗细也有一定的变化。如镜钮常见桥形钮，还有一种半球形钮，即镜钮向上隆起呈半球状，这种镜钮仅在连续三角纹镜中见到，显示了纹饰与镜钮组合搭配的不同。

动物纹饰的变化在于表现手法及动物姿态的不同。一种以较粗的、凸线条勾勒动物的外形轮廓及外形特征，多呈蜷曲状，肢体关节处有涡卷装饰。一种以较细的线条写实，多表现动物奔走状态，身体空白以点填充。还有一种以抽象的方式表现神秘的、想象而成的动物，集现实生活中多种动物的特征于一体，而不存在于现实生活中。据此可以分为蜷曲动物纹镜、奔走动物纹镜、抽象动物纹镜三个亚型。

因此，本书以纹饰特征作为单钮镜分型的主要依据，以纹饰变化、镜缘特征、镜钮形制划分亚型及式。

A型　素面单钮镜

铜镜圆形，镜背无纹饰装饰，大部分镜面平直，少数镜面微凸。一般镜背中央有桥形镜钮，极少数镜钮偏离中心。

Aa亚型　素面平缘单钮镜。镜面无装饰，边缘平直或微微凸起，大多数镜面平直，少量镜面微凸。

[①] 参见[奥]阿洛伊斯·李格尔《风格问题：装饰历史的基础》，邵宏译，中国美术学院出版社2016年版，第13页。

Aa 亚型 I 式 素面，镜缘平直或微微凸起，镜背中央有桥形镜钮，制作较为粗糙（图 3-1-2，1~9），是早期铜镜中数量最多、最为常见的镜类，共计 127 面。镜缘平直者数量最多，以天山北路墓地镜 M483：1 和齐家坪墓地镜 M41：1 为代表。镜缘微微凸起者见淅川下寺楚墓 M3：25、阔克苏西 2 号墓地镜 M47：1、三门峡虢国墓地出土镜 M1650：1.1 和 M1650：1.2。大多铜镜直径 6—9 厘米，厚 0.2—0.3 厘米，最厚达 0.5 厘米，如天山北路墓地镜 M479：9。镜体较大者如昌吉努尔加 M34 出土镜，直径 11.1 厘米。

Aa 亚型 II 式 素面平缘，镜钮并非常见的桥形，见橄榄形镜钮和覆斗形钮，制作较为粗糙，共 4 面。其中北吕周人墓 II M3：1、崇信于家湾周墓 84CYM38：3 和宝鸡市郊出土镜为橄榄形镜钮（图 3-1-2，10、11），于家湾周墓 84CYM38：4 为覆斗形钮（图 3-1-2，12）。铜镜直径 7 厘米左右，厚 0.2 厘米。

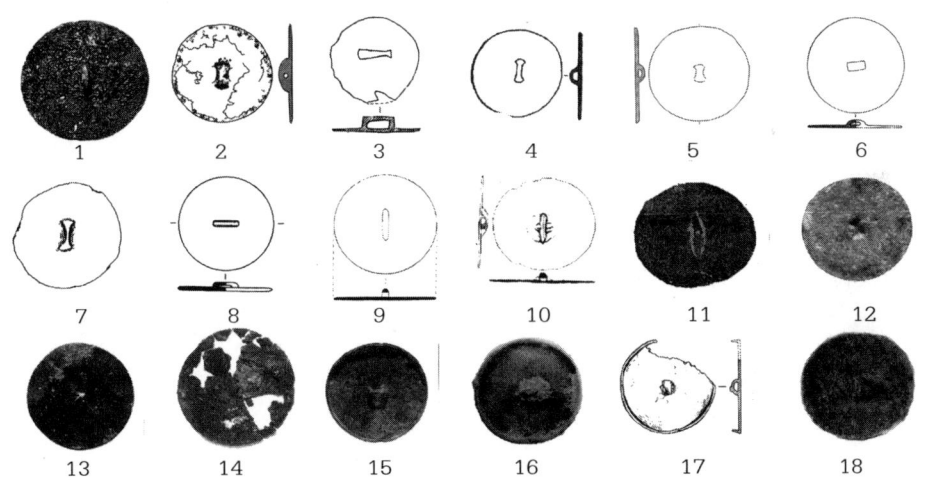

图 3-1-2 素面单钮镜型式划分

Aa 亚型 I 式：1—9 Aa 亚型 II 式：10—12 Aa 亚型 III 式：13、14 Ab 亚型：15—18
1. 天山北路 M483：18 2. 莫呼查汗 I M10：2 3. 焉不拉克 M45：3
4. 焉不拉克 M64：3 5. 莫呼查汗 II M15：4 6. 大华中庄 M101：1 7. 哈布其罕 M2：4
8、9. 闻喜上郭 M54：1、89WSM19：4 10. 北吕 II M3：1 11. 陕西宝鸡出土
12. 于家湾 84CYM38：4 13. 江陵溪峨山 M9：2 14. 洛阳纱西路 M664 出土 15. 焉不拉克 M64 出土
16. 群巴克 I M1：31 17. 萨恩萨伊 M89：3 18. 南山根 M102：34

Aa 亚型 Ⅲ式 素面平缘，镜钮很小，呈小环状、扁弓形、米粒状等，镜体轻薄，但铸造质量较高，共4面。见浚县辛村出土镜，长沙龙洞坡 M826 出土镜，江陵溪峨山 M9∶2（图 3-1-2，13），洛阳纱西路 M664 出土镜（图 3-1-2，14）。镜体稍大但轻薄，直径 9—10 厘米、厚 0.1 厘米左右。

Ab 亚型 素面折沿单钮镜。镜面平直或微微凸起，无装饰，桥形镜钮，镜缘有较高凸起，或为弧状，或向镜背反折或反卷，镜体呈浅盘状。共9面。焉不拉克 M64 出土镜（图 3-1-2，15），群巴克墓地 ⅠM1∶31（图 3-1-2，16），克孜尔水库 M30 出土镜，萨恩萨伊墓地 M106∶5、M89∶3（图 3-1-2，17），克尔木齐 M22 出土镜，镜缘较高向镜背反折，这类铜镜镜体较大，直径多超过9 厘米，最大者如群巴克墓地 ⅠM1∶31 直径达 15 厘米，萨恩萨伊墓地 M89∶3 直径 14.3 厘米。内蒙古宁城南山根镜 M101∶59、M101∶60、M102∶34（图 3-1-2，18）镜缘呈弧状，向镜背翘起，这类铜镜镜体较小，直径在 7 厘米左右。

B 型 几何纹单钮镜

见桥形钮、半球形钮，以镜钮为中心环绕装饰乳钉、圆圈、线段等。依据纹饰特征可以分为散点环形纹饰镜、连续三角纹饰镜、同心圆环带纹饰镜、四等分纹饰镜。

Ba 亚型 散点环形纹饰镜，以多个离散的点或短线均匀地分布在一闭合的圆周上构成图形，相邻的点或短线间距一致。纹饰多位于镜缘处。

属于此类型的铜镜共3面，见天山北路 M311∶24、M640∶11，以及辽宁喀左道虎沟出土镜，前者以点构图，后者以短线构图（图 3-1-3，1、2）。

Bb 亚型 连续三角纹饰镜。以较复杂的直线条组合装饰为主要特征。镜钮为半球形。纹饰由折线、平行线、圆构成，两条线段交于一点形成锐角，两端连接圆形弧线形成近似三角纹，多个连续三角纹环绕镜钮构成主题纹饰，三角纹间填饰平行线。学者往往称之为多角星纹。属于此类型的有4面，见贵南尕马台镜 M25∶6、中国国家博物馆藏相传出土于甘肃临夏之镜、上海博物馆藏扣岑先生捐赠镜、加依墓地 M55 出土镜（图 3-1-3，3~6）。铜镜直径 9—15 厘米，中国国家博物馆藏镜直径最大，为 14.6 厘米。

Bc 亚型 同心圆环带纹饰镜。以曲线和直线装饰为主要特征。桥形钮外环

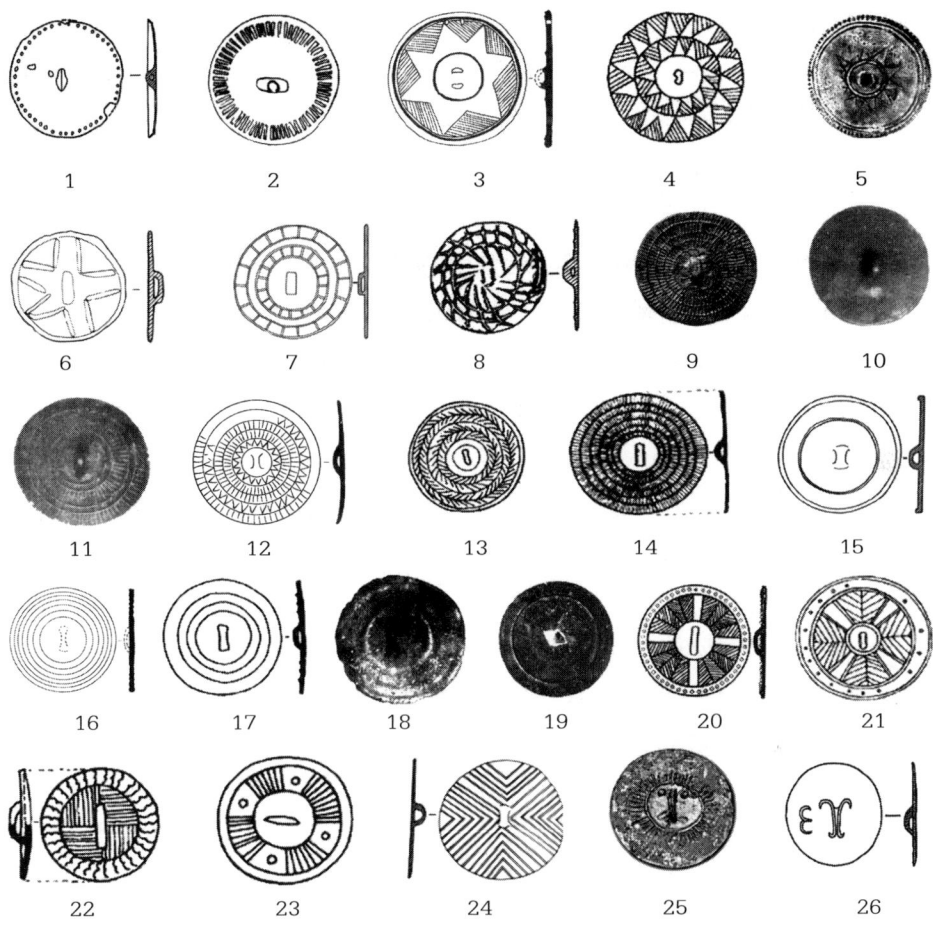

图 3-1-3　几何纹单钮镜型式划分

Ba 亚型：1、2　　Bb 亚型：3-6　　Bc 亚型Ⅰ式：7-14

Bc 亚型Ⅱ式：15-18　　Bc 亚型Ⅲ式：19　　Bd 亚型：20-24

1. 天山北路 M640：11　2. 喀左道虎沟出土　3. 夼马台 M25：6　4. 中国国家博物馆藏镜　5. 上海博物馆藏镜　6. 加依 M55 出土　7. 莫呼查汗 ⅠM128：2　8. 萨恩萨伊 M113：7　9. 天山北路 M400：5　10. 青海湟中出土　11. 甘肃平凉拣选　12. 后迁义 1999LQT2②M4：7　13. 妇好墓标本41　14. 妇好墓标本45　15. 莫呼查汗 ⅠM106：18　16. 后迁义 1999LQT2②M4：6　17. 安阳大司空86ASNM25：20　18. 青海湟中出土　19. 湖南长沙烈士陵园 M17 出土　20. 妇好墓标本786　21. 妇好墓标本75　22. 侯家庄 M1005 出土　23. 淳化赵家村出土　24. 莫呼查汗 ⅠM130：2　25. 天北北路 M483：1　26. 天山北路 M301：12-2

绕一周或数周同心圆，或与自镜钮辐射的线段交接，或填饰连续三角纹饰，形成同心圆环带状。

Bc 亚型 I 式　桥形钮外有辐射状同心圆环带装饰。属于此类型铜镜共计 15 面，以天山北路墓地镜 M190:14、M015:13、M266:28、M400:5，妇好墓标本 41 和 45 以及唐山后迁义 1999LQT2②M4:7 为代表。其中妇好墓标本 45 及后迁义镜较大，直径 10—11 厘米，其他直径为 7—9 厘米，厚 0.2—0.3 厘米。

Bc 亚型 II 式　桥形钮外环绕一周或数周同心圆装饰，间无填充。共 5 面，属于此类型的有莫呼查汗 IM106:18、唐山后迁义 1999LQT2②M4:6、安阳大司空 86ASNM25:20、湟中出土镜（图 3-1-3，15~18），以及宁城南山根 M101:59.2。直径 8—10 厘米，厚 0.2—0.3 厘米。

Bc 亚型 III 式　钮纤细小巧，镜体轻薄，但铸造精良，多装饰一周凸弦纹。仅见长沙烈士陵园 M17（原编号：56 长烈园 M6:4）出土镜（图 3-1-3，19）。

Bd 亚型　四等分纹饰镜。以复杂的直线装饰为主要特征，辅以乳钉、弧线等，纹饰围绕镜钮的上下左右被等分，形成纹饰基本一致的四个单元。共 5 面，包括安阳妇好墓标本 786、标本 75，侯家庄 M1005 出土镜，淳化赵家村出土镜，莫呼查汗 IM130:2（图 3-1-3，20~24）。妇好墓出土的两镜镜面较大，直径分别为 12.5 厘米和 11.2 厘米。

Be 亚型　人面纹或羊角纹镜。以点、圆、线段、弧线组合形成纹饰，共 2 面。天山北路墓地镜 M483:1，纹饰形似人面或太阳，天山北路墓地 M301:12-2，纹饰呈羊角状。

C 型　动物纹单钮镜

镜面圆形，多见桥形镜钮，亦见动物形钮，镜面平直，镜背装饰动物纹。直径大多为 6—8 厘米，厚约 0.2 厘米。

Ca 亚型　蜷曲动物纹镜。以凸起的线条表现动物身体蜷曲的姿态，四肢不甚突出，头部细节较为明显，整体呆板，具有明显的北方铜器纹饰特征。属于此类型的共 5 面，有察吾呼沟四号墓地 M165:8 和 M114 出土镜，日本东洋美术馆藏镜及守屋孝藏藏镜，漳县收购站拣选镜（图 3-1-4，1~5）。

Cb 亚型　奔走动物纹镜。以细线条勾勒动物外形轮廓，身体与四肢明显，动物多作奔走或追逐状，风格写实，纹饰带间有分区。有中宁倪丁村出土镜M2：9和淳化秋社村出土镜（图3-1-4，6、7），共2面。

Cc亚型　抽象动物纹镜。纹饰抽象、神秘，为勾连细密的蟠螭纹或蟠虺纹，纹饰带间分区明显，具有中原地区青铜器纹饰特征。属于此类型的共8面，有新绛东柳泉采集镜、太原M251出土镜、凤翔秦景公墓出土镜、原平刘庄塔岗梁出土镜、长子牛家坡镜M7：53、焦作市博物馆藏镜（图3-1-4，8~13），以及永昌西岗墓地M56：9—②、M427：9。大部分铜镜镜体超过9厘米，东柳泉采集镜最大，直径15.1厘米。

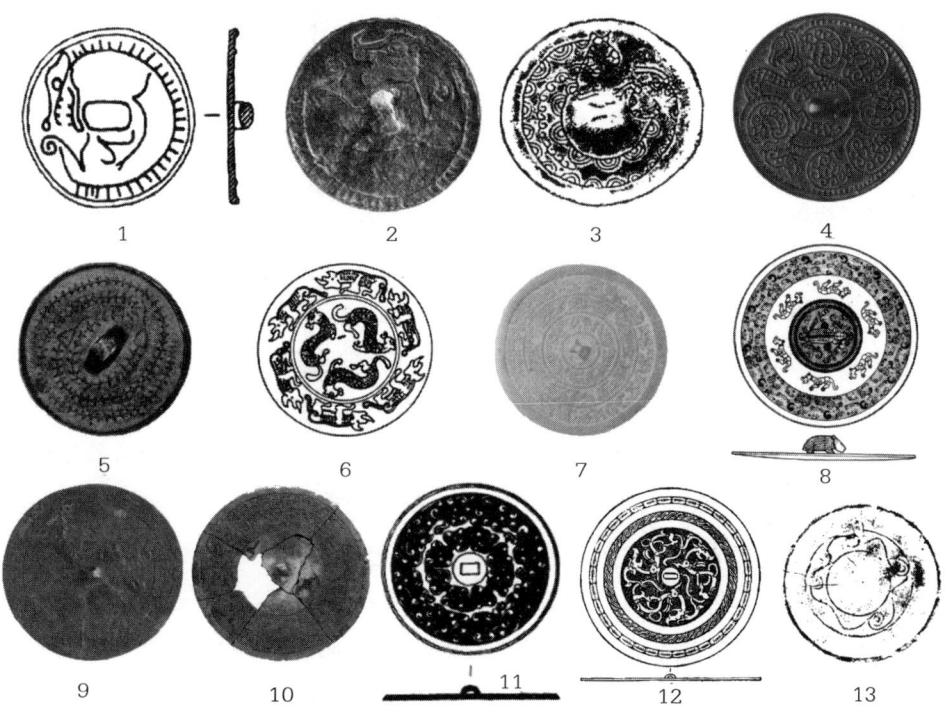

图3-1-4　动物纹单钮镜型式划分

1.察吾呼沟四号墓地M114出土　2.察吾呼沟四号墓地M165：8　3.守屋孝藏藏　4.东洋美术馆藏
5.甘肃漳县拣选　6.倪丁村M2：9　7.淳化秋社村出土　8.新绛东柳泉采集　9.太原赵卿墓M251：400
10.秦景公墓出土　11.原平刘庄塔岗梁出土　12.长子牛家坡M7：53　13.焦作市博物馆藏

二、年代分析

对出土铜镜的年代进行分析，主要依据是与铜镜伴出的陶器、铜斧、马具及中原式青铜器等遗物。陶器是易碎的生活用品，数量较多，短时期内造型、纹饰等演变明显，中原式青铜容器、马具等青铜器的形制和纹饰在不同时期变化明显，能够提供丰富的年代信息，便于对铜镜的年代进行较为准确的判断。对于那些年代存在争议的遗址，结合学者的研究成果进行分析判定。

由于不同地域进入青铜时代与早期铁器时代的时间不一，尤其是位于中西文明交汇处的新疆地区，不能以青铜器或铁器的有无、多少作为判断标准。新疆地区年代序列采用韩建业的研究成果，即把新疆地区青铜时代—早期铁器时代文化分为五期，第一期相当于二里头文化至早商时期（前19世纪初—前13世纪）、第二期相当于晚商时期（前13世纪—前11世纪）、第三期相当于西周时期（前11世纪—前8世纪）、第四期相当于春秋时期（前8世纪—前5世纪）、第五期相当于战国至西汉（前5世纪—前1世纪），第一期属于青铜时代，第二期至第五期即二、三阶段属于早期铁器时代。[1]

天山北路墓地与 Aa 亚型Ⅰ式镜、Ba 亚型镜、Bc 亚型Ⅰ式镜、Be 亚型镜

天山北路墓地随葬品以铜器数量最多，大多数墓葬随葬有铜器，墓地中不见铁器，墓地的全部遗存应属于青铜时代无疑，但关于墓地的分期及年代，学界观点不一。吕国恩等根据出土器物特征将墓地分为四期八段，指出墓地年代为公元前1900—前1300年。[2] 韩建业亦持此观点，并认为天山北路墓地属于新疆青铜时代的第一期阶段。[3] 李水城将甘肃地区"过渡类型"遗存和四坝文化与天山北路墓地对比分析后指出，天山北路墓地年代在公元前2000—前1500年，也可能存在年代更晚的遗存。[4] 邵会秋亦持此观点，认为更晚遗存的年代下限不会

---

[1] 参见韩建业《新疆的青铜时代和早期铁器时代文化》，文物出版社2007年版，第39页。
[2] 参见吕恩国、常喜恩、王炳华《新疆青铜时代考古文化浅论》，载宿白主编《苏秉琦与当代中国考古学》，科学出版社2001年版，第173—193页。
[3] 参见韩建业《新疆的青铜时代和早期铁器时代文化》，文物出版社2007年版，第42页。
[4] 参见李水城《从考古发现看公元前二千年东西文化的碰撞和交流》，《新疆文物》1999年第1期。

晚于公元前13世纪①，水涛则认为可能会更早一些。②刘学堂认为墓地的年代下限不晚于齐家文化，上限要早于齐家文化晚期。③潜伟指出天山北路墓地年代为公元前2000—前1200年，总时间跨度为800年，每一段的时间跨度为100年。④天山北路墓地报告中，将墓地分为四个阶段，第一阶段为公元前2000—前1700年，第二阶段为公元前1700—前1400年，第三阶段为公元前1400—前1200年，第四阶段为公元前1200—前1000年。⑤佟建一测量了天山北路墓地37件人体骨骼样本，通过校对的放射性碳数据分析，结合典型器物双耳罐、铜刀等随葬品的类型分析和地层关系，指出天山北路墓地年代在公元前2100—前1029年，并将墓地分为四个发展阶段（图3-1-5），第一阶段为公元前2011—前1672年，第二阶段为公元前1660—前1408年，第三阶段为公元前1385—前1256年，第四阶段为公元前1214—前1029年。⑥与报告中各阶段年代一致。

从天山北路墓地发掘报告看，单钮镜出现时间较早，在墓地的第一阶段已经出现，并持续流行至第三阶段，第四阶段发现数量极少。属于第一阶段的墓地为M073，出土铜镜为Aa亚型Ⅰ式镜；属于第二阶段的墓地为M065、M235、M315、M400、M483、M620，其中M400镜和M483素面镜及纹饰镜共存，M400出土Aa亚型Ⅰ式镜和Bc亚型Ⅰ式镜，M483出土Aa亚型Ⅰ式镜和Be亚型镜；属于第三阶段的墓葬有M015、M190、M266、M281、M301、M311、M341、M437、M606、M640、M679，出土铜镜有Aa亚型Ⅰ式镜、Bc亚型Ⅰ式镜以及Ba亚型镜。佟建一亦指出天山北路墓地Bc亚型Ⅰ式镜出现在第二期和第三期。⑦根据学者对天山北路墓地的年代分析研究和铜镜出现的时间，可以推测天山北路墓地的Aa亚型Ⅰ式镜于公元前2000年已经出现，Bc亚型Ⅰ式

---

① 参见邵会秋《新疆史前时期文化格局的演进及其与周邻文化的关系》，科学出版社2018年版，第107—113页。
② 参见水涛《新疆青铜时代诸文化的比较研究——附论早期中西文化交流的历史进程》，载袁行霈主编《国学研究》第一卷，北京大学出版社1993年版，第447—490页。
③ 参见刘学堂《论中国早期铜镜源于西域》，《新疆师范大学学报（哲学社会科学版）》1999年第3期。
④ 参见潜伟《新疆哈密地区史前时期铜器及其与邻近地区文化的关系》，知识产权出版社2006年版，第40页。
⑤ 参见新疆维吾尔自治区文物考古研究所等编著《新疆哈密天山北路墓地》，科学出版社2024年版，第1108页。
⑥ Jianyi Tong, "Chronology of the Tianshanbeilu Cemetery in Xinjiang", *Northwestern China*, *Radiocarbon*, Vol. 63, Issue 1, 2021. 图3-1-5根据该文图7、8整理。
⑦ Jianyi Tong, "Chronology of the Tianshanbeilu Cemetery in Xinjiang", *Northwestern China, Radiocarbon*, Vol. 63, Issue 1, 2021.

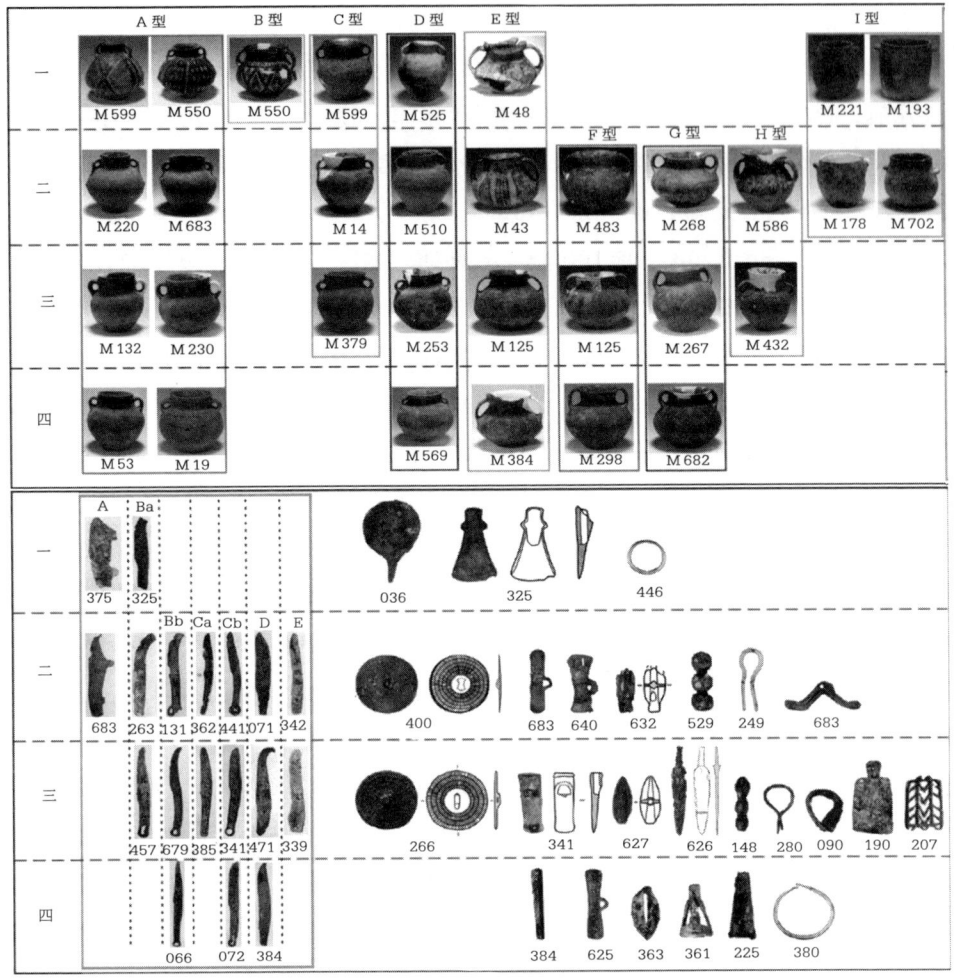

图 3-1-5 天山北路墓地陶器和青铜器分期

镜和 Be 亚型镜大约在公元前 1700 年出现，Ba 亚型镜和 Be 亚型镜大约在公元前 1400 年出现，这三种类型的铜镜持续流行至公元前 1200 年。

广河齐家坪墓地与 Aa 亚型 I 式镜，尕马台墓地与 Bb 亚型镜

1924 年，安特生在洮河流域进行考古调查时发现齐家坪遗址与仰韶文化时期遗址面貌截然不同，进行了发掘并称其为齐家期，将其置于仰韶期之前，齐家文化遂受到学术界的关注。齐家文化遗址分布在河西走廊东端的甘肃、青海、宁夏南部和内蒙古等地，其中甘肃省发现数量最多，达到2700余处。① 齐家文化遗址出土较多的是铜器和玉器，彩陶衰落。铜器主要是小件的日用器具，如刀、匕、凿、锥、环、铜片、铜泡等，陶器以高领双耳罐、双大耳罐、单耳罐、侈口罐、盉等为代表，装饰篮纹、方格纹、绳纹等，彩陶数量不多，呈紫色或紫红色，纹样有三角纹、对三角纹、网格纹、横线纹、竖线纹等。

齐家坪遗址是齐家文化的命名地，在学术圈知名度很高。齐家坪遗址出土物包括石器、陶器、骨器、玉器、铜器等生产工具和生活用具。以陶器数量最多，见泥质、夹砂、彩陶三种，器形有双大耳罐、单大耳罐、双小耳罐等。铜器数量较少，仅见铜环1、铜镜1、铜斧1。② 张忠培认为铜镜和铜斧是齐家文化晚期的遗物，年代约相当于齐家文化分期的三期7段。③ 也有学者指出这种双耳铜斧在商代就已经出现在新疆和内蒙古中南部地区，西周时期还影响到了中原、冀北地区和辽西地区。④ 此外，齐家文化出土铜镜应该不止这一件，笔者在甘肃齐家文化博物馆还见到两面铜镜，大小、形制与镜 M41:1 相似。

尕马台铜镜出土于 M25（图3-1-6），同出土有彩陶双耳罐 M25:2，罐身装饰连续菱格纹、横竖线条等，这种圆鼓腹、双耳上部略高于口沿的双耳罐在齐家文化中少有发现，与四坝文化酒泉干骨崖墓地双耳罐 M93:1 十分相似，贾领等认为这件陶器可能是两者交流的产物，对比酒泉干骨崖墓地、皇娘娘台遗址、民乐五坝墓地同类器物，指出尕马台遗址的年代相当于齐家文化中晚期。⑤ 发掘者指出，从墓葬形制和出土陶器看，尕马台遗址大致处于马家窑文化马家窑类型晚期向半山类型过渡阶段，同时具有宗日文化因素，绝对年代应与宗日遗址相同，即距今4100—5200年，包括七角星纹铜镜在内的贵南尕马台44座墓葬，均属齐家文化晚期。⑥ 陈小三则认为尕马台遗存年代晚于齐家文化，处于齐

---

① 参见国家文物局主编《中国文物地图集·甘肃分册》，测绘出版社2011年版，第44页。
② 参见甘肃省文物考古研究所、复旦大学文物与博物馆学系编《广河齐家坪》，文物出版社2023年版，第89页。
③ 参见张忠培《齐家文化研究》（上），《考古学报》1987年第1期；张忠培《齐家文化研究》（下），《考古学报》1987年第2期。
④ 参见邵会秋、杨建华《塞伊玛—图尔宾诺遗存与空首斧的传布》，载教育部人文社会科学重点研究基地吉林大学边疆考古研究中心编《边疆考古研究》第10辑，科学出版社2011年版，第73—92页。
⑤ 参见贾领、杜战伟、王倩倩《试论齐家文化尕马台类型》，《北方文物》2023年第1期。
⑥ 参见青海省文物考古研究所、北京大学考古文博学院编著《贵南尕马台》，科学出版社2016年版，第151—152页。

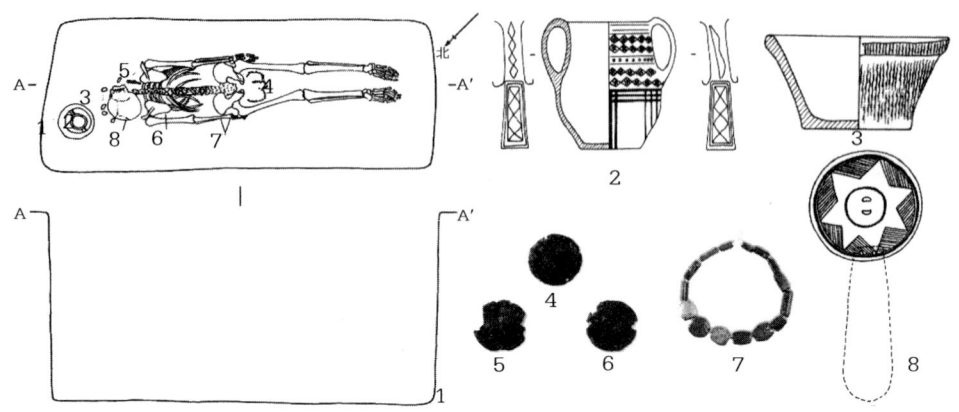

图3-1-6 贵南尕马台 M25 平、剖面图及部分出土器物

1. M25 平、剖面图 2. 双耳彩陶罐 3. 陶盆 4—6. 铜泡 7. 绿松石珠 8. 铜镜模拟复原

家文化和卡约文化之间的过渡阶段。① 关于这面铜镜，张忠培认为无法推断其在齐家文化分期中的位置②，刘学堂认为尕马台出土铜镜的时间不超过公元前2000年以前③，杨建华等指出镜和泡是齐家文化很晚时期流行的铜器。④ 学者普遍认为齐家坪遗址和尕马台遗址属于齐家文化晚期遗迹，铜镜也是在齐家文化晚期出现的。

关于齐家文化的年代和分期，学者有不同看法。夏鼐认为齐家文化晚于仰韶时期，其绝对年代不会比公元前2000年早过很多，但是也许是比之晚过许多。⑤ 安志敏认为齐家文化属于铜石并用到青铜时代的遗存，碳十四数据显示其

---

① 参见陈小三《河西走廊及其邻近地区早期青铜时代遗存研究——以齐家、四坝文化为中心》，博士学位论文，吉林大学，2012年。
② 参见张忠培《齐家文化研究》（上），《考古学报》1987年第1期；张忠培《齐家文化研究》（下），《考古学报》1987年第2期。
③ 参见上海博物馆编《镜映乾坤——罗伊德·扣岑先生捐赠铜镜精粹》，上海书画出版社2012年版，第20—21页。
④ 参见杨建华、邵会秋、潘玲《欧亚草原东部的金属之路：丝绸之路与匈奴联盟的孕育过程》，上海古籍出版社2016年版，第39页。
⑤ 参见夏鼐《齐家期墓葬的新发现及其年代的改订》，载《考古学论文集：外一种》，河北教育出版社2000年版，第3—16页。

年代晚于中原的龙山文化，下限接近于商代。① 张忠培在齐家文化遗存年代序列分析的基础上，根据直领圆肩罐、双耳折肩罐及高领双耳罐、双大耳罐和陶鬲形态递变将齐家文化分为三期8段，一期的年代在公元前3千纪后半叶之前段左右，二期的年代约在公元前3千纪后半叶之后段范围内，三期已经进入夏文化纪年。② 段天璟指出，齐家文化第三期第6段的年代已经进入夏纪年，第7、8段的年代与二里头文化年代相当，大致相当于二里头文化时期。③ 王辉认为齐家文化的年代跨度为公元前2615—前1529年，其年代主体集中在公元前2300—前1900年，其年代下限或许到前1500年，广河齐家坪属于齐家文化晚期遗址。④ 也有研究者将齐家文化铜器分为早晚两段，早段距今3700—4000年，晚段距今3500—3700年。⑤ 报告中指出，齐家坪遗址"处于齐家文化晚期末段，时代上应该在公元前1700年以降"⑥。基于铜镜是在齐家文化晚期出现的共识，结合学者的研究成果及共存器物，本书暂时将齐家文化铜镜Aa亚型Ⅰ式镜和Bb亚型镜流行年代划为前1700—前1500年。

察吾呼墓地与Aa亚型Ⅰ式镜、Ca亚型镜

察吾呼墓地属于察吾呼文化察吾呼类型。墓地有多个碳十四数据，集中在公元前10世纪—前6世纪，报告中把墓地分为四期六段。⑦ 四号墓地M114、M154、M165出土器物以日用陶器和小件铜器为主，不见铁器。M165出土的带流罐为发掘者划分的Ⅱ式罐，这类带流罐长流，大敞口，粗颈，腹微鼓，大平底，仅颈部有纹饰。带流杯M114:10，圆唇，长颈，扁耳，颈部饰一周五层方格纹饰带。带流杯M154:13，方唇，方耳，颈部饰一圈三角折线纹，其余部分及内

---

① 参见安志敏《中国早期铜器的几个问题》，《考古学报》1981年第3期。
② 参见张忠培《齐家文化研究》（上），《考古学报》1987年第1期；张忠培《齐家文化研究》（下），《考古学报》1987年第2期。
③ 参见段天璟《关于齐家文化的三个问题》，载教育部人文社会科学重点研究基地吉林大学边疆考古研究中心、边疆考古与中国文化认同协同创新中心编《边疆考古研究》第20辑，科学出版社2016年版，第205—220页。
④ 参见王辉《甘青地区新石器—青铜时代考古学文化的谱系与格局》，载北京大学考古文博学院、北京大学中国考古学研究中心编《考古学研究（九）庆祝严文明先生八十寿辰论文集》（上），文物出版社2012年版，第210—243页。
⑤ 参见陈国科《齐家文化与四坝文化铜器年代再认识》，载朱乃诚、王辉、马永福主编《2015中国·广河齐家文化与华夏文明国际研讨会论文集》，文物出版社2016年版，第148—154页。
⑥ 甘肃省文物考古研究所、复旦大学文物与博物馆学系：《广河齐家坪》，文物出版社2023年版，第258页。
⑦ 参见新疆文物考古研究所编著《新疆察吾呼——大型氏族墓地发掘报告》，东方出版社1999年版，第339页。

沿抹彩衣。这种带流罐、带流杯均为第一期陶器中的典型器物，流行于第一期第一段和第二段。因此，四号墓地M114、M154、M165属于一期文化遗存。二号墓地M218出土的带流杯粗笨厚重，垂腹直口，流僵直向上，为发掘者划分的A型Ⅵ式，同出土的砾石为发掘者划分的Ⅱ式，这类带流罐和砾石均流行于第四期。因此，M218当属于第四期文化遗存。一号墓地M206发掘者将其归入第三期文化遗存。

陈戈对察吾呼类型划分和分期问题进行过较为深入的研究，认为报告中的时间划分存在较多矛盾，对察吾呼一号、四号墓葬中有相互关系的墓葬进行了重新划分，指出察吾呼一期墓地年代为公元前1000—前750年，二、三期年代为公元前750—前550年，四期为公元前550—前500年。[①] 邵会秋结合墓葬出土器物及碳十四数据推测，察吾呼类型一期墓葬年代范围主要在公元前1000—前800年，二期年代集中在公元前800—前600年，三期的年代可能在公元前600—前300年[②]，并将四号墓地M114、M154归为二期文化遗存。察吾呼四号墓地和一号墓地时间较早，但依据上述分期及出土铜镜墓葬所在的时期推测，四号墓地M114、M165出土的Ca亚型镜和M154出土的Aa亚型Ⅰ式镜出现时间大约为公元前1000至前800年，相当于中原地区的西周晚期，下限可能为春秋早期，Aa亚型Ⅰ式镜流行时间较长，直至春秋时期甚至更久。

莫呼查汗墓地与Aa亚型Ⅰ式镜、Bc亚型Ⅱ式镜、Bd亚型镜

莫呼查汗墓地青铜时代的墓葬属于察吾呼文化察吾呼类型。一般墓葬仅随葬1件陶罐、1把铜刀以及1块羊骨，或者无随葬品。陶器均放置在墓室的北部、墓主人的头骨周围，铜刀、铜镜一般都在腰部位置，也见于头侧，羊骨一般放置在墓主人上肢骨的左右两侧（图3-1-7）。墓地共出土铜镜11面，其中ⅠM8、ⅠM10、ⅠM79、ⅠM124、ⅠM125、ⅠM150、ⅠM151、ⅡM15各出土1面Aa亚型Ⅰ式镜，ⅠM106出土镜为Bc亚型Ⅱ式镜，ⅠM128出土镜为Bc亚型Ⅰ式镜，ⅠM130出土镜为Bd亚型镜。这些墓葬，除ⅠM8出土陶罐残损，无法看出器形，ⅠM124无陶器出土，无法判定年代，其他出土铜镜的墓葬均有陶器出

---

① 参见陈戈《察吾呼沟口文化的类型划分和分期问题》，《考古与文物》2001年第5期。
② 参见邵会秋《新疆史前时期文化格局的演进及其与周邻文化的关系》，科学出版社2018年版，第177页。

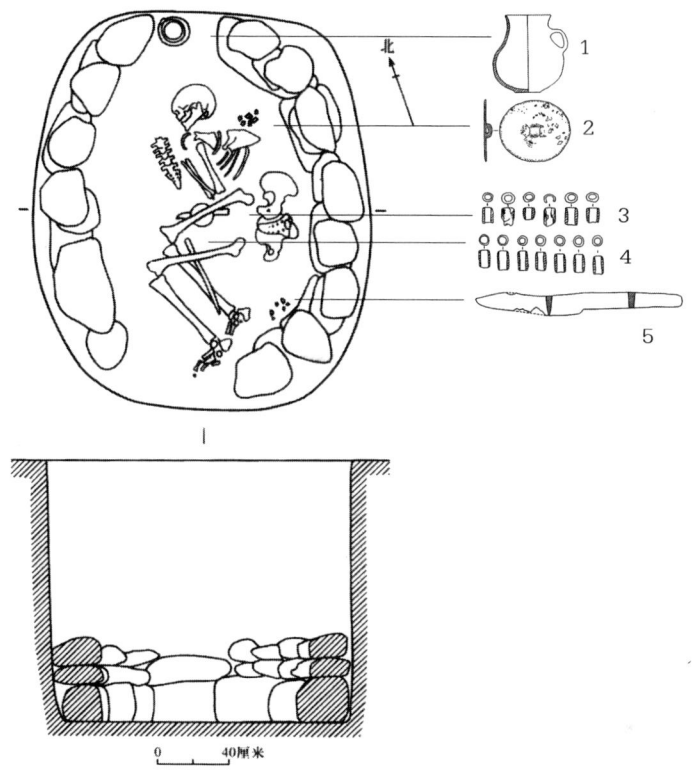

图3-1-7 莫呼查汗 IM151平、剖面图及出土器物
1.单耳高领罐 2.铜镜 3、4.铜珠 5.铜刀

土。IM10出土的束颈假圈足罐IM10∶1,大敞口,束腰式高领,鼓腹,假圈足。IM79和IM150出土的双系罐形制相似,均为敞口圆唇,束颈鼓腹,圈底,与邵会秋划分为察吾呼二期的ⅣM129∶4双系罐形制相似。[①] 这两种陶罐均属于发掘者划分的第一期的器形,因此,IM79、IM150当属第一期。IM106、IM151、ⅡM15出土的单耳高领罐形制相似,均为敞口,圆唇,短流,高领微束,鼓腹,平底。IM128出土的单耳带流陶罐形制相似,均敞口圆唇,短流,矮束颈,上鼓腹,下斜腹,假圈足。单耳罐IM130∶1,敞口,圆唇,短束颈,鼓腹,小平底,沿腹耳,耳部有两条竖线纹。这三种陶罐均是属于第二期的器形,因此,

---

① 参见邵会秋《新疆史前时期文化格局的演进及其与周邻文化的关系》,博士学位论文,吉林大学,2007年。

M106、ⅠM151、ⅡM15、ⅠM128应属于二期墓葬。发掘者把墓地分为三期，指出第一期的相对年代早于察吾呼文化第一期，第二期年代约与察吾呼第一期第一段相当，第三期已晚至汉晋时期。[①] 据上述察吾呼文化的年代分析，莫呼查汗墓地第一期年代大约相当于中原地区的西周中期，第二期的年代大约相当于西周晚期。就铜镜流行时间来说，Aa 亚型Ⅰ式镜大约于西周中期出现，Bc 亚型Ⅱ式镜和 Bd 亚型镜于西周晚期出现并流行。

萨恩萨伊墓地与 Ab 亚型镜、Bc 亚型Ⅰ式镜

萨恩萨伊墓地年代跨度极大，从青铜时代一直延续到汉唐时期。发掘者把墓地器物分为七组，出土 Ab 亚型镜的 M89、M106 与出土 Bc 亚型Ⅰ式镜的 M113 均属于第三组。M106 出土的单耳彩陶罐 M106:1，夹砂红陶，敞口平沿，溜肩鼓腹，圜底，器表通体饰红彩构成的网状菱格纹，内壁饰"十"字形彩绘。彩陶罐残片 M113:2 复原后显示其为夹砂红陶，平沿方唇，短束颈，溜肩鼓腹，圜底，器身外壁饰红色网格菱形纹，内壁饰无规律红色线条纹。这种类型的彩陶是第三期的典型陶器。此外，M106 和 M113 还出土了形似的马衔，均由两部分套合组成，M106:7 连杆呈方形，衔端各有双重环孔，马镫形环孔上连圆形环孔，M113:5 连杆呈圆形，衔端各有一马镫形环孔。这种具有马镫形孔的马衔与萨彦—阿尔泰公元前8世纪—前6世纪流行的马镫形制十分相似。[②] 发掘者指出，萨恩萨伊墓地第三组墓葬属于青铜时代晚期遗存，主体年代为公元前10世纪—前6世纪。[③] 结合出土器物，可推测萨恩萨伊墓地出土的 Ab 亚型镜、Bc 亚型Ⅰ式镜的流行年代大约相当于中原地区的西周晚期至春秋早期。

焉不拉克墓地与 Aa 亚型Ⅰ式镜和 Ab 亚型镜

焉不拉克墓地是焉不拉克文化的命名地点。墓地出土铜器均为小件的日常用具及装饰品，有刀、镞、锥、针、镜、耳环等112件，另见铁器7件，主要是刀、剑、戒指。M69 与 M64 出土的陶钵、陶豆形似。陶钵 M64:8，单耳，口微敛，浅腹，圈底或近平底，口沿下、腹部、内底、单耳上均绘有锯齿纹。陶豆

---

① 参见新疆维吾尔自治区文物考古研究所编著《新疆莫呼查汗墓地》，科学出版社2016年版，第331页。
② 参见马健《公元前8—前3世纪的萨彦—阿尔泰——早期铁器时代欧亚东部草原文化交流》，载余太山、李锦绣主编《欧亚学刊》第8辑，中华书局2008年版，第38—84页。
③ 参见新疆文物考古研究所编著《新疆萨恩萨伊墓地》，文物出版社2013年版，第170—178页。

M69∶5，桥形宽耳，口微小，斜沿弧腹，矮圈足，口沿下绘稀疏的斜倒三角纹带，上腹部绘一水波带。这样的陶钵和陶豆均为一期墓葬的典型器物。M35出土铜刀的柄和刃分界明显，弧背斜刃，柄部边缘起廓，末端为环状，属于发掘者划分的Ⅲ式刀，也是一期墓葬中的典型器物。因此，M64、M69、M35为一期墓地。M45出土的单耳杯，器形较小，直口，鼓腹，平底，口沿至腹部有宽桥耳。木盘M45∶2，敞口，浅腹，平底，平面椭圆形。M45还出土有铜丝环绕数周、下坠铃形饰的耳环。这种形制的单耳杯、木盘、耳环常见于二期墓葬中。因此，M45属于二期墓葬。

  关于焉不拉克墓地的文化分期及年代，学者有不同观点。发掘者根据墓地的叠压打破关系把焉不拉克墓地分为三期，结合墓葬形制、出土器物特征及碳十四数据指出，第一期的年代相当于中原地区的西周早中期，上限为商代，第二期年代相当于西周晚期和春秋早期，第三期的年代相当于春秋中晚期。[1]出土铜镜的M35、M64、M69为一期遗存，M45为二期遗存。王博和覃大海把焉不拉克文化分为四期，将M35、M45归为二期，M64、M69为三期。[2]邵会秋将墓地分为早、晚两期，M64、M69为早期墓地。[3]也就是说，学者都倾向于出土铜镜的墓地是焉不拉克文化中年代较早的，与铜镜共存的器物也有此显示，尤其是M35出土的铜刀，其形制与天山北路墓地晚期出土的铜刀十分相似。焉不拉克墓地碳十四数据集中在公元前1300至前550年，任瑞波把焉不拉克文化分为三组，第一组年代为公元前1550—前1200年，第二组年代为前1312—前1127年，第三组年代在前800—前300年。[4]结合学者的研究可知，焉不拉克墓地出土的7面Aa亚型Ⅰ式镜的流行年代为西周早期至春秋初年，具体来说，M64、M69出土镜大约在商末至西周早期，M35出土镜应为西周晚期或者春秋早期。出土Ab亚型镜的墓葬信息不详，可能与萨恩萨伊墓葬出土的此类型镜年代接近，为

---

[1] 参见新疆维吾尔自治区文化厅文物处、新疆大学历史系文博干部专修班《新疆哈密焉不拉克墓地》，《考古学报》1989年第3期。
[2] 参见王博、覃大海《哈密焉不拉克墓葬的分期问题》，《新疆文物》1990年第3期。
[3] 参见邵会秋《从M75看焉不拉克墓地的分期》，《新疆文物》2006年第2期。
[4] 参见任瑞波《试论焉不拉克文化的分期、年代和源流》，载教育部人文社会科学重点研究基地吉林大学边疆考古研究中心、边疆考古与中国文化认同协同创新中心编《边疆考古研究》第22辑，科学出版社2017年版，第125—140页。

西周晚期至春秋早期。

南湾墓地与 Aa 亚型 I 式镜

南湾墓地出土的铜器有刀、锥、斧、凿、镞、铃、镜、耳环、扣等，出土的 3 面镜均为 Aa 亚型 I 式镜。墓地年代经碳十四测定均在公元前 1500—前 800 年。[①] 吕恩国等学者将南湾墓地陶器分为三期，认为一期与天山北路二期的年代相当，二、三期大致与后者的三、四期相对应。[②] 有学者指出，墓地出土的管銎斧斧身较窄，銎短，刃直，北方地区同类器物流行在晚商时期。[③] 还有学者对比了新疆东部的考古学遗存，认为南湾墓地出土铜镜的 A 组墓葬年代在西周时期。[④] 因此，铜镜年代定为西周时期，上限可能至商末。

阔克苏西 2 号墓与 Ab 亚型镜

墓地随葬品不多，主要有铜器、骨器、石器。陶器有钵、罐、纺轮等，铜器有镜、刀、镞、耳环。发掘者结合墓地形制、随葬品推测竖穴土坑墓和竖穴偏室墓为早期铁器时代墓葬，时代在公元前 8 世纪至前 4 世纪。[⑤] M47 与 M59 出土铜镜形状基本相似，M47 出土木炭、人骨标本测定数据显示其为 2765 ± 40，M47 打破了 M52，因此，铜镜时代应为春秋早期。

克尔木齐墓地与 Ab 亚型镜

墓群可以分为三组，分别是坟院制石棺墓、无坟院石棺墓、封土竖穴土坑墓。出土 Ab 亚型镜的 M22 属于第三种，这类墓葬中的出土器物以铁制工具和武器为主，陶器数量较少。[⑥] 克尔木齐墓地延续时间较长，前两组墓葬中出土器物以铜器和陶器为主，时间较早，第三种墓葬时代已经进入了铁器时代，王明哲根据此类墓葬出土铁马镫形制，推测墓地年代在公元前 5 世纪—6 世纪[⑦]，年代上限相当于中原地区的春秋末至战国初期。

---

① 参见中国社会科学院考古研究所编《中国考古学中碳十四年代数据集（1965—1991）》，文物出版社 1992 年版；新疆文物考古研究所编《新疆文物考古新收获（1979—1989）》，新疆人民出版社 1995 年版，第 618—620 页。
② 参见吕恩国、常喜恩、王炳华《新疆青铜时代考古文化浅论》，载宿白主编《苏秉琦与当代中国考古学》，科学出版社 2001 年版，第 172—193 页。
③ 参见朱永刚《中国北方的管銎斧》，《中原文物》2003 年第 2 期。
④ 参见张凤《新疆东部地区古文化探微》，《西域研究》2010 年第 2 期。
⑤ 参见新疆文物考古研究所《新疆特克斯县阔克苏西 2 号墓群的发掘》，《考古》2012 年第 9 期。
⑥ 参见新疆社会科学院考古研究所《新疆克尔木齐墓群发掘简报》，《文物》1981 年第 1 期。
⑦ 参见王明哲《论克尔木齐文化和克尔木齐墓地的时代》，《西域研究》2013 年第 2 期。

崇信于家湾周墓与 Aa 亚型 I 式镜、Aa 亚型 II 式镜

与铜镜同出土的两件陶鬲均为夹砂褐红陶，器身有烟炱痕迹。84CYM38:1，侈口，方唇，上有麻点，束颈，其下饰细绳纹，锥形足，足尖呈乳头状，腹腔内隔低。84CYM38:2，器形挺拔瘦长，侈口，圆方唇，束颈，锥形实足根，鬲足横断面呈三角形，足尖内倾，深腹瘪裆，腹腔内三足间相互沟通，无内隔。器表通体饰细绳纹，领上绳纹有涂抹痕。这两件陶鬲被发掘者划分为瘪裆鬲 I 式和连裆鬲 II 式，流行于周初或西周早期偏早阶段，尤其是后者，是陕、甘地区周初期遗址或墓葬中较为常见的陶鬲形制。铜镜年代为西周初期无误。

湟中大华中庄墓地与 Aa 亚型 I 式镜

大华中庄墓地属于卡约文化时期墓地。卡约文化因发现于青海湟中卡约村而得名，目前已发现遗址 1700 余处[①]，主要集中在河湟谷地和青海湖周围。卡约文化陶器以双耳罐较为发达，还有小双耳罐、无耳罐等，铜器有刀、钺、矛、斧、啄形器、泡、铃、连珠饰等小件日用器。关于卡约文化的年代和分期，学界观点不一，但普遍认为大华中庄墓地属于卡约文化晚期遗存。发掘者将大华中庄墓地分为早、中、晚三期，认为以大华中庄为代表的"卡约文化大华中庄类型"在卡约文化中时代较晚。[②] 俞伟超认为卡约文化的年代相当于中原地区夏代后半期至商周之际[③]，水涛[④]和张文立[⑤]将卡约文化分为三期六段和四期七段，三宅俊彦将卡约文化分为三期六段，并指出早期年代为公元前 1600—前 1300 年，中期为公元前 1300—前 1000 年，晚期为公元前 1000—前 700 年，大华中庄墓地属于第三期，铜镜出现在卡约文化第五段。[⑥] 宋新潮认为大华中庄铜镜的年代大约为商晚期或西周时期[⑦]，但张文立对比 M90 出土铜镜与张家坡出土铜镜，认为 M90 的

---

① 参见国家文物局主编《中国文物地图集·青海分册》，中国地图出版社 1996 年版，第 23 页。
② 参见青海省湟源县博物馆、青海省文物考古队、青海省社会科学院历史研究室《青海湟源县大华中庄卡约文化墓地发掘简报》，《考古与文物》1985 年第 5 期。
③ 参见俞伟超《关于"卡约文化"与"唐汪文化"的新认识》，载《先秦两汉考古学论集》，文物出版社 1985 年版，第 193—210 页。
④ 参见水涛《甘青地区青铜时代的文化结构和经济形态研究》，载《中国西北地区青铜时代考古论集》，科学出版社 2001 年版，第 229—243 页。
⑤ 参见张文立《青海地区青铜时代文化研究》，博士学位论文，吉林大学，2003 年。
⑥ 参见三宅俊彦《卡约文化青铜器初步研究》，《考古》2005 年第 5 期。
⑦ 参见宋新潮《中国早期铜镜及其相关问题》，《考古学报》1997 年第 2 期。

年代在西周中期。① 结合学者的研究，以及铜镜主要出土于大华中庄中晚期墓葬的现象，宜将大华中庄出土的 Aa 亚型 I 式镜年代定为西周中晚期。

中宁倪丁村墓地与 Cb 亚型镜

倪丁村发现的两座墓葬出土有触角式青铜短剑、管銎斧、铃、泡饰、当卢、马衔等青铜器（图3-1-8）。M2出土的管銎斧，銎做椭圆形，壁两侧有装柄预留的钉孔，一端斧身短狭小，一端斧身较长，中有突出的棱脊（图3-1-8，16）。M2出土的当卢上装饰两只鹰，喙尖眼圆，相对而立，利爪相接（图3-1-8，7）。铜马衔，杆端为两个扁圆环联结而成。铜扣为圆形，方形空首，有突出的鸟喙状舌（图3-1-8，19），显示出北方草原文化风格。发掘者认为墓葬年代

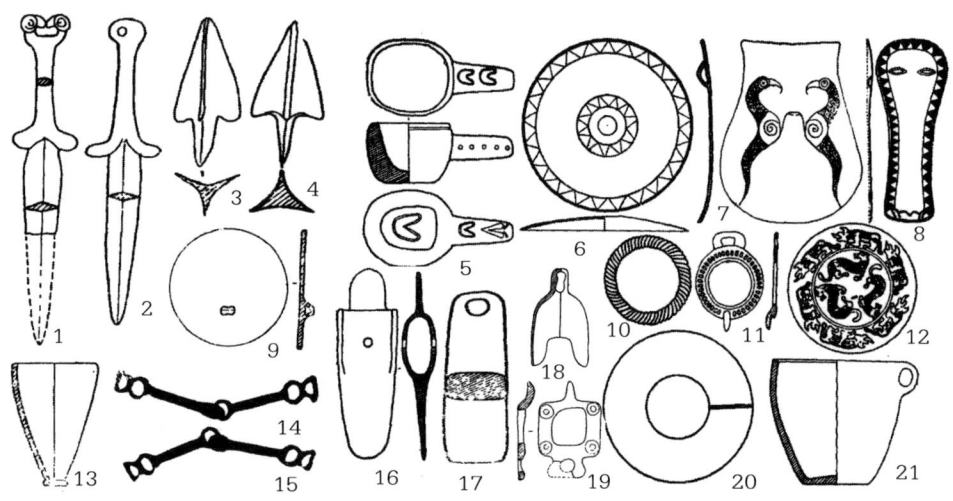

图3-1-8　中宁倪丁村M1、M2部分出土器物

1、2.铜短剑（M1:3，M2:16）　3、4.铜镞（M2:23，M2:22）　5.小陶勺（M2:2）
6.圆形铜饰（M2:14）　7、8.铜当卢（M2:7，M2:4）　9.铜牌（M2:24）　10.铜环（M2:25）
11.铜扣（M2:19）　12.铜镜（M2:9）　13.铜镞（M2:21）　14、15.铜马衔（M2:12，M2:13）
16.铜管銎斧（M2:17）　17.砺石（M2:27）　18.铜铃（M1:4）　19.铜扣（M1:5）
20.圆形铜饰（M2:10）　21.陶罐（M2:18）

---

① 参见张文立《也谈卡约文化青铜器的分期问题》，载教育部人文社会科学重点研究基地吉林大学边疆考古研究中心、边疆考古与中国文化认同协同创新中心编《边疆考古研究》第20辑，科学出版社2016年版，第221—237页。

为战国初期。① 杨建华对比了倪丁村与其他墓葬出土的空首斧、管銎戈、带扣、两端呈双环首带扣式马衔、铜镜等器物，将倪丁村墓葬的年代下限定为春秋晚期。② 此外，M1出土的青铜短剑 M1:3，柄端为相对的两个鸟首，呈触角式，剑格突出，剑脊明显（图3-1-8，1），这种类型的青铜短剑在春秋时期的北方地区较为常见。因此，铜镜年代宜定为春秋晚期。

宝鸡市郊区和凤翔墓葬与 Aa 亚型 II 式镜③

宝鸡市郊区墓葬已被破坏，与铜镜同出土的4件铜鼎分别为柱足分裆鼎、涡纹鼎、饕餮纹鼎、蝉纹鼎，纹饰带均位于口沿下，由云雷纹、夔纹、涡纹、饕餮纹等组成。出土的乳钉纹簋口沿下有两个突出的兽首，簋腹部以雷纹为底，上饰夔纹、乳钉纹。青铜戈上有云雷纹装饰。分裆鼎一般属于商代晚期或西周早期的形制，蝉纹、夔纹、云雷纹等也常见于这一时期的青铜器装饰中。

凤翔彪角公社镜出土于墓葬，但形制不详，在墓葬不远处发现的乳钉纹簋和乳钉纹鼎可能与铜镜为同一时期之物。这种乳钉纹装饰的鼎、簋一般出现在商周之际，也可能早到商代晚期，这也是两面铜镜的流行年代。

北吕周人墓地与 Aa 亚型 II 式镜

北吕墓地范围比较大，排列有序，使用时间长，出土大量先周、西周时期的重要文物。II M3无陶器出土，仅出土镜1、戈1。铜戈尽管有残，但能看出有胡有穿、三角形援，阑侧均有两个长方形穿，属于发掘者划分的 C 型 I 式戈。发掘者将墓葬分为七期，这类戈一般出土于第四期墓葬中，约相当于康昭时期，类似的铜戈也常见于西周中期墓中，铜镜年代与此相当。

宝鸡旭光墓地与 Aa 亚型 I 式镜

M74是墓地唯一出土铜镜的墓葬，也是唯一出土3鼎5簋组合的墓葬。簋 M74:20与石鼓山簋 M3:10相似，均为敞口，卷沿，方唇，圜底，圈足。腹部左右有对称的高浮雕兽面双耳，耳下方有方形垂珥，口沿下装饰浮雕兽面纹、凤鸟纹、圆涡纹，腹部饰斜方格乳钉纹，圈足饰兽面纹4组。④ 此外，旭光墓地

---

① 参见宁夏回族自治区博物馆考古队《宁夏中宁县青铜短剑墓清理简报》，《考古》1987年第9期。
② 参见杨建华《春秋战国时期中国北方文化带的形成》，文物出版社2004年版，第41—42页。
③ 参见王光永、曹明檀《宝鸡市郊区和凤翔发现西周早期铜镜等文物》，《文物》1979年第12期。
④ 参见石鼓山考古队《陕西省宝鸡市石鼓山西周墓》，《考古与文物》2013年第1期。

鼎 M74:23 与石鼓山鼎 M4:215、簋 M74:21 和 M74:22 与石鼓山簋 M3:9 均相似。因此，墓地年代与石鼓山墓地 M3、M4 年代接近，为西周早期，上限可能至商末。

唐山后迁义墓地与 Bc 亚型Ⅰ式镜、Bc 亚型Ⅱ式镜

张文瑞对后迁义遗址出土的铜镜进行了专题研究，指出其年代为晚商时期。[①] 与铜镜同出土 2 件青铜礼器，铜鼎残损严重，已无法复原。铜簋亦有损毁，经过修复，铜簋为盆状，敞口，方唇，直腹，圜底，高圈足。口沿下饰饕餮纹一周，腹部有五排尖刺状乳钉，圈足上饰夔龙纹。类似的盆状簋有沣西张家坡墓 M1:2[②]、淳化史家塬 CHSM1:3[③]、旬邑崔家河 78M1:1[④]、甘肃崇信于家湾 M20:1[⑤] 等，有学者研究，这类盆状乳钉纹簋的年代为先周晚期至西周初年。[⑥] 这与洪猛等将 M4 划归为后迁义墓葬晚段、年代约当殷墟文化四期至西周初期的观点基本一致。[⑦] 因此，后迁义遗址出土铜镜年代应为商末周初。

太原 M251 与 Cc 亚型镜

关于 M251 的墓主人和年代问题，学术界有较多的讨论，争议颇多，见解各异。多数学者认为墓主人为春秋晚期著名的政治家、军事家、赵国的奠基人赵简子，少数学者认为是赵襄子，还有学者指出可能是两人中的一个。关于墓葬年代，尽管绝对年代观点不一，如公元前 550—前 453 年[⑧]、公元前 475—前 425 年[⑨]、公元前 458 年[⑩]、公元前 495—前 475 年[⑪] 等，但大部分学者认为属春秋晚期。

---

① 参见张文瑞《滦县后迁义遗址商代铜镜探源》，《文物春秋》2017 年第 2 期。
② 参见中国社会科学院考古研究所丰镐发掘队《长安沣西早周墓葬发掘记略》，《考古》1984 年第 9 期。
③ 参见淳化县文化馆《陕西淳化史家塬出土西周大鼎》，《考古与文物》1980 年第 2 期。
④ 参见咸阳地区文管会、旬邑县文化馆《陕西旬邑崔家河遗址调查记》，《考古与文物》1984 年第 4 期。
⑤ 参见甘肃省文物考古研究所编著《崇信于家湾周墓》，文物出版社 2009 年版，第 17 页。
⑥ 参见李宏飞《论商周之际的乳钉夔纹盆形簋——关中地区先周时期铜器群探索之三》，《四川文物》2021 年第 2 期。
⑦ 参见洪猛、王菁《滦州后迁义商周时期墓葬遗存研究》，《华夏考古》2022 年第 6 期。
⑧ 参见山西省考古研究所、太原市文物管理委员会、陶正刚、侯毅、渠川福《太原晋国赵卿墓》，文物出版社 1996 年版，第 130 页。
⑨ 参见侯毅《试论太原金胜村 251 号墓墓主身份》，《文物》1989 年第 9 期。
⑩ 参见陶正刚《赵氏戈铭考释》，《文物》1995 年第 2 期。
⑪ 参见姑射《太原金胜村 251 号墓墓主及年代》，《北方文物》1992 年第 1 期。

另有一些学者认为墓葬年代为战国早期,如高崇文①、朱凤瀚②、张崇宁③。还有学者认为墓葬年代为春秋战国之交,如刘绪认为墓主是赵简子或赵襄子均有可能,墓葬年代在公元前453年前后④,井中伟、王立新认可这一时间,但认为墓主人是赵襄子的可能性更大。⑤ 鉴于学者的研究成果,结合其他Cc亚型镜的流行年代,该墓铜镜年代暂定为春秋晚期。

长子牛家坡M7与Cc亚型镜

M7出土青铜礼器多件,有鼎7、鬲2、豆5、壶3、镦1、鉴2、盘2、簠2、甗1、盆2、盉1。其中5件为列鼎,大小依次递减,主要纹饰有蟠螭纹、兽面纹。部分青铜器以素面为主,仅装饰陶索纹带,与春秋战国之际铜器装饰逐渐素面化的发展趋势吻合。出土的两件分体铜甗,平折沿,斜腹,腹底部收缩成圈足,饰三道蟠龙纹,由两周贝纹分界,腹两侧有辅首衔环,鬲为子口,可以套入甑底,联裆矮足,具有春秋晚期至战国早期的甗的形制特征。⑥ 发掘者将墓葬年代定为春秋晚期⑦,从与铜镜共存的器物看,下限可能至战国早期。

宁城南山根与Ab亚型镜、Bc亚型Ⅱ式镜

南山根M101、M102属于夏家店上层文化遗存,出土器物以青铜器为主,容器有鼎、簋、簠等,工具见刀、斧、凿,兵器有戈、矛、剑、盾,还有衔、銮铃、铜泡等车马器,出土的一件骨牌上刻画有人、犬及双马驾车纹饰(图3-1-9)。有学者指出以M101为代表的夏家店上层文化南山根类型反映了夏家店上层文化发达阶段的面貌。⑧ 关于夏家店上层文化的年代,学界观点不一,但西周至春秋时期是普遍的共识。⑨ 发掘简报中分析了M101出土三组不同器物的年代,提出其年代应为西周晚期到春秋早期,约当公元前9世纪中叶到8世纪初或

---

① 参见高崇文《试论晋南地区东周铜器墓的分期与年代》,《文博》1992年第4期。
② 参见朱凤瀚《古代中国青铜器》,南开大学出版社1995年版。
③ 参见张崇宁《太原金胜村251号墓主探讨》,《中国历史文物》2005年第1期。
④ 参见刘绪《晋文化》,文物出版社2007年版。
⑤ 参见井中伟、王立新编著《夏商周考古学》,科学出版社2013年版。
⑥ 参见张礼艳、王艺深《商周铜甗分期研究》,《南方文物》2023年第2期。
⑦ 参见山西省考古研究所《山西长子县东周墓》,《考古学报》1984年第4期。
⑧ 参见靳枫毅《夏家店上层文化及其族属问题》,《考古学报》1987年第2期。
⑨ 参见席永杰、滕海键、季静《夏家店上层文化研究述论》,《赤峰学院学报(汉文哲学社会科学版)》2011年第5期。

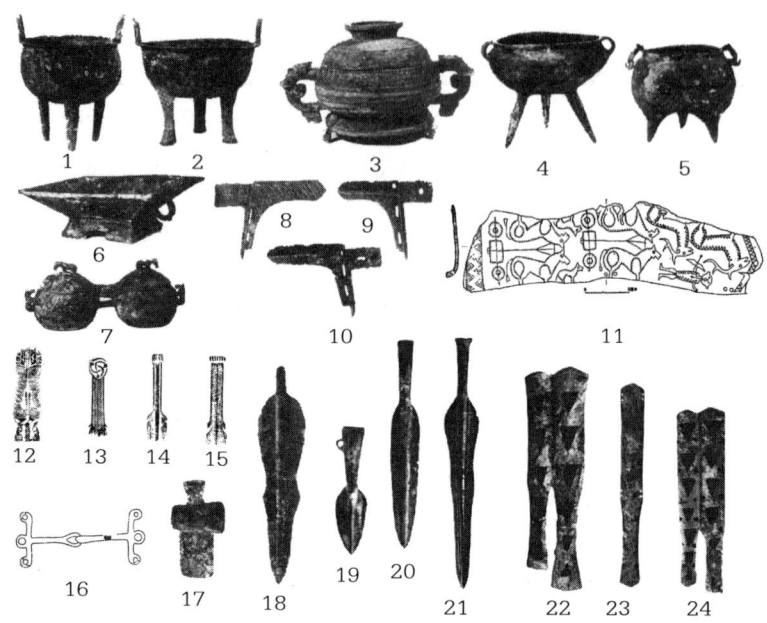

图3-1-9　宁城南山根M101、M102部分出土器物

1、2、4、5.铜鼎（M101：5、M101：6、M101：4、M101：7）3.铜簋（M101：11）6.铜簋（M101：10）7.双联罐（M101：1）8—10.铜戈（M101：15、M101：16、M101：17）11.刻画纹骨板（M102：18）12—15.铜剑柄纹饰（M101：36、M101：33、M101：34、M101：35）16.铜马衔（M102：54）17.铜斧（M101：47）18.铜剑（M101：37）19—21.铜矛（M101：20、M101：19、M101：18）22—24.铜剑鞘（M101：27、M101：25、M101：28）

稍晚。① M102的发掘简报认为其应相当于西周晚期至春秋早期，并认为夏家店上层文化的上限可能早到商末周初，下限不可能晚于春秋。② 靳枫毅③、林沄④、吕军⑤等在东北系曲刃短剑的研究中均认可西周晚期至春秋早期这一判定。朱凤

---

① 参见辽宁省昭乌达盟文物工作站、中国科学院考古研究所东北工作队《宁城县南山根的石椁墓》，《考古学报》1973年第2期。
② 参见中国社会科学院考古研究所东北工作队《内蒙古宁城县南山根102号石椁墓》，《考古》1981年第4期。
③ 参见靳枫毅《论中国东北地区含曲刃青铜短剑的文化遗存》（上），《考古学报》1982年第4期。
④ 参见林沄《中国东北系铜剑初论》，《考古学报》1980年第2期。
⑤ 参见吕军《中国东北系青铜短剑研究》，博士学位论文，吉林大学，2006年。

瀚根据同出土的中原式青铜容器及三角形锋戈推测墓葬年代约属春秋早期。① 墓葬出土的中原式青铜器是西周末期至东周初期的形制,且鼎、簋、矛、戈等青铜器与虢国墓地的十分相似,后者的年代为公元前9世纪初到前7世纪中叶,下限为虢国灭亡的时间——公元前655年,属于西周晚期到东周早期。鉴于南山根M101墓葬与虢国墓地的密切关系以及南山根M101、M102随葬器物情况,出土铜镜的年代应为西周晚期至春秋早期。

三门峡虢国墓地M1650与Aa亚型Ⅰ式镜

学者普遍认为虢国墓地的年代下限为公元前655年,即虢国灭于晋国,但关于其上限的观点不一,主要有西周晚期、两周之际两种观点。郭沫若②、马承源③、罗泰④等学者认为墓地的年代上限为西周晚期。朱凤瀚认为该墓地的上限不早于公元前770年平王东迁,虽然墓地中出土的部分青铜器从形制上看属于西周时期,但其随葬年代已入春秋。⑤ 李学勤认为上村岭墓葬群的年代在"周平王东迁至虢国灭亡的约一百二十年之间"⑥。也有学者认为虢国墓地的年代上限为周平王迁洛以后的平王十一年,晋文侯攻杀周携王灭西周之年,即公元前760年,墓地属于春秋早期。⑦ 虢国墓地发掘报告中推测年代在公元前9世纪初到前7世纪中叶,其下限为虢国灭亡的时间——公元前655年,即西周晚期到东周早期。虢国墓地M1650出土的陶鬲、陶豆、陶盆与张家坡西周晚期墓葬出土的器型相似,因此M1650的年代可能为西周晚期,即铜镜的流行年代。

江陵溪峨山墓地与Aa亚型Ⅲ式镜

铜镜出自M9。该墓出土的陶罐M9:8,侈口,折沿,高颈,削肩,鼓腹,凹圜底。陶豆M9:1,浅盘,喇叭形座,短柄中空。这两件陶器与春秋晚期雨

---

① 参见朱凤瀚《论中国东北地区与朝鲜半岛出土的短茎曲刃青铜短剑》,载中国历史博物馆考古部编《中国历史博物馆考古部纪念文集》,科学出版社2000年版,第162—179页。
② 参见郭沫若《三门峡出土铜器二三事》,《文物》1959年第1期。
③ 参见马承源《虢国大墓参观记》,《中国文物报》1991年3月3日。
④ 参见[美]罗泰《宗子维城:从考古材料的角度看公元前1000至前250年的中国社会》,吴长青、张莉、彭鹏等译,上海古籍出版社2017年版,第98页。
⑤ 参见朱凤瀚《中国青铜器综论》(全三册),上海古籍出版社2009年版,第1542—1547页。
⑥ 李学勤:《东周与秦代文明》,上海人民出版社2007年版,第51—53页。
⑦ 参见王恩田《"二王并立"与虢国墓地年代上限——兼论一号、九号大墓即虢公忌父墓与虢仲林父墓》,《华夏考古》2012年第4期。

台山墓地出土的陶豆M80∶4和陶罐M9∶4形制基本一致。① 江陵为春秋战国时楚之郢都所在地，溪峨山墓地与雨台山相距不远，墓葬形制、出土器物也十分相似，亦为春秋晚期墓地，铜镜年代与墓地年代一致。

长沙楚墓与Aa亚型Ⅲ式镜、Bc亚型Ⅲ式镜

长沙楚墓中类似龙洞坡M826、子弹库M21出土的Aa亚型Ⅲ式镜共21件，类似烈士陵园M17出土的Bc亚型Ⅲ式镜共6件。② 但这三座墓葬时间较早，均出土有陶鬲，形制十分相似。这种陶鬲方唇，平折沿，颈部直长，颈与肩分界明显、腹部微鼓，口径与腹径接近，裆微弧，柱形足较高，长沙地区出土这种陶鬲的墓葬年代在春秋晚期至战国初期，有学者据此认为龙洞坡墓葬的年代与此相当。③ 龙洞坡出土的铜剑，首呈喇叭形，茎横断面椭圆，有双箍，素面无装饰，在楚墓中较为常见，也有学者认为这种铜镜的流行年代为春秋晚期。④ 从共存的陶鬲和铜剑看，这三面铜镜的年代可定为春秋晚期。

淅川下寺楚墓与Aa亚型Ⅰ式镜

下寺楚墓共发掘大中型墓地5座，编号为M1—M5。出土铜镜的M3位于M2之北，墓室较M2小，随葬品以玉器较多，青铜礼器较少，未见兵器和车马器，出土器物以装饰品居多，且是发掘的20余座楚墓中唯一出土铜镜的。这也符合发掘者认为墓主人为女性的推测。M3与M2属于同一时期的墓葬，有学者认为M2的墓主人为楚庄王的儿子——公子子庚，于公元前552年去世。⑤ 还有学者指出，下寺乙组墓地（即M1—M4）中的殉人制度与山西长子牛家坡7号墓和太原晋国赵卿墓同椁异棺的殉人方式相似⑥，后两者为春秋晚期墓地。这与发掘者推测的乙组墓地年代为春秋晚期前段结论相符。因此，铜镜年代亦为春秋晚期前段。

此外，甘肃漳县废品收购站中拣选的那面Ca亚型镜，发现者根据其形制、

---

① 参见荆州博物馆《江陵雨台山楚墓发掘简报》，《考古》1980年第5期。
② 参见湖南省博物馆等编著《长沙楚墓》，文物出版社2000年版，第232—278页。
③ 参见顾铁符《长沙52·826号墓在考古学上诸问题——全国基本建设中出土文物展览内容介绍之一》，《文物》1954年第10期。
④ 参见林寿晋《东周式铜剑初论》，《考古学报》1962年第2期。
⑤ 参见张松莉、周理远《河南淅川下寺云纹铜禁源流考》，《中原文物》2014年第3期。
⑥ 参见印群《论淅川下寺楚王室墓地殉人墓的文化因素》，《南方文物》2019年第6期。

纹饰特征推断属西周时期，也有学者认为其应属西周末年到春秋初期。[1] 陕西凤翔南指挥西村出土 Aa 亚型 I 式镜被年代发掘者定为"先周"时期，宋新潮根据共存器物风格，认为铜镜应当在商周之际。[2] 其他铜镜流行年代与发掘者判断的墓葬年代一致。（详见附录1：单钮镜资料统计表）

在上述单钮镜类型分析中，首先根据纹饰有无和特征，将单钮镜分为 A 型素面镜、B 型几何纹饰镜和 C 型动物纹饰镜，又考虑到镜钮、镜缘的变化，细分为不同亚型及式，典型墓葬的年代分析为不同类型铜镜的流行时间提供了参考。大致来说，A 型铜镜中，Aa 亚型 I 式镜是出现最早、流行时间最长的镜类，从公元前2000年开始出现，持续流行至公元前5世纪；Aa 亚型 II 式镜和 Aa 亚型 III 式镜出现较晚，前者在西周初期、后者在春秋晚期有短暂流行，发现数量也不多。Ab 亚型镜流行在西周晚期至春秋晚期的三四百年间。在发展过程中，A 型铜镜的镜钮经历了由桥形钮到橄榄型钮和覆斗形钮，再到小钮的变化，镜缘也由平缘发展出较高的卷折沿。B 型铜镜中，Bc 亚型 I 式镜和 Bb 亚型镜流行在公元前1700年至前1200年，是 B 型铜镜的主流镜类，在西周晚期还偶有发现，后者发现很少，其间还出现了短暂流行的 Ba 亚型镜和 Be 亚型镜，数量不多。Bd 亚型镜的纹饰布局与 Ba、Bb 和 Bc 亚型铜镜纹饰环绕式、放射状布局不同，以等分式、对称状为主要特征，体现古人的设计思想和审美变化。C 型铜镜出现时间较晚，流行时间也较短，Ca 亚型镜在西周晚期出现，Cb 亚型镜和 Cc 亚型镜流行在春秋晚期，动物题材也呈现由写实到抽象的变化。单钮镜是早期铜镜的主流镜类，不同镜类流行时间的变化不仅反映了铜镜自身的兴衰过程，也反映了单钮镜的发展和变化过程。

---

[1] 参见宋新潮《中国早期铜镜及其相关问题》，《考古学报》1997年第2期。
[2] 参见宋新潮《中国早期铜镜及其相关问题》，《考古学报》1997年第2期。

第二节　多钮镜

一、型式划分

在多钮镜研究中，纹饰的有无及位置、粗细、形状、结构等特征是学者进行型式划分的主要依据。张锡瑛将东北地区的多钮镜分为素面镜、粗纹镜、细纹镜三类，粗纹镜根据纹饰位于镜面边缘或是镜背分为两型，细纹镜根据纹饰形状和特征分为叶脉放射形纹、斜线三角纹两型。①潘静根据镜背纹饰有无及形状将多钮镜划分为四型，即 A 型斜线回纹镜、B 型三角勾连带状纹镜、C 型龙虎纹多钮镜、D 型素面镜。②吕军在东北系青铜短剑研究中也提到多钮镜的分类，基于纹饰形状将多钮镜分为勾连几何纹、斜线三角纹、叶脉放射纹、蛛网状纹四式，并建立了多钮镜型式与短剑型式的对应关系。③杜超梳理了出土于我国东北、朝鲜半岛及日本列岛的多钮几何纹镜，根据其纹饰精细程度分为 A 型粗纹多钮镜、B 型回形纹多钮镜、C 型叶脉纹多钮镜及 D 型细纹多钮镜，A 型和 D 型下又根据直线纹的变化发展及纹饰分区样式分别分为三式、五式，以此为基础总结多钮镜的演变过程及各个阶段的特征。④韩国学者李清圭根据图案及纹饰结构将公元前 9 世纪—前 2 世纪中国东北地区、朝鲜半岛和日本列岛出土的多钮铜镜大致分为三型，A 型为粗线三角勾连带状纹饰镜、B 型由内饰平行线的三角形或四边形纹样反复构成纹样镜，C 型为三角形或四边形集线纹或小同心圆纹组合纹饰镜，A 型和 B 型纹饰线条较粗，可称为"粗纹镜"，C 型纹饰纤细，可称为"细纹镜"或"精纹镜"，A 型和 B 型镜为石范铸造，C 型镜为陶范铸造，也可能用质地精良的滑石范制成。⑤

经过观察与分析，我们注意到纹饰特征及其具体位置是两个核心变量。此

---

① 参见张锡瑛《试论东北地区先秦铜镜》，《考古》1986 年第 2 期。
② 参见潘静《中国早期铜镜研究》，硕士学位论文，吉林大学，2015 年。
③ 参见吕军《中国东北系青铜短剑研究》，博士学位论文，吉林大学，2006 年。
④ 参见杜超《东北亚系多钮几何纹铜镜研究》，硕士学位论文，西北大学，2020 年。
⑤ 参见［韩］李清圭《多钮镜的随葬方式及其含义》，载北京大学出土文献研究所编《青铜器与金文》第 5 辑，上海古籍出版社 2020 年版，第 47—57 页。

外，纹饰与镜钮的数量、位置之间似乎呈现某种关联性。基于当前的研究成果，本书首先以纹饰的变化作为主要的分类标准，随后再考虑纹饰位置以及镜钮数量等变量的影响。

A型　几何纹多钮镜

几何纹饰位于镜面边缘或镜背，或镜面边缘与镜背兼有，纹饰根据纹饰位置和形状变化可细分为三式。

A型Ⅰ式　纹饰位于镜面边缘，由回纹组成圈带状，镜钮数量超过2个，分散于镜背靠近边缘处。包括朝阳十二台营子1号墓出土的2面三钮镜及2号墓出土的2面四钮镜（图3-2-1，1）。

A型Ⅱ式　纹饰位于镜面和镜背，镜面纹饰为圈带状的回文，镜背纹饰为勾连"之"字纹，镜钮呈"川"字形横列于镜背靠近边缘处。见朝阳十二台营子3号墓出土的1面三钮镜（图3-2-1，2）。

A型Ⅲ式　纹饰位于镜背，主纹较宽，呈勾连"之"字纹，勾连间隙填较细的平行线。镜钮一般为2个，并列于镜背靠近边缘处。包括内蒙古自治区文物考古研究院藏小黑石沟遗址出土镜、沈阳郑家洼子M6512出土镜（图3-2-1，3）、

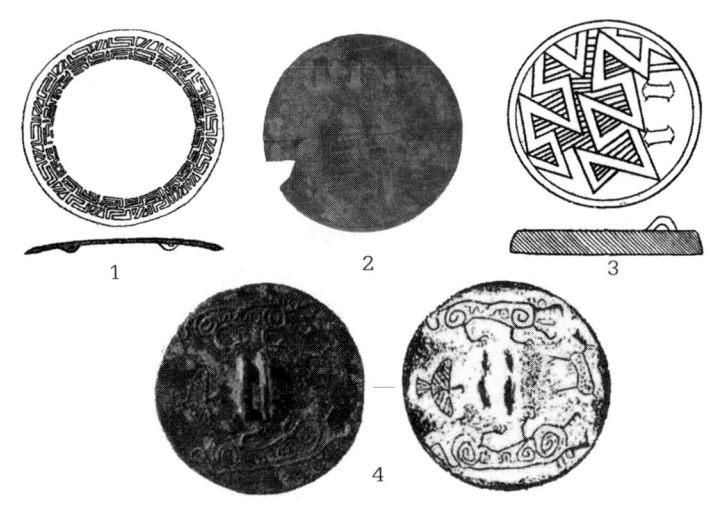

图3-2-1　多钮镜型式划分

A型Ⅰ式：1　A型Ⅱ式：2　A型Ⅲ式：3　B型：4

1、2.十二台营子M1、M3出土　3.郑家洼子M6512出土　4.虢国墓地M1612：65

辽宁建平县大拉罕沟 M851 及炮手营子 M881 出土的双钮镜，共 4 面。

  B 型　动物纹多钮镜

  镜背由凸起的线条勾勒动物纹饰，两个镜钮，平行位于镜背中央。见三门峡虢国墓地镜 M1612:65（图 3-2-1,4），镜背装饰站立的鹿（也可能为马）1、展翅的鸟 1、奔走的虎 2，虎身有蜷曲花纹，齿尖爪利。

二、年代分析

朝阳十二台营子墓地与 A 型 I 式镜、A 型 II 式镜

  发掘简报中将墓地年代定为春秋晚期到战国时期[①]，学者在研究与双钮镜同出土的青铜短剑时，对墓葬年代提出了不同意见。靳枫毅认为以朝阳十二台营子石椁墓为代表的夏家店上层文化十二台营子类型的年代上限，可早到西周晚期至春秋早期前后，下限应不晚于春秋中期。[②] 1 号墓地出土的 2 柄青铜短剑通长 35.6 厘米，剑身较长，脊突隆起显著，前段叶刃短于后段叶刃，剑叶尾部作斜折收，剑锋较短，呈琵琶状，2 号墓出土的 2 柄短剑与此相似（图 3-2-2,1、2）。翟德芳将这种类型的剑定为西周末期至春秋早中期。[③] 林沄则认为该墓出土的双翼铜镞双翼较长，翼缘曲度大，和中原春秋中期的双翼镞较接近，出土的铜马镳均带有不在同一平面上的三穿，这种马镳主要流行在公元前 10 世纪 — 前 6 世纪，因此将十二台营子的剑定为春秋中期。[④] 朱凤瀚[⑤]、吕军[⑥] 也认同这一判断。本书亦将 1 号和 2 号墓出土铜镜年代定为春秋中期。3 号墓已经扰乱，仅出土石枕状物和多钮镜，张锡瑛认为 3 号墓地年代可能稍晚，为春秋末期至战国初期。[⑦] 从 A 型 III 式镜上勾连三角几何纹、间隙填充平行线纹饰出现的时间看，其年代可能

---

① 参见朱贵《辽宁朝阳十二台营子青铜短剑墓》，《考古学报》1960 年第 1 期。
② 参见靳枫毅《论中国东北地区含曲刃青铜短剑的文化遗存》（上），《考古学报》1982 年第 4 期。
③ 参见翟德芳《中国北方地区青铜短剑分群研究》，《考古学报》1988 年第 3 期。
④ 参见林沄《中国东北系铜剑初论》，《考古学报》1980 年第 2 期。
⑤ 参见朱凤瀚《论中国东北地区与朝鲜半岛出土的短茎曲刃青铜短剑》，载中国历史博物馆考古部编《中国历史博物馆考古部纪念文集》，科学出版社 2000 年版，第 162—179 页。
⑥ 参见吕军《中国东北系青铜短剑研究》，博士学位论文，吉林大学，2006 年。
⑦ 参见张锡瑛《试论东北地区先秦铜镜》，《考古》1986 年第 2 期。

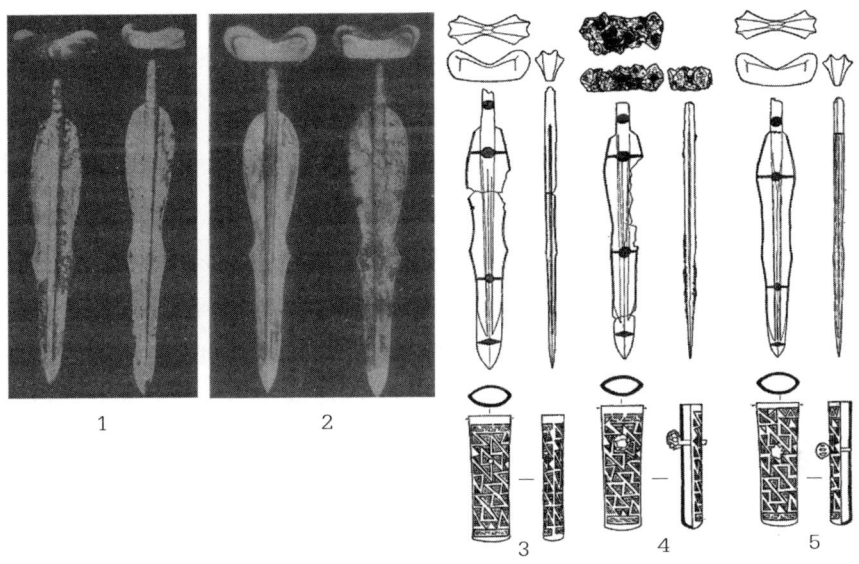

图 3-2-2　朝阳十二台营子与郑家洼子出土青铜短剑及剑镖

1、2. 十二台营子 M1、M2 出土青铜短剑　3-5. 郑家洼子出土青铜短剑及剑镖

确实晚至春秋晚期。

沈阳郑家洼子 M6512 与 A 型 Ⅲ 式镜

发掘报告将墓地年代暂定为公元前 6 世纪—前 5 世纪，即春秋末期到战国初期。[①] 墓地出土的三柄短剑，剑身细长，脊突不显著，束腰不明显，前段叶刃等于或稍大于后段叶刃，血槽有下凹浅沟，剑锋较长，剑叶尾部斜折内收，附凹脊式加重器（图 3-2-2，3~5），翟德芳认为这种短剑的流行年代在春秋中晚期至战国早期。[②] 吕军将墓地出土的这 3 件短剑分别划为 Aa Ⅲ 式和 Aa Ⅳ 式，指出前者年代或可早到春秋中期，后者能早到春秋晚期，M6512 的年代有可能早到春秋晚期。[③] 林沄认为 M6512 出土短剑与喀左南洞沟石椁墓出土的相似，后者流行年代为春秋晚期，墓地出土了一批銎式三翼铜镞，这种镞尽管在中原地区

[①] 参见沈阳故宫博物院、沈阳市文物管理办公室《沈阳郑家洼子的两座青铜时代墓葬》，《考古学报》1975 年第 1 期。

[②] 参见翟德芳《中国北方地区青铜短剑分群研究》，《考古学报》1988 年第 3 期。

[③] 参见吕军《中国东北系青铜短剑研究》，博士学位论文，吉林大学，2006 年。

流行较晚，但在北方草原地带于公元前6世纪已经流行，墓地出土的两端圆环上各附一梯形孔的铜马衔，流行于公元前7世纪至前6世纪初的米努辛斯克盆地。[①] 朱凤瀚也认为M6512出土的这种马衔与延庆玉皇庙墓地出土的马衔相同，为春秋中晚期器物。[②] 综合学者的研究，M6512为春秋晚期墓地，铜镜年代与此相当。

建平大拉罕沟M851、炮手营子M881与A型Ⅲ式镜

M851和M881不仅出土的铜镜纹饰相似，出土的青铜短剑也十分相似，均为曲刃，有节尖，叶尾斜折收。吕军将这两座墓出土的青铜短剑划分为Aa型Ⅱ式，认为这种剑流行在西周中期至春秋晚期。[③] 炮手营子M881出土铜镞与郑家洼子M6512出土的形制基本一样。因此，这两座墓葬的年代可能会稍晚一些，应当在林沄先生推测的春秋晚期。[④]

小黑石沟与A型Ⅲ式镜

这面铜镜于1998年出土自小黑石沟遗址，现藏内蒙古自治区文物考古研究院。小黑石沟遗址经过3次科学发掘，清理房址、灰沟、灰坑、墓葬等遗迹，除了部分墓葬为战国时期，其余遗迹属于夏家店上层文化时期，普遍认为其年代为西周中晚期至春秋时期。[⑤] 这面铜镜的出土背景信息不详，其镜钮数量及位置、纹饰装饰与辽宁建平县大拉罕沟M851和炮手营子M881出土镜十分相似，年代应该较为接近，暂定为春秋晚期。

三门峡虢国墓地M1612与B型镜

虢国墓地年代的争议及研究成果如前所述。对于M1612来说，墓葬出土的鼎M1612：62，口沿有两立耳，鼎腹作袋形，下部外鼓，足作柱状，腹部装饰饕餮纹。鼎M1612：61，立耳，深腹，蹄状足，腹部装饰窃曲纹、麟纹。这两件鼎是西周晚期至春秋时期的形制，发掘者将其归为Ⅰ式和Ⅵ式，与发掘报告指

---

① 参见林沄《中国东北系铜剑初论》，《考古学报》1980年第2期。
② 参见朱凤瀚《论中国东北地区与朝鲜半岛出土的短茎曲刃青铜短剑》，载中国历史博物馆考古部编《中国历史博物馆考古部纪念文集》，科学出版社2000年版，第162—179页。
③ 参见吕军《中国东北系青铜短剑研究》，博士学位论文，吉林大学，2006年。
④ 参见林沄《中国东北系铜剑初论》，《考古学报》1980年第2期。
⑤ 参见内蒙古自治区文物考古研究所、宁城县辽中京博物馆编著《小黑石沟：夏家店上层文化遗址发掘报告》，科学出版社2009年版，第358、428页。

出墓地年代为公元前9世纪初叶至前7世纪中叶的判定基本一致。[①]铜镜流行年代即西周晚期至春秋初期。（详见附录2：多钮镜资料统计表）

上述统计的早期多钮镜共计10面。与其他镜类素面镜首先出现并流行不同，纹饰装饰较早地出现在多钮镜镜背，可以分为几何纹装饰的A型镜和动物纹装饰的B型镜。B型动物纹饰镜于西周晚期至春秋初期出现，时间要早于A型镜，且纹饰装饰与A型镜明显不同，动物种类及细部特征、表现方式等具有明显的北方文化因素。A型多钮镜于春秋晚期出现并流行，Ⅰ式、Ⅱ式和Ⅲ式镜几乎同时出现，并没有表现出明显的早晚差别，但纹饰位置表现出由镜面边缘到镜面边缘和镜背结合，再到布满镜背的重心转移过程，纹饰的层次感也在逐步加强，由简单的回纹发展为勾连"之"字纹，并加入细线填充，结构逐渐复杂化。镜钮也呈现由多钮到双钮，由镜背边缘到偏列中心的变化过程。

第三节　手柄镜

一、型式划分

我国学者通常将边缘带有或长或短柄的铜镜统称为有柄镜、带柄镜或具柄镜。然而，如前所述，长柄铜镜与短柄铜镜在使用方式、流行地域、流行时间以及装饰特征上存在明显差异。因此，有必要对二者进行明确区分。本书所指的手柄镜即长柄镜，西方学者称之为"hand mirror"或"handle mirror"。手柄镜起源于公元前3000年左右的古埃及，是西方文明用镜的主要形制，从古埃及、西亚出土的石雕、壁画上经常可以看到手持铜镜梳妆映照的形象。

霍巍把新疆、四川、云南出土的带柄铜镜分为三种类型，A型为素面一体铸造长条柄镜；B型为素面铆接柄镜，圆形镜面铆接手柄；C型为一体铸造短柄镜，

[①] 参见中国科学院考古研究所编著《考古学专刊　丁种第十号　上村岭虢国墓地》，科学出版社1959年版，第49页。

镜面与镜柄富于变化①，其中 A 型和 B 型镜即本书所述之手柄镜。吕红亮以柄部特征作为分类依据，将中国境内出土的有柄镜分为钮柄镜、长柄镜、动物造型柄镜、复合型柄镜四类②，可以归为手柄镜的是长柄镜。仝涛从纹饰特征分析了藏式带柄铜镜与滇文化青铜器的关系。③其文中提到的藏式带柄铜镜有容格收藏的铜镜、法国私人收藏的铜镜，这两面铜镜下面应该连接有其他材质的镜柄，像曲贡铜镜一样是手持使用的，可以归为手柄镜。张文立提出了钮柄镜的概念，将目前发现的有柄铜镜分为钮柄镜、有柄镜两大类，其中的有柄镜即为手柄镜。④

手柄镜的镜面多呈圆形或近圆形，大多可两面映照，手柄材质多样，在长期的发展过程中形成了镜面和手柄的多种组合方式，如插接组合式、一体铸造式、铆接组合式等。插接和铆接组合的手柄材质多样，常见铜、木、骨等，形状丰富，多为纺锤形、圆柱状等立体形态，因与镜面连接不够牢固，常遗失不见，往往只剩下带有短柄的镜面。手柄镜在古埃及、近东地区、西亚、中亚等地广泛流行，出土数量多，种类丰富，装饰特色也十分鲜明，我国境内发现的早期手柄镜尽管数量不多，但与境外周边区域出土的形制基本一致。

A 型　插接式手柄镜

圆形或近圆形的镜面边缘带有小短柄，镜面通过小短柄插接在手柄中。

A 型 I 式　近圆形的镜面边缘连铸有针锥状小短柄，插接在其他材质的手柄中使用，可能有动植物胶粘接加固。目前仅天山北路墓地出土 1 面（图 3-3-1，1）。

A 型 II 式　近圆形的镜面边缘连铸有方形小短柄，上有预留的一小而圆的铆钉孔，插接在其他材质手柄后用铆钉加固。见塔什库尔干吉尔赞喀勒墓地镜 M11∶11 及 M14 出土镜（图 3-3-1，2）。

---

① 参见霍巍《再论西藏带柄铜镜的有关问题》，《考古》1997 年第 11 期。
② 参见吕红亮《西藏带柄铜镜补论》，载四川大学中国藏学研究所编《藏学学刊》第 5 辑，四川大学出版社 2009 年版，第 33—45 页。
③ 参见仝涛《三枚藏式带柄铜镜的装饰风格来源问题》，载四川大学中国藏学研究所编《藏学学刊》第 6 辑，四川大学出版社 2010 年版，第 137—148 页。
④ 参见张文立《平山三汲出土铜镜初识——兼谈北方系钮柄镜》，载教育部人文社会科学重点研究基地吉林大学边疆考古研究中心编《边疆考古研究》第 1 辑，科学出版社 2002 年版，第 55—62 页。

第三章　中国早期铜镜的类型划分及年代分析 | 153

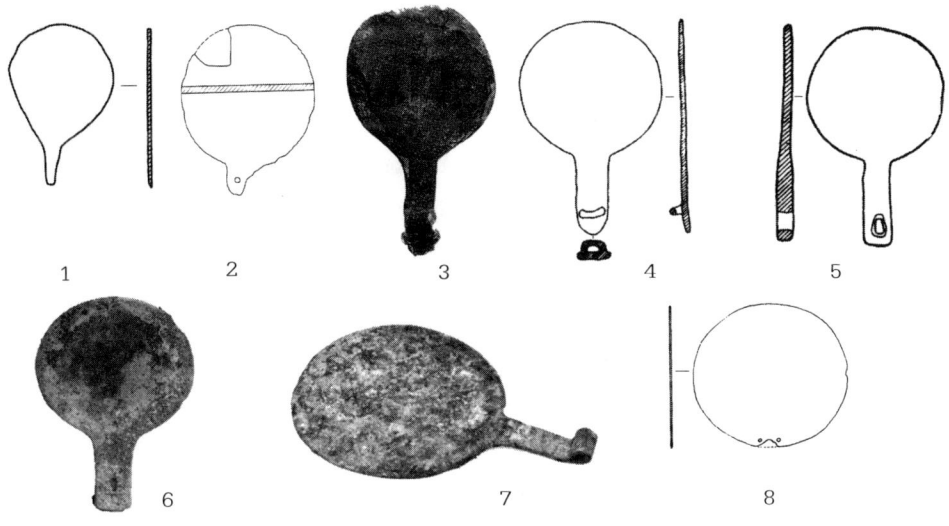

图3-3-1　手柄镜型式划分

A型Ⅰ式：1　A型Ⅱ式：2　B型：3-7　C型：8

1. 天山北路 M036：1　2. 吉尔赞喀勒 M11：11　3. 五堡墓地出土　4. 东麦里 M27：1
5、6. 轮台群巴克ⅠM34B：1、ⅡM4：12　7. 吉仁台沟口 M49：1　8. 苏贝希 M17：8

B型　一体铸造式手柄镜

镜面与长条状手柄一体铸造成型，整体呈扁平的片状。手柄末端往往有穿孔，可前后穿系，或横铸的镜钮，可上下穿系。属于此类型的有五堡墓地镜、东麦里墓地 M27：1（图3-3-1，3、4），这两面镜的手柄末端有横铸的桥形镜钮。群巴克墓地出土镜ⅠM34B：1和ⅡM4：12的手柄末端有穿孔（图3-3-1，5、6）。尼勒克县吉仁台沟口出土镜 M49：1，手柄末端向上向后翻卷，形成銎状穿孔（图3-3-1，7）。

C型　铆接式手柄镜

镜面呈圆形，素面无装饰，边缘有两个小孔或三个圆形的铆接孔，手柄贴合或咬合镜面后，用铆钉固定。如苏贝希三号墓地镜，手柄已经遗失，仅剩下圆形、边缘有三个铆钉孔的镜面（图3-3-1，8）。

二、年代分析

天山北路墓地与 A 型 I 式镜

铜镜出土于 M 036，与单耳陶杯、筒形陶罐、石化妆棒、铜锥及大量串珠一起出土。出土时手柄已经遗失，无法推测其材质及形状。该墓时代较早，属于第一阶段墓地，即公元前 2000—前 1700 年，是目前发现的年代最早的手柄镜。

吉尔赞喀勒墓地与 A 型 II 式镜

吉尔赞喀勒墓地提取的十五块人骨、炭屑、木材、织物标本经碳十四测年和数轮校正，结果显示墓地距今 2400—2600 年。墓地出土器物与周边墓地出土同类型器物十分相似，如陶罐 M 11∶1，侈口、束颈、球腹、圜底，与香宝宝墓地 M 10∶3 相似，类似的陶罐在下坂墓地也有出土，器物年代与测年结果基本一致，为青铜时代晚期到早期铁器时代，相当于中原地区的春秋晚期至战国初期。

五堡墓地与 B 型镜

已发表资料显示，五堡墓地墓葬为椭圆形竖穴土坑墓，有土坯二层台，台上盖胡杨木原木。墓地随葬品见陶器、木器、铜器、骨器，以及毛、麻、皮制品等，未见铁器。五堡墓地的墓地布局、形制、陶器与焉不拉克早期墓地十分接近，后者墓地出土的彩陶双耳罐，彩陶豆、杯不见于五堡墓地，显示两者的不同。[1] 五堡墓地采集的木材样品经国家文物局文物保护科学技术研究所 C 14 实验室测量，数据为公元前 3200 年前后[2]，中国科学院考古研究所测量的 18 个木头样本显示，数据为公元前 1685—前 838 年，北京大学检测的尸床样本数据为公元前 1620 年和公元前 950 年。[3] 还有学者指出五堡墓地的主体年代在公元前 1300—前 1000 年，接近焉不拉克文化早期墓地年代，大约相当于中原地区的晚商时期。[4]

群巴克墓地与 B 型镜

铜镜出土于群巴克墓一号墓地和二号墓地，这两个墓地属于察吾呼文化群

---

[1] 参见吕恩国、常喜恩、王炳华《新疆青铜时代考古文化浅论》，载宿白主编《苏秉琦与当代中国考古学》，科学出版社 2001 年版，第 172—193 页。
[2] 参见新疆文物考古研究所《新疆哈密五堡墓地 151、152 号墓葬》，《新疆文物》1992 年第 3 期。
[3] 参见中国社会科学院考古研究所编《中国考古学中碳十四年代数据集（1965—1991）》，文物出版社 1992 年版，第 318 页。
[4] 参见邵会秋《新疆史前时期文化格局的演进及其与周邻文化的关系》，科学出版社 2018 年版，第 107—113 页。

巴克类型。关于群巴克墓地和群巴克类型的年代，学术界意见不一。韩建业根据陶器资料将群巴克墓地划分为早晚两期，指出第一期彩陶数量较多，铜器有戈、马衔、弓形饰，还有骨制三孔马镳和骨簪，以一号墓地 M3 和二号墓地 M7 为代表；第二期彩陶没落，铜器有扣形器、镞、镜及其他装饰品，铁器数量较多，以一号墓地 M18 和二号墓地 M4 为代表。[1] 邵会秋认为群巴克墓葬的碳十四测年数据经数轮校正集中在公元前 800—前 400 年，公元前 600 年是早晚两期的年代界限。[2] 陈戈认为群巴克类型的年代为公元前 1000—前 600 年。[3] 出土手柄镜的 M34 属于群巴克晚期的墓葬，推测年代可能相当于中原地区的春秋中晚期，下限可能至战国初期。

吉仁台沟口墓地与 B 型镜

发掘者根据地层叠压打破关系、房屋形态和陶器特征，结合碳十四测年数据，将吉仁台沟口遗址青铜时代晚期遗存分为三个时期，第一、二期年代分别在公元前 1600—前 1400 年、公元前 1400—前 1200 年，主要遗存为房址。墓葬发现不多，均为第三期，年代为公元前 1200—前 1000 年。[4] 手柄镜出土于墓葬 M49，属于第三期遗存。经北京大学加速器质谱实验室测定 M49 采集样品显示，M49 测年数据为距今 2935±20 年、2950±25 年，校正后的年代距今 3200—3100 年。[5] 因此，M49 手柄镜年代大约相当于中原地区的商末周初。

苏贝希三号墓地与 C 型镜

苏贝希遗址和墓地是苏贝希文化的命名地。墓地出土有彩陶带流杯、花边口沿陶釜、铁刀、弓箭、马鞍鞴、毛大衣等，在盆地内的三个桥、艾丁湖、洋海墓地等均有类似发现。苏贝希遗址有四个碳十四测年数据，F1 距今 2310±85 年，M15 上层盖木的测年数据为 2280±80、下层尸床测年数据为 2380±85，Ⅰ号

---

[1] 参见韩建业《新疆青铜时代——早期铁器时代文化的分期和谱系》，《新疆文物》2005 年第 3 期。
[2] 参见邵会秋《新疆史前时期文化格局的演进及其与周邻文化的关系》，科学出版社 2018 年版，第 194 页。
[3] 参见陈戈《察吾呼沟口文化的类型划分和分期问题》，《考古与文物》2001 年第 5 期。
[4] 参见王永强、袁晓、阮秋荣《新疆尼勒克县吉仁台沟口遗址 2015—2018 年考古收获及初步认识》，《西域研究》2019 年第 1 期。
[5] 参见王永强、袁晓、阮秋荣《新疆尼勒克县吉仁台沟口遗址 2015—2018 年考古收获及初步认识》，《西域研究》2019 年第 1 期。

墓地尸床支脚测年数据为 2395±80。① 因此，墓地年代约在公元前 5 世纪至前 3 世纪，早期到春秋末期，晚期到战国时期。

此外，尼勒克县东麦里墓地出土的 B 型镜与墓地年代相当，大约为公元前 800 年至前 400 年，相当于中原地区的春秋时期，下限至战国早期。②（详见附表 3：手柄镜资料统计表）

手柄镜的类型划分主要依据镜面与手柄的组合连接方式，可以分为 A 型插接式、B 型一体铸造式、C 型铆接式三型，其中，插接式镜依是否有铆钉加固又可以分为两式。手柄镜出现时间较早，尽管类型较为丰富，但没有大规模地、持续地流行，以零星发现为主，总体发现数量不多。具体来说，A 型 I 式镜是出现时间最早的镜类，大约在公元前 2000—前 1700 年已经与单钮镜一起出现在天山北路墓地，B 型手柄镜于晚商时期出现，流行至春秋时期，出土数量最多、流行时间最长。春秋晚期，A 型 II 式手柄镜和 C 型手柄镜出现，但数量较少。新疆地区是手柄镜的主要分布区域，这与新疆作为欧亚大陆中西方文化交流的枢纽是分不开的。

第四节 钮柄镜

一、型式划分

我国学者张文立提出了钮柄镜的概念，将一次性成器、圆形镜面边缘连接钮突或短柄、镜背或素面或带有纹饰的小型铜镜称为钮柄镜。③ 俄罗斯学者则将之称为奖章型镜。公元前 5 世纪至前 2 世纪，钮柄镜在俄罗斯的外贝加尔、蒙古、哈萨克斯坦、中国鄂尔多斯地区十分流行，最有特色的是镜背刻画或铸造动物形

---

① 参见新疆文物考古研究所、吐鲁番地区博物馆《新疆鄯善县苏贝希遗址及墓地》，《考古》2002 年第 6 期。
② 参见新疆文物考古研究所《尼勒克县一级电站墓地考古发掘简报》，《新疆文物》2012 年第 2 期。
③ 参见张文立《平山三汲出土铜镜初识——兼谈北方系钮柄镜》，载教育部人文社会科学重点研究基地吉林大学边疆考古研究中心编《边疆考古研究》第 1 辑，科学出版社 2002 年版，第 55—62 页。

象，短柄呈站立动物状或为动物头像。① 与体型较大且有长柄的手柄镜相比，钮柄镜形体较小，直径仅5厘米左右，短柄接近或不及镜面半径，或仅仅是镜面边缘的一点凸起，因此也被研究者称为短柄镜。如霍巍划分的三种类型中的C型一体铸造短柄镜。② 郭富在研究四川地区出土早期带柄镜时划分的A型镜，包括有穿孔短柄的Aa型和动物造型柄的Ab型镜。③

属于早期钮柄镜的资料不多，根据纹饰特征及形制特点可以分为A型素面钮柄镜和B型动物纹镜。

A型　素面钮柄镜

圆形镜面边缘连铸有短柄，短柄末端有穿孔或横置的镜钮，镜体较小，素面，无装饰。

A型Ⅰ式镜　短柄长度接近于镜面直径，形制与一体铸造的手柄镜十分相似，只是镜体较小。仅平山三汲墓地出土1面（图3-4-1，1）。

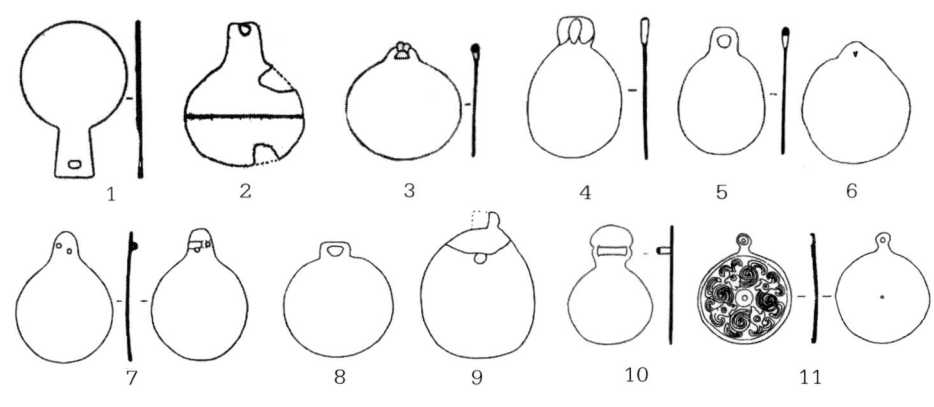

图3-4-1　钮柄镜型式划分

A型Ⅰ式：1　A型Ⅱ式：2-10　B型：11

1.平山三汲 M8004：12　2.察吾呼二号墓地 M6出土　3.察吾呼沟西标本55　4-7.西岗 M79：9、采：01、M54：6、采：02　8、9.柴湾岗 M23：7、M50：4　10.忻州窑子 M23出土　11.炉霍县呷拉宗 M2：12

---

① Куварев В.Д., Древние зеркала алтая, Археология, этнография и антропология Евразии, №11, 2002.
② 参见霍巍《再论西藏带柄铜镜的有关问题》，《考古》1997年第11期。
③ 参见郭富《四川地区早期带柄铜镜的初步研究》，《四川文物》2013年第6期。

A 型 II 式镜　镜面边缘有较小的凸起，或有短柄，长度接近或不及镜面半径。属于此类的有察吾呼沟二号墓地 M6 出土镜及沟西标本 55（图 3-4-1，2、3）①，永昌西岗墓地镜 M140∶14、M224∶6、M54∶6、M79∶9、M83∶2 及采集镜采∶01、采∶02（图 3-4-1，4~7），柴湾岗墓地镜 M23∶7、M27∶3、M50∶4（图 3-4-1，8、9），忻州窑子 M1 与 M23 出土镜（图 3-4-1，10）。

B 型　动物纹钮柄镜

圆形镜面边缘连铸有短柄，短柄末端有穿孔，镜背有动物纹装饰。仅见四川炉霍县呷拉宗出土 1 面（图 3-4-1，11）。

二、年代分析

平山三汲墓地与 A 型 I 式镜

铜镜与铜鼎、铜戈、铜凿、铜削等出土于 M8004（图 3-4-2）。② 铜鼎 M8004∶15，折沿，平唇，方形立耳外侈，深弧腹，圜底，三蹄足。鼎腹部饰云雷纹带一周，上下各有一周弦纹。相似的铜鼎见于安徽铜陵钟鸣出土鼎③，浅腹、三足内聚是春秋中期铜鼎的特点④，铜鼎 M8004∶15 与洛阳中州路 M2415 出土铜鼎相似⑤，后者年代为春秋中期。此外，M8004 出土的铜戈 M8004∶10，援部微微上翘，内上有一横穿，栏侧有三穿，援胡有刃，也具有春秋时期戈的特点。发掘报告指出，M8004 为春秋中晚期的中山鲜虞族墓葬，但从出土器物看，墓葬年代可定为春秋中期，亦为铜镜年代。

---

① 参见新疆文物考古研究所、和静县文化馆《和静县察吾呼沟西一座被破坏墓葬的清理》，《新疆文物》1994 年第 1 期。
② 参见河北省文物研究所《战国中山国灵寿城——1975—1993 年考古发掘报告》，文物出版社 2005 年版，第 263 页。
③ 参见陈衍麟《安徽繁昌征集的青铜器》，《东南文化》1988 年第 6 期。
④ 参见郎剑锋《吴越地区出土商周青铜器研究》，博士学位论文，山东大学，2012 年。
⑤ 参见滕铭予《中山灵寿城东周时期墓葬研究》，载教育部人文社会科学重点研究基地吉林大学边疆考古研究中心、边疆考古与中国文化认同协同创新中心编《边疆考古研究》第 19 辑，科学出版社 2016 年版，第 181—206 页。

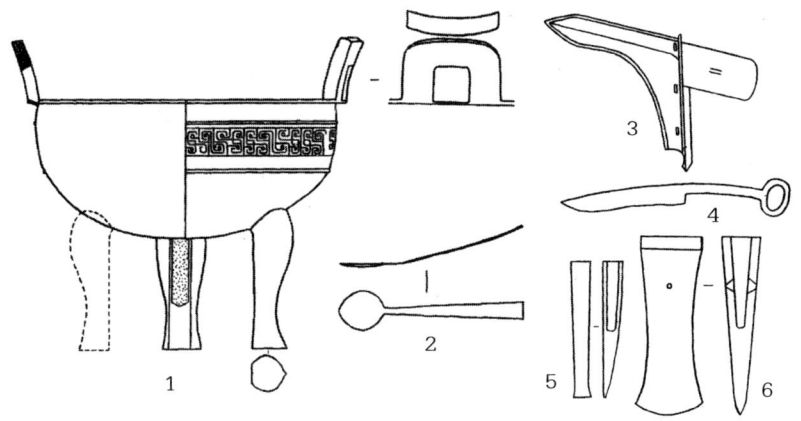

图3-4-2　平山三汲灵寿故城 M8004 部分出土器物

1. 铜鼎 M8004：15　2. 铜勺 M8004：17　3. 铜戈 M8004：10
4. 铜削 M8004：9　5. 铜凿 M8004：3　6. 铜锛 M8004：8

察吾呼墓地二号墓地、沟西墓地与 A 型 Ⅱ 式镜

如前所述，察吾呼二号墓地年代为公元前6世纪—前4世纪。① 关于沟西墓地年代，邵会秋认为墓地不见彩陶，垂腹带流罐与单耳壶共存，这种组合方式与察吾呼二号墓石堆石围墓相似。② 因此，两者年代一致，大约相当于中原地区的春秋中晚期至战国早期。

永昌西岗墓地、柴湾岗墓地与 A 型 Ⅱ 式镜

西岗墓地和柴湾岗墓地属于沙井文化。发掘者认为墓地年代早期在公元前1000年左右，经碳十四测年数据显示，晚期年代大约为公元前900（前789）—前789（前409）年。③ 但关于沙井文化的年代和分期，学术界有不同观点。有研究者认为永昌三角城遗址与蛤蟆墩墓葬出土的陶片具有中原时期战国纹饰特征，是来自中原的输入品，且出土有典型的鄂尔多斯式青铜器，与地域相邻、时代相同的内蒙古凉城县毛庆沟和崞县窑子墓葬器物时代相当，指出沙井文化的整个年

---

① 参见新疆文物考古研究所编著《新疆察吾呼——大型氏族墓地发掘报告》，东方出版社1999年版，第12—298页。

② 参见邵会秋《新疆史前时期文化格局的演进及其与周邻文化的关系》，科学出版社2018年版，第177页。

③ 参见李水城《沙井文化研究》，载袁行霈主编《国学研究》第二卷，北京大学出版社1994年版，第493—524页。

代为西周晚期至战国时期。① 水涛认为，沙井文化可以分为二期四段，蛤蟆墩墓地、三角城遗址和柴湾岗墓地属于二期三、四段，年代当在西周晚期或春秋早期之间至春秋晚期或战国时期。② 李水城将沙井文化分为早、晚两期，早期以民勤沙井子为代表，流行竖穴土坑墓，晚期以三角城为代表，流行竖穴偏洞墓，上限在西周早期，下限到春秋晚期。③ 任瑞波将沙井文化归为早、晚两期，早期以安特生调查和试掘的沙井南墓地为代表，晚期以西岗墓地、柴湾岗墓地、蛤蟆墩墓地和三角城遗址为代表，偏洞室墓占很大比例，一些墓地流行随葬羊头的习俗，早期年代应该在公元前1500—前900年，晚期为公元前900—前400年。④ 洪猛也将沙井文化分为早晚两期，早期以西岗、柴湾岗部分墓葬为代表，晚期以西岗、柴湾岗部分墓地墓葬和蛤蟆墩墓地为代表，并指出早期在西周晚期至春秋中期，晚期年代为春秋中期前后至战国早期，少数晚期遗存年代可以晚至战国中期前后。⑤ 还有学者认为沙井文化可分为早晚两期，早期以民勤沙井子为代表，晚期以三角城为代表，因早晚两期文化面貌差异较大，三角城遗址可以作为沙井文化典型遗址。⑥

尽管学术界对沙井文化的年代尚未形成共识，但从研究成果看，学界大多倾向于西岗、柴湾岗和蛤蟆墩墓地文化特征较为接近，属于沙井文化晚期的遗存，但早期和晚期的分界还不清晰。本书暂定铜镜流行时间与沙井文化年代一致，为西周晚期至春秋晚期，也有可能晚至战国早期。

忻州窑子墓地与A型Ⅱ式镜

发掘者认为墓地年代为春秋晚期至战国初期。铜镜出土于M1和M23，两座墓葬中都出土有素面陶罐。这种陶罐为泥质灰褐陶，方唇，侈口，弧腹，凹底，领部有两个对称的穿孔。孙金松等在对岱海地区所发掘的毛庆沟、忻州窑子等七

---

① 参见甘肃省文物考古研究所《永昌三角城与蛤蟆墩沙井文化遗存》，《考古学报》1990年第2期。
② 参见水涛《甘青地区青铜时代的文化结构和经济形态研究》，载《中国西北地区青铜时代考古论集》，科学出版社2001年版，第257页。
③ 参见李水城《沙井文化研究》，载《东风西渐：中国西北史前文化之进程》，文物出版社2009年版，第146—148页。
④ 参见任瑞波《西北地区彩陶文化研究》，博士学位论文，吉林大学，2016年。
⑤ 参见洪猛《双湾墓葬及沙井文化相关问题研究》，硕士学位论文，吉林大学，2008年。
⑥ 参见李维明《三角城遗址文化内涵与社会现象管窥》，《考古与文物》2015年第5期。

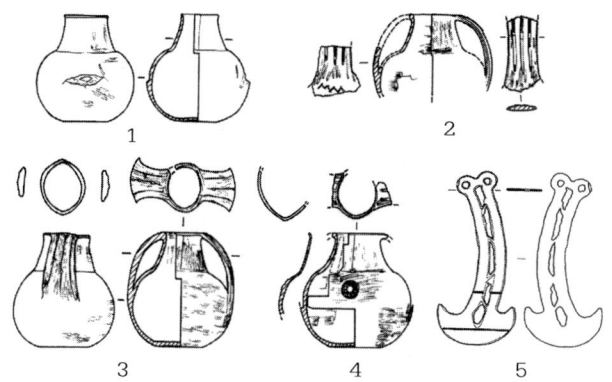

图3-4-3　炉霍呷拉宗M2出土器物

1-4.陶罐（M2:14、M2:13、M2:22、M2:1）　5.铜钺形器（M2:3）

处墓地陶器、铜器、铁器等进行类型学分析的基础上，将岱海地区墓葬分为三期六段，指出这种素面罐出现在第二期，即战国早期至中期①，因此，出土铜镜的墓葬年代下限可能会晚到战国中期。

炉霍呷拉宗墓地与B型镜

铜镜与双耳陶罐、铜钺等出土于M2（图3-4-3）。双耳陶罐均为夹细砂磨光黑陶，球形高领，流肩，球形腹，平底。双大耳从口部连接到腹的最大径处，耳上往往饰有三道凸棱，戳印有圆圈纹、连珠纹等。这种球形腹的双耳陶罐在雅砻江流域较为流行。发掘者认为这种双耳罐十分接近炉霍卡莎湖墓地采集的双耳罐。结合碳十四测年的结果来看，M2年代当在春秋晚期至战国早期。② 郭富对比了墓葬及周边墓地出土的双耳陶罐、双面弧刃石斧，M2的年代定在春秋晚期至战国早期是可信的，或许可能还略早。③

上述分析中依据纹饰特征将钮柄镜分为A型素面镜和B型动物纹镜两种类型。A型镜大约在春秋中期出现，B型镜在春秋晚期出现，数量很少。需要注意的是，A型Ⅰ式镜形制十分接近一体铸造式手柄镜，显示其与手柄镜可能有一定关系，但钮柄镜的短柄及其上的穿孔或镜钮显示，人们更加注重钮柄镜的悬挂功

---

① 参见孙金松、党郁《岱海地区东周墓地分期研究》，《草原文物》2014年第2期。
② 参见四川省文物考古研究院等《四川炉霍县呷拉宗遗址发掘简报》，《四川文物》2012年第3期。
③ 参见郭富《四川地区早期带柄铜镜的初步研究》，《四川文物》2013年第6期。

能。此外，B型铜镜的装饰风格也有异于当地器物，蜷曲动物纹饰的来源，应当关注北方地区或欧亚草原东部地区。

第五节　圆饼镜

在早期铜镜研究中，圆饼镜一直是被忽视的存在。这类铜镜缺乏常见的镜钮、手柄或短柄设计，其形制既非典型的具钮镜，亦非具柄镜，且出土数量较少，导致研究者和发掘人员对其认识不明确。一些研究者注意到了这类铜镜，将其纳入铜镜研究中，也有一些学者对于其是否作为铜镜使用还有争议。在考古发掘中，这类铜镜常被归入铜片、镜形饰一类。陕西凤翔南指挥西村出土镜79M46：2与梳妆用具一起出土时置于一长方形漆器内，显然是作为铜镜使用的。

如前所述，中亚铜石并用时代的吉克修尔Ⅰ号墓地出土有圆饼形镜，在欧亚草原青铜时代晚期和早期铁器时代游牧民族墓葬中也有出土，发掘简报称之为铜镜。从其出土位置、共存器物、保存方式看，这种圆饼的铜片亦是铜镜的一种，只是形制较为简单，始终不是用镜的主流。

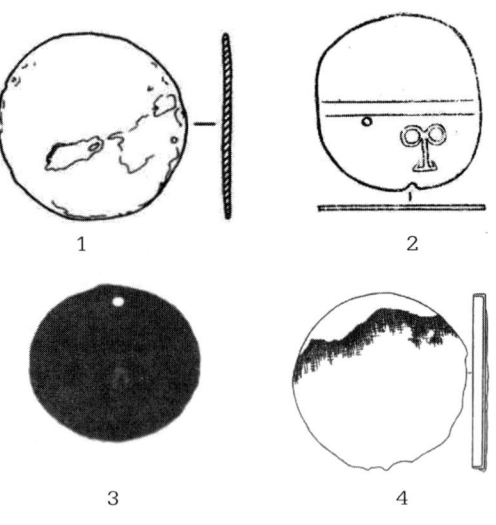

图3-5-1　圆饼镜
1. 萨恩萨伊 M37：2　2. 凤翔南指挥西村79M46：2
3. 鲁台山 M31出土　4. 小黑石沟98NDXAⅢ M5：12

一、型式划分

目前，我国出土的圆饼镜共7面。察吾呼二号墓地M218：13、萨恩萨伊墓地M37：2（图3-5-1，1）、塔什库尔干吉尔赞喀勒墓地出土镜M16：6和

M32：10，均为圆形，素面无装饰。凤翔南指挥西村出土镜79M46：2，镜背装饰一宽0.5厘米的凸棱及类似文字的符号（图3-5-1，2）。小黑石沟出土镜，镜缘反折，镜面残存有丝织物痕迹（图3-5-1，4）。鲁台山M31镜的边缘有一圆形穿孔，可悬挂携带（图3-5-1，3）。圆饼镜发现数量不多，虽然有折沿、符号等细微的差别，但未发现明显的相互关系及发展序列，暂不进行型式划分。（详见附录4：钮柄镜资料统计表）

二、年代分析

陕西凤翔南指挥西村墓地出土的圆饼镜是目前发现较早的，发掘者根据墓葬内共存的青铜礼器和陶器判定此墓年代为"先周"时期，宋新潮通过共存青铜器形制及装饰特征，认为其年代应当在商周之际。[①] 湖北黄陂鲁台山M31属于5座西周时期的墓葬之一，墓地随葬品以青铜器为主，见鼎、甗、簋、爵、觚、尊、卣等。鼎多立耳，圆柱足，未见晚期盛行的附耳首足鼎。簋多见双耳无盖簋，未见西周晚期流行的加盖或圆座下附小兽足者。爵上的饕餮纹仅为面部，或在素地上饰弦纹，为西周早期特征。因此，墓葬为西周早期。发掘者指出这5座墓葬也有早晚之分，出土铜镜的M31稍晚，可能在昭王或穆王时期。[②] 宁城小黑石沟遗址经历了由早到晚的两个阶段，早期主要遗迹单位是灰坑、房址，晚期主要遗迹单位是墓葬，98NDXAⅢM5是晚期墓葬的典型代表之一。[③] 也有学者质疑这一分期，将遗址分为三期，亦将98NDXAⅢM5划分为晚期墓地。[④] 墓葬出土的铜鼎98NDXAⅢM5：11，直口，矮沿，口及肩部饰有对称的桥形耳，鼓腹，平底，三足呈锥状，素面无装饰，与宁城南山根出土的三足鼎形制相似。因此，该墓的年代应为西周晚期至春秋早期。吉尔赞喀勒墓地年代如前所述，相当于中原地区

[①] 参见宋新潮《中国早期铜镜及其相关问题》，《考古学报》1997年第2期。
[②] 参见黄陂县文化馆、孝感地区博物馆、湖北省博物馆《湖北黄陂鲁台山两周遗址与墓葬》，《江汉考古》1982年第2期。
[③] 参见内蒙古自治区文物考古研究所、宁城县辽中京博物馆编著《小黑石沟：夏家店上层文化遗址发掘报告》，科学出版社2009年版，第358、428页。
[④] 参见陈海霖《小黑石沟遗址相关问题研究》，载中国人民大学北方民族考古研究所、中国人民大学历史学院考古文博系编《北方民族考古》第1辑，科学出版社2014年版，第33—58页。

的春秋晚期至战国初期。

  圆饼镜大约在商周之际出现，春秋晚期至战国还有发现，但一直没有成为用镜的主流，只是零星地偶有发现。小黑沟出土铜镜上残留有织物痕迹，表明此类镜与具钮镜、具柄镜一样，可能有镜衣之类的保护。圆饼镜在使用过程中与钮柄镜似乎发生了一定的关联，如在鲁台山镜的边缘有一小穿孔，显示其可以悬挂使用和携带，反映了不同镜类之间的相互影响和借鉴。

第四章 欧亚文化交流背景下中国早期铜镜

在早期铜镜出土状态还原、类型学分析和年代讨论的基础上，本章拟结合不同类型铜镜的纹饰特征、分布地域、共存器物和相互关系等材料，对早期铜镜展开分期和分区研究，并探讨不同时期区域内与区域外、境内与境外之间的文化交流，梳理中国早期铜镜的发展轨迹及其与欧亚文化之间的关系，并勾勒出其演变历程的宏观框架。

第一节 早期铜镜的分期

如前所述，与铜镜共存的陶器、铜器以及碳十四测年数据、学者的研究成果等为判断不同类型铜镜的流行年代提供了参考，根据不同类型铜镜纹饰、镜钮、镜缘等变化及共存器物特点，可以将早期铜镜的发展分为四个不同的阶段，这四个阶段不仅展示了早期铜镜的演进轨迹，也构成了其逐步走向成熟与完善的发展序列（表4-1-1）。

一、第一期：公元前2000—前1400年

这一时期是早期铜镜的肇始期，手柄镜和单钮镜同时出现，但出土数量较少，分布范围小。新疆地区和河西走廊东部是铜镜分布的主要区域，属于这一阶段的有天山北路第一期和第二期墓地、吉仁台沟口遗址和齐家文化墓地，在吉仁台沟口遗址和西城驿遗址还出土有单钮镜的陶质和石质镜范。手柄镜见镜面边缘有短柄、需插接在其他材质手柄中使用的 A 型镜，单钮镜见素面无纹饰的 Aa 亚

表 4-1-1　早期铜镜分期表

期别\类型	单钮镜 素面		单钮镜 几何纹					单钮镜 动物纹			多钮镜 几何纹	多钮镜 动物纹	手柄镜 插接式	手柄镜 一体式	手柄镜 铆接式	钮柄镜 素面	钮柄镜 动物纹	圆饼镜
	Aa	Ab	Ba	Bb	Bc	Bd	Be	Ca	Cb	Cc	A	B	A	B	C	A	B	
一期																		
二期																		
三期																		
四期																		

型Ⅰ式镜，这两种镜类是目前发现最早的，稍晚一些，单钮镜中出现了连续三角纹装饰的 Bb 亚型镜、同心圆多圈环带纹装饰的 Bc 亚型Ⅰ式镜及人面太阳纹或羊角纹装饰的 Be 亚型镜（图 4-1-1，1~4）。属于本期的墓地详见附录。

　　与铜镜共存的器物常见铜器、石器、陶器。青铜器主要是用于身体或衣物装饰的小件饰品。身体饰物多见耳环和手镯，圆柱状铜条弯曲成较大的环状，接口相错，即为手镯，弯曲成较小的圆形或椭圆形，末端压扁，接口相对，即为耳环（图 4-1-1，5、6）。衣物饰品以泡和牌最为常见，出土数量也最多（图 4-1-1，7~11）。铜泡常见直径 4—6 厘米的圆形铜泡，泡面呈半圆形或斗笠形鼓起，素面居多，也见少量边缘有一周压点纹装饰的铜泡，一些泡的边缘分别有两个相对的小圆孔，应当是缝缀在服饰上的装饰，还有一种连珠状的泡形饰，有两个或三个泡连接而成，很有特色。圆形的铜牌类似小型的单钮铜镜，直径多在 3—5 厘米，还有一种方形牌饰，数量不多，上部铸造有用以悬挂的钮孔，呈弧状凸起。生活用具见铜斧和铜刀，但数量很少。天山北路墓地 M325 出土双耳铜斧，圆銎呈锥状，有弧形刃（图 4-1-1，14）。[①] 齐家坪房址内出土一件带銎的双耳铜斧 AT14F1：6，这件铜斧为长方形，竖銎内残存木屑，銎口有箍，口下饰折线

[①] 参见新疆维吾尔自治区文物考古研究所等编著《新疆哈密天山北路墓地》，科学出版社 2024 年版，第 551 页。

第四章　欧亚文化交流背景下中国早期铜镜 | 167

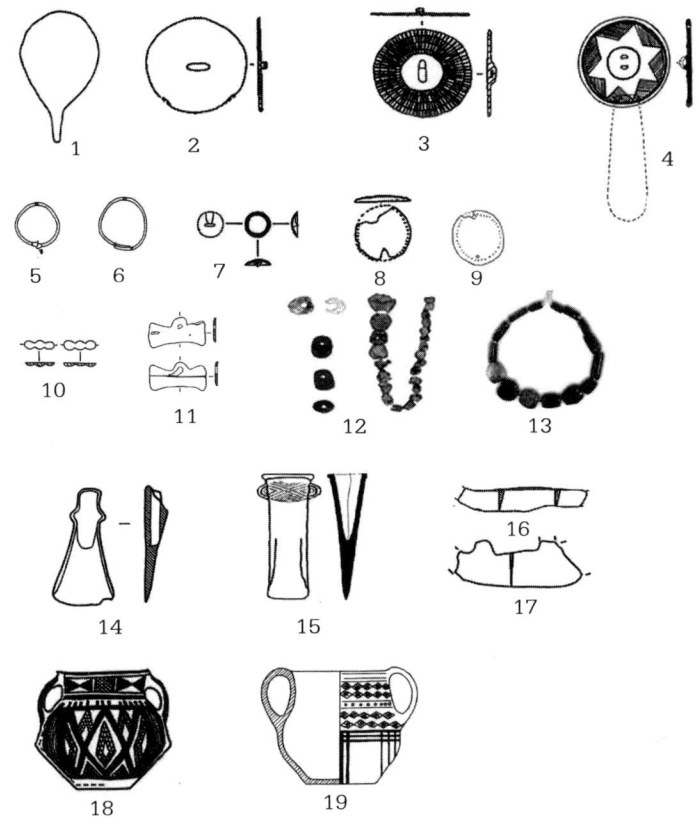

图4-1-1　第一期铜镜及共存器物

1-4.铜镜　5.铜耳环　6.铜手镯　7-10.铜泡　11.铜牌　12、13.串饰　14、15.铜斧　16、17.铜刀　18、19.彩陶罐（1-3、5-8、10-12、14、16-18.天山北路　4、9、15、19.尕马台　13.齐家坪）

三角纹，旁边有对称的环形双耳，直刃，中锋（图4-1-1，15）。① 铜刀为一体铸造，部分有骨质或木质复合柄的刀，刀或窄卷刃，或有双脊，稍晚一些出现了弧形背宽刃刀、窄卷刃刀和窄刃弧背刀。墓地中出土数量最多的是各种材质的珠子，见绿松石、滑石、玉髓、铜等材质，往往是组成串饰，作为手腕和颈部的装饰（图4-1-1，12、13），如天山北路墓地M036出土串珠150件，M400出土33件，M315出土26件，尕马台墓地出土的颈饰由583枚骨珠及16枚绿松石珠

---

① 参见甘肃省文物考古研究所、复旦大学文物与博物馆学系编《广河齐家坪》，文物出版社2023年版，第89页。

组成。陶器数量较少，一般一个墓葬仅随葬一件陶罐，多位于墓主人头部或脚下，常见素面或彩陶双耳罐，后者装饰三角纹饰、折线纹（图 4-1-1，18、19）。

手柄镜在第一期较早时期出现，显示早在公元前2000—前1700年，天山北路区域的人群便与欧亚草原人群开始了物质传播和交流。但作为外来珍品的手柄镜并没有在哈密地区广为流行，单钮镜一出现便是用镜主流。素面镜与几何纹镜几乎同时出现，没有呈现明显的早晚的差别，这可能意味着当时的人们或许在一定的时间段内，对素面和几何纹饰有着相似的需求和审美追求。圆形图案在镜背频繁出现，围绕镜钮有若干个大小不一的环带规律排列，形成一种层次分明、富有节奏感的视觉效果，这很可能与铜镜自身的圆形形状有着密切的关联。手柄镜与单钮镜同时出现还显示出相互影响。尕马台铜镜镜钮残损之后，在镜缘钻孔绑缚木质镜柄，应当不是无意之举，很可能是齐家文化的人群已经认识或了解到手柄镜的存在，否则可以采取直接钻孔悬挂这种更为简单便捷的方式。

天山北路第一、第二阶段墓地年代和齐家文化墓地年代如前所述，因此，第一期的年代大约为公元前2000—前1400年，相当于中原地区的龙山文化晚期至商代早期。

这一阶段是探究中国早期铜镜起源的重要时期，需要重点关注的内容有三点。一是新疆哈密地区和河西走廊东部是出土铜镜时间较早的地区。天山北路墓地考古资料显示，早在公元前2000年至前1700年，单钮镜已经在哈密地区出现并流行，这一时间早于齐家文化铜镜至少200年，13面的数量也远超齐家文化，改变之前普遍认为的"齐家文化铜镜是目前发现的中国最早的铜镜"这一研究中国铜镜源流的最根本和最关键的观点，新疆地区东部在早期铜镜发展过程中的作用需要重视。二是天山北路墓地手柄镜的出现，这面手柄遗失、仅存带有短柄的镜面的铜镜是目前我国境内发现的最早的手柄镜，而这类铜镜在公元前3000年至前2000年的美索不达米亚、伊朗北部地区十分流行。在天山北路墓地，手柄镜与单钮镜一起出现，且尕马台出土的那面单钮镜也曾被改制为手柄镜。手柄镜与单钮镜的这种共存共用关系需要重视。三是吉仁台沟口和西城驿遗址发掘出土的冶炼遗迹及遗物，尤其是两地出土的陶质单钮镜镜范和石质单钮镜镜范，说明在这一阶段伊犁河谷和河西走廊的人群已经掌握了铜器冶炼技术，分别采用陶范工艺和石范工艺铸造包括铜镜在内的小件青铜器。这两个区域与天山北路文化、齐家文化以及同时期更遥远的境外文化的联系需要重视。这三项关键内容详见后续讨论。

二、第二期：公元前1400—前1000年

铜镜分布范围呈现一种明显的自西向东、向南扩展的趋势，其覆盖范围基本触及中国北方地区并向南延伸至中原地区，但发现数量依然不多。新疆、河西走廊东部和陕晋地区西部、中原地区是铜镜分布的三个主要区域，北方地区也有零星发现。属于这一阶段的墓地有天山北路第三期和第四期墓地、吉仁台沟口墓地、崇信于家湾墓地、妇好墓等。A型手柄镜消失不见，出现镜面和手柄一体铸造成型的B型镜。单钮镜中，素面桥形钮的Aa亚型I式镜和几何纹装饰的Bc亚型I式镜继续流行，素面镜中新出现镜钮为橄榄形和覆斗形的Aa亚型II式镜，几何纹饰镜中新出现镜缘有散点状环形装饰的Ba亚型镜、多圈间无填充的Bc亚型II式镜、纹饰等分的Bd亚型镜及有太阳或羊角状装饰的Be亚型镜（图4-1-2，1~4）。相较前一阶段，这一时期与铜镜并存的青铜器数量显著增多，且种类多样化，新疆地区与第一期相似，与铜镜共存的为小件日用工具及装饰品（图4-1-2，5~9），其他区域常见北方系青铜器及中原式器物。属于本期的墓地详见附录。

单钮镜与手柄镜共存共用依然是新疆地区的特色，哈密盆地和伊犁河谷是铜镜流行的两个主要区域。单钮镜集中出土于天山北路墓地，主要为素面无装饰的Aa亚型I式镜、Ba亚型镜、Bc亚型I式镜、Bd亚型镜及Be亚型镜，类型丰富，数量达38件之多。手柄镜为B型镜，哈密盆地和伊犁河谷均有少量出土。与铜镜共存的铜器依然常见耳环、手镯、串饰等身体装饰品，以及铜泡、铜牌等衣物装饰品，铜泡和铜牌上有压点纹饰的较为多见，日用工具中铜刀数量显著增加，铜镜往往与铜刀一起出土，如南湾墓地铜镜与铜刀一起被放置在镜套内。五堡墓地出土有刀、铃、耳饰、锥等。吉仁台沟口与手柄镜同出土有刀、锥、针、耳环等。焉不拉克墓地出土铜刀与天山北路墓地的相似，一种柄、刃无明显分界，平背；一种柄、刃分界明显，弧背，斜刃，柄部边缘起廓；还有一种呈窄条状。

河西走廊东部地区和陕晋地区西部与铜镜共存的器物多为周文化遗物。陶

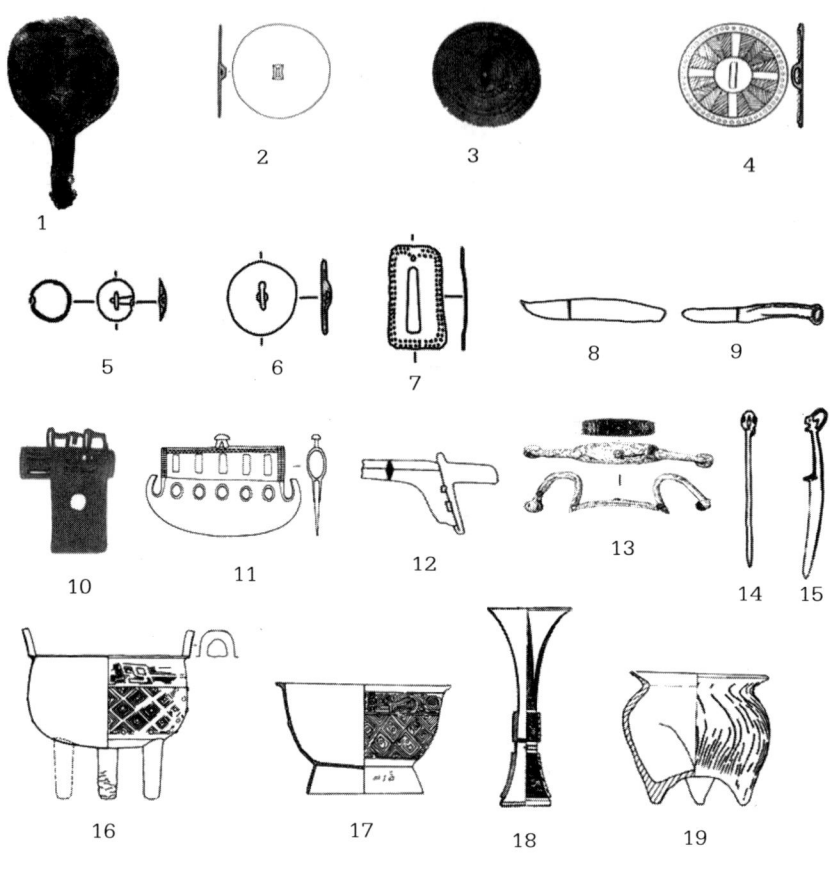

图 4-1-2　第二期铜镜及共存器物

1—4.镜　5.泡　6、7.牌　8、9.刀　10.双马铜钺　11.五孔铜钺　12.戈
13.弓形器　14.铃首笄　15.兽首刀　16.鼎　17.簋　18.觚　19.陶鬲
（1.五堡　2、11、12、16、17、19.于家湾　3.甘肃平凉　4、14、15.妇好墓
5—9.天山北路　10.青海湟中　13.后迁义　18.大司空）（未注明材质者，均为铜质）

器多见鬲和罐，鬲见分裆鬲、连裆鬲（图4-1-2，19），罐多见折肩罐和圆肩罐，青铜器多见鼎、簋组合。鼎往往装饰饕餮纹、涡纹、蝉纹、乳钉纹等，鼎上纹饰带一般位于口沿下，由云雷纹、夔纹、涡纹、饕餮纹等组成（图4-1-2，16）。簋多见乳钉纹簋和斜方格乳钉纹簋，口沿下有两个突出的兽首，腹部以雷纹为底，上饰夔纹、乳钉纹。如宝鸡市郊区墓地、凤翔彪角公社墓葬、于家湾周墓、宝鸡旭光墓地等均有鼎或者簋出土（图4-1-2，17）。铜镜常与戈、戟、矛等兵

器放置一处是关中平原中西部地区的特色。黄家河墓地、下魏洛墓地、于家湾周墓均有类似的情况（图4-1-2，12）。这些墓地大部分位于周原南部，以中小型墓葬为主，墓葬极少随葬酒器，随葬品以鼎、簋等青铜礼器中的食器为主，出土戈、戟、钺等兵器的数量较多，相对于周原地区同等规格的墓葬，出土兵器墓葬的数量也较多，由此推测，铜镜的使用者可能是拱卫京畿的士兵。

中原地区铜镜出土于商晚期墓葬中，不仅有妇好墓这样高等级的墓葬，还有大司空M25这样的中小型墓葬。商文化铜镜纹饰一部分与天山北路墓地出土镜相似，以多圈同心圆间填短线为主，另一部分铜镜，以四等分式纹饰布局，未见素面镜，铜镜在殷墟的出现似乎经过了有意选择。与铜镜共存的主要是商文化的遗物，青铜器礼器有鼎、簋、卣、盘等，以酒器组合、觚、爵组合为代表（图4-1-2，18），车马器有辖、銮铃、镳、衔、当卢、节约、管等，兵器见戈、戟、矛。

与铜镜共存的器物不仅有各自的地域特点，还显示了北方文化因素的影响。如青海湟中出土双马铜钺（图4-1-2，10）。于家湾周墓出土五孔铜钺（图4-1-2，11），钺身扁窄，上排横列5个长方形穿孔，刃角外侈反卷，盔背中部有一椭圆形钮，钮下有三角形穿孔。这件铜钺有别于周文化器物，类似的铜钺在湟中下西河卡约文化遗址中有发现。后迁义遗址除了出土中原式饕餮纹鼎、蝉纹鼎、涡纹鼎及蝉纹簋、乳钉纹簋外，还出土有绿松石串饰、铜泡饰、铜管銎斧、弓形器等北方文化常见器物（图4-1-2，13）。殷墟商晚期墓葬中也出土有兽首刀、三凸环首刀、环首刀、铜铃笄形器、管銎斧等铜器（图4-1-2，14、15），有学者指出，这些器物中有单纯的北方文化因素，可能来自北方地区，也有融合型北方文化因素，是商文化创造之物，如妇好墓出土的2件铜罐。[①] 北方地区的墓葬中出土中原风格的青铜器，中原地区的墓葬中发现了来自北方的青铜器及具有北方文化因素的青铜器，进一步凸显了中原与北方地区之间的密切联系和文化交流。

就铜镜自身发展来说，素面镜镜钮和几何纹镜的纹饰布局发生变化是这一时期的特点。河西走廊东部和陕晋地区西部新出现了Aa亚型Ⅱ式镜，其镜形和

---

① 参见韩金秋《试论殷墟二期中型墓中的北方文化因素》，《中原文物》2008年第6期。

装饰依然保持了圆形和素面，出现了中间扁窄、两头尖尖的橄榄形钮，还有呈倒扣状的覆斗形镜钮，与宽、高、厚重的桥形钮一起流行使用，铸造质量也明显提高。铜镜与兵器一起出土显示墓主人士兵的身份，镜钮的变化可能是按照拱卫周王室的兵士们的喜好进行的加工和改造。就镜背的几何纹饰来看，本期出现的等分式纹饰镜将镜背按照一定的方式均等地划分为四个区域，在每个等分区域内填充折线或平行线纹样，形成一种规律性和对称性。这种等分式纹饰镜主要出土于妇好墓，但妇好墓中的铜镜并非商文化器物，而是来源于北方地区或具有北方文化因素，已是学者们的共识，因此，等分纹饰的源头还应该向北方地区追溯。如果将齐家文化那种星纹镜拆分开来，可以发现其同样是由折线、平行线构成，因此，等分几何纹饰具有北方系器物的装饰特点，但不可否认的是，纹饰的规律性和对称性是东方铜镜装饰的主要特征，等分式镜的纹饰布局已经初具东方铜镜的特色。

第二期的年代较为明确，有中原地区墓葬和中原式青铜器作为断代依据和参考，如商代晚期的妇好墓，稍晚一些宝鸡旭光墓地和后迁义墓地为商末周初期，崇信于家湾周墓、宝鸡市郊区墓地为西周早期，因此，本期年代为商末周初，即公元前1400—前1000年。

三、第三期：公元前1000—前700年

铜镜继续在第二期的范围内发展，属于这一阶段的有新疆察吾呼四号墓地的部分墓葬、青海湟中大华中庄墓地、南山根墓地、虢国墓地等。手柄镜的流行陷入停滞。单钮镜以素面平缘无装饰的 Aa 亚型 I 式镜分布范围最广，但镜缘形制与装饰纹样发生了较大变化，出现边缘卷折的 Ab 亚型镜。几何纹镜中，Bc 亚型 I 式和 II 式镜继续流行。新出现动物装饰镜，见蜷曲动物装饰的 Ca 亚型镜及奔走动物装饰的 Cb 亚型镜。圆饼镜和多钮铜镜也在这一时期初现端倪（图4-1-3，1~4）。新疆地区，与铜镜共存的器物中马具数量增多，欧亚草原文化因素明显，其他区域在保持自身地域特色的同时又包含有北方系青铜器因素。属于本期的墓地详见附录。

新疆地区继续流行 Aa 亚型 I 式镜、Bc 亚型 I 式和 II 式镜，新出现镜缘卷

折的 Ab 亚型镜和蜷曲动物装饰的 Ca 亚型镜，以及圆饼镜。铜镜主要分布在自西向东横亘新疆中部的天山山脉南北山麓，向东至哈密盆地和巴里坤草原。与铜镜共存的青铜器均为游牧民族随身携带的小件生活用具和装饰品，还有不少兵器和马具，墓葬随葬马骨、马具的现象也较为常见。青铜工具有刀、锥等，以刀居多，形制更为丰富，纹样装饰较多（图 4-1-3，5、6）。刀首见环形、带孔、圆形、方形、凸棱形等，刀柄有直柄、弧柄等，刀背有直背、弓背、向内弧背等，刀尖有上翘、下弯、圆尖等，刀刃有弧刃、直刃、凹刃等，柄刃分界有明显的，也有不明显的，一些刀柄装饰"V"形纹、螺旋形纹、竖线纹等。装饰品见泡、管、珠、铃、扣等。兵器有矛、剑、镞等，马具常见马衔（图 4-1-3，7、8）、马镳、节约等，管銎啄戈（图 4-1-3，14）、马镫形马衔、三孔马镳等与欧亚草原游牧民族使用的同类器物十分相似。呈浅盘状的 Ab 亚型镜往往与石扣一起出土（图 4-1-3，9、10）。石扣一面磨平，一面有两道或三道凹痕，类似的石扣在中亚、西伯利亚南部、外贝加尔湖地区也有不少发现。有站立动物装饰或喇叭状銎首的别针，以及圆圈装饰的骨器也常见于上述地区（图 4-1-3，11~13）。蜷曲动物纹饰是斯基泰文化中动物装饰的一个重要主题，也是斯基泰动物风格装饰中独有的现象，察吾呼墓地出土的 Ca 亚型镜应当是受到了斯基泰装饰风格的影响。对动物形象的蜷曲和抽象化处理使得动物的形象既具有辨识度，又充满装饰性。墓地出土的圆饼镜在中亚地区也有类似的发现。

　　河西走廊铜镜集中出土于东部的青海省湟源县大华中庄墓地，均为单钮的 Aa 亚型 I 式镜，共 34 面，是这一阶段出土铜镜最多的地区。与铜镜共存的青铜器有矛（图 4-1-3，17、18）、镞、锥、刀等工具，以装饰品为大宗，有镜、管、铃、耳环、戒指、泡、牌、珠等。墓地还出土石珠、玛瑙珠、绿松石珠近千颗，可见，大华中庄墓地人群十分重视身体和衣物装饰。墓地出土的鸠首牛犬铜杖首、四面人像杖首十分有特色（图 4-1-3，15、16）。四面人像杖首人像高鼻阔目，头顶中脊凸起，与鼻梁连为一体，鸠首牛犬铜杖首銎做鸠头状，长嘴承托一犬，鸠首承托一母牛及吸乳小牛，母牛与犬似为决斗状，具有北方铜器特色。

　　陕晋地区铜镜与周文化器物共存（图 4-1-3，21~23）。一方面继续与兵器同时出现在中小型墓葬中，如北吕周人墓地 ⅡM3 随葬 1 镜 1 戈；另一方面，在靠近京畿的大型墓葬中出土，但出土数量极少。沣西张家坡墓地共发掘大中小型

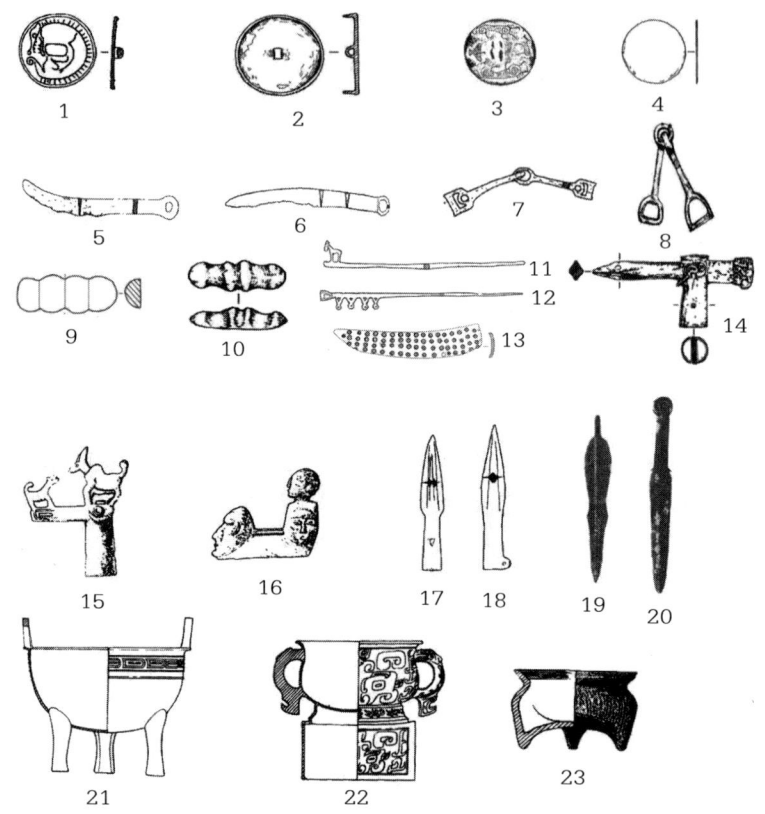

图4-1-3 第三期铜镜及共存器物

1-4.镜 5、6.刀 7、8.马衔 9、10.石扣 11、12.别针 13.骨刀鞘 14.管銎啄戈 15.鸠首牛犬铜杖首 16.四面人像杖首 17、18.矛 19、20.剑 21.鼎 22.簋 23.陶鬲（1、7.察吾呼 2、4、5、8、10、14.萨恩萨伊 3.虢国墓地 6、9、11-13.莫呼查汗 15-18.大华中庄 19、20.南山根 21、22.张家坡 23.北吕）（未注明材质者，均为铜质）

墓葬490座，出土青铜器数千件，仅在一大型墓葬中出土铜镜1面。可见，在周文化区域内，京畿之外铜镜出土数量较多，墓葬等级不高，越靠近都城，出土铜镜的数量越少，墓葬规格越高。

东北地区铜镜仅在宁城南山根墓葬中有出土，与铜镜共存的青铜器有三类。一类为夏家店上层文化遗存，如双联罐、豆形器、勺、刀、斧、剑、盔、盾、牌饰、马具等。一类与邻近地区器形相似，如圆脊短茎、两侧曲刃上宽下窄、中下部有突起的尖节的短剑（图4-1-3, 19），与锦西乌金塘、朝阳十二台营子出土的曲刃短剑十分相似。还有一类与中原文化关联密切，柄部有虎纹装饰的凸脊剑（图4-1-3，20）也见于虢国墓地。铜簠大口平沿，浅腹斜壁，平底下有四足，腹部两旁各有一环状耳，腹部四壁饰蟠夔纹，足上饰重环纹，具有中原铜簠的形制与纹饰特点。

中原地区铜镜出土于虢国墓地。墓地出土的青铜器主要为春秋时期中原地区常见的鼎、簋、鬲、豆、罐、盘等，纹饰常见兽带纹、兽首纹、窃曲纹、瓦纹、重环纹等。虢国墓地出土的双钮鸟兽纹镜特色鲜明，双钮并列的形式常见于东北亚地区流行的多钮镜，镜背装饰的展翅鸟、站立的虎和马的形象与北方文化尤其是夏家店上层文化十分相似。

第三期铜镜在新疆地区的察吾呼文化、河西走廊的卡约文化、北方地区的夏家店上层文化以及周文化和虢国墓地中出现，根据学者的研究及共存的中原式器物特点可知，本期年代为公元前1000—前700年，大约相当于中原地区的西周中晚期至春秋初期。

四、第四期：公元前700—前500年

这一时期是早期铜镜类型最为丰富的时期，单钮镜、多钮镜、手柄镜、钮柄镜、圆饼镜同时流行。单钮镜依然以北方为主要流行区域，Aa 亚型 I 式镜失去了主导优势地位，与 Aa 亚型 III 式镜、Ab 亚型镜及动物装饰的 Cb 亚型镜和 Cc 亚型镜平分秋色，几何纹饰装饰的 B 型铜镜消失不见，尤其需要指出的是 Cc 亚型镜，装饰纹样表现出与同时期中原青铜器装饰的一致性，标志着铜镜的中原化。多钮镜在东北地区出现并流行，与东北亚系青铜短剑共存，装饰纹饰也独具特色。手柄镜依然仅在新疆地区流行，铆钉的使用较为常见，多为铁质，不仅镜面与手柄插接组合的 A 型镜采用铆钉加固，还出现了手柄通过铆钉直接固定在镜面边缘的 C 型镜。钮柄镜也在这一时期出现并流行，河西走廊是主要发现地区。圆饼镜偶有发现，数量较少（图4-1-4，1~4）。属于本期的墓地详见附录。

五种类型的铜镜均在新疆地区流行，分布在天山山脉的南北山麓以及北部的准噶尔盆地和南部的塔里木盆地边缘地区。伊犁河谷不仅流行 Aa 亚型 I 式和 Ab 亚型单钮镜，还流行使用 B 型手柄镜。特克斯县采集到的石质手柄镜范表明

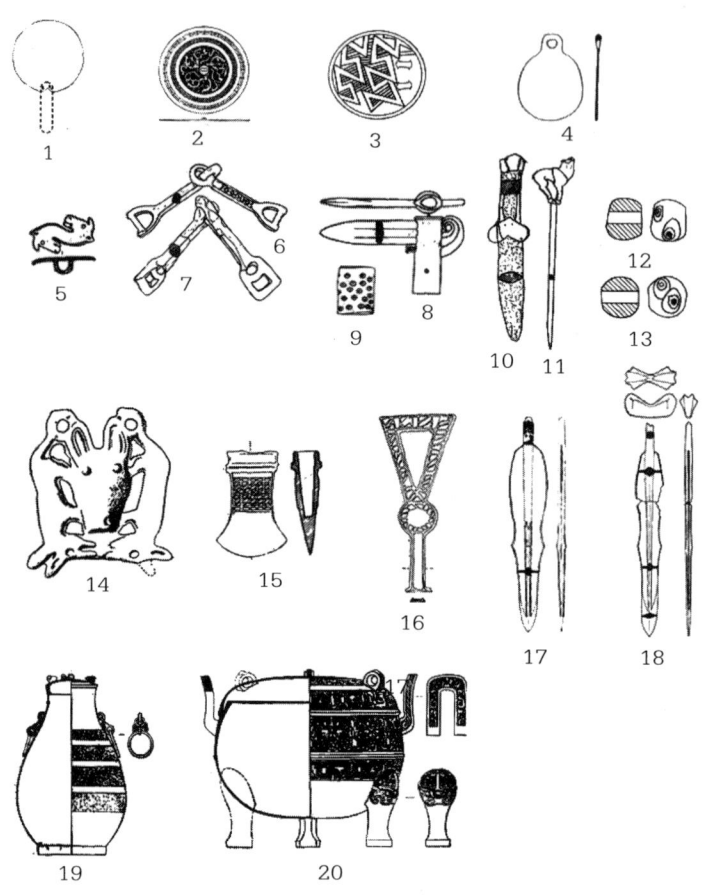

图 4-1-4 第四期铜镜及共存器物

1-4.镜 5.牌 6、7.马衔 8.管銎啄戈 9.骨管 10.铁剑 11.骨笄 12、13.玻璃珠 14.兽面牌饰 15.铜斧 16."Y"形器 17、18.剑 19.壶 20.鼎（1.苏贝希镜复原 2、19、20.牛家坡 3.郑家洼子 4.西岗 5-11.群巴克 12、13.吉尔赞喀勒 14-18.十二台营子）

（未注明材质者，均为铜质）

伊犁河谷不仅是 B 型手柄镜的使用中心，还是生产和铸造中心。这也是目前仅发现的手柄镜石范。中部天山南北山麓见钮柄镜、Ab 亚型单钮镜以及 B 型和 C 型手柄镜。不同类型铜镜的共存器物区分不大。陶器见带流罐、单耳或无耳的圜底罐等，彩陶衰落，素面陶器数量增加。铜器有扣、镞、镜、牌、镞、刀、马衔、管銎啄戈等和一些铜饰品（图 4-1-4，5~8）。墓地中还出现铁器，有短剑、刀、锥和镰等（图4-1-4，10）。装饰品中，蜻蜓眼玻璃珠，刻画有圆心和圆圈的骨管，以及有站立动物装饰的簪等，具明显的欧亚草原文化因素（图4-1-4，9、11~13）。在帕米尔高原，A型Ⅱ式手柄镜自吉尔赞喀勒墓地出土。墓葬地表的圆形封土堆及黑白石条遗迹、二次葬葬式以及出土的引火棍、木火坛等显示了与古波斯帝国流行的琐罗亚斯德教的密切关系。

在河西走廊，钮柄镜和单钮镜集中出土于东部的沙井文化永昌西岗和柴湾岗墓地中。墓地随葬品丰富，以铜器为大宗，陶器次之，另有铁器、金器、石器、木器等。铜器中多为小件的装饰品，数量和种类较多，无论男性还是女性墓葬均有出土，大部分出土于墓主人腰部周围。有联珠饰、环形饰、管状饰、牌饰、泡饰、腰带饰、坠吊饰等，尤其是各种动物饰牌具有浓厚北方草原特色，见对马、鹿、狗、羊、鸟、蛇、虎等多种动物形象，或站立，或对立，或为侧面，或仅有首部，造型生动逼真。

晋中北地区是Cc亚型镜的主要流行区域，这种动物纹装饰的铜镜表现出较为成熟的东方铜镜特点。镜钮、钮座、纹饰区、镜缘完备，纹饰也是青铜礼器上常见的蟠螭纹、蟠龙纹等。与铜镜共存的青铜器为中原地区常见的器形，有鼎、镦、豆、壶等青铜礼器（图4-1-4，19、20），衔、当卢、铃、泡等车马器，装饰纹饰较多地采用蟠龙、蟠螭、蟠虺、蟠凤、蕉叶、卷云、蝌蚪、三角卷云纹等，用以分界的纹饰往往用贝纹、陶索纹，地纹一般为回纹、点状纹。Cc亚型镜上的蟠螭纹、龙凤纹、贝纹、陶索纹等纹饰均能在青铜器上找到原型，并没有创新和改变，是铜镜中原化的初期特征。

东北地区是多钮铜镜的主要流行区域。与多钮镜共存的器物中，陶器出土数量不多，青铜器较为发达，有武器、工具和装饰品等，不见第三期出现的中原式青铜容器。青铜武器有短剑、镞等，青铜短剑与一般的短剑不同，这种短剑圆脊凸起，刃由两段内凹的弧形组成，联结处凸起尖节，前端较窄，后端稍宽，收尾联结短柄，柄的末端装有石质的枕状物，学者称之为东北亚系青铜短剑、琵琶形青铜短剑等（图4-1-4，17、18）。此外，马具较为发达，如节约、镳、"十"字形铜具、"Y"字形铜具等（图4-1-4，16）。装饰品除了极具特色的多钮镜外，常见各种牌饰，如人面形铜牌、动物形铜牌等（图4-1-4，14）。铜器上的纹饰常见三角勾连雷纹、三角纹、曲尺纹等（图4-1-4，15）。

中原地区铜镜多出土于楚墓中，Aa 亚型 III 式镜为主，镜钮呈米粒状、小桥形等，占镜背比例很小，也见少量 Aa 亚型 I 式镜，虽然镜体轻薄，但铸造质量明显高于其他镜类，应当是楚地工匠的作品。与铜镜共存的青铜器、陶器均为中原文化器物。如淅川下寺楚墓出土的鼎、匜、簠、盉等青铜礼器和玉璧、玉琮等玉器，是中原地区高等级墓葬中常见的随葬品。铜镜与铜削和玉饰一起被放于红色漆奁内，这也意味着铜镜已经融入了楚地民众的梳妆习俗，成为妆奁用具的一部分。

炉霍县呷拉宗出土的钮柄镜与四川地区特有的双耳陶罐共存。这种陶罐为夹细砂磨光黑陶，球形腹，双大耳从口部连接到腹部最大径处，耳上还往往有凸棱、戳印的圆圈纹或连珠纹等装饰，是雅砻江流域较为流行的陶器之一。钺形铜器也十分具有当地特色，体呈弯钺形，双圜首，双面弧刃，中部有四个长方形镂空。钮柄镜的形制、蜷曲的纹饰风格显示出与新疆地区、北方地区的联系。

综合出土铜镜墓葬年代信息及器物特点，可知第四期的年代大约为公元前 700 年至前 500 年，即春秋中期至晚期，下限可能至战国早期。这一时期的铜镜类型丰富，地域特征明显，各地区铜镜类型、纹饰、工艺等存在明显的差异，表现出与当地文化、习俗的密切关联。

由此，可以将早期铜镜的发展分为公元前 2000—前 1400 年、前 1400—前 1000 年、前 1000—前 700 年、前 700—前 500 年四个发展阶段，大约相当于中原地区的龙山文化晚期至商代早期、商末周初、西周中期至春秋早期、春秋中期至晚期四个时期，流行的镜类及共存器物具有明显的阶段特征。总的来说，第一期以单钮镜为主要镜类，也见少量手柄镜，与铜镜共存的主要是小件的身体和衣物装饰品，第二期和第三期见单钮镜及少量的手柄镜、多钮镜、圆饼镜，与铜镜共存的北方系青铜器和中原式器物明显增多，第四期铜镜有单钮镜、多钮镜、手柄镜、钮柄镜、圆饼镜五种类型，每种镜类及与铜镜共存的器物既有当地特色，也表现出与周边文化的密切关联，尤其是以中原地区青铜礼器上常见的蟠螭纹、蟠龙纹等纹样装饰的铜镜的出现，标志着铜镜的发展进入了一个崭新的阶段。

第二节　早期铜镜的分区及区域内外的交流互动

中国早期铜镜主要出土于新疆、甘肃东部、青海北部、内蒙古中南部、陕西中北部、晋西及晋北、冀西北、辽西、豫西、川北等地区，鉴于出土铜镜的类型及自身特点，可以将早期铜镜大致分为新疆地区、河西走廊、北方地区、东北地区、中原地区、西南地区六个区域。

新疆地区的铜镜分布于天山山脉南麓、伊犁河谷、塔里木盆地北缘、准噶尔盆地南缘及阿尔泰山的山麓绿洲和河谷。河西走廊是祁连山、阿尔金山和马鬃山、合黎山、龙首山之间的狭长地带，东起乌鞘岭，西至敦煌玉门关，铜镜主要分布于南北山脉夹峙形成的三个内流盆地内。北方地区大约包括内蒙古中南部的河套平原和鄂尔多斯高原、陕西中北部的黄土高原、晋西及晋北的吕梁山区，以及冀西北燕山余脉与草原过渡带，北至阴山南麓，南抵渭河北岸，东达太行山西麓。日本学者梅原末治、我国学者林沄等将北方地区流行的青铜器称为"北方系青铜器"，铜镜也被认为北方系青铜器之一。东北地区铜镜分布在燕山山脉东段北麓的低山丘陵及大凌河、老哈河流域形成的河谷平原地带。中原地区以黄河中下游为核心，铜镜零星见于河南省西部、关中地区西部及山西省南部区域。西南地区铜镜极少，见于青藏高原东缘的河谷地带。这六个区域的文化不仅有自身特点，还在不同时期表现出或紧密或松散的联系。相对而言，前四个区域出土的青铜器在器形、类别、纹饰等方面与蒙古高原、西伯利亚及阿尔泰地区出土的同类器物更为接近，而与同时期中原地区流行的青铜器区别较大。

不同时期铜镜的流行区域是变化的。第一期以新疆和河西走廊地区为主要分布区；第二期铜镜分布范围扩大，除了新疆地区，还扩展至北方及中原地区；第三期以新疆、河西走廊、北方、东北、中原为主要分布区；第四期铜镜分布范围最大，覆盖新疆、河西走廊、北方、东北、中原、西南地区六个区域。铜镜的分布范围呈现自西向东、向南逐渐扩大发展的趋势。在这一过程中，不同时期、不同区域内及区域外总是保持一定的交流与互动，铜镜承载了外在的物质交换功能，也见证了文化、技术、思想等多方面的融合与碰撞。

一、新疆地区与河西走廊、北方地区、西南地区的交流互动

(一)新疆地区与河西走廊

1. 天山北路文化、西城驿文化与齐家文化

天山北路文化与齐家文化之间的交流和互动有诸多研究成果。李水城认为天山北路墓地中的陶器包含了三种不同的文化因素,一种与四坝文化接近,一种与河西走廊"过渡类型"遗存接近,另一种与新疆北部阿勒泰一带的原始文化有关,并认为天山北路文化与四坝文化年代同时。[1] 水涛指出天山北路墓葬形制和出土陶器与四坝文化和马厂类型相似,但出土的一部分彩陶纹样、构图方式属于安德罗诺沃文化传统。[2] 韩建业认为天山北路文化主体陶器属于东方系统,装饰品、工具、葬式属于西(北)方系统,天山北路文化与四坝文化同源,并持续交流。[3] 陈小三对比天山北路墓地出土陶器和齐家文化陶器,认为齐家文化晚期短暂流行的双耳彩陶罐与圜底罐可能来源于天山北路。[4] 在探究天山北路文化和齐家文化关系之前,首先要梳理作为连接两地纽带的河西走廊的关键作用。

目前,中国境内早期铜器集中出土于新疆地区和河西走廊及其邻近地区。河西走廊地区的冶金活动在公元前2100—前2000年的马厂文化晚期就已存在,公元前2100—前1600年的西城驿文化时期,河西走廊地区的冶炼活动十分繁盛。[5] 张掖西城驿遗址出土有矿石、炉渣、炉壁、鼓风管、石范等冶金遗物,以及20余件小件青铜器(图4-2-1)。可能是这一时期齐家文化人群和西城驿文化人群往来密切,因此,在河西走廊多处遗址发现二者共存的现象,且西城驿文化人群和齐家文化人群都进行冶金活动。陈国科认为,从冶金出现时间、铜器的形制和材质,以及冶炼遗址的空间分布及冶炼加工技术来看,两者呈现出"混合"状态,提出"西城驿—齐家冶金共同体"的概念,并进一步指出齐家文化的

---

[1] 参见李水城《西北与中原早期冶铜业的区域特征及交互作用》,《考古学报》2005年第3期。
[2] 参见水涛《新疆青铜时代诸文化的比较研究——附论早期中西文化交流的历史进程》,载《中国西北地区青铜时代考古论集》,科学出版社2001年版,第6—46页。
[3] 参见韩建业《新疆青铜时代——早期铁器时代文化的分期与谱系》,《新疆文物》2005年第3期。
[4] 参见陈小三《河西走廊及其邻近地区早期青铜时代遗存研究——以齐家、四坝文化为中心》,博士学位论文,吉林大学,2012年。
[5] 参见甘肃省文物考古研究所等《甘肃张掖市西城驿遗址》,《考古》2014年第7期。

第四章　欧亚文化交流背景下中国早期铜镜　｜　181

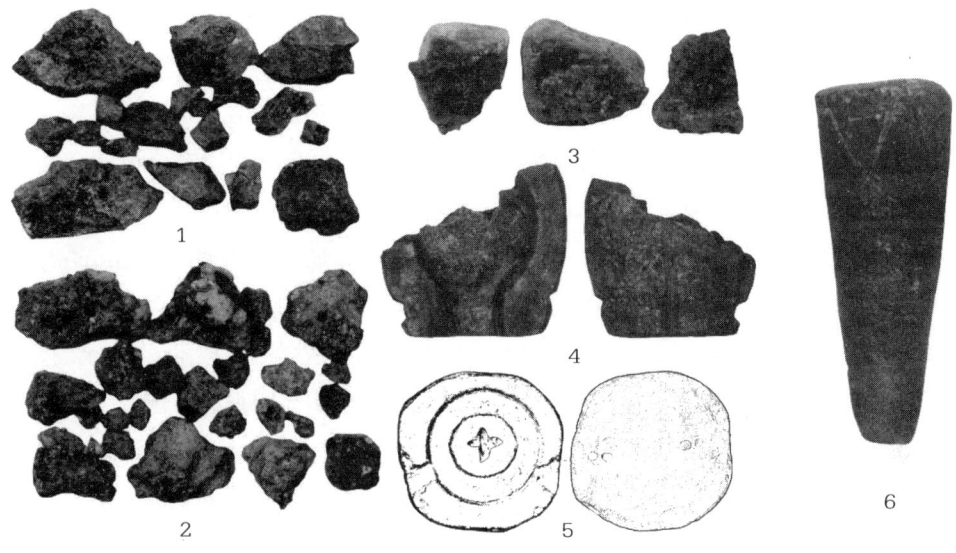

图4-2-1　西城驿遗址出土部分冶金遗物
1.炉渣　2.矿石　3.炉壁残块　4.权杖头石范正面、反面　5.石镜范正面、反面　6.鼓风管

冶金技术直接来源于西城驿文化。① 西城驿文化前继马厂文化，后接四坝文化，在河西走廊西部前后延续，相继发展。齐家文化属于东部文化传统，王辉②、陈国科③、李水城④等学者认为由于更东地区人群西进至河西走廊，形成并发展为齐家文化，齐家文化冶金技术的出现是齐家文化人群到达河西走廊以后才发展起来的。

齐家文化的铜镜很可能是来自西城驿文化的冶金产品。一方面，西城驿遗址虽然没有铜镜实物出土，却出土了一套两件的石质镜范，包括镜背范和镜面范

---

① 参见陈国科《西城驿 — 齐家冶金共同体 —— 河西走廊地区早期冶金人群及相关问题初探》，《考古与文物》2017年第5期。
② 参见王辉《甘青地区新石器 — 青铜时代考古学文化的谱系与格局》，载北京大学考古文博学院、北京大学中国考古学研究中心编《考古学研究（九）庆祝严文明先生八十寿辰论文集》（上），文物出版社2012年版，第210—243页。
③ 参见陈国科、王辉、李延祥《西城驿遗址二期遗存文化性质浅析》，载甘肃省文物考古研究所等编《早期丝绸之路暨早期秦文化国际学术研讨会论文集》，文物出版社2014年版，第22—33页。
④ 参见李水城《西北与中原早期冶铜业的区域特征及交互作用》，《考古学报》2005年第3期。

(图4-2-1,5)。从镜背范看,这是一件装饰一周凸弦纹的几何纹单钮镜镜范,镜背范中央有铸造镜钮预留的凹坑,主区有一周凸弦纹,镜缘凸起。与齐家文化星纹镜相似纹饰的镜范和铜镜没有出土,但既然能够铸造凸弦纹装饰的铜镜,想必铸造同属于几何纹装饰的铜镜也不无可能。另一方面,从学者分析的河西走廊青铜器的生产和流通看,西城驿文化人群应当是青铜器的生产者,他们较早地掌握了冶金技术,生产的青铜器不仅满足自己使用,还向周边地区出售或进行交换,以换取本区域没有或少有的生活用品,而齐家文化的人群似乎更多地作为消费者,先是通过交换获得青铜器,随着消费过程逐步获得冶金技术,在冶金技术未被掌握之前,通过交换途径从西城驿文化人群处获得铜镜很有可能。

推测了齐家文化铜镜与河西走廊西城驿文化的关系后,我们再把目光转向天山北路墓地。天山北路文化与齐家文化之间是存在一定联系的。潜伟指出铜耳环、手镯、扣饰、蝶形饰、联珠饰、环首刀、镞等铜器均是天山北路墓地和属于四坝文化的干骨崖、火烧沟墓地共见的器物,天山北路墓地发现铜器较多,但还没有确切的证据证明铜器起源于新疆境内,只能溯源于河西走廊。[①] 还有学者对比分析了公元前1950—前1700年天山北路墓地陶器和铜器特征,指出天山北路的冶铜技术主体来自西城驿文化。[②] 就铜器来说,天山北路墓地出土铜器和齐家文化铜器种类相似,均为小件日用工具及装饰品。经科技检测,天山北路出土铜器大多为锡青铜,个别为纯铜。[③] 尕马台铜器有以锡青铜为主、砷铜占据重要地位、多种合金并存的特点。[④] 尕马台出土的圆形铜泡M25:1,周边装饰一周压点纹,这种在铜泡上装饰压点纹的做法也见于天山北路墓地。由此来看,多圈同心圆环带纹饰镜在天山北路墓地的出现,不一定是西城驿文化的产品,但一定受到了西城驿文化的影响,西城驿出土的单圈凸弦纹镜范应当是其纹饰来源。此

---

① 参见潜伟《新疆哈密地区史前时期铜器及其与邻近地区文化的关系》,知识产权出版社2006年版,第101—103页。
② 参见马健、佟建一《天山北路墓地的发展与甘青地区文化交流》,北京大学考古文博学院、北京大学中国考古学研究中心编《考古学研究(十三)北京大学考古百年考古专业七十年论文集》,科学出版社2022年版,第215—233页。
③ 参见吕恩国、常喜恩、王炳华《新疆青铜时代考古文化浅论》,载宿白主编《苏秉琦与当代中国考古学》,科学出版社2001年版,第172—193页。
④ 参见罗武干、任晓燕、王倩倩、杨益民《青海省贵南县尕马台墓地出土铜器的成分分析》,载青海省文物考古研究所、北京大学考古文博学院编著《贵南尕马台》,科学出版社2016年版,第187—192页。

外，天山北路墓地手柄镜与单钮镜共存，尕马台镜在镜钮残损后改制为手柄镜，用镜形制的相似性也是两地联系的关键证据。种种迹象表明，在天山北路文化和齐家文化的联系中，河西走廊发挥了地理连接作用，西城驿文化是两地冶金技术连接的纽带。当然，天山北路文化还受到西方的文化因素的影响，如手柄镜的出现。

2. 焉不拉克文化与卡约文化

西周中晚期至春秋时期，新疆地区与甘青地区的联系再次紧密起来。焉不拉克文化在新疆与甘青地区的联系中具有中介作用。发掘者认为焉不拉克文化与甘青地区的辛店文化、四坝文化联系紧密。[1] 陈戈认为前者受到了后者的影响。[2] 也有学者认为卡约文化向西发展对新疆东部的焉不拉克类遗存产生了直接影响，卡约文化是焉不拉克文化的主要来源。[3] 还有学者指出，公元前2千纪晚期到公元前1千纪早期，主要是焉不拉克文化与卡约文化之间存在着文化互动，卡约文化铜器中的刀、牌、管、铃、珠可能来自新疆东部，矛头、动物杖首等可能反映了来自其他地区如蒙古草原地带的影响。[4]

卡约文化是青海青铜时代诸文化中出土青铜器数量最多的一种文化，几乎每个卡约文化遗址都发现有青铜器。卡约文化与焉不拉克文化青铜器中比较相似的器物有刀、牌饰、镜、管、铃、珠、手镯、戒指、耳环等，说明两地均流行身体装饰品及衣物装饰品。就铜镜来说，两地均流行圆形单钮素面铜镜，但焉不拉克文化中出现的卷折沿镜在卡约文化中没有发现，可能是因为这种卷折沿铜镜与欧亚草原东部地区的关系更为密切。与同时期新疆地区铜镜多出土于女性墓葬不同的是，大华中庄墓地铜镜多出土于男性墓葬中，也多见一个墓葬随葬2面以上的铜镜。女性墓葬中多出土铜管或骨管，内有骨针，男性墓葬多出土矛、镞等小件武器，显示出女性与男性的社会分工各有不同。作为梳妆用具的铜镜出土于男

---

[1] 参见新疆维吾尔自治区文化厅文物处、新疆大学历史系文博干部专修班《新疆哈密焉不拉克墓地》，《考古学报》1989年第3期。

[2] 参见陈戈《略论焉不拉克文化》，《西域研究》1991年第1期。

[3] 水涛：《新疆青铜时代诸文化的比较研究——附论早期中西文化交流的历史进程》，载袁行霈主编《国学研究》第一卷，北京大学出版社1993年版，第447—490页。

[4] Jianjun Mei, *Copper and Bronze Metallurgy in Late Prehistoric Xinjiang: Its Cultural Context and Relationship with Neighbouring Regions.* Oxford: Archaeopress, 2000, pp.62-83.

性墓葬中，且数量多于一面，可能有特殊含义。

（二）新疆地区与北方地区、西南地区

钮柄镜于西周晚期至春秋时期出现并流行，是新疆与甘青地区、北方地区、西南地区共有的镜类，也是欧亚草原东部地区常见的镜类。甘青地区是钮柄镜在新疆与北方地区出现流行的中介。从出现和流行时间看，沙井文化钮柄镜是中国境内出现时间较早的，如前所述，大约在西周晚期至春秋晚期，也是出土数量较为集中的墓地。从与钮柄镜共存的器物看，新疆地区与甘青地区、北方地区相似的器物见环首或穿孔的刀、连珠状的饰件、小铜管、针管等日用品和耳环、手镯、牌、泡等装饰品，这些装饰品与内蒙古、阿尔泰地区流行的十分相似。

值得注意的是灵寿城 M8004 出土的那面钮柄镜。这面铜镜尽管归入钮柄镜类，但从形制上看，是 B 型一体式手柄镜的"缩小版"，是介于手柄镜和钮柄镜的过渡形态，显然受到了手柄镜和钮柄镜的双重影响。中山国是白狄建立的一个小国。春秋中晚期的墓葬多为积石墓，是狄人的墓葬习俗，装饰品中的盘卷金丝式耳环、绿松石珠穿成的项链具有北方特色。墓葬出土的青铜器主要为晋式青铜器，其次是燕国青铜器，反映了白狄不仅与中原地区联系紧密，且逐渐融入中原文化，当然，也保留了北方文化的特色，这面钮柄镜就是具有北方文化因素的器物之一。

炉霍呷拉宗那面铜镜在四川地区的发现并不是偶然，而是长期文化交流互动的物质反映之一。如前所述，钮柄的形制与蜷曲动物装饰纹样见于新疆和北方地区。郭富研究后认为四川地区发现的这类铜镜源于北方草原，经甘青地区后到达四川，并发展成柄和镜面结合处有杏核状装饰的、具有当地特色的钮柄镜。[①] 陈亚军认为游牧力量自河西走廊南下使带柄铜镜迅速进入川西高原。[②] 甘青地区与西南地区的联系早在仰韶文化中晚期已经开始。马家窑文化风格彩陶在川西地区的发现显示了其与甘青地区的诸多关联。陈剑指出，岷江上游新石器文化演变的第二阶段以营盘山遗存为代表，文化高度繁荣，但外来的甘青地区的马家窑文

[①] 参见郭富《四川地区早期带柄铜镜的初步研究》，《四川文物》2013年第6期。
[②] 参见陈亚军《河西走廊发现早期带柄铜镜研究》，《敦煌学辑刊》2020年第4期。

化石岭下类型和马家窑类型、以大地湾遗址第四期文化为代表的仰韶文化晚期遗存仍占据重要地位。① 向金辉进一步指出川西马家窑文化彩陶早期是由甘青地区引入，晚期阶段开始了本地的模仿制作。② 商周至战汉时期，西南地区流行的石椁墓与甘青地区卡约文化、辛店文化的石椁墓基本一致，两地出土的大双耳罐也十分相似，主要受到甘青地区的影响。③ 西南地区与甘青地区都处在"边地半月形文化传播带"④，两地之间的人群互动与文化交流十分频繁，钮柄镜在川西地区的出现也见证了这一过程。

二、北方地区与中原地区的交流互动

商末周初，北方地区青铜文化与中原地区商文化之间的联系已为多名学者所证实。殷墟出土的环首刀、兽首刀、三凸环首刀、铃首刀、管銎斧、铃首笄形器、弓形器等带有明显的北方青铜器特点（4-2-2，1-7、11）。林沄先生认为北方青铜器对商文化的影响有借用、仿制和改进三种情形，借用的青铜器具有单纯的北方文化因素，仿制和改进的青铜器具有北方文化和商文化共同因素，殷墟铜镜来源于北方系青铜器分布区。⑤ 韩金秋基于此观点进一步指出，殷墟二期中型墓中出土的北方系青铜器是通过战争与和平两种方式获得的，殷墟二期与北方的关系以战争为主，但上层贵族间通婚带来的和平也不容忽视，这类青铜器反映了中原文化对北方因素的直接获取和选择性吸收。⑥ 还有学者认为妇好很可能是嫁入商王朝的北方方国的女性，墓葬中的北方文化因素青铜器是她从北方带来或

---

① 参见陈剑《波西、营盘山及沙乌都——浅析岷江上游新石器文化演变的阶段性》，《考古与文物》2007年第5期。
② 参见向金辉《川西马家窑文化彩陶来源再检视——以陶器化学成分分析为中心》，《四川文物》2018年第4期。
③ 参见闫红贤、陈洪海《甘青地区史前时期石构墓葬研究》，《西北大学学报（哲学社会科学版）》2023年第1期。
④ 参见童恩正《试论我国从东北至西南的边地半月形文化传播带》，载文物出版社编辑部编《文物与考古论集》，文物出版社1986年版，第17—43页。
⑤ 参见林沄《商文化青铜器与北方地区青铜器关系之再研究》，载《林沄学术文集》，中国大百科全书出版社1998年版，第262—288页。
⑥ 参见韩金秋《试论殷墟二期中型墓中的北方文化因素》，《中原文物》2008年第6期。

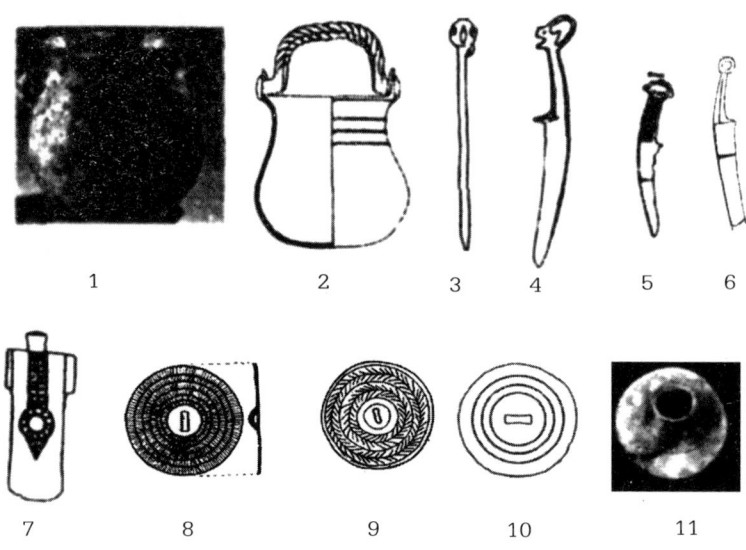

图 4-2-2　殷墟出土北方文化因素器物

1、2.铜罐　3.铃首刀　4.兽首刀　5.三凸环首刀　6.环首刀　7.管銎斧　8、9、10.铜镜　11.石球
（1、3、4、8、9、11.小屯 M5　2.郭家庄东南 M26　5、7.大司空村 M539
6.大司空村东南 M663　10.大司空南地 M25）

中原仿造的。① 朱凤瀚指出，殷墟发现的多数北方式青铜器属于殷墟文化一期偏晚至二期即武丁早期至祖甲时期，因受到西北与北方族群的严重干扰，商人与之战争频繁，由此获得各种北方式青铜器，从而得以汲取北方式青铜器的有益成分改进自己的器具，同样，北方族群吸收了不少商文化的因素，促进了商文化对北方欧亚草原区域的影响。②

殷墟出土铜镜中既有直接来源于北方地区的，也有对北方地区的铜镜仿制的商文化产品。从这 6 面铜镜的纹饰装饰与布局来看，一种为多圈同心圆环带纹饰镜，环带内纹饰略有不同。如妇好墓铜镜标本 45（图 4-2-2，8），同心圆间饰放射状线段，见于天山北路墓地及甘肃平凉、内蒙古鄂尔多斯出土镜；妇好墓标本 41（图 4-2-2，9），同心圆间饰折线纹，见于甘肃漳县出土镜；大司空墓

---

① 参见［美］林嘉琳《安阳殷墓中的女性——王室诸妇、妻子、母亲、军事将领和奴婢》，载［美］林嘉琳、孙岩主编《性别研究与中国考古学》，科学出版社 2006 年版，第 73—103 页。
② 参见朱凤瀚《由殷墟出土北方式青铜器看商人与北方族群的联系》，《考古学报》2013 年第 1 期。

地 M25 出土镜（图 4-2-2,10），仅有数周同心圆，间无平行线填充者，见于河北滦县后迁义墓地出土镜。另一种为四等分式纹饰镜，即将镜背纹饰等分为四个纹饰相似的单元。如妇好墓铜镜标本 75 和 786，每个单元纹饰以平行折线填饰，许多学者称之为"叶脉纹"，仔细观察，可以视作同心圆环带内平行线的局部平移；侯家庄 M1005 出土镜，以两组横平行线和两组竖平行线形成四组单元纹饰，与夯马台 M25 出土镜和甘肃临夏出土镜三角形纹饰间的填充相似。需要注意的是，殷墟四等分式纹饰镜的镜缘处有乳钉纹带或波纹带装饰，见于中原地区青铜器。妇好墓标本 786 镜缘的乳钉排列整齐无缺损，标本 75 边缘的乳钉有两三个消失不见，可能是铸造缺陷而致。乳钉纹又称连珠纹，这种无地纹、素面的乳钉纹饰带在偃师二里头遗址出土的青铜爵上就已经出现，商代乳钉纹多出现在鼎、簋等青铜礼器上，如郑州杜岭出土的商早期方鼎，鼎腹装饰饕餮纹及乳钉纹[①]，安阳郭家庄 160 号墓出土亚址鼎腹部有乳钉纹作为分界。[②] 侯家庄 M1005 出土镜的镜缘装饰一周形似"3"字的波纹带，有学者认为这种纹饰是典型的殷墟纹饰，多见于商晚期青铜器动物纹的角或身上，且铜镜镜面有中原地区铜镜表面镀锡工艺形成的"白铜"质感，应当是商代工匠的仿制品，而其他 5 面铜镜可能与北方地区，尤其是陕晋地区有关。[③] 此外，标本 75 和 786 镜的纹饰四等分，形成相同的四个单元，纹饰对称，重复排列。这种纹饰排列方式与商代青铜器上的纹饰布局十分相似。因此，殷墟出土的铜镜中，同心圆环带纹饰镜可能是直接来源于北方地区，而四等分纹饰镜可能是在北方地区铜镜影响下中原地区工匠的产品，铜镜上的乳钉纹、四等分的纹饰布局方式，以及反映铜镜铸造和加工工艺的"白铜"质感，均显示其与中原青铜器的相似性。

西周早期，铜镜集中出土于关中平原及周边地区。《史记·周本纪》载："周后稷，名弃。其母有邰氏女，曰姜原。""邰"在今陕西省武功县和扶风县一带，这一区域是周人的起源地，也是周人灭商前的都城所在地，史称"岐""岐周"。文王迁都至丰，武王迁都至镐之后，这一地区成为周公旦等周朝重要人物的采邑，也是周人的宗庙、祖坟所在地。周室东迁洛邑之前的 300 多年的时间内，这

---

① 参见河南省博物馆《郑州新出土的商代前期大铜鼎》，《文物》1975 年第 6 期。
② 参见中国社会科学院考古研究所编著《安阳殷墟郭家庄商代墓葬》，中国大百科全书出版社 1998 年版。
③ 参见吴晓筠《商周时期铜镜的出现与使用》，《故宫学术季刊》2017 年第 2 期。

里一直是周人政治、经济、文化活动的中心地区之一。出土铜镜的墓葬位置及大量的兵器显示,铜镜的使用者是拱卫京畿的士兵群体。周人在灭商前后对外征战频繁,不断和周边的鬼方、戎狄等游牧民族发生战争,周原出土的师铜鼎、宝鸡出土的虢季子白盘上的青铜器铭文也反映了这些历史事实。铜镜在士兵群体中的出现与对北方游牧民族的征战有关,当地工匠还对镜钮进行了加工和改造。但铜镜仅仅是在西周初期的中下层士兵中短暂流行和使用,并没有为周人所接受和使用,因此,铜镜在周文化区域内极少有发现。

三、东北地区与中原地区、北方地区的交流互动

夏家店上层文化是西周至春秋时期分布于长城地带东段的一种较为发达的考古学文化。西周晚期至东周早期,夏家店上层文化达到鼎盛时期,出土有大量的青铜器,种类丰富,数量众多,很多器物在长城沿线同时期的其他文化中不曾见到。夏家店上层文化中具有当地特色的器物有犬纹环耳鬲、甗、杯、豆形器、双联罐等,其中大型青铜容器仅见于南山根墓地和小黑石沟墓地,显示出其重要地位,铜镜也仅在这两处遗址出现。

夏家店上层文化出土的中原文化青铜器有鼎、簋、簠等礼器和戈、钺等兵器,朱永刚指出夏家店上层文化出土的中原系青铜礼器、兵器、车马器不是贵族接受中原礼制的馈赠,而是作为财富被瓜分的战利品。[①] 宁城南山根墓地出土了一件雕刻有车马纹饰的骨板,马车的形制与商周时期中原的马车形制基本一样。井中伟指出南山根和小黑石沟墓地出土一种青铜钉齿马具,它受到了中原地区同类器物的影响,并通过夏家店上层文化间接影响了塔加尔文化。[②] 可见,夏家店上层文化并不是被动地接受中原式器物,而是主动接受并进行加工与改制,以满足自己生活的需要。

[①] 参见朱永刚《夏家店上层文化向南的分布态势与地域文化变迁》,载吉林大学边疆考古研究中心编《庆祝张忠培先生七十岁论文集》,科学出版社2004年版,第422—436页。

[②] 参见井中伟《夏家店上层文化的青铜钉齿马具——北方草原与中原青铜文化交往的新证之一》,载教育部人文社会科学重点研究基地吉林大学边疆考古研究中心编《边疆考古研究》第9辑,科学出版社2010年版,第75—84页。

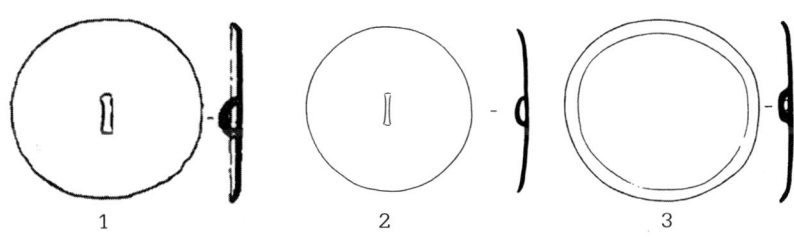

图4-2-3 夏家店上层文化单钮镜与镜形饰
1、2.单钮镜 3.镜形饰
1.南山根 M102:34 2.小黑石沟98NDXAⅢM5:12 3.小黑石沟 M8501:218

夏家店上层文化的动物纹与北方地区及欧亚草原的动物装饰风格也存在着相当多的一致性。蜷曲动物纹饰十分有特色，多为虎或豹等猫科动物，或者是单独的动物形牌饰，或者是马衔、刀柄上的装饰，还有大量站立的或蹲踞的圆雕、透雕动物形象，如鸟、虎、鹿等。邵会秋和杨建华分析了夏家店上层文化不同时期的青铜器，指出其与蒙古和外贝加尔地区、西伯利亚和黑海地区均有文化交往。① 虽然夏家店上层文化在春秋中期以后已经衰落，但短柄剑、齿柄刀、泡饰等对后来兴起的中国北方青铜文化产生了一些影响，并且由近及远逐渐递减地影响其他地区，铜盔、联珠饰传播到了蒙古高原。②

多钮镜、单钮镜、圆饼镜是夏家店上层文化流行使用的铜镜。这三种铜镜与相似的镜形饰往往同时出土，既有区分也有一定的关联。多钮镜是东北地区最有特色的铜镜，也是夏家店上层文化的本源青铜器之一。多钮镜上多装饰的三角勾连雷纹、三角纹、曲尺纹等常见于当地青铜器上。一些多钮镜的纹饰位于镜面边缘而非常见的镜背，出土时侧立于墓主人的头顶和脚下，应当不是照容用的铜镜，而是镜形饰品，如十二台营子墓地出土的两面多钮镜。南山根墓地出土的3面铜镜镜面平直，但边缘为弧状，向镜背微微翘起（图4-2-3，1），虽然可以归为Ab亚型镜，但与新疆地区此类铜镜铸造后再加工出反折或反卷的镜缘明显不同，这种起翘的边缘是在铸造时形成的。类似的器物，小黑石沟出土多件，发掘者称之为泡、扣或镜形饰，其中一些可能是作为铜镜使用的。如

---

① 参见邵会秋、杨建华《从夏家店上层文化青铜器看草原金属之路》，《考古》2015年第10期。
② 参见杨建华《夏家店上层文化在中国北方青铜器发展中的传承作用》，载教育部人文社会科学重点研究基地吉林大学边疆考古研究中心编《边疆考古研究》第7辑，科学出版社2008年版，第136—150页。

98NDXAⅢM5:12，位于墓主人右胯骨处，直径8.5厘米，从大小、位置、数量看可能是作为铜镜使用（图4-2-3，2）。M8501出土46件，直径在4.5至11厘米之间，较大的如M8501:218，直径11厘米，可作为铜镜（图4-2-3，3），但一个墓葬出土如此多的数量，显然大量的是作为镜形饰。M8501在农民取土时被破坏，随葬品位置不详，无法判断哪些作为铜镜使用。此外，小黑石沟墓地还出土有圆饼镜，与其他地区圆饼镜呈圆形扁饼状不同的是，这面铜镜的边缘向后折起，抓握镜缘使用。特有的镜类和同类型铜镜的当地特征显示，这些铜镜尽管受到了外来文化的影响，但亦经过了本地的加工和改造，是当地工匠铸造生产的产品。

虢国墓地M1612出土了一面双钮鸟兽纹铜镜，无论是镜背纹饰内容及表现形式，还是双钮并列的特点，都表现出与夏家店上层文化的联系。这面铜镜镜背装饰一只展翅的鸟、一只站立的马（一些研究者认为是鹿，但形象更接近马）、两只张口露齿的虎（或者是狼）（图4-2-4，1~5）。小黑石沟M8501出土的马衔及征集的铜牌饰上均有虎的形象，虎呈蹲踞状，主要关节有重圈纹，与镜背两兽身体上的装饰相似（图4-2-4，6、7）。[1] 站立的马的形象在南山根和小黑石沟均有不少发现，南山根M101出土1件双联罐器盖和腹部装饰圆雕的立马，M102出土骨板上刻画六匹马，小黑石沟铜牌饰、铜剑、铜钩上均有站立的马装饰（图4-2-4，8~12）。铜镜上的鸟头转向一侧，双翅膀展开，露出肚腹及三角形的尾羽，姿势与辽宁建平县文化馆藏铜刀的手柄上的鸟纹[2]、宁城南山根遗址出土鸟形饰及小黑石沟石范上的鸟纹姿态相似（图4-2-4，13~15）。[3] 在中国及东北亚地区发现不少多钮镜，多装饰几何纹，镜钮多为2个或以上且偏离镜背中央，但虢国墓地出土的这面铜镜的双钮位于镜背中央，显然是单钮镜的特点。这面铜镜融合了草原风格和东北风格，可能来源于两种文化交错的地区，大约在山陕高原和太行山的东麓，西周时期，这一区域

---

[1] 参见内蒙古自治区文物考古研究所、宁城县辽中京博物馆编著《小黑石沟：夏家店上层文化遗址发掘报告》，科学出版社2009年版，第274—294页。
[2] 参见建平县文化馆、朝阳地区博物馆《辽宁建平县的青铜时代墓葬及相关遗物》，《考古》1983年第8期。
[3] 参见内蒙古自治区文物考古研究所、宁城县辽中京博物馆编著《小黑石沟：夏家店上层文化遗址发掘报告》，科学出版社2009年版，第431页。

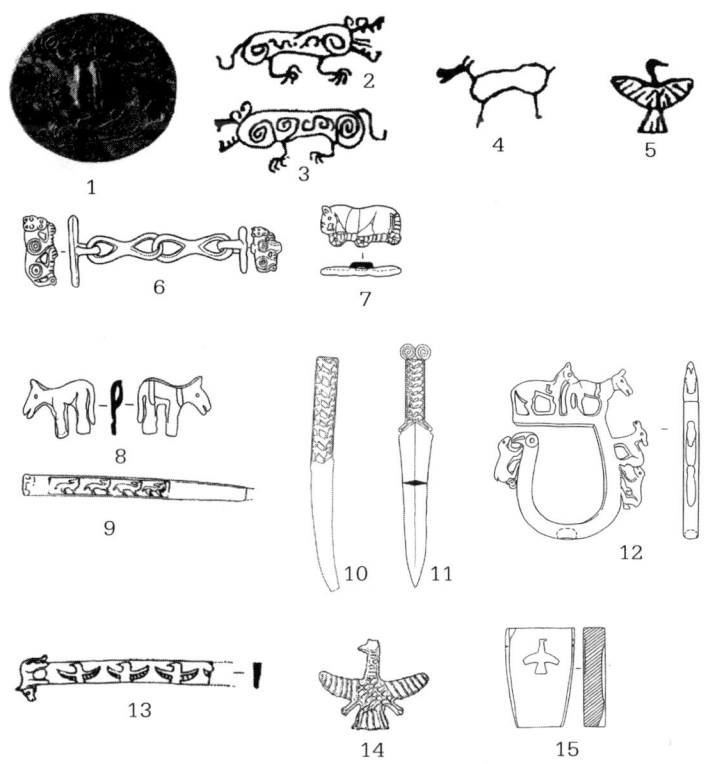

图 4-2-4　虢国墓地铜镜与夏家店上层文化器物

1—5. 虢国墓地铜镜及纹饰　6. 铜马衔　7、8. 铜牌饰　9、10、13. 铜刀　11. 铜剑　12. 铜钩
14. 铜鸟形饰　15. 石范（1—5. 虢国墓地 M1612：65　6、7、10. 小黑石沟 M8501：172、M8501：157、
M8501：96　8. 小黑石沟 85NDXAIM3：1—1　9. 辽宁建平县文化馆藏　11. 小黑石沟 85NDXAIM3：6
12. 小黑石沟 75ZJ：23　13. 小黑石沟 M9601：37　14. 南山根 M4：28　15. 小黑石沟 03ZJ：4）

属于狄人活动区域，西周晚期以后，狄人逐渐由北向南迁徙，双钮鸟兽纹镜在虢国墓地中出现可能与狄人南迁有关。[①]

四、中原地区与其他区域的交流互动

如前所述，晚商甚至更早，中原地区就与北方地区乃至更遥远的境外地区

---

① 参见李彦平、袁濛茜《虢国墓地出土的双钮鸟兽纹铜镜及相关问题》，《华夏考古》2015 年第 1 期。

有一定的联系，如殷墟墓葬中的北方文化因素。春秋时期，铜镜反映的交流互动最为紧密的当数晋国和北方地区、晋国和楚国。

晋国是春秋时期青铜铸造水平最高的诸侯国之一，各种类型的青铜器质地精良，纹饰繁缛，既有中原青铜器的浑厚庄重，又有北方文化青铜器的灵动秀丽，具有鲜明的地域特征。从出土铜镜看，金胜村 M251 和牛家坡 M7 出土镜主体纹饰为三条盘龙（凤）缠绕纠结，点状地纹，其外为陶索纹带或贝纹带（图 4-2-5，1、2）。秦景公墓出土镜主体纹饰为密集的蟠螭纹（图 4-2-5，3）。东柳泉墓地采集镜装饰野猪、虎、变形蟠螭纹等（图 4-2-5，4）。这些纹饰和山西侯马晋国铸铜作坊遗址出土的陶范纹饰基本一致（图 4-2-5，5、8~11）。从侯马作坊遗址出土的 2 件陶质镜范可以明显看到，其中一件镜背范上密集的蟠螭纹为主要纹饰（图 4-2-5，6），从另一件镜背范上可以看出铸造的铜镜有四叶纹钮座，主体纹饰由凸弦纹分为两区，内区为四条鱼组成的纹饰带，外区为一虎六兽纹饰带，镜缘为一周贝纹带（图 4-2-5，7）。[①] 晋国晚期，侯马铸铜作坊兴起，形成了极具地域特色的晋系青铜器并向周边区域流布，如牛家坡墓地青铜器上常见蟠螭衔尾、蟠凤抓翅等侯马陶范上的典型纹饰，这些青铜器很可能来自侯马铸铜作坊。[②] 铜镜正是晋系青铜器中的一个新兴门类，常见的蟠螭纹、蟠虺纹、蟠龙纹等来源于青铜礼器，春秋晚期这类纹饰十分流行，常见于青铜容器的器盖、颈部、腹部，在车軎、当卢等车马器上也有发现。器盖和当卢等圆片状物的形状与铜镜接近，将器盖变平整即为铜镜的形制，对于工匠来说，铜镜的铸造工艺可能更简单些。铜镜上的纹饰均能在青铜器上找到原型，侯马铸铜作坊遗址出土的陶范上均有类似的纹饰，因此，装饰蟠螭纹、龙凤纹的 Cc 亚型镜是晋国工匠的作品，是侯马铸铜工匠将青铜器上的纹饰直接平移到镜背制造的符合本地人群审美和需求的产品，也改变了北方铜镜纹饰朴素、古拙、呆板的风格，变得灵动流畅，辅以高超的青铜铸造技艺，铜镜也成为一件艺术品。

晋国青铜器中的北方文化因素也值得注意。一方面，三晋地区的地理位置与戎狄活动区域接近，另一方面，晋国与戎狄有联姻关系，晋文公的母亲即为大

[①] 参见山西省考古研究所《侯马铸铜遗址》（上册），文物出版社 1993 年版。
[②] 参见山西省考古研究所《山西长子县东周墓》，《考古学报》1984 年第 4 期。

第四章　欧亚文化交流背景下中国早期铜镜 | 193

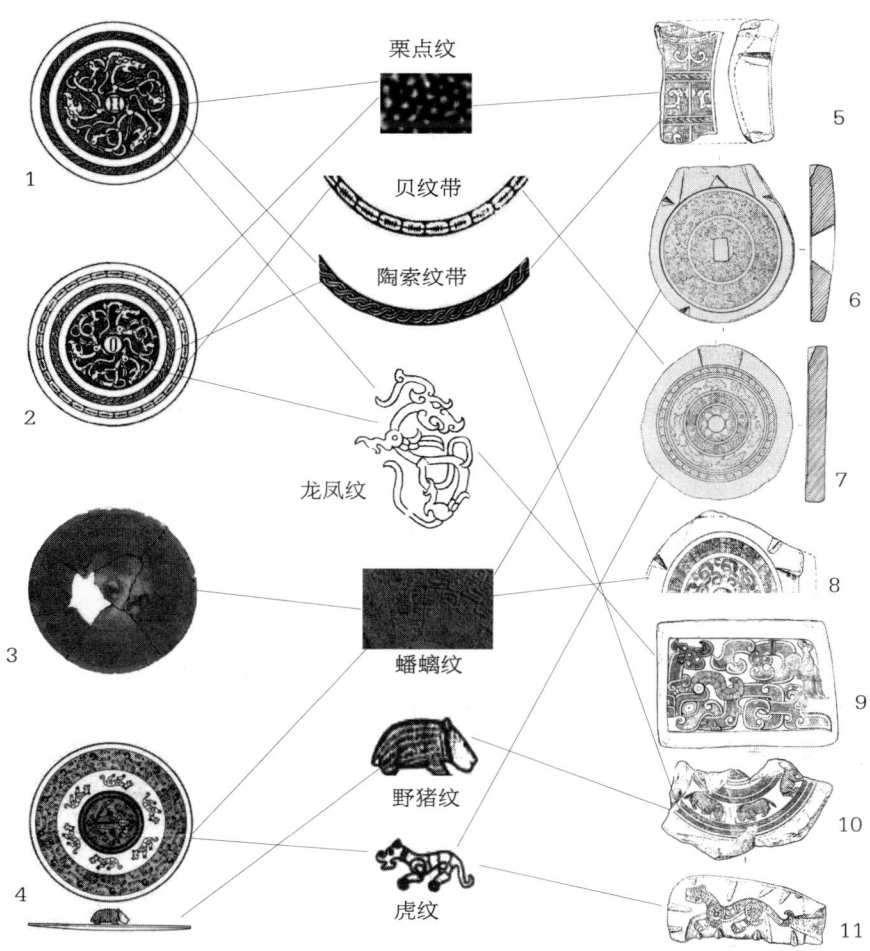

图 4-2-5　铜镜及陶范纹饰

1. 太原金胜村 M251：400　2. 长子县牛家坡 M7：53　3. 秦景公墓出土　4. 新绛东柳泉采集
5. 牺牲颈背部范Ⅱ T12③：2（129）　6. 蟠螭纹镜范Ⅱ T36H85：1（175）
7. 鱼纹镜范Ⅱ T31F13：　8. 范Ⅱ T37H83：8（126）　9. 龙纹范Ⅱ T81H126：58（235）
10. 野猪纹范Ⅱ T31F13：11　11. 虎纹范Ⅱ T502③C：6（257）

戎狄姬。原平刘庄塔岗梁出土的那面蟠螭纹铜镜，尽管纹饰采用了纠结缠绕的蟠螭形象，但与中原式蟠螭纹以纤细、清晰的线条表现蟠螭头、身体等部位的方式不同，这面铜镜上的蟠螭纹虽然也纠结缠绕，但各部分表现模糊，纹饰布局不对称，尤其是外圈纹饰蟠螭的形象无法明显区分，再加上墓葬出土的具有戎狄文化特色的刀、剑、车马器等，推测这面铜镜可能是仿照晋国铜镜而制造的。东柳泉采集镜上的猪钮、虎纹，与侯马陶范上的纹饰既有相似又有区别，地纹与主纹相结合的纹饰表现方式常见于侯马陶范，显然，融合了晋文化因素与北方文化因素（图4-2-5，4、10、11）。

春秋时期，诸侯争霸，晋文公是"春秋五霸"之一，晋国之雄势维持约百年之久，后由于统治阶级内部争权夺势的斗争及对外战争的持续消耗，国力逐渐衰落，至公元前376年，韩、赵、魏三国将晋公室土地瓜分净尽，从而开启了战国时代。

春秋中晚期，楚国开始铜镜铸造活动。铜镜在楚国的流行与晋楚两国之间的交流密不可分。晋与楚均为春秋时期的强国，尽管两国之间以争霸战争为主要矛盾，但也多有贸易交流和往来。晋姜鼎和戎生编钟的铭文明确记载了春秋初年晋楚之间已经存在盐铜贸易。北宋时期出土于陕西韩城的晋姜鼎上有铭文："……嘉遣我易卤（卤）積（积）千两（辆）……征緐（繁）汤口，取氒（厥）吉金，用乍（作）宝尊鼎……"李学勤等认为"繁汤"即河南新蔡以北的繁阳，晋姜鼎和戎生编钟均记载晋国以大量的盐前往繁汤交换铜料这一历史事实。[1] 黎海超、崔剑锋结合晋姜鼎铭文及微量元素分组法分析后进一步指出，西周晚期至春秋初年晋国使用的铜料有相当部分来源于楚国。[2] 但与晋国铜镜上桥形钮外环绕蜷曲、繁缛、勾连的蟠螭纹或者蟠龙纹不同，春秋晚期的楚国铜镜以小钮、素面或有凸弦纹装饰、铸造精良为特点，表现出初期状态，蟠螭纹镜到战国晚期才出现，而战国中期已经出现山字镜、羽状地纹镜等大量富有楚特色的铜镜，将铜镜的使用推向第一个高峰。当然，楚文化对晋文化的吸收，并不仅仅表现在铜镜的铸造

---

[1] 参见李学勤《戎生编钟论释》，《文物》1999年第9期；张卉、吴毅强《戎生编钟铭文补论》，《考古与文物》2011年第3期；吴毅强《晋姜鼎补论》，《中国历史文物》2009年第6期。

[2] 参见黎海超、崔剑锋《试论晋、楚间的铜料流通——科技、铭文与考古遗存的综合研究》，《考古与文物》2018年第2期。

和使用上，淅川下寺春秋楚墓中的殉人文化因素也是对晋文化吸收的表现。①

不同时期、不同类型的铜镜在各自的地理区域内呈现了此消彼长、此起彼伏的分布态势，同时与区域外保持着或远或近、或紧密或疏离的联系。以色列学者吉迪将文化之间的交流分为区域性交流、中程交流和远程交流三个层次②，中国境内不同地域间铜镜所承载的文化交流是以区域性互动为主，那么欧亚文化与中国早期铜镜之间所维持的，则是以跨越更广阔地域的中程与远程交流为主。这种跨越时空的文化交融，共同促进了早期铜镜艺术的繁荣与发展。

第三节　欧亚文化与中国早期铜镜

作为世界古代文明的重要组成部分，中国青铜文明与欧亚草原地区的青铜文明有着密切的联系和互动，体现在技术传播、艺术风格、器物功能及社会文化等多个层面。在这一过程中，西方青铜文明对中国产生了一定的影响，中国青铜文明也对西方青铜文明发展产生了影响，体现了人类文明的共同演进和多样性发展。就铜镜而言，展现出其与欧亚草原地区之间存在着较为紧密的联系。

一、纳马兹加文化

中亚地区与中国甘青地区的文化交流可能在铜石并用时代已经开始，表现在彩陶纹饰和权杖头的相似性，进入青铜时代，中亚南部文化因素继续向中国甘青地区渗透。③ 其中，以纳马兹加文化与甘青地区和新疆地区的交流较为明显。位于里海东部土库曼斯坦的纳马兹加遗址基本代表了中亚地区从新石器时代到青铜时代末期安德罗诺沃共同体南下前的整个年代序列，其前三期为铜石并用时

---

① 参见印群《论淅川下寺楚王室墓地殉人墓的文化因素》，《南方文物》2019年第6期。
② 参见［以色列］吉迪《中国北方边疆地区的史前社会——公元前一千年间身份标识的形成与经济转变的考古学观察》，余静译，中国社会科学出版社2012年版，第29—55页。
③ 参见韩建业《早期东西文化交流的三个阶段》，《考古学报》2021年第3期。

代，在公元前3000年开始进入青铜时代，后三期涵盖了青铜时代的早、中、晚期。① 马家窑文化半山类型彩陶上的锯齿纹可能是纳马兹加Ⅱ至Ⅴ期文化通过绿洲通道远距离影响的结果。齐家文化晚期、四坝文化、哈密天山北路文化中流行的尖顶冠形符号见于纳马兹加Ⅵ期文化。天山北路第二期墓地中出现使用土坯垒砌的椁室，甘肃张掖西城驿文化中发现了土坯墙房屋，这些土坯采用西亚、中亚等地流行的湿泥晒干的土坯，推测这类土坯当是从西亚、中亚经南疆传入河西地区。天山北路墓地出土的费昂斯串珠，经检测是用富含碱和苏打的植物制作而成，应当是北方草原或北高加索生产。② 天山北路M626出土的青铜短剑呈三叉护手状，也于同时期欧亚草原东部较为流行。可见在公元前2000年左右，中亚南部青铜文化对新疆甘青地区的影响。

就铜镜来说，圆饼镜与铜丝弯曲而成的耳环、手镯等装饰品在纳马兹加遗址Ⅱ期出现，其镜面微微内凹，从较晚时期在中亚和我国新疆地区发现的镜面平直的圆饼镜来看，这种微凹的镜面可能是圆饼镜的早期形制。公元前2000年左右，手柄镜出现在纳马兹加Ⅴ期墓地，镜面稍显椭圆，手柄呈圆柱状，咬合在镜面边缘。尽管从镜面和手柄的组合方式来看，纳马兹加文化Ⅴ期手柄镜与天山北路手柄镜存在一定的差异，但前者出土的短剑、管銎斧、刀、针、锥、饰件等青铜器在中亚及新疆也有相似的发现，尤其是两地出土的铜斧均具有突出的双耳。与天山北路墓地手柄镜相似的是伊朗东北部青铜时代中期的希萨尔遗址出土的手柄镜，镜面为圆形，边缘带有针锥状短柄，需要插接在手柄中使用。③ 这种镜面和手柄插接组合的手柄镜是古埃及镜最为常见的形制，在伊朗高原也较为流行。天山北路墓地的手柄镜应当来自西方，可能是经过伊朗高原进入中亚地区再进入新疆。

纳马兹加遗址出土的刀、镜、权杖与二里头遗址的十分相似（表4-3-1）。

---

① 参见杨建华、邵会秋、潘玲《欧亚草原东部的金属之路：丝绸之路与匈奴联盟的孕育过程》，上海古籍出版社2016年版，第7页。
② Lin Yixian, Rehren Thilo, Wang Hui, et al. "The Beginning of Faience in China: A Review and New Evidence", *Journal of Archaeological Science*, 2019, pp.97-115.
③ 参见杨建华、邵会秋、潘玲《欧亚草原东部的金属之路：丝绸之路与匈奴联盟的孕育过程》，上海古籍出版社2016年版，第7页。

表4-3-1 纳马兹加遗址和二里头遗址出土相似器物对比表

	纳马兹加遗址	二里头遗址
刀		
权杖		
镜(牌)		

李刚指出纳马兹加文化Ⅴ期的刀与二里头或商文化的素柄刀相似[①],反映出两者在早商及其以前可能已经存在一定的联系。纳马兹加文化铜石并用时代晚期出土有石质的权杖头,呈扁球形。在偃师二里头铸铜遗址附近曾出土一件长47厘米

---

① 参见李刚《中国北方青铜器的欧亚草原文化因素》,文物出版社2011年版,第21页。

的象牙权杖①和一件长47.5厘米的骨权杖②，两者的杖首均为半圆蘑菇状，下连接一小圆盘，再连接细长的杖柄。李水城指出，权杖为近东地区先民首创，自西而东，经安纳托利亚最终传入中国，并被夏、商、周三代的社会高层接纳，在权力政治的语境下有非同寻常的意义。③结合圆饼镜在纳马兹加遗址中的发现，推测偃师二里头遗址圪垱头村西北出土的那面"镶嵌绿松石圆形铜器"VKM 4∶2很可能是一面圆饼镜。其正面平直，残存丝织品痕迹，经过分析，最少有六层粗细不同的四种布，背面也残留丝织品的纹痕，似为镜衣。其背面镶嵌有绿松石片，边缘一周镶嵌的长方形绿松石片大小相同，排列均匀，共计61块，围绕圆心又镶嵌两圈"十"字形绿松石片，相间排列，每周13块。镜背的纹样为精心设计，每块绿松石片都经过挑选和打磨，镶嵌工艺与铜片的结合使铜镜十分华美。直径17厘米，厚0.5厘米，镜体较大且厚重。④墓葬为农民取土时发现，该镜与1件玉柄形器一起出土，其他信息不详，无法提供更多线索。如果这一推论成立，那么这面圆饼镜可能是中原地区发现的最早的铜镜。

二、安德罗诺沃文化

从目前的考古发现看，安德罗诺沃文化是对新疆地区影响较大的境外考古学文化之一。安德罗诺沃文化是由苏联考古学家C. A. 捷普劳霍夫根据1914年在米努辛斯克盆地阿钦斯克州附近的安德罗诺沃村发现的墓地而命名的。⑤该文化是广泛分布在西伯利亚及中亚地区的青铜时代文化，西起乌拉尔河，东至叶尼塞河，北起西伯利亚森林地带南端，南达中亚诸草原。⑥由于安德罗诺沃文化分布

---

① 参见中国社会科学院考古研究所编著《考古精华：中国社会科学院考古研究所建所四十年纪念》，科学出版社1993年版，第122页。
② 参见中华人民共和国科学技术部、国家文物局编《早期中国 —— 中华文明起源》，文物出版社2009年版，第160页。
③ 参见李水城《中原所见三代权杖（头）及相关问题的思考》，《中原文物》2020年第1期。
④ 参见中国社会科学院考古研究所编著《偃师二里头 —— 1959—1978考古发掘报告》，中国大百科全书出版社1999年版，第240—255页。
⑤ 参见中国大百科全书总编辑委员会《考古学》编辑委员会、中国大百科全书出版社编辑部编《中国大百科全书·考古学》，中国大百科全书出版社1986年版，第15—16页。
⑥ 参见李刚《中国北方青铜器的欧亚草原文化因素》，文物出版社2011年版，第25页。

范围十分广泛，发现了大量的类似遗存，很难用文化来概括，学界往往称之为安德罗诺沃文化共同体。① 俄罗斯学者库兹米娜对该文化的研究最为全面，根据库兹米娜的研究，将其分为三个阶段，第一阶段以彼德罗夫卡（Petrovka）遗存为代表（公元前18世纪—前16世纪），属于安德罗诺沃文化的形成阶段；第二阶段以阿拉库类型（Alaku）、费德罗沃类型（Fedorovo）和二者的混合类型为代表，还包括与之相关的多个文化变体和地方类型（公元前16世纪—前13世纪），如阿塔苏类型（Atasu）、七河类型等，属于安德罗诺沃文化的繁荣阶段；第三阶段以哈萨克斯坦中部的阿列克谢耶夫卡类型（Alekseevka）以及七河地区的七河类型为代表（公元前13世纪—前9世纪），这一阶段由于受到卡拉苏克文化扩张的影响，安德罗诺沃文化共同体分布范围及对周边的影响减弱，共同体内部也发生了明显变化，属于安德罗诺沃文化的衰落阶段。② 但关于安德罗诺沃文化共同体三个阶段的绝对年代问题，学术界还未达成共识，仍然存在着争论。

新疆发现的安德罗诺沃文化遗存大体相当于第二阶段至第三阶段，但从尼勒克县采集的早期陶片看也不排除"安德罗诺沃文化在初始阶段就可能已经出现在新疆西部"③。伊犁河谷吉仁台沟口遗址的发现也佐证了这一观点。吉仁台沟口遗址不仅发现有冶金活动的遗物，还发现有房址、窑址、灶（火塘）、灰坑、冶炼遗迹等300余座。④ 房址大多属于半地穴木框架式结构，平面大致呈长方形，室内中部为长方形石砌火塘。墓葬形制为竖穴土坑墓或石棺墓，均为侧身屈肢葬，房址、墓葬形制及出土陶器、铜器等遗物显示吉仁台沟口遗址的考古学文化特征与安德罗诺沃文化遗存联系密切。吉仁台沟口遗址没有出土单钮镜实物，但房址F2出土一件素面单钮镜的陶范F2∶11。陶范为浇铸铜镜和锥的合范，砖黄色，细泥烧制，火候较高，质地坚硬，平面呈长方形，两侧有小刻槽和划痕，用以标记合范定位。从图片看，这是一面Aa亚型Ⅰ式镜的镜背陶范，圆形的镜背素

---

① 参见杨建华、邵会秋、潘玲《欧亚草原东部的金属之路：丝绸之路与匈奴联盟的孕育过程》，上海古籍出版社2016年版，第49—50页。
② 参见[苏]吉谢列夫《南西伯利亚古代史》，王博译，新疆人民出版社2014年版，第61—104页；邵会秋《新疆史前时期文化格局的演进及其与邻郡文化的关系》，科学出版社2018年版，第259—271页。
③ 李水城：《西北与中原早期冶铜业的区域特征及交互作用》，《考古学报》2005年第3期。
④ 参见新疆文物考古研究所、伊犁哈萨克自治州文物局、尼勒克县文物局《新疆尼勒克县吉仁台沟口遗址》，《考古》2017年第7期。

面无装饰，镜钮处有凹陷和残损，看不出镜钮的形状，从镜范长12厘米、宽9.8厘米的尺寸推测，铸造的铜镜直径7—8厘米，大小与天山北路墓地出土的铜镜相当。北京大学加速器质谱实验室测定F2采集样品的碳十四测年显示，F2距今3195±35年、3285±30年，校正后的年代距今3600年左右，美国贝塔实验室所做F2采集样品的碳十四测年显示，F2为距今3300±30年，校正后的年代为距今3600—3500年。[1] 发掘者在参考伊犁河谷发掘的青铜时代墓葬资料及对遗址出土陶器、铜器等遗物对比研究的基础上也确认了这一年代。

也就是说，在公元前1600年左右，伊犁河谷已经开始了素面单钮镜的生产铸造。而在大约同一时期的西伯利亚安德罗诺沃文化中，这种素面无装饰的单钮镜也开始了当地的生产铸造。安德罗诺沃文化铜镜分为两种，一种为侧面有柄的手柄镜，是来自西方的"进口镜"，另一种为圆形单钮镜，圆形镜面，素面无纹饰装饰，中央有钮，大部分边缘平直，也有一些镜缘微微凸起，为安德罗诺沃文化当地的产品。[2] 伊犁河谷与中亚地域相接，文化特征相似，两地均流行圆形单钮铜镜。考虑到天山北路墓地不仅出土有单钮镜，还出土有西方手柄镜，可以看出来自中亚乃至更远地区的西方文化因素自伊犁河谷进入新疆，持续向东影响至哈密盆地。

商末周初，安德罗诺沃文化在新疆地区的影响力持续存在，与新疆联系最为紧密的是安德罗诺沃文化的七河类型。七河是指流向巴尔喀什湖的七条河流，这一区域称为七河地区，地处巴尔喀什湖东南，向东与伊犁河谷接壤。在新疆西部地区的塔什库尔干地区、伊犁地区、博尔塔拉蒙古自治州和塔城地区发现有安德罗诺沃文化的遗址、墓地，还有一些征集和零散发现的铜器被研究者辨识出与安德罗诺沃文化有一定的关系，将其归入安德罗诺沃文化范畴或认为受到了安德罗诺沃文化的影响，如管銎斧、直銎斧、镰、刀、喇叭形耳环等。相关遗存都属于安德罗诺沃文化联合体的最晚期。伊犁河谷巩留县阿尕尔森乡[3]、特克斯县那

---

[1] 参见新疆文物考古研究所、伊犁哈萨克自治州文物局、尼勒克县文物局《新疆尼勒克县吉仁台沟口遗址》，《考古》2017年第7期。

[2] E. Loubo-Lesnitchenko, "Imported Mirrors in the Minusinsk Basin", *Artibus Asiae*, Vol. 35, No. 1/2, 1973, pp. 25–61.

[3] 参见王博、成振国《新疆巩留县出土一批铜器》，《文物》1989年第8期。

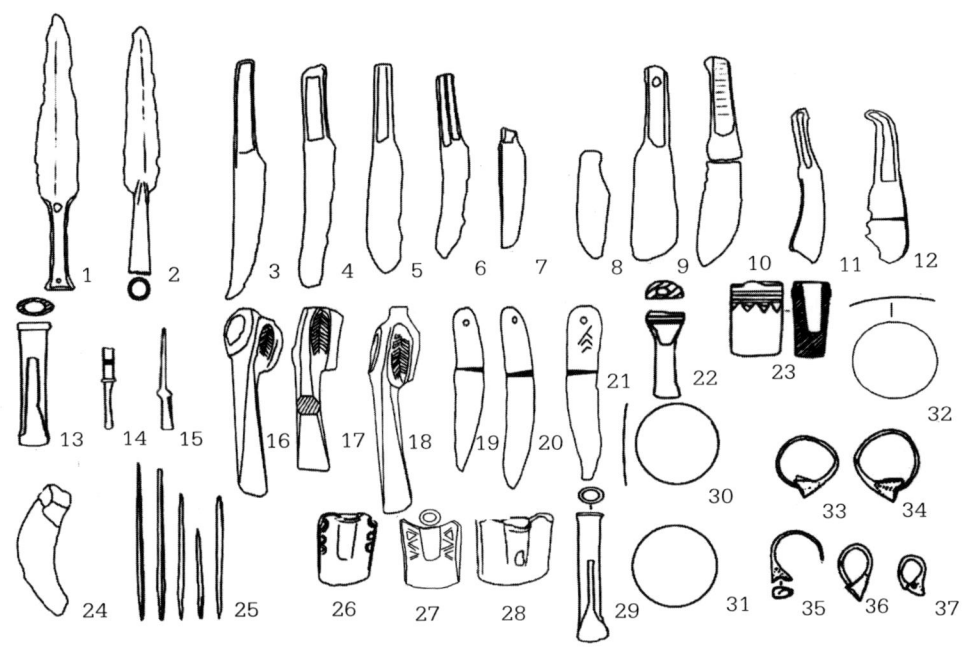

图4-3-1 安德罗诺沃文化遗存青铜器

1、2.铜矛 3—12、19—21.铜刀 13—15、29.铜凿 16—18.管銎斧 22.直銎斧 23、26—28.铜铲 24.铜镰 25.铜锥 30—33.铜镜 34—37.喇叭口耳环 （1—11、24—26、28、30—31.那孜托别出土 12、27、29、32.则克台出土、13—23.阿尕尔森窖藏 33—37下坂墓地出土）

孜托别村[①]、新源县则克台[②]等地区出土有管銎铜斧、铜镰、铜凿、直銎斧、铜锤、圆饼镜等多件青铜器，有学者称之为阿尕尔森类型青铜器（图4-3-1）。[③] 这批青铜器与七河地区沙马什窖藏出土器物非常相似，沙马什窖藏不仅出土有形似的銎铜斧、铜镰、铜凿、直銎斧等，还出土有手柄镜和素面单钮铜镜（图1-5-2）。邵会秋指出境外的七河地区与新疆的伊犁地区地理位置相连，两者之间交通通畅

---

① 参见李溯源《伊犁河谷阿尕尔森类型青铜器》，载教育部人文社会科学重点研究基地吉林大学边疆考古研究中心编《边疆考古研究》第16辑，科学出版社2014年版，第99—110页。
② 参见李溯源《新疆新源县出土一组青铜器》，《中国文物报》2005年9月23日。
③ 参见李溯源《伊犁河谷阿尕尔森类型青铜器》，载教育部人文社会科学重点研究基地吉林大学边疆考古研究中心编《边疆考古研究》第16辑，科学出版社2014年版，第99—110页。

无阻,且两地表现出的文化特征一致,伊犁河谷的安德罗诺沃文化遗存是通过天然通道伊犁河谷由西向东传入的。① 两地同时出土相似的青铜器,是因为七河地区的冶金者在新疆地区的金属传播中发挥了决定性作用。②

吉仁台沟口青铜时代晚期的墓葬中出土1面一体铸造的手柄镜,这种手柄镜在公元前14世纪晚期至前10世纪的吉尔吉斯斯坦、苏克鲁克、萨德沃耶、沙马什的窖藏以及费尔干纳楚斯特文化聚落十分流行,楚斯特文化聚落还发现有铸造此类镜子的模具。③ 结合五堡墓地出土的手柄镜及与阿尔尔森窖藏、七河窖藏相似的铜凿,可以看出这一时期的手柄镜表现出自西而来并继续向东流布至哈密盆地的趋势,但并没有向更东的地区流布。这是因为在天山北路文化的影响下,单钮镜在哈密地区已经较为普遍地使用,且这一时期还受到了来自河西走廊的东方文化的影响,包括单钮镜的使用传统。吉仁台沟口墓地和五堡墓地出土手柄镜的末端或有銎孔,或铸造有横置的镜钮,显示此类铜镜悬挂的使用方式或携带方式,而在伊朗和中亚南部很少有类似的情形,反映了农耕生活方式与游牧生活方式的不同。

三、卡拉苏克文化

卡拉苏克文化大部分遗址位于米努辛斯克盆地,在西伯利亚西部和东部、图瓦共和国及我国的鄂尔多斯地区均有零星发现。格里亚兹诺夫最早认为卡拉苏克文化的年代为公元前12世纪—前10世纪,后来又修订为公元前13世纪—前11世纪,奇列诺娃认为大量的卡拉苏克文化遗存属于公元前11世纪—前8世纪。④ 卡拉苏克文化墓葬地表一般有方形或圆形的石围,竖穴土坑或竖穴石棺墓坑,青铜器常见刀、短剑、銎内斧、指环、连珠饰等,以铜刀最具代表性。有学者认为,

---

① 参见邵会秋《新疆地区安德罗诺沃文化相关遗存探析》,载教育部人文社会科学重点研究基地吉林大学边疆考古研究中心编《边疆考古研究》第8辑,科学出版社2009年版,第81—97页。
② 参见[俄]叶莲娜·伊菲莫夫纳·库兹米娜《丝绸之路史前史》,[美]梅维恒英文编译,李春长译,科学出版社2015年版,第96页。
③ 参见[俄]叶莲娜·伊菲莫夫纳·库兹米娜《丝绸之路史前史》,[美]梅维恒英文编译,李春长译,科学出版社2015年版,第87页。
④ 参见王禹夫《卡拉苏克文化初步研究》,硕士学位论文,黑龙江大学,2022年。

分布于新疆伊犁河谷的索墩布拉克文化中流行的石棺墓①、仰身直肢葬式②可能与卡拉苏克文化有关。从随葬品看，卡拉苏克文化与索墩布拉克文化之间的联系并不明显（图4-3-2），但卡拉苏克文化流行的铜器却显示出与中国北方地区、中原地区的联系，在早期研究中，学界往往称之为"卡拉苏克式青铜器"，"卡拉苏克式青铜刀"是学者关注的重点，田广金③、乌恩④等学者均有相关研究。

就铜镜来说，继单钮镜在安德罗诺沃文化时期出现后，卡拉苏克文化时期开始大规模地铸造和使用。圆形、素面、边缘平直、背部中央有桥形镜钮，是卡拉苏克文化铜镜的主要形制，镜形较大，直径大多在10厘米以上。有少量镜面带有凸起的"X"状装饰，是卡拉苏克文化的特征。⑤从铜镜出土位置看，卡拉苏克文化铜镜多出土于墓主人头骨附近，可能与面容映照有一定关系，还见于墓主人胸前，与铜、石等材质的珠子和装饰品组成项饰，铜镜位于项链中央、墓主人的胸

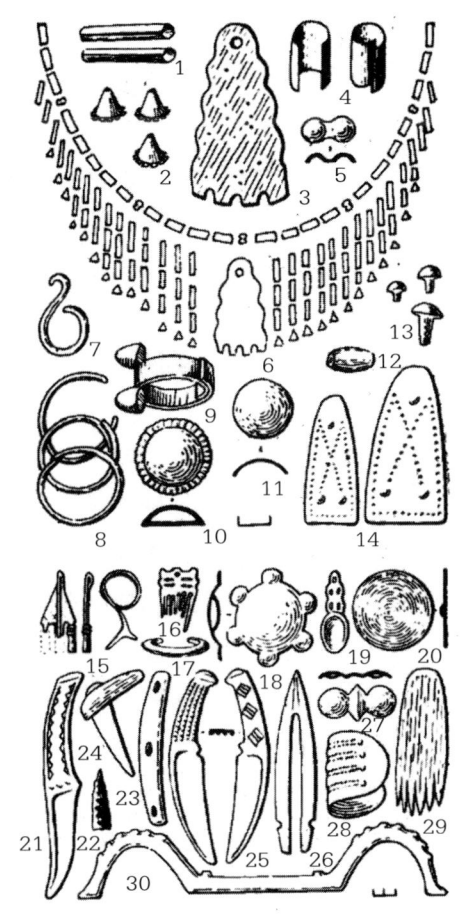

图4-3-2 叶尼塞河上游出土卡拉苏克文化器物

1.管 2、5、10、11、18.泡 3、14.牌 4、8、9、17、28.镯 6.颈饰 7.钩 12.珠 13.笄首 15.坠饰 16、29.梳 19.勺 20.镜 21、24、25.刀 22.石镞 23、26.骨饰 27.石扣 30.弓形器

---

① 参见邵会秋《新疆史前时期文化格局的演进及其与周邻文化的关系》，科学出版社2018年版，第401页。
② 参见韩建业《新疆青铜时代——早期铁器时代文化的分期与谱系》，《新疆文物》2005年第3期。
③ 参见田广金《近年来内蒙古地区的匈奴考古》，《考古学报》1983年第1期。
④ 参见乌恩《殷至周初的北方青铜器》，《考古学报》1985年第2期。
⑤ Членова Н.Л., Происхождение и ранняя история племен тагарской культуры, издательство "наука" москва, 1967, C.81-91.

口处,具有护身符或是萨满巫师法器的作用。① 与我国北方地区流行的萨满教中铜镜的位置和作用相似。卡拉苏克文化铜镜均为素面,直径较大,未见几何纹装饰,延续了安德罗诺沃铜镜的特点。我国新疆和北方地区常见的素面镜的形体要小一些,还见多圈同心圆环带装饰,这应当是我国新疆和北方地区特有的。有不少学者认为卡拉苏克文化青铜器受到我国北方地区的影响,从出土铜镜来看,两地虽然有一定的共性,但也存在个性,无法看出明显的相互影响关系。

四、早期铁器时代的游牧文化

进入公元前1千纪,欧亚草原出现游牧生活方式,逐渐形成不少善于骑射和征战的强大部族。这一时期,铁器使用明显增多,但青铜器还没有完全消退。在历史学家和考古学家多年来的持续努力下,目前已知的游牧文化有多支,如黑海北岸的先斯基泰文化和斯基泰文化（Scythian Culture）,顿河至乌拉尔河流域的萨夫罗马泰文化（Sauromation Culture）和后继的萨尔马泰文化（Sarmation Culture）,中亚草原的塞种文化（Saka Culture）,阿尔泰地区的巴泽雷克文化（Pazyryk Culture）,西萨彦岭的乌尤克文化（Uyok Culture）,米努辛斯克盆地的塔加尔文化（Tagar Culture）,贝加尔湖周缘及其东部森林草原地带的石板墓文化（Salb Culture）,公元前8世纪—前3世纪,欧亚草原中部和东部地区是东西方文化交流的桥梁地带,在新疆及我国北方地区的多种考古学文化中均能发现上述考古学文化因素的影响。②

米努辛斯克盆地的塔加尔文化墓地,其表面往往有圆形坟冢和石围,下有1—3个墓室,随葬品除了陶罐,还有刀、镜、管銎啄戈、用以两鬓装饰的泡等铜器,以及金耳环、骨梳、石扣等（图4-3-3）。③铜镜的边缘卷折,镜体呈盘状,镜缘垂直或接近垂直于镜面,是单钮铜镜中镜体较大的,最大直径达15厘

---

① Вадецкая Э.Б., Археологические памятники в степях среднего енисея. Ленинград издательство "наука" ленинградское отделение, 1986. 58-60.

② 参见马健《公元前8—前3世纪的萨彦—阿尔泰——早期铁器时代欧亚东部草原文化交流》,载余太山、李锦绣主编《欧亚学刊》第8辑,中华书局2008年版,第38—84页。

③ Лазаретов И.П., Поляков А.В., Лурье В.М., Амзараков П.Б., Финал эпохи палеометалла- в Хакасско-Минусинской котловине, Археология, этнография и антропология Евразии, № 1, 2023.

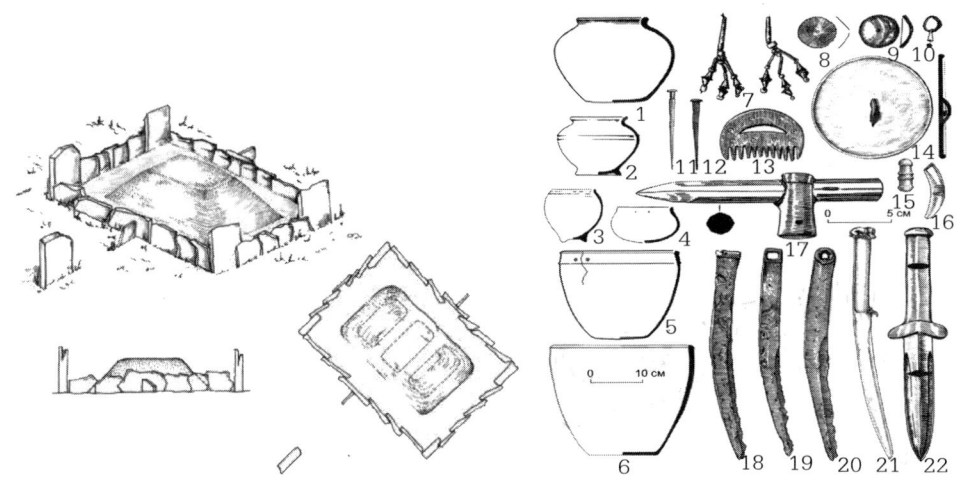

图 4-3-3 米努辛斯克盆地塔加尔文化墓葬地表复原及出土器物

左图：墓葬地表

右图：出土器物

1—6.陶罐 7.金耳坠 8、9.太阳穴装饰铜泡 10.喇叭铜耳环 11、12.铜锥 13.骨梳 14.铜镜 15.石扣 16.兽牙 17.管銎啄戈 18—21.铜刀 22.铜剑

米。往往与铜刀、石扣、带有圆圈状装饰的骨器等器物一起出土。在公元前7世纪—前6世纪，这种铜镜广泛地分布在米努辛斯克盆地、图瓦、阿尔泰、哈萨克斯坦、乌拉尔山至黑海北岸地区。

新疆出土的这类铜镜见于焉不拉克墓地、群巴克墓地、萨恩萨伊墓地和克孜尔水库墓地。无论是葬俗还是随葬品都表现出与南西伯利亚地区的相似，尤其是米努辛斯克盆地、萨彦、阿尔泰地区。就葬俗来说，墓主人头侧往往有1—2件陶器，腰部有刀、镜等，颈部、手腕和脚上有串珠链子装饰，身侧和脚部放置殉牲，不见整只殉牲，主要为羊和马的头、蹄等部位，一些马嘴带有马衔。出土器物既有相似也有区别，共同器物有素面无装饰的环首刀、马镫形马衔、三孔骨马镳、管銎戈、分尾式镞等，装饰品中除了折沿的铜镜，还有装饰多个圆圈的骨管、骨梳，有两三道凸棱的石扣，有穿孔的砺石及兽牙等。骨管、骨梳上的圆圈带有圆心点，或为两个同心圆，多见于欧亚草原东部的骨质器物装饰。石扣整体呈条状，长5厘米、宽3厘米左右，两端圆凸，一面平滑，一面为半圆形凸起来，往往有单数道凹槽，见一道、三道、五道者。带槽的石扣是早期游牧阶段的代表性物品之一，公元前8世纪至前6世纪广泛地分布在里海至图瓦地区，一般认为被用于收紧口袋或固定箭袋、镜袋，或者是连接腰带的扣。① 卡拉苏克文化墓地出土有平缘铜镜，以及带圆圈的骨梳和石扣②，塔加尔文化墓地见折沿镜，以及带圆圈的骨梳、石扣、兽牙组合。③ 类似的墓地随葬品组合也常见于阿尔泰地区。高度相似的葬俗和随葬品显示了境内外的联系和交流。

除了折沿铜镜，公元前5世纪至前3世纪的外贝加尔、图瓦、阿尔泰、哈萨克斯坦、蒙古等地广为流行且发现数量最多的钮柄镜也见于我国的新疆和北方地区，西南地区亦有发现，尽管数量不多，但分布范围较为广泛。与图瓦、阿尔泰地区钮柄镜为动物状短柄，或在镜面刻画动物装饰不同的是（图4-3-4），我国

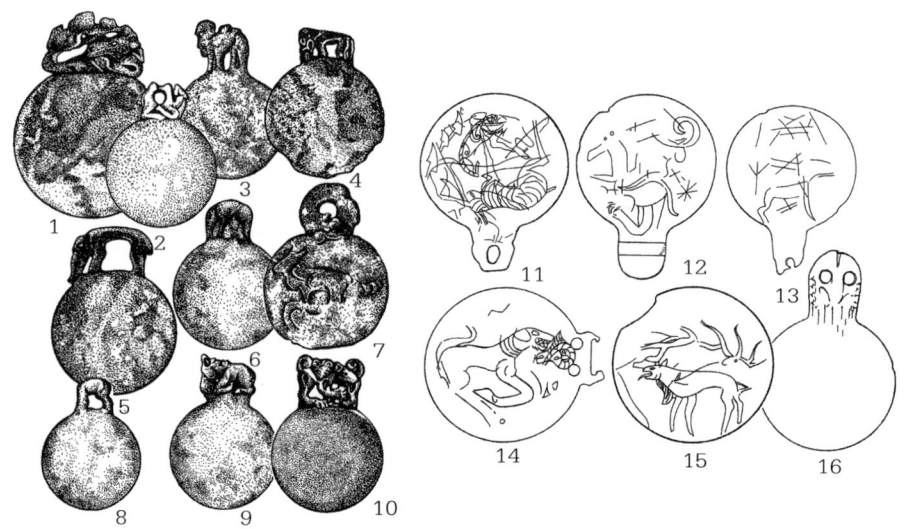

图4-3-4　动物装饰钮柄镜

1-10.动物状柄镜　11-16.刻画动物纹镜

---

① Кирюшин Ю.Ф., Тишкин А.А., Скифская эпоха горного алтая Часть I : культура населения в раннескифское время, Издательство Алтайского государственного университета, 1997, C. 82-91.
② Вадецкая Э.Б., Археологические памятники в степях среднего енисея. Ленинград издательство "наука" ленинградское отделение, 1986, C.58-60.
③ Лазаретов И.П., Поляков А.В., Лурье В.М., Амзараков П.Б., Финал эпохи палеометалла-в Хакасско-Минусинской котловине, Археология, этнография и антропология Евразии, № 1, 2023.

境内钮柄镜多见素面无装饰的。此外，我国钮柄镜出现时间可能要早一些，大约在西周晚期至春秋时期的河西走廊的沙井文化中较为流行，春秋晚期出现在新疆、北方地区及西南地区。在沙井文化中，与钮柄镜共存的铜器主要是小件的装饰品，如牌饰、环、铃、连珠饰等。俄罗斯学者库巴列夫指出，中亚是钮柄镜的起源地[①]，沙井文化钮柄镜与境外钮柄镜的关系尚需更多的考古学资料证实。

西北地区是出土早期铜镜数量最多、种类最为丰富的区域，新疆地区与河西走廊地区的青铜冶炼技术和铸造工艺早于中原地区，出土铜镜的时间也明显早于中原地区。这一区域位于欧亚草原东南部边缘，天然的优势使其与中亚和欧亚草原及更远区域保持密切的联系和交流，成为东西方文化交流的重要通道。但文化交流是一长时期且复杂的社会现象，通过多种途径进行，是一间接的、时断时续的长期过程，其深层次意义远非单纯的器物交换所能涵盖。铜镜作为物质交流中的一件微小器物，是欧亚草原诸多交流媒介之一，但其背后所蕴含的文化交流与传播价值，却是不容忽视的，映照着文化的广泛传播与相互影响，也彰显了人类文明的多样性和包容性。

---

① Куварев В.Д., Древние зеркала алтая , Археология, этнография и антропология Евразии, № 11, 2002.

第五章 相关问题的讨论

中国早期铜镜在公元前2000年至前1700年已经开始流行。尽管在日常生活中，铜镜只是微不足道的存在，早期铜镜形制相对简单，纹饰也并不十分精美，但它们却是中国早期青铜文化发展过程中不可或缺的一部分，不仅反映了当时社会的审美趣味和技术水平，还承载了丰富的文化内涵和历史信息。尤其是在欧亚文化交流的大背景下，中国早期铜镜的发展变化反映、折射了游牧文化和农耕文化区域内的交互作用，以及两种文化区域内外彼此影响的动态过程。

第一节 中国早期铜镜的起源及流布路线推测

单钮镜、多钮镜、手柄镜、钮柄镜、圆饼镜是中国早期铜镜的五种基本形制，不同的镜类在不同的历史时期有着各自独特的流行时间和流布路线。

一、单钮镜的起源及流布路线推测

单钮镜是东方系统铜镜的主要形制，也是中国早期铜镜中发现数量最多、最具代表性的镜类。单钮镜的起源不仅是中国早期铜镜研究中颇具争议的学术问题，也是探讨丝绸之路开通前中西文化交流的重要课题。

（一）单钮镜起源问题探究

在探究铜镜起源时，不能仅仅局限于探讨铜镜作为冶金产品的器物本身，而是要将其放置在冶金技术发展的社会背景下。这就涉及俄罗斯当代著名的冶金考古学家切尔内赫所提出的"冶金制造中心和地区"的概念。切尔内赫认为冶金技术和金属制品是导致社会变革的重要决定因素。他将铜合金制品的种类与人工金属制品的类型学研究结合起来，并将其与特定考古学文化金属制品的成分进行分析比较，根据它们之间的量化关系，结合观察和研究，认定其是否为冶金或制造中心，因为这些中心通常与一些特定的考古学文化或相关类型有十分密切的关系，很可能是后者的独特创造。[①] 在那些不一定直接拥有矿产资源，但一定维持着频繁而紧密的贸易联系的地区，相似的冶金制造技术传统有助于组成一个生产体系——冶金区（或者"技术文化网"），金属制品的消费者因此而获得建立冶金中心所需要的原材料和技术，于是诞生新的冶金中心，推动冶金区的形成与发展。不同的冶金中心人工制品的类型、生产加工方式、冶炼的特定技术、从事冶金制造的社会组织和结构较为相似，因为其内部共享着类似的冶金制造传统。这些区域的联系不仅限于物物交换，更涵盖了相关知识的广泛传播与深入交流。

切尔内赫将欧亚地区早期冶金技术发展划分为三个显著阶段。第一个阶段是公元前5千纪至前4千纪，纯铜制品首次在一些特定的考古学文化遗址中得以发现，这些考古学文化遗址主要分布于巴尔干—喀尔巴阡山冶金区，它们明显受到了来自安纳托利亚地区的冶金技术与文化的影响。经过数百年铜石并用时代向青铜时代的过渡，大约在公元前4千纪到前2千纪初，欧亚地区冶金技术进入第二个阶段，形成了环黑海冶金区，涵盖高加索、巴尔干—喀尔巴阡山、黑海北岸和小亚细亚地区的多个冶金中心，砷铜和纯铜制品是主要产品。第三阶段的时间跨度为公元前2千纪初期至前1千纪初期。冶金技术不仅在北部欧亚地区得到了更为广泛的传播，还实现了显著的发展与进步，巴尔干—喀尔巴阡山、高加索、乌拉尔是三个受影响最大的地区，涵盖东起阿尔泰山，西至第聂伯河的广大区域。[②] 这一阶段的显著特征是，含锡与多种其他合金成分的青铜器开始被更为广泛地制作并应用，青铜铸造工艺取得新进展，器物造型规范化。欧亚冶金区

[①] E.N. Chernykh, *Ancient Metallurgy in the USSR：the Early Metal Age*，Cambridge University Press，1992；[俄]柳德米拉·克里亚科娃、安德烈·叶皮马霍夫：《欧亚之门：乌拉尔与西西伯利亚的青铜和铁器时代》，陈向译，生活·读书·新知三联书店2021年版。

[②] 参见[俄]柳德米拉·克里亚科娃、安德烈·叶皮马霍夫《欧亚之门：乌拉尔与西西伯利亚的青铜和铁器时代》，陈向译，生活·读书·新知三联书店2021年版，第33页。

发达的冶金技术,以及乌拉尔山、哈萨克斯坦、天山及阿尔泰山地区的矿藏使很多冶金中心得以建立。

在延续环黑海冶金区技术传统的阿巴舍沃文化、辛塔什塔文化和来自东方的塞伊玛—图尔宾诺跨文化现象的影响下,大约从公元前1750年开始,乌拉尔地区的居民开始大规模开采外乌拉尔地区的矿藏,在哈萨克斯坦(安德罗诺沃文化地区)和阿尔泰地区,数个独立的冶金中心成立。其中,安德罗诺沃文化冶金区域内的冶金中心被认为是最大的,铜矿和锡矿的开采数量巨大,金属制品以铜锡合金为主。[①] 工匠们已经较为熟练地掌握了矿石开采和冶炼技术,采用陶范或石范铸造青铜器,尾部有插孔、中间有脊的箭镞,有銎的战斧,单刃或双刃匕首,以及刮刀、扁斧等新型工具出现,装饰品种类和数量增多,如各种装饰发辫、额头、衣物的垂饰,以及耳环、项链、手镯等。单钮镜正是在这一冶金技术迅猛发展及人们对装饰品需求剧增的背景下发展起来的。

位于欧亚草原东部冶金区边缘的中国新疆和北方地区,也受到了欧亚冶金区技术传统及流行器物的影响,新疆吉仁台沟口和河西走廊的西城驿开始生产铸造铜镜。吉仁台沟口遗址出土有炼炉、铜矿石、铜锭、风管、坩埚、范和炼渣等冶铸遗物。还发现有成套陶范范料、废料等,显示出完整的冶金环节和步骤(图5-1-1)。[②] 范以陶范为主,石范较少。陶范多为泥质褐陶,硬度较高,多采用合范技术铸造,有针、锥、泡、刀、镞、镜、啄戈、短剑等生活工具和武器。器物种类及形制与哈萨克斯坦、阿尔泰地区接近。遗址出土的陶镜范显示,至少在公元前1600年,生活在伊犁河谷的人群已经开始采用陶范工艺铸造单钮镜。从镜背范来看,铸造的铜镜素面无纹饰,镜面平直。这种铜镜是单钮镜中出现最早、流行范围最广的一种。西城驿遗址出土有铜矿石、铜渣、铜颗粒、炉渣、炉壁、鼓风管、范等冶铸遗物[③],范以石范为主,见镜范和权杖头范,从出土的一套

---

① 参见[俄]柳德米拉·克里亚科娃、安德烈·叶皮马霍夫《欧亚之门:乌拉尔与西西伯利亚的青铜和铁器时代》,陈向译,生活·读书·新知三联书店2021年版,第47—53页。
② 参见王永强、袁晓、阮秋荣《新疆尼勒克县吉仁台沟口遗址2015—2018年考古收获及初步认识》,《西域研究》2019年第1期。
③ 参见北京科技大学冶金与材料史研究所、甘肃省文物考古研究所《张掖西城驿冶金遗址调查报告》,《考古与文物》2015年第2期;陈国科、杨谊时、张山佳、王辉《张掖西城驿遗址新石器时代晚期—青铜时代人类冶金活动的元素地球化学记录》,《人类学学报》2021年第1期。

图 5-1-1　吉仁台沟口出土遗物
1.矿石　2.炭　3.风管　4.坩埚　5.炉渣　6.铜锭　7—9.铜刀　10.铜锥
11.陶镜范 F2∶11 正面、反面　12.范料　13.陶范　14.陶范 F12∶10

两件的镜范看，亦采用合范技术铸造，铸造有一周凸弦纹装饰的几何纹镜。新疆地区和河西走廊的单钮镜中可能有相当大一部分是这两个冶金地点采用石范和陶范铸造的众多冶金产品之一。

　　天山北路墓地是目前我国出土铜镜时间最早和数量最多的区域，前文曾分析了同心圆环带纹饰镜的来源，它们不一定是西城驿文化的产品，但可能受到了西城驿文化的影响。天山北路墓地中的一部分铜镜，尤其是素面铜镜可能与伊犁河谷的吉仁台沟口有关。一方面，有不少学者对中亚、南亚与我国新疆及北方地区的双向联系做过探讨和分析，如韩建业指出公元前 2000 年左右，甘肃张掖西城驿文化中的土坯墙房屋及新疆哈密天山北路墓地的部分土坯墓室的这类湿泥晒干的土坯当是从西亚、中亚经南疆传入河西地区的，齐家文化装饰斜线三角纹的铜镜可能受到了西方铜镜的启发，基本是甘青地区的发明。①另一方面，天山北路第一期墓地出土了目前最早的手柄镜，这面手柄镜是中亚地区同时期流行的手柄镜的常见形制，应当是通过伊犁河谷进入新疆并向东至哈密盆地。因此，吉仁台沟口铸造的铜镜出现在东部的天山北路墓地不无可能，镜范显示，铜镜以素面单钮镜为主，这类铜镜是天山北路墓地出土数量最多的。也就是说，如果天山北路文化人群没有掌握冶金技术并从事冶金活动，那么天山北路墓地铜镜应当是来自吉仁台沟口和西城驿的产品。

如前分析，齐家文化晚期墓地出土的素面单钮镜和连续三角纹构成的星纹镜可能是较早掌握冶金技术的西城驿人群的产品，齐家文化人群先是通过交换从西城驿人群处获得日常所需的铜器，在交换过程中也逐渐掌握了冶金技术。由此，吉仁台沟口素面单钮镜陶范、天山北路墓地素面铜镜和多圈同心圆环带纹饰铜镜、西城驿文化单圈弦纹单钮镜石范、齐家文化晚期素面铜镜和连续三角纹铜镜，形成了公元前2千纪上半叶欧亚冶金区技术传统影响下单钮镜自西向东发展的证据链。尽管这个证据链也有不完备的地方，如吉仁台沟口遗址并没有出土更早时期的单钮镜实物，多圈同心圆环带镜及连续三角纹饰镜范尚未发现等，但为探究单钮铜镜的起源和发展指明了大概路径。在欧亚草原东部地区，公元前3千纪晚期的扎曼—巴巴文化中已经出现单钮镜。公元前2250年至前1700年的巴克特里亚—马尔吉亚纳考古综合体中出现了"钮"状装饰镜。公元前3000年至前2000年，最晚至公元前1900年左右，额尔齐斯河森林草原已发现不少单钮镜。②公元前2千纪中叶，米努辛斯克盆地安德罗诺沃文化中流行边缘平直或微微凸起的单钮镜。③俄罗斯学者库兹米娜对中亚地区出土铜镜进行分析后指出，"当要阐明中国铜镜起源争议问题时，我们必须重视这个附录（指图57——引者注）所提供的数据，它们似乎指出这些饰物源于西方"，并假定在商代晚期，单

---

① 参见韩建业《早期东西文化交流的三个阶段》，《考古学报》2021年第3期。
② Молодин В.И., К вопросу о позднекротовской(черноозерской) культуре (прииртышская лесостепь), Arkheologiia, etnografiia i antropologiia Evrazii , № 1, 2014.
③ E. Loubo-Lesnitchenko，"Imported Mirrors in the Minusinsk Basin"，*Artibus Asiae*，Vol. 35，No. 1/2，1973，pp. 25–61.

钮镜穿过新疆到达中原地区。① 库兹米娜是俄罗斯著名考古学家，深耕考古领域50余年，对欧亚草原青铜文化研究十分精深，在国内学者对欧亚草原青铜文化认识和研究尚不十分深入的情况下，库兹米娜关于中国铜镜起源的观点值得重点关注。当然，目前的研究成果显示，商代晚期中原地区出现的铜镜可能来源于我国北方地区，并非库兹米娜认为的中亚草原，但在探究中国铜镜起源时，中亚地区确实是需要关注的重点区域。

目前的考古发掘资料显示，带有多圈同心圆环带纹装饰的单钮铜镜以及尕马台出土的那种连续三角纹装饰的单钮镜主要流行于我国的新疆东部和北方地区，中国的北方被认为这类铜镜的主要分布区域。而在中亚地区，似乎没有发现此类铜镜的踪迹，这一现象揭示欧亚冶金区内不同冶金中心的同类产品既有共性，也有个性。这种装饰是公元前2千纪上半叶新疆东部和甘青地区青铜技术创新的结果。②

（二）单钮镜流布路线推测

受欧亚草原东部冶金区域内单钮铜镜铸造和使用的影响，公元前2千纪上半叶，新疆伊犁河谷的吉仁台沟口和河西走廊的西城驿开始采用石范技术和陶范技术铸造生产素面和几何纹的单钮镜，并形成了两条不同的发展轨迹（图5-1-2）。

一条以吉仁台沟口为基础在新疆地区持续发展，始终表现出与欧亚草原东部地带的密切联系，以素面平缘单钮镜和折沿镜为主要特征，共存器物均为小件日用品和装饰品、马具等。西周中晚期至春秋初期出现的边缘较高、垂直或近乎垂直于镜背的折沿铜镜是欧亚大陆草原游牧文化的特色镜类。这类铜镜分布在黑

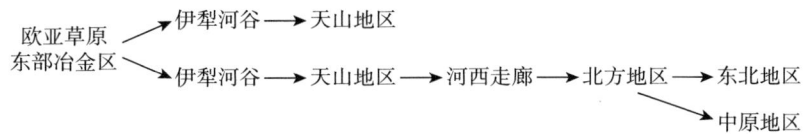

图5-1-2 单钮镜流布路线推测

---

① 参见［俄］叶莲娜·伊菲莫夫纳·库兹米娜《丝绸之路史前史》，［美］梅维恒英文编译，李春长译，科学出版社2015年版，第87—88页。
② 参见梅建军《关于新疆出土早期铜镜研究的几个问题》，载北京科技大学冶金与材料史研究所、北京科技大学科学技术与文明研究中心编《中国冶金史论文集》第五辑，科学出版社2012年版，第28—35页。

海北岸至阿尔泰山之间的广阔区域内,在米努辛斯克盆地、阿尔泰地区、哈萨克斯坦东北部出现的时间较早,最早为公元前8世纪—前7世纪①,在黑海北岸出现的时间在公元前6世纪末—前5世纪初②,这类铜镜被斯基泰人视为圣物,从欧亚草原东部地区带到黑海北岸。

俄罗斯学者认为这种折沿铜镜可能从中国传播到阿尔泰和哈萨克斯坦并向更远的区域传播。③从目前考古发现看,这一结论并不确切。如前述分析,折沿铜镜仅在新疆地区出土,墓地的葬俗和随葬品等方面表现出与南西伯利亚的密切关系。从时间看,新疆最早的此类铜镜要数萨恩萨伊墓地M106镜,年代为公元前8世纪—前6世纪,阔克苏西墓地镜的年代为公元前7世纪左右,接近或稍晚于阿尔泰地区的此类铜镜。从铜镜形制看,新疆出土的此类铜镜均为桥形镜钮,与部分斯基泰文化和塔加尔文化流行的相似,但在塔加尔文化和斯基泰文化中十分流行的那种镜钮呈凳子状、凳面有螺旋纹或动物纹装饰的折沿铜镜,不见于新疆地区。此外,新疆出土的折沿铜镜,除了焉不拉克墓地、群巴克墓地、克孜尔水库墓地、萨恩萨伊墓地发现的5面,在战国时期的呼图壁石门子墓地④、沙湾宁家河水库墓地⑤、尼勒克县克其克苏布台墓地和阿布散特尔墓地⑥各出土1面,目前发现的一共有10多面,而在《塔加尔文化的起源和早期历史》一书中统计的塔加尔文化单钮镜共435面,虽然包括平缘和这种折沿的铜镜两类,但从总数看,折沿铜镜在数量上远远超过了新疆地区出土的这10多面。因此,新疆地区作为边缘较高、垂直或近乎垂直于镜背的单钮铜镜的起源地域的证据并不充分,图瓦、阿尔泰地区及米努辛斯克盆地可能是其起源地。这类铜镜在新疆地区的出现与游牧民族的南下有关,可能是斯基泰人在欧亚草原东部活动,将这种铜镜带往黑海地区的过程中传入新疆地区。在这一过程中,蜷曲的动物形象也出现在新疆

---

① Кирюшин Ю.Ф., Тишкин А.А., Скифская эпоха горного алтая Часть I : культура населения в раннескифское время, Издательство Алтайского государственного университета, 1997, С. 82-91.
② 参见[苏联]巴尔采娃《斯基泰时期的有色金属加工业——第聂伯河左岸森林草原地带》,张良仁、李明华译,兰州大学出版社2012年版,第90页。
③ Кирюшин Ю.Ф., Тишкин А.А., Скифская эпоха горного алтая Часть I : культура населения в раннескифское время, Издательство Алтайского государственного университета, 1997, С. 82-91.
④ 参见新疆文物考古研究所《新疆呼图壁石门子墓地发掘简报》,《文物》2014年第12期。
⑤ 参见新疆文物考古研究所《新疆沙湾宁家河水库墓地发掘简报》,《文物》2020年第4期。
⑥ 参见新疆文物考古研究所编《2018新疆文物考古年报》,新疆文物考古研究所,2018年,第85—86页。

察吾呼墓地的铜镜上，形成了新的镜类，但没有得到进一步的发展。

黑沟梁墓地中出土的羽状地纹镜残片显示[①]，中原铜镜在新疆地区出现的时间可能是战国早中期。因为羽状地纹铜镜于战国早期在楚地出现，并流行至战国中期，战国晚期则较为少见。[②] 即使战国铜镜在中原地区大放异彩，在新疆地区却没有较多的发现，显然，欧亚草原用镜传统依然牢固。

单钮镜的另一条流布路线以河西走廊的西城驿文化为基础进一步发展，以素面单钮镜和几何纹镜为主要特征，满足自身及周边人群，如天山北路文化和齐家文化人群的需求，商末周初沿长城沿线持续向东在北方地区流布，最远至辽宁喀左、法库一带，同时由甘青地区南下至黄河下游的中原地区，直到春秋晚期具有中原风格的晋式镜的出现而结束。

多圈同心圆环带纹是北方系铜镜的主要纹饰，商人在与北方地区人群的交往中接受了这种铜镜，经过中原地区工匠的创造，部分等分单元纹饰铜镜融入了中原文化因素，如乳钉纹、"3"字纹装饰，但几何纹铜镜并没有流行开来，商晚期以后消失不见。周人灭商后没有继承和发扬使用铜镜的习俗。尽管周灭商前已经开始使用素面桥形钮镜，并在此基础上形成了橄榄钮和覆斗形钮镜，但使用铜镜的人群身份不高，属于拱卫岐周的士兵群体，可能是他们在同周边的鬼方、戎狄等游牧民族征战的过程中接受了铜镜，并对镜钮进行了简单的改造。铜镜使用群体的特殊身份及较低的社会地位使其并不能大规模传播流行，周人始终没有接受使用铜镜的习俗和传统。

春秋晚期，铜镜在晋国完成了中原化的过程。青铜铸造技艺高超的晋国工匠借鉴器盖、当卢等圆形青铜器的制作工艺，施以青铜器上最为流行的龙凤纹、蟠螭纹，以及贝纹、陶索纹等常见的铜器边沿纹饰，形成了中原风格的铜镜。楚国在与晋国的贸易往来和交流中，接受了铜镜的使用，结合楚国发达的铜器铸造技术，形成小钮、素面或有凸弦纹装饰、铸造精良的早期特点，并迅速发展出山字镜、羽状地纹镜等楚式镜，将铜镜的使用推向第一个高峰。

需要指出的是，单钮镜的流布并不是一直遵从由西向东向南的路径，战国

[①] 参见磨占雄《黑沟梁墓地与东黑沟墓地的考古类型学比较研究》，硕士学位论文，西北大学，2008年。
[②] 参见孔祥星、刘一曼《中国古代铜镜》，文物出版社1984年版，第28页。

时期楚镜使用习俗确立后,山字纹镜、羽状纹镜伴随着楚地的丝绸、漆器迅速开始了由南向北、由中原向北方的传播,以中原楚地为起点向北进入陕晋高原,顺着河西走廊一路向西,沿天山北路进入阿尔泰山、米努辛斯克盆地的社会上层人士生活中。巴泽雷克M6出土的丝绸和山字铜镜(图5-1-3,1~3)[1]、米努辛斯克盆地叶卡捷琳诺夫卡墓地出土的山字镜及羽状地纹镜(图5-1-3,4、5)[2]均来自战国时期的楚地。有意思的是,哈萨克斯坦出土了一件带有短柄的山字铜镜,楚镜的样式结合了欧亚草原铜镜常见的短柄,显然是当地人们为了适应游牧生活的需要进行了加工改制(图5-1-3,6)。[3] 丝绸之路开通后,中原文化西进的势头更明显,中亚地区不仅出土了来自中国的汉式镜(图5-1-3,7),当地还大量模仿铸造汉镜(图5-1-3,8),据不完全统计,共有46面之多[4],见证

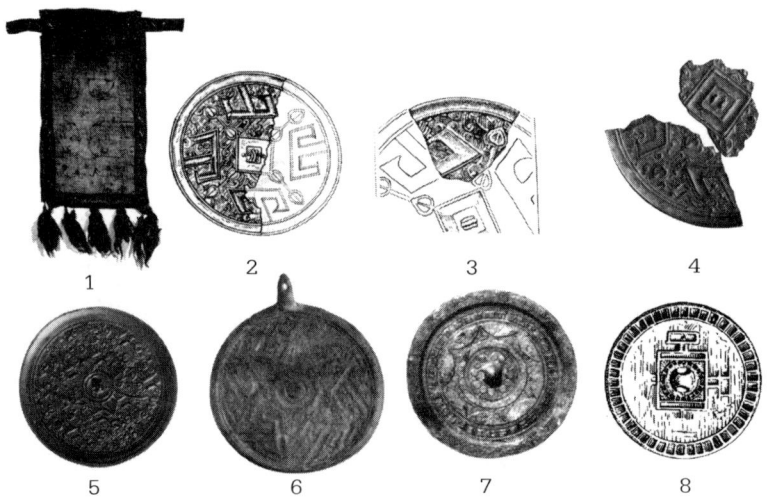

图5-1-3　阿尔泰、米努辛斯克盆地出土的中国器物

1-3.巴泽雷克出土丝绸和铜镜　4、5.叶卡捷琳诺夫卡出土铜镜
6.哈萨克斯坦出土改制铜镜　7、8.中亚出土汉镜和仿汉镜

---

[1] 图片见杨建华、邵会秋、潘玲《欧亚草原东部的金属之路:丝绸之路与匈奴联盟的孕育过程》,上海古籍出版社2016年版,第431页。
[2] E. Loubo-Lesnitchenko, "Imported Mirrors in the Minusinsk Basin", *Artibus Asiae*, Vol. 35, No.1/2, 1973, pp.25-61.
[3] 参见吴晓筠《商周时期铜镜的出现与使用》,《故宫学术季刊》2017年第2期。
[4] 参见白云翔《汉式铜镜在中亚的发现及其认识》,《文物》2010年第1期。

了汉文化在中亚地区的传播。

二、多钮镜的起源及流布路线推测

多钮镜是春秋中期开始在东北地区流行的一种独特的镜类。2个以上的镜钮,与东北亚系青铜短剑共存是其主要特色。多钮铜镜源于中国东北地区大凌河流域是目前学界公认的观点,辽宁朝阳十二台营子出土的铜镜被认为是多钮镜的最初形态。与其他类型铜镜中首先出现素面镜不同的是,多钮镜中首先出现的是几何纹镜。春秋中期至晚期,纹饰由三角勾连纹、三角纹、曲尺纹等组成,并且呈现由镜面边缘向镜背发展的过程。纹饰在镜面时,多为三角纹或曲尺纹,环绕在镜面边缘,纹饰在镜背时,为勾连三角纹间饰平行线,往往布满镜背包括镜钮。镜钮的数量多为2个以上,散布于镜背边缘。与铜镜共存的青铜短剑,剑身较长较宽,脊突隆起显著,多呈琵琶状。虢国墓地出土的那面双钮鸟兽纹镜,即受到了东北地区流行的这类多钮镜的影响。值得注意的是,这一时期多钮镜的纹饰和出土位置显示了其与宗教用镜的密切关系,详见后叙。

战国时期,几何纹饰依然是多钮镜的主流纹饰,三角勾连纹继续流行,如本溪梁家镜M1:2(图5-1-4,1)[①],几何纹也发生了一定的变化,以镜钮为中心呈放射状,形似叶脉或蛛网。辽宁丹东赵家堡出土镜主体纹饰为近20组叶脉状纹(图5-1-4,2)[②],吉林集安出土镜主体纹饰形似蛛网状(图5-1-4,3)。[③]素面多钮镜也在战国时期出现,双钮、凸缘,铸造不甚精良(图5-1-4,4)。战国晚期还出现了动物纹装饰的多钮镜,见刘家哨出土镜(图5-1-4,5)[④],双钮外环绕有六只曲项的似大雁或鹅的鸟纹,靠近边缘处饰两组互相缠绕的纠结纹。多钮镜中较晚的为战国晚期至西汉时期的吉林桦甸西荒山屯M2出土镜(图

[①] 参见魏海波《本溪梁家出土青铜短剑和双钮镜》,《辽宁文物》1984年第6期。
[②] 参见许玉林、王连春《丹东地区出土的青铜短剑》,《考古》1984年第8期。
[③] 参见集安县文物保管所《集安发现青铜短剑墓》,《考古》1981年第5期。图片见张英《吉林出土铜镜》,文物出版社1990年版,第4页。
[④] 参见梁志龙《辽宁本溪刘家哨发现青铜短剑墓》,《考古》1992年第4期。

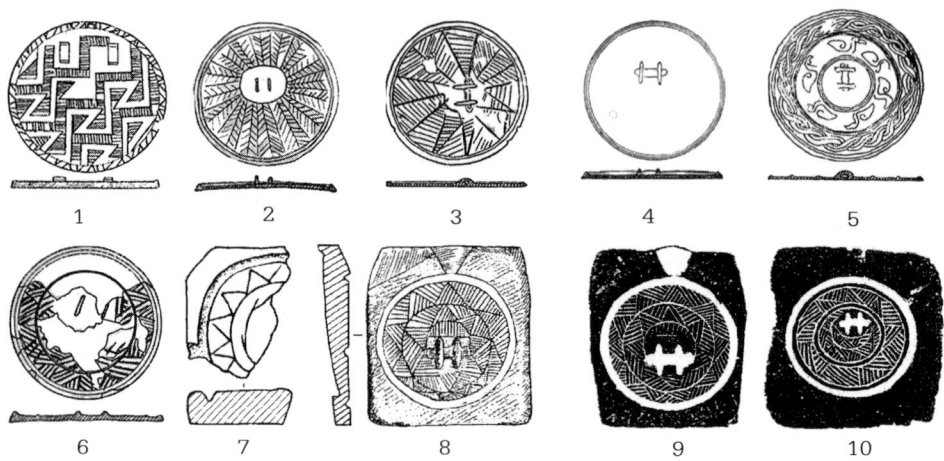

图 5-1-4　多钮镜及石镜范

1—6. 多钮镜　7—10. 石镜范

（1. 本溪梁家 M1:2　2、4. 丹东赵家堡出土　3. 吉林集安出土　5. 刘家哨出土　6. 西荒山屯 M2 出土　7. 辽东南山岗出土　8、9. 通化小都岭出土　10. 东丰大架山出土）

5-1-4,6）①，从纹饰看可能是勾连三角纹间饰平行线纹饰镜的简单形态，勾连纹消失，仅保留三角纹装饰。战国时期的多钮镜除了纹饰与春秋时期不同外，镜钮的数量和位置较为固定，一般为两个，平行并列，位于镜背稍稍偏离中心处。与铜镜共存的青铜短剑，不见脊突明显的琵琶形短剑，剑身变细，脊突隆起不明显，往往被称为细型青铜剑。

大约在公元前3世纪，中国东北地区流行的多钮镜和细型短剑、铜矛、铜戈开始向俄罗斯沿海地区、朝鲜半岛和日本列岛流布。俄罗斯滨海地区迈黑河鸽子岗墓地②、沿海州伊兹维斯托夫石椁墓③中，铜镜均与细型短剑、铜矛一起出土（图 5-1-5）。铜镜纹饰与桦甸西荒山屯镜十分相似，以连续三角形为主要纹饰，间填平行线，凸弦纹将镜背分为内、中、外三区。两座墓葬出土的细形铜剑与桦

---

① 参见吉林省文物工作队、吉林市博物馆《吉林桦甸西荒山屯青铜短剑墓》，载东北考古与历史编辑委员会编《东北考古与历史丛刊》第一辑，文物出版社1982年版，第141—153页。
② 参见张锡瑛《试论东北地区先秦铜镜》，《考古》1986年第2期。
③ 参见王建新《东北亚系青铜剑分类研究》，《考古学报》2002年第2期。

甸西荒山屯铜剑形制一致，铜矛形制与丹东赵家堡、四平街出土的相似①，但刃部收尾处较尖，应为仿中原式铜矛制作。

日本列岛和朝鲜半岛流行一种由填饰平行线的三角形、四边形、圆形图案装饰的多钮镜，纹饰纤细，繁缛精良，被称为精纹镜或细纹镜。与东北地区流行的纹饰较粗、铸造不甚精良的多钮镜形制相似，但纹饰明显不同。与细纹多钮镜共存的器物除了辽西地区常见的细型青铜短剑及当地仿制的中原式青铜矛外，还有一种方形内、有较长的援、上下锋各有连弧的青铜戈。如日本吉武高木3号墓不仅出土多钮镜、细型青铜短剑，还出土有这种青铜戈（图5-1-6）。② 韩国全罗南道咸平郡草浦里石棺墓出土遗物亦包含多钮镜、细型青铜短剑和青铜戈（图5-1-7）。③ 这种戈与辽西地区战国中早期的戈十分相似，有学者认为其源头就在中国的辽西地区，此外，朝鲜半岛和日本列岛流行的铜铎，也是源于中国北方

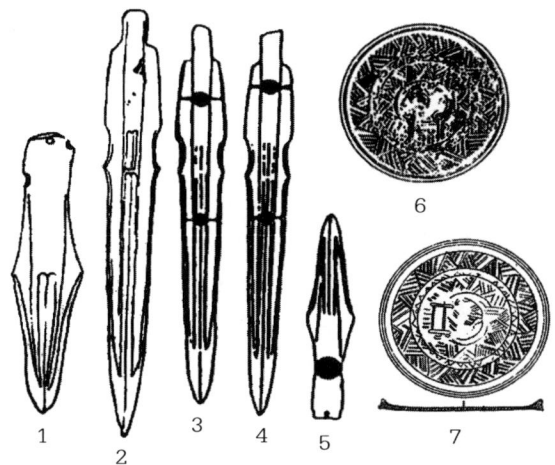

图5-1-5　俄罗斯滨海地区出土铜剑、铜矛及多钮镜

1、5.铜矛　2-4.铜剑　6、7.铜镜（1、2、7.迈黑河鸽子岗　3-6.伊兹维斯托夫）

---

① 参见许玉林、王连春《丹东地区出土的青铜短剑》，《考古》1984年第8期。
② 参见福冈市教育委员会《吉武高木——弥生时代埋藏遗迹的调查概要》，西日本新闻印刷株式会社，1986年。
③ 参见李健茂、徐声勋.함평초포리유적［A］.국립광주박물관학술총서 제14책［C］.광주：국립광주박물관，1988：11-24。图片见杜超《东北亚系多钮几何纹铜镜研究》，硕士学位论文，西北大学，2020年。

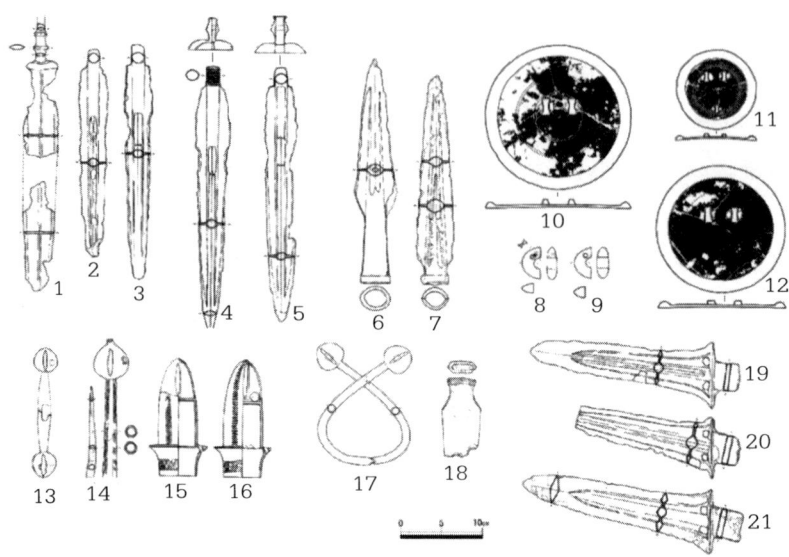

图 5-1-6　日本福冈县吉武高木 3 号木棺墓出土器物

1. 中原式铜剑　2—5. 细形铜剑　6、7. 铜矛　8、9. 曲玉　10—12. 多钮几何纹铜镜　13、17. 双头铃
14. 单头铃　15、16. 竿头铃　18. 铜斧　19—21. 铜戈

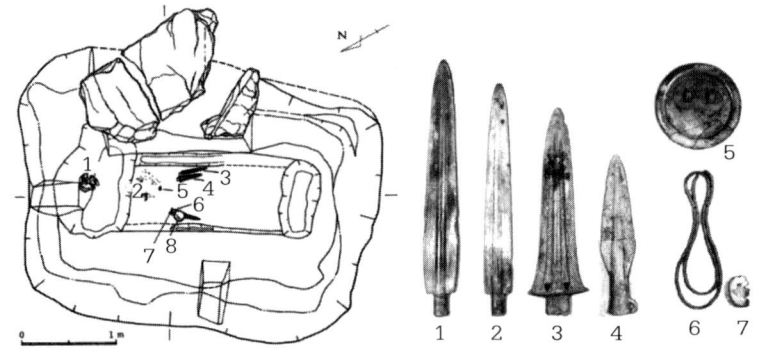

图 5-1-7　韩国全罗南道咸平郡草浦里石棺墓平面图及出土器物

1、2. 细形铜剑　3. 铜戈　4. 铜矛　5. 多钮几何纹铜镜　6. 管玉　7. 勾玉

辽西一带。① 这些与北方系青铜器有关的铜器来源于中国辽西地区的凌河类型，通过辽东地区向西向东传播到朝鲜半岛和日本。②

韩国学者李清圭将我国东北地区、日本列岛和朝鲜半岛出土的多钮镜分为三种类型：A 型粗线三角勾连纹带镜、B 型三角形或四边形内填平行线纹饰镜、C 型三角形或四边形内填密集线纹和小同心圆组合纹饰镜，A 型和 B 型铜镜为粗纹镜，C 型镜为细纹镜。公元前 9 世纪 — 前 7 世纪，A 型粗纹镜与琵琶形青铜短剑出现在辽西地区，并向辽东地区传播，公元前 6 世纪 — 前 5 世纪，A 型粗纹镜与琵琶形青铜短剑出现在辽东地区和朝鲜半岛，公元前 4 世纪 — 前 3 世纪，B 型粗纹镜与细型青铜短剑出现在吉林、俄罗斯滨海地区及朝鲜半岛的西南部和西北部，公元前 3 世纪 — 前 2 世纪，C 型细纹镜与细型青铜短剑出现在朝鲜半岛西南部以及日本列岛。③

目前发现的关于多钮镜的遗物除了铜镜，在辽东南山岗④、东丰大架山⑤、通化小都岭⑥还发现了铸造多钮镜的石范（图5-1-4，7~10）。这四件石范均为镜背范，南山岗石范残损，似未完工，可以看到三角纹及凸弦纹。大架山及小都岭石范上的纹饰与吉林桦甸西荒山屯 M2 镜十分相似，均为双钮、圆形钮座、凸缘，纹饰由凸弦纹分为内、外两区，连续三角纹间填饰平行线。日本和朝鲜半岛也发现了类似的双钮镜石范，白云翔研究后认为朝鲜半岛和日本九州的石范技术源于中国甘青地区，在不晚于公元前 2000 年到公元 3 世纪前后长达两千多年的时间里，石范铸造铜镜技术沿长城向东传播，穿过中国的东北地区，到达朝鲜半岛和日本的九州地区。⑦ 多钮铜镜的纹饰特点、分布地域和时间，也验证了这一观点。

多钮铜镜在俄罗斯滨海地区、朝鲜半岛和日本列岛的出现，与公元前 3 世纪

---

① 参见郭大顺《辽东地区青铜文化的新认识》，载辽宁省文物考古研究所、[日]中国考古学研究会编《东北亚考古学研究 —— 中日合作研究报告书》，文物出版社 1997 年版，第 237—241 页。
② 参见李海荣《北方地区出土夏商周时期青铜器研究》，文物出版社 2003 年版，第 88 页。见第 333 页图九十八。
③ 参见[韩]李清圭《多钮镜的随葬方式及其含义》，载北京大学出土文献研究所编《青铜器与金文》第 5 辑，上海古籍出版社 2020 年版，第 47—57 页。
④ 参见唐洪源《吉林辽东公路沿线文物调查简报》，《博物馆研究》1992 年第 1 期。
⑤ 参见张英《吉林出土铜镜》，文物出版社 1990 年版，第 2—3 页。
⑥ 参见满承志《通化县小都岭出土大批石范》，《博物馆研究》1987 年第 3 期；张英《吉林出土铜镜》，文物出版社 1990 年版，第 2—3 页。
⑦ 参见白云翔《试论东亚古代铜镜铸造技术的两个传统》，《考古》2010 年第 2 期。

初燕国的扩张有关。战国晚期，燕国大将秦开却东胡取辽东，将燕国的疆域扩展到辽西和辽东乃至朝鲜半岛西北部地区。《史记·匈奴列传》载："燕有贤将秦开，为质于胡，胡甚信之。归而袭破走东胡，东胡却千余里，与荆轲刺秦王秦舞阳者，开之孙也。"《三国志·东夷传》注引《魏略》载："后子孙稍骄虐，燕乃遣将秦开攻其西方，取地二千余里，至满番汗为界，朝鲜遂弱。"王建新认为这一事件可能发生在公元前284年以前，秦开却胡导致辽西地区和辽河平原的部分居民迁徙到朝鲜半岛，并带去了东北地区的青铜文化。①

汉王朝对东北地区的统治依然强势。《汉书·武帝纪》载"（元封三年，前108）夏，朝鲜斩其王右渠降，以其地为乐浪、临屯、玄菟、真番郡"，这是汉武帝在灭卫氏朝鲜后为加强对东北地区的统治而采取的重要手段。《资治通鉴·汉纪十三》《册府元龟》等史料中均有关于在东北地区设置四郡的记载，在强大的汉文化的影响下，铸造粗糙、纹饰简单的多钮镜逐渐被铸造精良、纹饰精美的汉式镜取代而逐渐消失。

三、手柄镜的起源及流布路线推测

公元前3200—前2700年，手柄镜出现在古埃及，很快为地中海沿岸、近东地区的人群所接受，随着欧亚草原人群的迁徙和流动，手柄镜逐渐向东传播，镜面与手柄的连接方式出现插接式、一体铸造式、铆接式的变化，装饰纹样和风格也呈现不同特征。在我国，手柄镜以新疆地区为主要流行区域，上述提到的三种镜面与手柄组合方式的手柄镜均有发现，在西汉时期还出现了合铸式手柄镜。合铸式手柄镜在西藏高原也偶有发现，但地域特征十分明显。

插接式手柄镜最先出现在新疆地区。天山北路墓地出土的那面手柄镜是目前发现的最早的，大约在公元前2000年至前1700年。中亚南部绿洲纳马兹加文化年代大约为公元前2千纪初期的Ⅴ期墓地中也发现有类似的插接式手柄镜。伊朗北部公元前3000—前2000年的墓葬中已有类似铜镜出土（5-1-8，1、2）。②

---

① 参见王建新《东北亚系青铜剑分类研究》，《考古学报》2002年第2期。
② Кузнецова Т.М., О времени и условиях появления дронзовыз зеркал в Северопонтийском регионе, Археология, этнография и антропология Евразии, № 4, 2018.

这些铜镜均有长椭圆形镜面，边缘连铸有逐渐变细的锥状短柄，共存器物常见耳环、泡等身体和衣物装饰品，这在天山北路墓地也十分常见。

插接式手柄镜在新疆并未持续流行，春秋晚期吉尔赞喀勒墓地出土手柄镜显示，手柄与镜面插接后还用铆钉进行加固，因手柄遗失可以看到镜面短柄上的圆形小孔——铆接孔。类似用铆钉加固的手柄镜在公元前7世纪至前6世纪咸海北部、南乌拉尔、哈萨克斯坦等早期塞种人的墓葬中出土多面[①]，如南乌拉尔地区出土的手柄镜，手柄很长且末端变细变尖，形似尖刀（图5-1-8，3~5）。直到西汉时期，新疆地区还能见到此类铜镜，四棵树墓地2002年发掘出土铜镜针锥状短柄上套合的卡箍，是为加固手柄与镜面连接之用（图5-1-8，6）[②]，镜背边

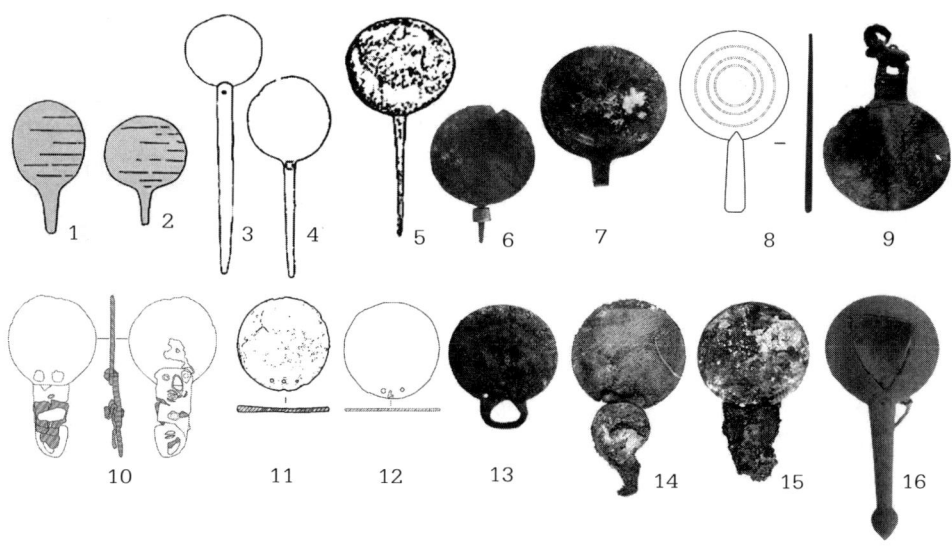

图5-1-8 手柄镜

1、2.伊朗北部出土 3—5.南乌拉尔出土 6.2002年四棵树墓地出土 7.和静拜勒其尔M201出土 8.四棵树墓地M3出土 9.叶什克列克墓地出土 10.伊吾县托背梁M3:8 11.白杨河M47:2 12.宁家河M112:1 13.黑沟梁M10:10 14、15.交河沟北1号墓地M16、M10出土 16.吐鲁番胜金店M13:9

---

① Таиров А. Д., Раннесакские боевые пояса, Russian Social Sciences and Humanities Periodicals（UDB-EDU），Российская археология, № 1, 2004.
② 参见《西域文物图考》编委会编《西域文物图考》3，新疆文化出版社、新疆电子音像出版社2016年版，第3662页。

缘以较细的阴线刻画两周装饰，卡箍上錾刻网格纹，显示其与中亚地区的密切联系。新疆和静县拜勒其尔墓地 M 201 出土镜（图 5-1-8，7）①，镜面圆形，直径 17—17.4 厘米，下部收拢为长方形短柄，高约 3.5 厘米，亦为插接手柄所预留。不管镜面边缘连带的短柄是针锥状、方形或带有铆钉孔，还是针锥状与卡箍组合，均为插接组合手柄之用，这些形状的短柄及与手柄的组合方式均为古埃及镜的形制，只是手柄遗失无法推测其是否像古埃及镜的手柄那样材质多样、变化丰富，还是像塞种人墓葬中出土的那样有长长的尖刀形柄。

商末周初，一体铸造成型的手柄镜开始流行。此镜型是目前发现数量较多的，也是流行时间较为连续的，从商末周初的吉仁台沟口镜和五堡墓地镜，到西周中晚期至春秋早期的群巴克墓地镜，到春秋末战国初的东麦里墓地镜，以及战国时期的尼勒克县别特巴斯陶墓地镜②、新源县铁木里克出土镜③，再到西汉时期乌苏市四棵树三号墓地 M 3 出土镜（图 5-1-8，8）。④ 战国时期，站立动物装饰出现在手柄镜上，如特克斯县叶什克列克墓地出土镜（图 5-1-8，9），手柄末端为一站立的大角羊，双角后仰至脖颈处，背部有半圆形系耳⑤，具有明显的欧亚草原文化的特色。

一体铸造的手柄镜大约在公元前 2000 年出现的近东地区。⑥ 商末周初这类铜镜在新疆地区的出现，受到公元前 12 世纪—前 9 世纪分布在七河流域和费尔干纳盆地的安德罗诺沃文化七河类型的影响。七河地区的沙马什和萨德沃耶窖藏均出土有这种一体式手柄镜。新疆出土一体式手柄镜的遗址或墓葬也显示了与安德罗诺沃文化遗存的密切联系。如吉仁台沟口遗址中的房址及出土陶器、铜器等

---

① 参见王宗磊《1993 年和静拜勒其尔墓地发掘收获》，《新疆文物》1994 年第 3 期；新疆文物考古研究所《和静县拜勒其尔石围墓发掘简报》，《新疆文物》1999 年第 3、4 期。图片见新疆维吾尔自治区文物事业管理局等编《新疆文物古迹大观》，新疆美术摄影出版社 1999 年版，第 175 页。

② 参见刘学堂、托呼提、阿里甫《新疆尼勒克县别特巴斯陶墓群全面发掘获重要成果》，《西域研究》2004 年第 1 期。

③ 参见新疆文物考古研究所《新疆新源铁木里克古墓群》，《文物》1988 年第 8 期。

④ 参见新疆文物考古研究所《2015 年乌苏市四棵树墓群考古发掘报告》，《新疆文物》2016 年第 1 期。

⑤ 参见新疆文物考古研究所、伊犁州文物管理所《特克斯县叶什克列克墓葬发掘简报》，《新疆文物》2005 年第 3 期。

⑥ Pauline Albenda, "Mirrors in the Ancient Near East", *Notes in the History of Art*, Vol. 4, No. 2/3, Winter/Spring 1985, pp. 2-9.

遗物的考古学文化特征与安德罗诺沃文化遗存相似,别特巴斯陶墓群出土的夹砂灰陶缸形器以及尼勒克、特克斯两处墓地出土的大口圆腹小底的罐形器、直壁微鼓腹的缸形器和喇叭口形耳环与安德罗诺沃文化的同类器造型相同。正是在安德罗诺沃文化扩张,尤其是七河类型的影响下,一体式手柄镜沿伊犁河谷进入新疆境内并向东流布,由于新疆当地已经开始铸造和使用圆形单钮铜镜,且受到来自东方的文化的影响,其东进的势头止步于新疆东部的哈密盆地,并没有出现在更东的地区。

公元前5世纪左右,伊犁河谷开始了一体式手柄镜的本地铸造。目前中国境内发现的带柄镜范均为石范,未见陶范,且仅有伊犁河谷发现的3件,均为一体式手柄镜范,国内其他地区尚未发现。特克斯县采集的石镜范尚未完工,仅存的单面范上可见刻画出的圆形镜面及长手柄的轮廓(图5-1-9,1)。伊宁县维吾尔俞其瓮乡采集的石镜范为一套2件,底范可见一手柄镜,镜面为心形,手柄上窄下宽,与镜面连接处有两个半圆形系耳(图5-1-9,2)。刘学堂等指出伊宁县的石范很可能受到中亚西部带柄镜的影响,结合新疆出土手柄镜推断这三面石质手柄镜范的年代为公元前1千纪中叶。① 石范铸造技术约在公元前5千纪出现在欧亚草原西部,公元前4千纪出现在中亚西部的草原地带,公元前3千纪末到

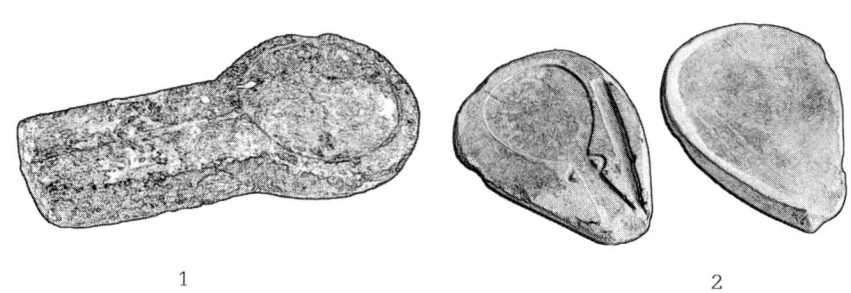

图5-1-9 手柄镜石范
1.特克斯县采集 2.伊宁县采集石范正面、反面

---

① 参见刘学堂、李溯源《新疆发现的铸铜石范及其意义》,《西域研究》2008年第4期。

前2千纪前半叶出现在我国西北地区，如新疆东部、甘青地区。[1]伊犁河谷出土的石范以及手柄镜是欧亚草原青铜冶铸技术和青铜文化不断向东传播沿西部天山山脉进入新疆的结果。

铆接式手柄镜在欧亚草原东部的出现与斯基泰人的活动有关。斯基泰人在同希腊人的接触中开始使用这种类型的铜镜，并将其带到欧亚草原东部地区。苏贝希三号墓地出土的这类铜镜是新疆地区发现较早的，在公元前5世纪—前3世纪，战国中晚期有更多的此类铜镜出现。如伊吾县托背梁 M3 出土镜（图 5-1-8,10）[2]、白杨河墓地 M47 出土镜（图 5-1-8,11）[3]、沙湾宁家河水库墓地 M112 出土镜（图 5-1-8,12）[4]、尼勒克县别特巴斯陶墓地出土镜[5]等，时间最晚的可能为新源县巩乃斯种羊场5号墓出土镜[6]，已至西汉初期。黑沟梁墓地 M10 还出土2面在钮柄镜边缘钻出两个铆钉孔、铆接手柄的铜镜，其中一铆钉孔中还残存有铆钉（图 5-1-8,13）。[7]将原本用于捏持镜缘或悬挂使用的钮柄镜改造为持柄式的手柄镜，反映了手柄镜使用习惯的稳定性。

出土铆接式手柄镜的墓葬显示出与南西伯利亚地区的密切联系。塔城和阿勒泰、巴里坤出土铆接式手柄镜墓葬的形制、葬式、随葬品与公元前8世纪—前3世纪萨彦—阿尔泰地区十分接近。[8]如富蕴县塑柯尔特 M4 和阿尔泰地区的特特克斯肯Ⅵ墓地27号墓[9]，地表均有砾石和土混合而成的圆形封堆，长方形竖穴土坑内有木棺，侧身屈肢葬式，随葬匹马的习俗，以及随葬耳环、石珠、铆接式

---

[1] 参见刘学堂、李文瑛《中国早期青铜文化的起源及其相关问题新探》，载四川大学中国藏学研究所主编《藏学学刊》第3辑，四川大学出版社2007年版，第1—63页。
[2] 参见西北大学文化遗产保护与考古学研究中心、新疆文物考古研究所、哈密地区文物局《2009年新疆伊吾县托背梁墓地发掘简报》，《考古与文物》2014年第4期。
[3] 参见新疆文物考古研究所《新疆塔城地区白杨河墓地发掘简报》，《考古》2012年第9期。
[4] 参见新疆文物考古研究所《新疆沙湾宁家河水库墓地发掘简报》，《文物》2020年第4期。
[5] 参见刘学堂、托呼提、阿里甫《新疆尼勒克县别特巴斯陶墓群全面发掘获重要成果》，《西域研究》2004年第1期。发掘者认为其为牌饰，实为镜。
[6] 参见新疆社会科学院考古研究所《新疆新源巩乃斯种羊场石棺墓》，《考古与文物》1985年第2期。
[7] 参见磨占雄《黑沟梁墓地与东黑沟墓地的考古类型学比较研究》，硕士学位论文，西北大学，2008年。图片见哈密博物馆《哈密文物精粹》，科学出版社2013年版，第167页。
[8] 参见马健《公元前8—前3世纪的萨彦—阿尔泰——早期铁器时代欧亚东部草原文化交流》，载余太山、李锦绣主编《欧亚学刊》第8辑，中华书局2008年版，第38—84页。
[9] Кирюшин Ю.Ф., Тишкин А.А., Скифская эпоха горного алтая Часть I: культура населения в раннескифское время, Издательство Алтайского государственного университета, 1997, C. 200 .fig. 32.

手柄镜等,几乎完全一致(图5-1-10)。宁家河水库墓地M112出土的金狮头箔片的加工工艺、动物纹饰种类、造型特征及作为衣物装饰的用途与巴泽雷克文化同类器物基本一致。张良仁分析了黑沟梁墓地出土的马具、武器和饰品以及动物纹样,认为其汲取了塔加尔文化、乌尤克文化和巴泽雷克文化的成分,并进一步指出黑沟梁墓地的人群已经接受了游牧民族的生活方式和冶金技术。[①]

西汉时期,新疆地区还出现了一种先铸造出圆形镜面,再合铸手柄的铜镜。如吐鲁番交河沟北1号墓地出土镜(图5-1-8,14)。[②]M16出土镜镜柄呈"S"形,与镜面连接处有半月形装饰,中有圆形穿孔,两者不在同一平面,镜面直径6.2厘米、柄长5.2厘米。M10出土镜为铁质镜柄,条状,已残(图5-1-8,15)。和静巴伦台1号墓出土1面[③],镜柄为铁质条状。这3面镜的年代均为西汉早期。汉武帝经营西域,连接东西的丝绸之路全面贯通,新疆与中原地区的联系加强,但手柄镜的使用习俗在新疆依然十分盛行。吐鲁番胜金店墓地出土的两片中原式镜的残片是镶嵌在手柄镜木框中的,使用者用木钉将残片固定在手柄镜模型中,将其改制成为手柄镜(图5-1-8,16)[④],镜背部的镜钮穿有皮绳,显示其保留了中原地区的用镜方式,但墓主人显然更习惯手持镜柄的用镜方式。

战国时期的手柄镜,除了新疆地区较为流行,在西藏高原也有发现,大约有4面,以拉萨曲贡墓地出土铜镜为代表。显著特点是圆形镜面微凸,镜背内凹,镜缘为凸棱状,中心有一圆形平顶凸起,镜背凹陷处为纹饰区,以錾点为地纹、留白为主纹的方式突出纹饰。镜面边缘有突出的束腰状过渡,套合中空的铁质柱状手柄。曲贡出土铜镜镜背装饰对鸟纹、勾连涡云纹、牦牛纹,柱状手柄末端有挂环,通长18.4厘米(图5-1-11,1)。发掘报告中指出这面铜镜的年代范围可能为"公元前8世纪前后,最晚不会晚于公元初年"[⑤]。霍巍对比分析了西藏境

[①] 参见张良仁等《哈密地区史前考古》,载余太山、李锦绣主编《欧亚学刊》新5辑,商务印书馆2016年版,第1—18页。
[②] 参见新疆文物考古研究所《吐鲁番交河故城沟北1号台地墓葬发掘简报》,《文物》1999年第6期;新疆维吾尔自治区文物事业管理局等编《新疆文物古迹大观》,新疆美术摄影出版社1999年版,第158页。
[③] 参见新疆维吾尔自治区文物事业管理局等编《新疆文物古迹大观》,新疆美术摄影出版社1999年版,第177页。
[④] 参见吐鲁番学研究院《新疆吐鲁番市胜金店墓地发掘简报》,《考古》2013年第2期。
[⑤] 中国社会科学院考古研究所、西藏自治区文物局编著:《拉萨曲贡》,中国大百科全书出版社1999年版,第208—209页。

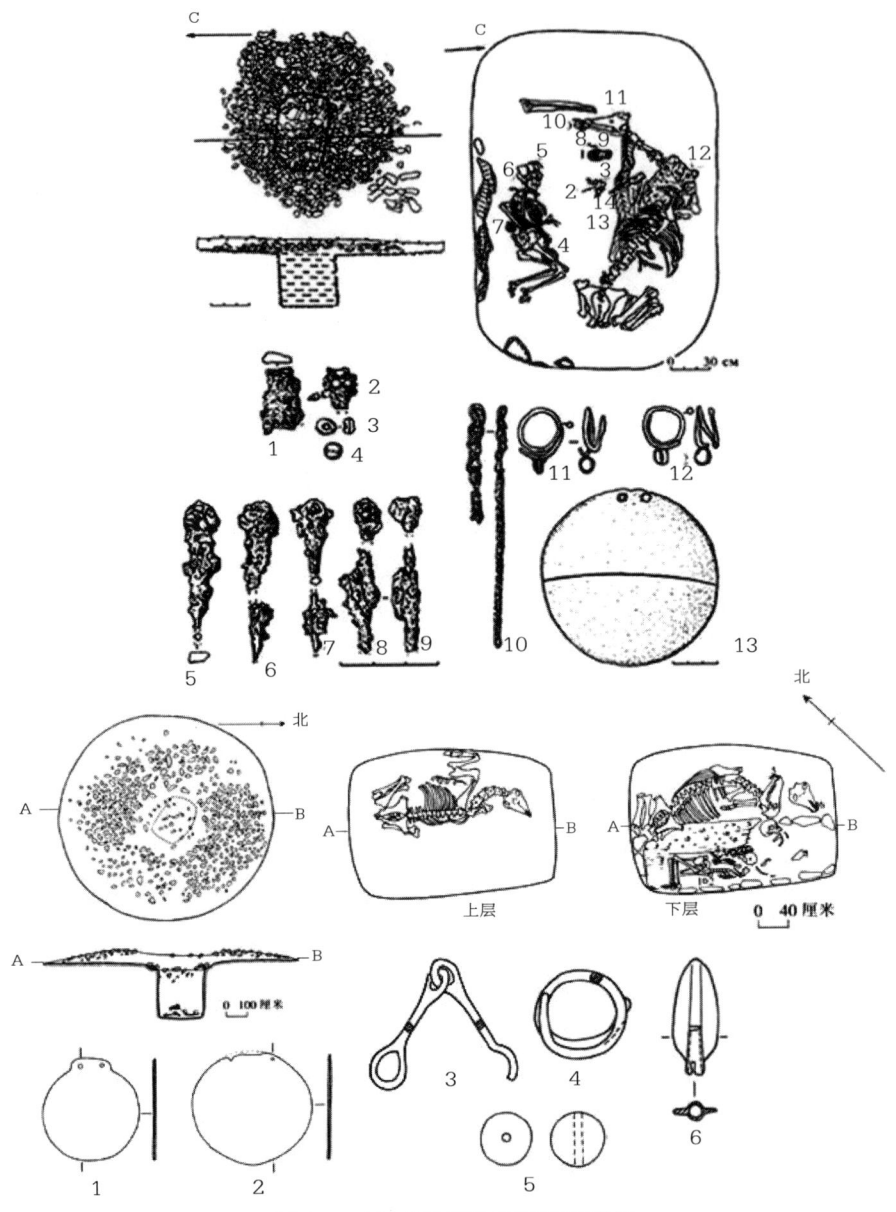

图 5-1-10 阿尔泰与新疆墓葬举例

上图：阿尔泰特特克斯肯Ⅵ墓地27号墓平、剖面图及出土器物
（1、2、5-10.残铁器 3、4.石珠 11、12.耳坠 13.铜镜）

下图：新疆富蕴县塑柯尔特M4平、剖面图及出土器物
（1、2.铜镜 3.马衔 4.指环 5.石珠 6.镞）

第五章 相关问题的讨论 | 229

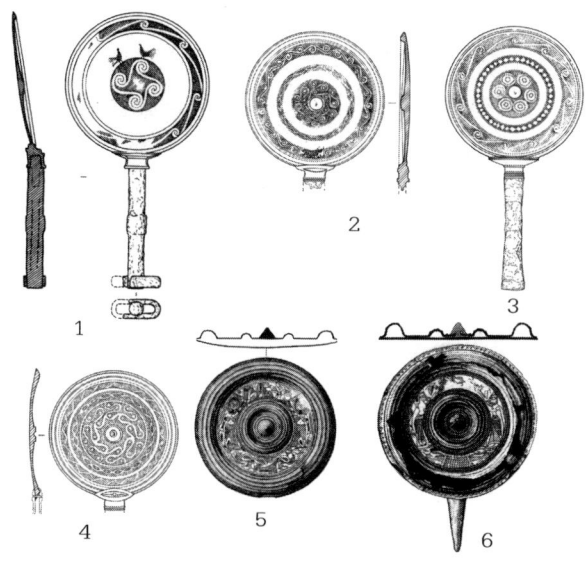

图 5-1-11　西藏、南乌拉尔出土手柄镜

1.拉萨曲贡出土　2.牦牛博物馆藏　3、4.法国和德国私人藏　5、6.南乌拉尔出土

内发现的墓葬材料以及邻近地区带柄镜流行年代,认为该镜年代应为春秋、战国之际,下限晚不过汉代。① 另外几面手柄镜为馆藏或个人收藏镜,出土背景不详。牦牛博物馆藏镜装饰牦牛纹、勾连云纹和菱形纹,手柄遗失。② 法国和德国私人收藏家各藏1面(图5-1-11,2~4),装饰勾连云纹、折线纹等几何纹饰,不见牦牛纹,法国藏镜手柄亦为铁质柱状,据说这两面铜镜发现于西藏南部的雅鲁藏布江河谷地区。③ 有学者称这类铜镜为"藏式带柄铜镜"④。

关于曲贡铜镜的来源,学界有不同的观点。赵慧民认为这面铜镜与南亚次

---

① 参见霍巍《西藏曲贡村石室墓出土的带柄铜镜及其相关问题初探》,《考古》1994年第7期。
② 参见薛江《西藏牦牛博物馆馆藏铁柄牦牛纹铜镜及相关问题考》,载四川大学中国藏学研究所编《藏学学刊》第24辑,中国藏学出版社2021年版,第173—189页。
③ 参见李永宪《"牦牛镜"与"藏式带柄镜"研究》,载四川大学中国藏学研究所编《藏学学刊》第27辑,中国藏学出版社2022年版,第1—23页。
④ 仝涛:《三枚藏式带柄铜镜的装饰风格来源问题》,载四川大学中国藏学研究所编《藏学学刊》第6辑,四川大学出版社2010年版,第137—148页。

大陆北部的古印度文化更为接近。① 吕红亮认为其属于欧亚草原早期铁器时代游牧文化影响下的产物，是欧亚草原带柄镜中较为特别的类型，可能源自中亚南部或印度北部一带，经过西藏西部传入。② 仝涛认为这面铜镜的装饰与滇文化青铜器艺术风格相当接近，其制作地可能在滇文化邻近地区。③ 韩磊综述了新疆和西藏发现的有柄镜，认为西藏带柄镜是由新疆南缘传入的。④ 霍巍对这面铜镜的研究成果最为丰富。⑤ 首先指出这面铜镜属于西方带柄镜，可能是西藏本地制造，也可能是通过贸易、交换、贡纳或战争掠夺等方式从周邻地区获得。认为其传播路径是从中亚一带进入塔里木盆地边缘，进而沿着塔里木盆地的西南缘传入西藏的西部地区，沿青藏高原横断山脉河谷进入四川西北与滇西高原地区。在最近的研究中，他还将西藏带柄铜镜分为东、西两系，以拉萨曲贡铜镜为代表的"东系"手柄镜是西藏高原先民在充分吸收周边地区，尤其是中国西南地区青铜文化的因素后加以创新，生产出的带有西藏高原特点的带柄镜；以西藏西部为中心的"西系"带柄镜与相邻的新疆等地关系密切，吸收了来自北方欧亚草原地区、南亚等带柄铜镜的特点，也可能是直接自这些地区传入西藏。也就是说，一部分学者认为以拉萨曲贡铜镜为代表的西藏高原手柄镜与我国西南地区的滇文化关系密切，受到滇文化铜器装饰纹样的影响，可能来源于滇文化邻近区域，也可能是西藏工匠吸收西南青铜文化的创新产品。还有一部分学者认为其与境外的古印度文化、中亚文化有关，来源于中亚南部或印度北部，或者是经过新疆进入西藏西部地区。上述研究将藏式手柄镜的形制变化、纹饰特点、工艺特征等与南亚次大陆、滇文化、新疆地区出土的手柄镜或青铜器上的纹饰进行对比分析，成果丰硕，这里增补同时期欧亚草原东部地区出土的类似手柄镜资料，以探讨其来源。

从镜面形制看，西藏高原出土手柄镜和阿尔泰考古学与民族学博物馆藏

---

① 参见赵慧民《西藏曲贡出土的铁柄铜镜的有关问题》，《考古》1994年第7期。
② 参见吕红亮《西藏带柄铜镜补论》，载四川大学中国藏学研究所编《藏学学刊》第5辑，四川大学出版社2009年版，第33—45页。
③ 参见仝涛《三枚藏式带柄铜镜的装饰风格来源问题》，载四川大学中国藏学研究所编《藏学学刊》第6辑，四川大学出版社2010年版，第137—148页。
④ 参见韩磊《新疆与西藏考古发现带柄铜镜的相关问题》，《文化创新比较研究》2017年第26期。
⑤ 参见霍巍《西藏曲贡村石室墓出土的带柄铜镜及其相关问题初探》，《考古》1994年第7期；霍巍《再论西藏带柄铜镜的有关问题》，《考古》1997年第11期；霍巍《从新出考古材料论我国西南的带柄铜镜问题》，《四川文物》2000年第2期；霍巍《论西藏带柄铜镜的东、西两系》，《考古与文物》2024年第4期。

斯基泰—塞克时期（公元前5世纪下半叶至前4世纪）手柄镜（图1-5-8，22~25）[①]、南乌拉尔地区出土手柄镜形制基本一致，均有微凸的镜面、凸棱状镜缘、镜背中心凸起，不同的是西藏高原出土铜镜镜缘凸棱截面呈三角形而非圆滑的弧形，镜背中央的凸起为平顶而非尖状。此外，纹饰题材区别较大。阿尔泰和南乌拉尔出土铜镜上的纹饰以人物为主，间隙填充动物和植物的纹样，常见麦穗状环带及带圆心的圆圈装饰。往往以錾刻的细阴线勾勒纹饰轮廓及主要特征，动物身体、衣物等空白处錾出粟点地纹作为装饰。乌拉尔一座公元前5—前4世纪的游牧民族墓葬的墓主人为两名女性，铜镜与陶罐出土于其中一位墓主人头骨的右上方，墓葬还出土有铜手镯、蜻蜓眼玻璃珠串、筒形玛瑙珠串、金箔、箭镞、铁刀等。镜面边缘稍有残损，为手柄断裂的痕迹。纹饰区以钮状凸起及环带为中心，左右分别为正面站立的裸体女性，头后有圆形背光，腰部有围挡，穿有短及膝盖下的灯笼裤，脚踝戴有铃铛；纹饰区上面是一侧面的带有头饰的男性，似乎手持莲花；纹饰区下方是两只背向而立的孔雀，头后有长羽，有长而尖的喙，长长的尾羽向后下垂，尾部呈喇叭状。孔雀身体、人物衣物等空白处錾出点状填充，镜缘及纹饰区有带有圆心的圆形装饰（图5-1-11，5）。[②] 据另一面南乌拉尔出土的此类铜镜显示，这种铜镜的边缘有锥状的短柄，需要插接在其他手柄中使用（图5-1-11，6），是古埃及手柄镜常见的组合方式，显然与西藏高原出土镜动物和几何纹装饰以及镜面边缘连铸凸起的束腰状过渡不同。

  阿尔泰考古学与民族学博物馆藏镜和南乌拉尔出土手柄镜在摇动时可以发出声响，也被称为"响镜""拨浪鼓镜"，俄罗斯学者普遍认为这类铜镜的产地在欧亚草原东部地区，但关于其来源，意见不同。有学者认为这种铜镜并不是阿尔泰当地的产品，像发现的中国铜镜一样属于"进口镜"，可能来源于印度，并称其为"印度"镜。[③] 镜面的图像尤其是一些镜子上的大象图案，以及墓葬中出土的玛瑙珠显示其与印度或者印度周边区域有一定的关系，但也有学者认为，在印

[①] 参见［俄］A. A. 提什金、H. H. 谢列金《金属镜：阿尔泰古代和中世纪的资料》，陕西省考古研究院译，文物出版社2012年版，第81页。

[②] Равич И.Г., Сиротин С.В., Трейстер М.Ю, Индийское(?)бронзовое зеркало из кочевнического погребения IV в. до н.э. В южном приуралье, Vestnik drevnei istorii, № 4, 2012.

[③] 参见［俄］A. A. 提什金、H. H. 谢列金《金属镜：阿尔泰古代和中世纪的资料》，陕西省考古研究院译，文物出版社2012年版，第81页。

度并没有发现相似结构和相似装饰的镜子，乌拉尔地区可能是其产地，南乌拉尔出土铜镜的含锡量约为23%，经过热锻造加工，这种采用高锡青铜铸造并经过热锻造加工的工艺受到了中国西北地区的影响。[①]

青铜镜面和中空的柱状铁手柄组合成器的方式在公元前6世纪的近东地区较为流行，如第一章提及的安纳托利亚中部出土的那种双马首装饰铜镜。新疆地区在汉代才出现青铜镜面与铁手柄合铸的工艺，但手柄为长条状，镜面也无凸起，以素面无装饰居多，仅有四棵树墓地出土镜镜背有浅阴线刻画同心圆环装饰。尽管新疆是早期手柄镜流行的主要区域，但不管是插接式镜，还是一体铸造式镜、铆接式镜，镜面均呈平直的圆片状，与西藏高原相似的铜镜尚未发现。由此推测，藏式手柄镜与新疆地区关系应该不甚密切，其镜面形制显然受到欧亚草原东部地区的影响，镜面边缘连铸的束腰形过渡与云南出土铜镜相似，勾连涡纹、菱形纹、对鸟纹也常见于青滇文化铜器装饰，牦牛纹则与青藏高原密切相关，錾刻、錾点留白凸显纹饰的方式也见于欧亚草原东部、青藏高原等地区。因此，以拉萨曲贡镜为代表的藏式手柄镜融合了欧亚草原东部文化（也许主要是古印度文化）、滇文化、本地文化的多重因素，是西藏当地工匠在吸收外来文化因素基础上创新加工出的产物。

结合对出土手柄镜的分析，可以大致推测出手柄镜在我国的传播路线有两条（图5-1-12）。一条自西亚至中亚而来，插接式手柄镜在公元前2000年左右首先进入新疆境内，出现在天山北路墓地。商末周初，受安德罗诺沃文化东进的影响，一体式手柄镜由伊犁河谷进入新疆地区，然后沿着东部天山山脉南北麓向东传播至新疆东部的哈密盆地，西周中期至春秋晚期，伊犁河谷成为手柄镜的铸

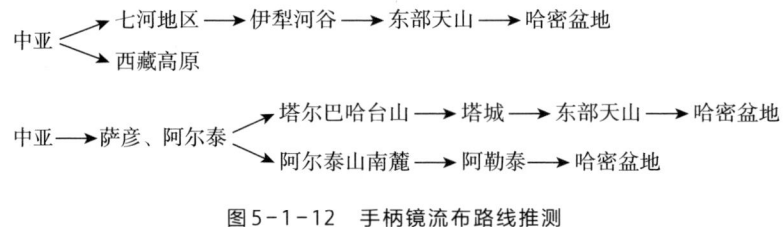

图5-1-12　手柄镜流布路线推测

---

① Равич И.Г., Сиротин С.В., Трейстер М.Ю, Индийское(?)бронзовое зеркало из кочевнического погребения IV в. до н.э. В южном приуралье, Vestnik drevnei istorii, № 4, 2012.

造、使用、流行中心，直至西汉时期，这条道路一直是手柄镜东进的主要道路。战国时期，中亚地区手柄镜还影响到了西藏高原西部地区，在雅鲁藏布江河谷地区形成了具有当地特色的手柄镜。另一条来自萨彦—阿尔泰地区，主要发生在春秋晚期至西汉时期，是铆接式手柄镜进入新疆的另一条重要道路。这条沿准噶尔盆地北缘南下的路线分为两条支线，一条支线穿越塔尔巴哈台山间的河谷通道（尤其是额敏河谷）进入塔城地区，然后沿东部天山山脉继续向东，另一条支线沿阿尔泰山脉南麓进入新疆阿勒泰地区，向东天山地区流布至哈密盆地。

四、钮柄镜的起源及流布路线推测

钮柄镜是流行在欧亚草原东部的镜类，俄罗斯学者称之为奖章形镜，我国学者张文立称之为钮柄镜。[①] 铜镜镜体较小，直径在5厘米左右，边缘有凸起的挂环状短柄。库巴列夫认为，这种奖章形镜的起源地在中亚，在公元前5世纪—前2世纪的外贝加尔地区、蒙古、哈萨克斯坦、我国的鄂尔多斯地区有广泛的分布，且出土数量较多，一种素面无装饰，一种有动物状装饰，动物纹饰或在镜背铸造、刻画，或将短柄铸造为动物状。[②]

钮柄镜于西周晚期至春秋时期出现在我国北方地区，以沙井文化墓地分布最为集中。与境外不同的是，北方地区钮柄镜以素面无纹饰为主要形制，极少见动物装饰镜。沙井文化人种的鉴定结果显示其为北亚人种[③]，表明钮柄镜在北方地区的出现与北亚人群的南下有关。但沙井文化的内涵特征与我国长城沿线北方草原文化关系十分密切，与欧亚草原的关联并不密切，如欧亚草原常见的双鸟回首剑和鹤嘴斧等青铜器在沙井文化未见发现。这可能是因为较早南下的北亚人群接受了当地的生活方式和传统，仅保留了欧亚草原重视装饰品的习惯，如钮柄镜、牌饰、管、珠等。值得注意的是，平山三汲出土的那面钮柄镜是一体铸造的

---

① 参见张文立《平山三汲出土铜镜初识——兼谈北方系钮柄镜》，载教育部人文社会科学重点研究基地吉林大学边疆考古研究中心编《边疆考古研究》第1辑，科学出版社2002年版，第55—62页。
② Куварев В.Д., Древние зеркала алтая , Археология, этнография и антропология Евразии, № 11, 2002.
③ 参见韩康信《甘肃永昌沙井文化人骨种属研究》，载甘肃省文物考古研究所《永昌西岗柴湾岗——沙井文化墓葬发掘报告》，甘肃人民出版社2001年版，第235—245页。

手柄镜的"缩小版",从时间上看,这件铜镜出现在春秋中期,是钮柄镜中出现时间较早的,这面铜镜可以看作手柄镜与钮柄镜的过渡形态,这类过渡形态的铜镜在哈萨克斯坦、阿尔泰等地区也有不少发现,正如张文立指出的,在钮柄镜发展过程中,手柄镜起到了至关重要的作用。一些钮柄镜出土时,穿孔里往往留有皮革环,显然这类铜镜是悬挂携带的,适合游牧民族的生活方式,与钮柄镜共存的大量装饰品、马具也证实了这一点。北方地区素面无纹饰的钮柄镜持续流行至战国时期,如哈密巴里坤黑沟梁墓地镜 M20 墓室:1、M28 墓室:20(图 5-1-13,1、2)[①],伊吾县托背梁 M15 出土镜(图 5-1-13,3)[②],于田圆沙古城出土镜(图 5-1-13,4)[③],甘肃张家川马家塬墓地镜 M14:33、M15:9(图 5-1-13,5、6)[④] 等,直到西汉初年才慢慢消失。

春秋晚期至战国初期,钮柄镜在川西地区出现并流行,且形成了当地特色。除了上述提到的春秋晚期四川炉霍县呷拉宗墓地出土镜,四川地区还发现有战国时期的钮柄镜约18面,9面为采集、搜集所得,9面为考古发现。[⑤] 大致可以分为两种类型,一种为一体铸造,或素面无装饰,或如呷拉宗墓地镜有蜷曲动物装饰;一种镜柄和镜体结合部位有一类似杏仁状凸起,或短柄呈管状方銎,或椭圆形銎,末端多有对穿或圆形钮环,如泸定伞岗坪 M5:1、M48:8(图 5-1-14,1、2)[⑥],或短柄为动物状,如宝兴汉塔山镜(图 5-1-14,3)[⑦]、芦山官田坝镜(图 5-1-14,4)[⑧],还有一种柄部为环状或变形环状,如泸定伞岗坪 M32:1、

---

① 参见磨占雄《黑沟梁墓地与东黑沟墓地的考古类型学比较研究》,硕士学位论文,西北大学,2008年。
② 参见西北大学文化遗产保护与考古学研究中心、新疆文物考古研究所、哈密地区文物局《2009年新疆伊吾县托背梁墓地发掘简报》,《考古与文物》2014年第4期。
③ 参见新疆文物考古研究所、法国科学研究中心315所中法克里雅河考古队《新疆克里雅河流域考古调查概述》,《考古》1998年第12期。
④ 参见早期秦文化联合考古队、张家川回族自治县博物馆《张家川马家塬战国墓地2007—2008年发掘简报》,《文物》2009年第10期。
⑤ 参见郭富《四川地区早期带柄铜镜的初步研究》,《四川文物》2013年第6期。
⑥ 参见郭富《四川地区早期带柄铜镜的初步研究》,《四川文物》2013年第6期。
⑦ 参见四川省文管会、雅安地区文管所、宝兴县文管所《四川宝兴汉塔山战国土坑积石墓发掘报告》,《考古学报》1999年第3期。
⑧ 参见郭凤武《芦山思延乡战国墓清理报告》,《四川文物》1994年第5期。

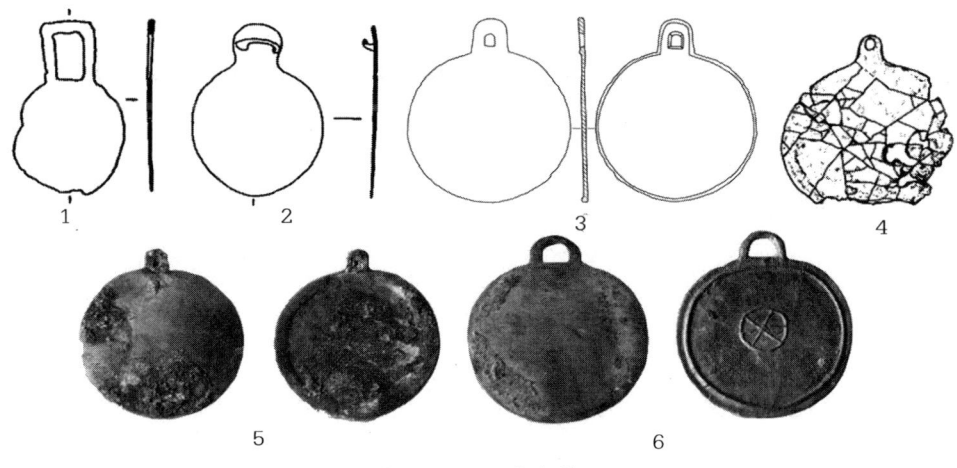

图 5-1-13　钮柄镜

1、2. 黑沟梁 M20 墓室：1、M28 墓室：20　3. 伊吾县托背梁 M15：1
4. 于田圆沙古城出土　5、6. 马家塬 M14：33、M15：9

M40：4、采 21（图 5-1-14，5~7）。此外，在云南宁蒗县大兴镇[①]、昌宁县坟岭岗（图 5-1-14，8、9）[②]、祥云检村[③]、德钦永芝（图 5-1-14，10）[④] 等地均有出土。

  这些铜镜多发现在石棺墓中，墓葬中随葬马匹或马肢骨，这种习俗常见于萨彦—阿尔泰地区。与铜镜共存的陶器是单耳罐、双耳罐、杯等，青铜器有剑、戈、矛、钺、手镯、铃等，既具有西南当地文化特色，也具有北方文化因素。装饰纹样一种为蜷曲动物纹，如炉霍呷拉宗镜背有 4 组蜷曲动物纹，与察吾呼沟出土的蜷狼纹单钮铜镜装饰风格相似。还有一种以对向站立的两个动物作为装饰，见野猪、山羊等，云南昌宁县坟岭岗出土的两面铜镜，其中一面镜柄为两只相向而立的野猪，芦山官田坝镜柄则为二羊相背而立，与塔加尔文化出土的对立动物

[①] 参见云南省博物馆文物工作队《云南宁蒗县大兴镇古墓葬》，《考古》1983 年第 3 期。简报定名为牌饰，霍巍认为其为带柄镜，见霍巍《西藏曲贡村石室墓出土的带柄铜镜及其相关问题初探》，《考古》1994 年第 7 期。
[②] 参见云南省文物考古研究所《云南昌宁坟岭岗青铜时代墓地》，《文物》2005 年第 8 期。
[③] 参见大理州文物管理所、祥云县文化馆《云南祥云检村石椁墓》，《文物》1983 年第 5 期。
[④] 参见云南省博物馆文物工作队《云南德钦永芝发现的古墓葬》，《考古》1975 年第 4 期。

装饰十分相似。小偏桥出土铜镜镜背以刻画的方法表现动物的方式也常见于中亚出土的钮柄镜上（图5-1-14，12）。①另一种纹饰则表现出巴蜀当地特色。镜面边缘及柄部往往有圆圈纹、鸟纹、蛇纹、立马、镂空伏虎等，如成都西郊出土铜戈上的虎纹（图5-1-14，18、19）。②西汉时期，盐源老龙头墓地不仅出土有装饰几何纹、草叶纹和猛兽纹的钮柄镜（图5-1-14，11、14），还出土有鸟形饰、鱼纹鸡首铜杖、人马纹树形器等动物装饰铜器（图5-1-14，13、15~17）③，融合了北方草原和巴蜀文化纹饰风格。

陈亚军分析了河西走廊早期带柄镜（主要为钮柄镜），认为其在切木尔切克文化时期，便随着欧亚草原的人群进入新疆北部的阿尔泰，借着三道海子文化扩散直接进入新疆阿勒泰地区，不断扩散至东天山地区的察吾呼沟、柴窝铺，同时在河西走廊开始集中出现，一方面向北方地区扩散至甘肃东部、宁夏南部、内蒙古中南部、辽西地区，另一方面向南至川西高原，不排除晚期阶段（战国中晚期至西汉早期晚段）北方地区发现的钮柄镜与蒙古高原地区直接接触的可能性。④笔者基本同意这一推测（图5-1-15），但需要补充两点：第一，文中指出与河西走廊出土铜镜类似的"时代最早的是新疆布尔津喀纳斯下湖口图瓦新村墓地出土铜镜，年代在公元前12世纪—前10世纪"为"切木尔切克文化时期"有误。这面铜镜出土于图瓦新村M5，为圆片状，边缘有凿出的方形穿孔。与铜镜同出土的器物有夹砂陶壶、金丝弯折而成的金耳环、金箔碎片、铁刀和铁马衔，陶壶与东塔勒德墓地出土的相似。⑤从墓葬形制及共存器物看，这面铜镜的时间应该如发掘者认为的那样，与哈巴河东塔勒德墓地年代接近，为春秋晚期，最晚至西汉。⑥目前发现较早的钮柄镜出现在西周晚期至春秋晚期的沙井文化墓地。第二，

---

① 参见四川省文物考古研究院、九龙县文化旅游局《九龙县乌拉溪乡石棺葬墓调查清理简报》，《四川文物》2011年第1期。
② 参见成都市文物考古工作队《成都西郊金鱼村发现的战国土坑墓》，《文物》1997年第3期。
③ 参见《盐源地区近年新出土青铜器及相关遗物报告》，载成都文物考古研究所编著《成都考古发现（2009）》，科学出版社2011年版，第236—279页；成都文物考古研究所、凉山彝族自治州博物馆编著《老龙头墓地与盐源青铜器》，文物出版社2009年版，第139页。
④ 参见陈亚军《河西走廊发现早期带柄铜镜研究》，《敦煌学辑刊》2020年第4期。
⑤ 参见新疆文物考古研究所《新疆哈巴河东塔勒德墓地发掘简报》，《文物》2013年第3期。
⑥ 参见新疆文物考古研究所《布尔津县喀纳斯下湖口图瓦新村古墓地发掘简报》，载新疆文物考古研究所编著《新疆阿勒泰地区考古与历史文集》，文物出版社2015年版，第198—215页。

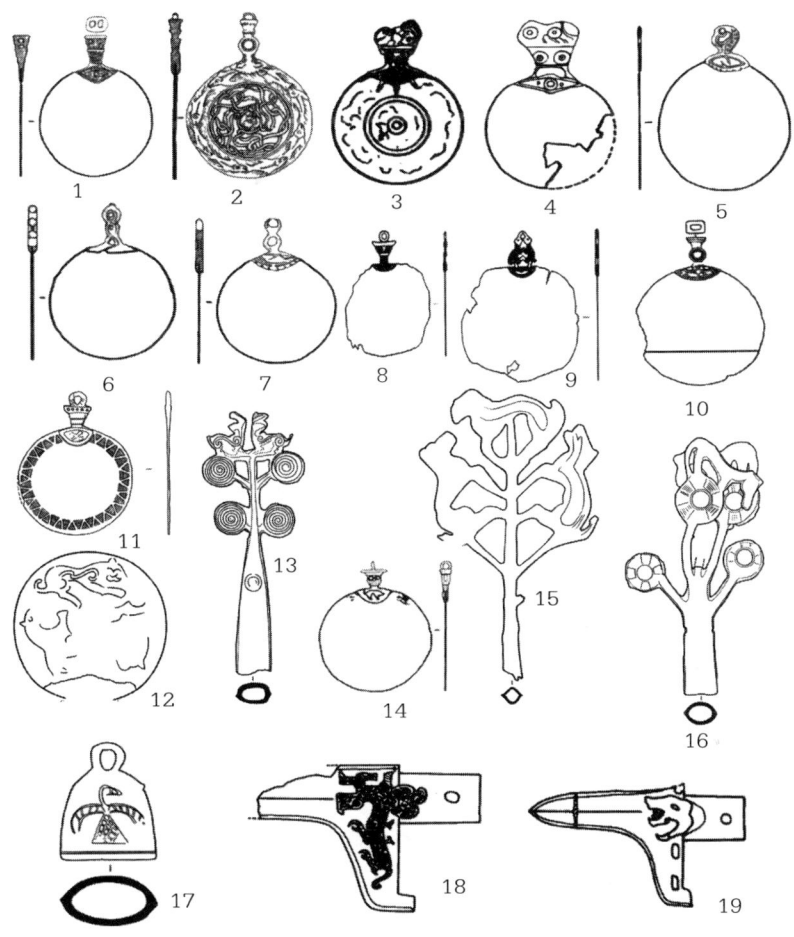

图 5-1-14 四川、云南出土青铜器

1—12、14.镜 13、15、16.权杖首 17.铃 18、19.戈

1、2、5—7.泸定伞岗坪（M5:1、M48:8、M32:1、M40:4、采:21）
3.宝兴汉塔山 M24:3 4.芦山官田坝采集 8、9.昌宁坟岭岗（M30:3、M21:3）
10.德钦永芝采:06 12.小偏桥2009JWPM2:6 11、13—17.盐源征集
（C:1170、C:328、C:67、C:502、C:154） 18、19.成都西郊金鱼村（M1:4、M1:5）

川滇地区钮柄镜的出现的确如作者认为的那样，与游牧民族的南下有关，具体来说应与羌人部族及其支系南迁有关。"秦献公（前348—前362）初立，欲复穆公之迹……出赐支河曲西数千里，与众羌绝远，不复交通。其后子孙分别，各自

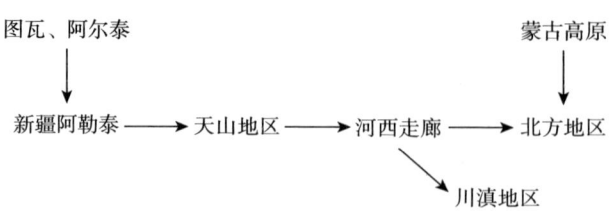

图 5-1-15 钮柄镜流布路线推测

为种，任随所之。或为牦牛种，越嶲羌是也；或为白马种，广汉羌是也；或为参狼种，武都羌是也。"① 羌人的这次南迁是从现在甘肃省东部渭河上游一带出发，到达青海东部河曲一带后分为两支向东南迁徙，其中一支沿黄河支流黑河、白河而上，进入川西高原，沿其西缘南下，进入现在西昌和云南境内，形成越嶲羌。② 带来钮柄镜的可能就是这批越嶲羌人，但羌人带来的仅仅是素面无装饰的钮柄镜，那些具有巴蜀纹饰装饰和形制特色的钮柄镜则为当地制作。郭富指出，钮柄镜最初起源于北方草原地区，经由甘青地区而至四川西部山地，发展演变出独具本地特色之装饰风格，并远播至云南等地。③

钮柄镜仅在北方地区与西南地区出现流行，始终没有进入中原文化区域内，一方面是钮柄镜悬挂携带的方式更适合游牧民族的生活，另一方面是中原地区圆形单钮铜镜的使用在商代晚期出现，在春秋晚期完成中原化，并在战国时期完全融入社会生活，成为最为常见的妆奁器具之一，随着汉朝的向北扩张和对西南地区统治的加强，钮柄镜逐渐被汉镜取代而消失。

五、圆饼镜的起源及流布路线推测

圆饼镜是出现较早、流行时间较长的镜类，流行地域也十分广阔。大约在公元前3000年的乌尔遗址中已经出现，在公元前2世纪—前1世纪，伏尔加河和

---

① （宋）范晔撰，（唐）李贤等注：《后汉书·西羌传》，中华书局1965年版，第2875—2876页。
② 参见葛剑雄《关于古代西南交通的几个问题》，载四川大学历史系编《中国西南的古代交通与文化》，四川大学出版社1994年版，第1—13页。
③ 参见郭富《四川地区早期带柄铜镜的初步研究》，《四川文物》2013年第6期。

顿河之间的萨尔马特文化墓地中仍有发现。① 从两河流域到欧亚草原，再到我国的新疆和北方地区，圆饼镜多为素面无装饰，不像单钮镜或有几何纹或有动物纹装饰的变化。形制以圆片形最为常见，偶见边缘后折者或有符号样装饰。从使用角度看，圆饼镜与其他镜类共存共用，察吾呼墓地、黑沟梁墓地圆饼镜与钮柄镜共存，萨恩萨伊墓地圆饼镜与单钮镜同出土。在发展过程中，圆饼镜受到了钮柄镜的影响，如黑沟梁墓地和鲁台山墓地出土的圆饼镜边缘有穿孔，显然像钮饼镜一样可以悬挂。相对于其他种类的铜镜来说，这种简化的铜镜似乎是一种补充，偶有发现，始终没有成为用镜的主流。考虑到纳马兹加遗址和二里头遗址出土的铜刀和权杖头的相似性及圆饼镜的流行，二里头遗址出土的镶嵌绿松石的圆形铜器可能也是一件圆饼镜，如果这一推测成立，圆饼镜在中国境内的出现时间可能早至二里头文化时期。

单钮镜、多钮镜、手柄镜、钮柄镜、圆饼镜均以北方地区为主要流行区域，不同类型铜镜呈现不同的流布路径，在早期阶段表现出与欧亚草原的一定联系。自公元前2千纪初开始，冶金技术在欧亚北部地区显著发展，结合当地丰富的矿藏，形成了多个冶金中心，安德罗诺沃文化区域内的冶金中心是最大的。随着冶金技术的发展和人们对装饰品需求的增多，单钮铜镜开始出现，并影响位于欧亚草原东部边缘的中国新疆和河西走廊地区，伊犁河谷和河西走廊西城驿文化人群开始采用石范和陶范工艺铸造单钮镜，并形成了两条发展路径。一条以吉仁台沟口为基础发展，以素面单钮铜镜为主，偶见蜷曲动物装饰铜镜，西周中晚期还出现了广泛流行于南西伯利亚地区至黑海沿岸的折沿铜镜，这一区域始终保持与欧亚草原地区的密切联系；另一条以西城驿为基础持续向东发展，遍及北方地区并南下至中原地区，以素面单钮镜、几何纹镜为主要镜类，并在西周中晚期出现了动物纹装饰镜，在这一过程中，中原地区的人群逐渐接受使用铜镜并进行加工改制，殷墟工匠曾对几何纹铜镜进行加工，但后继的西周人并没有接受铜镜的使用，直至春秋晚期，晋国工匠将中原青铜器纹样施于铜镜之上，完成单钮镜的初次中原化。春秋中晚期，铜镜在与晋关系密切的楚国迅速流行，精湛的铸铜工艺

---

① A. S. Skripkin, O. A. Shinkar, "Sarmatian-Time Kurgan Zhutovsky N 27 in the Volga-Don Interstream Region", *Rossiiskaia Arkheologiia*, No. 1, March 31, 2010, pp. 125–137.

和楚国特色的纹样结合，造就了中国铜镜发展的第一个高峰，并反向输出，出现在阿尔泰、中亚等地的贵族墓葬中。

多钮镜于春秋中期在我国东北地区的大凌河流域兴起，三角勾连纹、曲尺纹等几何纹装饰及多个镜钮分散于镜背边缘是主要特征，战国时期还出现了素面多钮镜和动物纹多钮镜，镜钮减至两个，平行并列于稍稍偏离中心的地方。随着燕国的扩张，多钮镜及共存的细型短剑、铜戈、铜铎等向俄罗斯滨海地区、朝鲜半岛和日本列岛流布，铜镜依然保持多钮的特点，但纹饰细密繁缛，铸造质量大幅提高，被称为精纹镜或细纹镜。

手柄镜是西方系统铜镜的主要形制，公元前2000—前1700年已经与单钮镜共同出现在天山北路墓地，这种中亚地区常见的插接式手柄镜并没有得到长足的发展，商末周初流行的一体铸造手柄镜最为常见，并持续流行至汉代。春秋晚期和战国时期，开始流行铆接式手柄镜，汉代还出现了镜面与手柄合铸的铜镜。手柄镜进入我国有两条不同的路线，早期手柄镜自中亚七河地区进入伊犁河谷，沿着东部天山南北山麓向东至哈密盆地，这是手柄镜东进的主要线路，在春秋战国时期，最晚不过汉代，还曾影响了西藏南部地区，在雅鲁藏布江河谷地带形成了当地特色铜镜；春秋晚期，受到南西伯利亚游牧文化的影响，以铆接式手柄镜为代表的手柄镜自萨彦—阿尔泰地区南下，分别从塔尔巴哈山和阿尔泰山南麓进入新疆境内至哈密盆地。新疆地区始终是手柄镜流行和使用的主要区域。

钮柄镜于西周晚期至春秋时期出现在我国北方地区，可能与北亚人群的南下有关。春秋晚期，钮柄镜由图瓦、阿尔泰地区进入新疆阿勒泰地区至天山地区后向河西走廊及北方地区流布，羌人还将其带至川西地区，并形成当地特色。因蒙古高原与北方地区有直接的联系，钮柄镜也可能从蒙古高原进入北方地区。

圆饼镜只是零星发现，并没有形成明显的发展轨迹，但从流布地域看，也经历了由中亚草原至新疆和北方地区再到中原地区的过程。值得注意的是二里头镶嵌绿松石的圆形铜片，如果其为圆饼镜的推论成立，那么圆饼镜可能是出现在中原地区最早的镜类。

铜镜在早期发展过程中，持续受到欧亚草原东部尤其是中亚地区的影响，春秋晚期之前，伊犁河谷是东西文明交流的前沿地带，西来的文化因素由此进入新疆，沿天山山脉南北山麓向东流布至哈密盆地、河西走廊、北方地区，也进入中原腹地，春秋晚期至战国时期，米努辛斯克盆地、图瓦、阿尔泰、蒙古高原地区的游牧文化沿阿尔泰山南下至新疆东部及河西走廊乃至整个北方地区，甚至川滇地区，不同镜类的发展流布，是不同阶段不同地区物质文化交流的局部反映。

第二节　早期铜镜使用者所属的国族

春秋及以前铜镜使用者所属国族除了较为明确的商、周、晋、楚，还涉及诸多北方的游牧民族，考古发现和史料记载关于早期铜镜使用者所属国族的直接证据有限，但可以从铜镜的出土地域以及文献资料中记载的大概位置和时空推测。

一、羌

最早对甘青地区青铜时代考古学文化遗存族属问题进行探讨的学者是夏鼐先生，他认为洮河流域在古代氐羌的活动区域中，氐羌族曾实行火葬制度，寺洼山火葬制的发现增强了寺洼文化和氐羌民族的关系。① 俞伟超先是明确提出了卡约文化是羌人的文化②，然后较清晰系统地梳理了西戎、羌、胡这些不同称谓族群的关系，指出寺洼文化、卡约文化、唐汪遗存、辛店文化及齐家文化均属于羌族文化遗存。③ 谢端琚认为辛店文化、卡约文化、寺洼文化和四坝文化是古代羌人的遗存。④ 冉光荣等亦认为卡约文化、寺洼文化、辛店文化及诺木洪文化是古代羌人的遗存。⑤ 叶茂林通过采样和测序分析了青海民和喇家遗址出土牙齿及西宁陶家寨汉墓出土牙齿的 DNA，发现其人群在遗传结构上具有一定的连续性，结

---

① 参见夏鼐《临洮寺洼山发掘记》，《中国考古学报》1949 年第 4 期。
② 参见俞伟超《关于"卡约文化"和"唐汪文化"的新认识》，载《先秦两汉考古学论集》，文物出版社 1985 年版，第 198—199 页。
③ 参见俞伟超《古代"西戎"和"羌""胡"考古学文化归属问题的探讨》，载《先秦两汉考古学论集》，文物出版社 1985 年版，第 180—192 页。
④ 参见谢端琚《甘青地区史前考古》，文物出版社 2002 年版，第 227—237 页。
⑤ 参见冉光荣、李绍明、周锡银《羌族史》，四川民族出版社 1985 年版，第 8—16 页。

合甘青地区的考古学文化序列，认为早期羌文化可以上推到齐家文化时期。①

尽管学界对氐、羌是同源而异流，还是两个独立的族属仍有争议，但不可否认的是甘青地区在历史上是羌人的主要活动范围和羌民族的祖地所在。《史记》引《括地志》云："临洮郡即今洮州，亦古西羌之地。在京西千五百五十一里羌中。从临洮西南芳州扶松府以西，并古诸羌地也。"②《竹书纪年》载："成汤十九年，大旱，氐羌来宾。""武丁三十四年，王师克鬼方，氐羌来宾。"③殷墟卜辞中记载了商王朝对羌的多次用兵，还曾俘获大批羌人和羌族首领"羌白"。有学者指出殷墟甲骨卜辞中有关羌的辞例包括"获羌""侑羌""来羌""伐羌""以羌""用羌""正羌""岁羌""俎羌""卯羌"等，总数近2000条，殷墟人祭坑中的人骨个体数与甲骨文羌祭卜辞中的用羌数量确有显著相关性，殷墟王陵区部分人祭坑中的人骨遗骸实即甲骨文所记录的"羌"。④还有学者从考古材料和羌人与周人的关系考察，指出羌分布于岐周之西，即今天的甘青地区。⑤《尚书·牧誓》记载的周武王伐纣联军中，就有羌人加入。从齐家文化和卡约文化出土铜镜来看，羌人是使用铜镜的国族中较早的。

二、竹

竹即文献中记载的孤竹，是商周时期北方著名的古族。孤竹在甲骨文、金文中多有记载，甲骨文中将孤竹单称为"竹"，金文中或称为"孤竹"。《逸周书·王会篇》孔晁注孤竹为"东北夷"。孤竹与商人先祖同族，属于东北夷。商为子姓，其始祖为契，"其后分封，以国为姓，有殷氏、来氏、宋氏、空桐氏、稚氏、北殷氏、目夷氏"。商汤"特封墨台氏于孤竹"，《史记·伯夷列传》索隐云："孤竹君是殷汤三月丙寅日所封。"⑥"墨胎氏"又常记为"墨台""墨夷""目夷"，因

---

① 参见叶茂林《甘青地区史前考古与早期羌文化探索》，《四川文物》2016年第6期。
② （汉）司马迁：《史记·秦始皇本纪》，中华书局1959年版，第240页。
③ 李民、杨择令、孙顺霖、史道祥：《古本竹书纪年译注》"附王国维《今本竹书纪年疏证》"，中州古籍出版社1990年版，第247—248、257页。
④ 参见唐际根、汤毓赟《再论殷墟人祭坑与甲骨文中羌祭卜辞的相关性》，《中原文物》2014年第3期。
⑤ 参见田继周《先秦民族史》，四川民族出版社1996年版。
⑥ （汉）司马迁：《史记·殷本纪》，中华书局1959年版，第109页；《史记·伯夷列传》，第2123页。

此，李学勤认为，孤竹为商代初期所分封的"子"姓同姓诸侯国。① 由史料可知，孤竹在商汤时被封侯立国，成为商的重要方国，为商镇守北疆。作为方国，对天子尽有服侍的义务，即"制其职，各以其所能；制其贡，各以其所有"②。孤竹国的上层有的在商王廷中任"贞人""司卜""亚"等职③，即担任祭祀、占卜的官员。此外，殷墟卜辞中有不少关于孤竹国与商王朝联姻的记载。孤竹国以农耕经济为主，过着定居生活，文字、制度、信仰、礼仪和风俗等方面都与商、周文化相似。显然，孤竹国与商王朝关系十分密切。

孤竹国的疆域四至历来看法不一。不同历史时期有不同的记载，造成这一问题的主要原因是孤竹国前后存在上千年之久，其疆域领地时有盈缩。有学者结合文献记载指出，孤竹的疆域主要包括两个地区：一是冀北滦河、青龙河流域，包括河北卢龙、迁安、青龙，这里极有可能是孤竹的始封地；二是辽西大、小凌河流域，这里是孤竹的族居地。④ 朝阳喀左北洞村曾出土一批商代晚期青铜器，其中一件青铜罍上有铭文曰"父丁孤竹亚微"⑤，有力地证明了孤竹国在辽西地区。卢龙东阚各庄⑥和滦县后迁义⑦商代晚期墓葬出土的鼎、簋即为商文化遗存。

辽宁喀左和后迁义遗址出土有几何纹饰镜，尤其是后迁义遗址出土铜镜纹饰与妇好墓出土的十分相似，为桥形钮外环绕同心圆纹，或同心圆间填饰平行线。如前所述，妇好墓中同心圆纹饰镜一部分是从北方地区所得，这种纹饰的铜镜是北方系青铜器中的一种，在北方地区不仅出现的时间早且流行范围广，在商王朝出现可能是孤竹国朝贡的器物之一，毕竟孤竹国不仅与商王朝属于同姓诸侯国一直保持密切的关系，且负有朝贡、勤王等义务。

---

① 参见李学勤《试论孤竹》，《社会科学战线》1983年第2期。
② （汉）郑玄注，（唐）贾公彦疏：《周礼注疏·夏官·职方氏》，北京大学出版社1999年版，第877、1020页。
③ 参见金耀《亚微罍考释——兼论商代孤竹国》，《社会科学战线》1983年第2期。
④ 参见崔向东《论商周时期的孤竹国——辽西走廊古族古国研究之一》，《甘肃社会科学》2019年第3期。
⑤ 喀左县文化馆等：《辽宁喀左县北洞村出土的殷周青铜器》，《考古》1974年第6期。
⑥ 参见河北省文物管理处《河北省三十年来的考古工作》，载文物编辑委员会编《文物考古工作三十年 1949—1979》，文物出版社1979年版，第38页。
⑦ 参见张文瑞、翟良富主编《后迁义遗址考古发掘报告及冀东地区考古学文化研究》，文物出版社2016年版，第27—28页。

三、犬戎

犬戎在西周时期比较活跃，据文献记载，夏商时期犬戎与中原王朝相处较为和睦，晚商时期开始，更多的时候处于敌对状态。夏末时夏桀暴政，周人先祖迁徙至豳地，"居于戎狄之间"，这一时期犬戎与周人相处和睦，在先进的周文化的影响下，犬戎族生产生活水平得以提升。

晚商时期，犬戎与周的关系恶化。《后汉书·西羌传》载："及武乙暴虐，犬戎寇边，周古公逾梁山而避于岐下。"犬戎的进攻迫使古公将周人迁至陕西岐山脚下，可见犬戎势力应该是比较强大的，对周的统治产生了严重的威胁，为暂时避免与犬戎作战，保存实力而到岐山脚下。周文王时，开始对犬戎用兵，"明年，伐犬戎。明年，伐密须"①。周穆王时，臣服于周的犬戎可能有所反抗。《后汉书·西羌传》载："至穆王时，戎狄不贡，王乃西征犬戎，获其五王，又得四白鹿、四白狼，王遂迁戎于太原。"② 这种敌对的状态一直持续到西周灭亡，《史记·周本纪》记载了幽王废申后去太子宜臼以后，"申侯怒，与缯、西夷犬戎攻幽王……遂杀幽王骊山下"。

犬戎的活动在周人的北部地区。从犬戎迫使周人从豳翻越梁山到岐山脚下来看，岐山即今陕西省岐山县附近，显示犬戎活动之所在距离豳不远的地方，当在陕、甘之间。③《左传·闵公二年》载"虢公败犬戎于渭汭"，说明春秋时期犬戎可能还占据渭水沿岸一带，但之后的文献中不见犬戎的记载了，此战之后犬戎主要势力被消灭，已经无力再侵扰周边了。

目前发现的西周铜镜均为西周早期，出土于扶风、宝鸡、凤翔等关中平原西部地区，且出土铜镜墓葬中的大量兵器显示墓主人可能为拱卫岐周的士兵，士兵们使用铜镜的习俗应与对包括犬戎在内的北方游牧部族的征战有关。有周一代一直没有接受铜镜使用的习俗，可能受到了长期以来的敌对局面的影响。

---

① （汉）司马迁：《史记·周本纪》，中华书局2011年版，第104—106页。
② （宋）范晔撰，（唐）李贤等注：《后汉书·西羌传》，中华书局1965年版，第2871页。
③ 参见刘桓《甲骨、金文中所见的犬戎与猃狁》，《殷都学刊》1994年第2期。

四、戎、狄、胡

戎狄是广泛地分布于中国北方地区的民族。《尔雅》《逸周书·明堂解》《逸周书·职方解》等文献记载商周的周边诸族时，常有"九夷、八狄、七戎、六蛮""九夷、八蛮、六戎、五狄""四夷、八蛮、五戎、六狄"等划分。可知商周时期的戎和狄是由不同分支构成的，但在文献记载中有很多戎狄不分和戎狄共称的现象，学术界对于此多有解释，此处不再赘述。《春秋》与《左传》对春秋时期戎狄的记载显示，戎狄主要经营农业，畜牧业十分发达，尽管与中原诸多侯国杂居，但其生活习俗、宗教信仰和祭祀活动方面都与中原人群有很大的区别，且与中原地区的关系错综复杂。

狄从鲁僖公三十三年（前627）以后有长狄、赤狄、白狄、鲜虞等不同的称呼，狄与中原战争的开始是伐邢、卫、鲁、齐、晋等国，其后主要是晋对狄的战争，分为灭赤狄、战白狄和伐鲜虞、中山（鲜虞人在春秋后期建立的国家）三个阶段，狄的分布区一是在战争地点附近，狄与诸夏交错分布，二是狄在河北附近分布。[①] 尽管晋国时常与狄征战，但晋也是春秋时期与狄的关系十分密切的国家。春秋初期，晋国是一个"大国在侧"[②]，"戎狄之与邻"[③]，"戎狄之民实环之"[④] 的百里小国，周边的戎族有骊戎、犬戎、蛮戎、姜戎、山戎，狄族有赤狄、白狄、长狄三大部，其中尤以赤狄、白狄与晋国交往密切。[⑤] 晋公子重耳的母亲即狄人，母舅狐偃在重耳流亡途中多次提供援助，帮助其回国争权。赵盾为赤狄女所生，成长于白狄，是晋国著名的政治家和军事家。

春秋时期，诸戎分支繁杂，主要生活在渭水上游地区，在中原腹地及其边缘也有众多分支，包括济水流域的楚丘戎，太行山东麓的北戎、无终戎、戎州己氏之戎，燕山北麓的山戎，吕梁山东麓的狐氏戎，晋南地区的姜戎，渭汭之地的犬戎等，与中原的周王室、晋、齐、鲁、楚、郑、燕、许、宋、曹、虢等国交错

---

① 参见杨建华《〈春秋〉和〈左传〉中所见的狄》，《史学集刊》1999年第2期。
② 上海师范大学古籍整理组校点：《国语》，上海古籍出版社1978年版，第257页。
③ （清）阮元校刻：《左传》，《十三经注疏》，中华书局1980年版，第2078页。
④ 陈桐生译注：《国语·晋语》，中华书局2013年版，第325页。
⑤ 参见毕洪娜《春秋时期晋与其他政权互动及霸业研究》，博士学位论文，吉林大学，2022年。

杂居，或战争，或结盟，或归附，关系错综复杂。① 姜戎与晋关系较好，晋襄公联合姜戎在崤山大败秦军，遏制了秦军东进中原之势。晋悼公时，魏绛力主和戎，戎人的支持使晋国"八年之中，九合诸侯，如乐之和，无所不谐"。这为晋国复霸打下基础。

东周时期发现的戎狄遗存分布范围从关中到陕北向东越过太行山到达滹沱河和桑干河的中国北方地带，从西周晚期到战国初年，呈现出不断东迁的趋势。西周晚期关中地区以花格剑、虎形饰和铜釜为代表的北方因素的遗存即为文献中提到的戎，春秋初年秦文公伐戎成功后，戎开始向外迁徙，并分化为不同的部族，建立中山国的即为向东迁徙的白狄中的一支。② 还有研究者注意到宝鸡旭光墓地石椁墓 M19 的葬俗和随葬品形制独特，指出其为典型的戎狄文化墓葬，这是戎狄在关中的首次亮相。③ 由于西北地区关于戎狄的考古遗存十分复杂，长期以来学界进行了诸多探讨，虽有共识，但仍存在关键分歧。肖奕昕对西北地区东周戎狄遗存的探索历程进行了详细系统的总结回顾，梳理了诸多学者的观点，还提出以多元视角阐释遗存与人群多样性的展望。④

值得注意的是同样与戎狄活动在北方地区的胡，林沄先生早在20世纪末就提出了"戎狄非胡论"观点。⑤ "胡"的名称在战国中期以后的文献中反复出现，但他们在中国北方地区生活的年代却可以上溯至春秋中晚期。⑥ 东周时期的鄂尔多斯青铜器以及宁夏固原等地的类似戎狄文化遗存的发现与胡人文化遗存有关，大约为春秋中期至战国中期以后，其开始和结束的时间都晚于戎狄遗存。⑦

东周时期的北方铜镜发现不多，见单钮镜、多钮镜和钮柄镜，以钮柄镜数量居多，还有类似钮柄镜的牌饰。与戎狄遗存相关的铜镜见春秋中期的中山国灵寿城 M8004 出土镜，这是一面介于手柄镜和钮柄镜之间过渡形态的铜镜，还有三

---

① 参见孙战伟《〈春秋〉与〈左传〉中所见的戎及相关问题》，《文博》2017年第3期。
② 参见杨建华《中国北方东周时期两种文化遗存辨析——兼论戎狄与胡的关系》，《考古学报》2009年第2期。
③ 参见张天恩《宝鸡旭光 M19 及关中春秋早期戎狄遗存刍论》，《文博》2024年第3期。
④ 参见肖奕昕《戎与狄——西北地区东周戎狄遗存的探索历程与思考》，《文博》2024年第4期。
⑤ 参见林沄《戎狄非胡论》，载吕绍纲编《金景芳九五诞辰纪念文集》，吉林文史出版社1996年版，第101—108页。
⑥ 参见单月英《东周秦代中国北方地区考古学文化格局——兼论戎、狄、胡与华夏之间的互动》，《考古学报》2015年第3期。
⑦ 参见杨建华《中国北方东周时期两种文化遗存辨析——兼论戎狄与胡的关系》，《考古学报》2009年第2期。

门峡虢国墓地出土的那面双钮鸟兽纹镜。与胡人遗存相关的铜镜见宁夏中宁倪丁村出土的装饰走兽的单钮铜镜，永昌西岗和柴湾岗出土的多面钮柄镜①，以及于家庄出土的形似钮柄镜的镜形饰M15:14。②钮柄、动物装饰正是北方系铜镜的特征。

五、东胡

东胡是生活在中国东北部的古老游牧民族之一，东胡之名最早见于《逸周书·王会解》和《山海经·海内西经》。《逸周书·王会解》曰："东胡黄罴，山戎戎菽……犬戎文马……匈戎狡犬。""正北空同、大夏、莎车……匈奴、楼烦、月氏、纎犁、其龙、东胡，请令以橐驼、白玉、野马、騊駼、駃騠、良弓为献。"③春秋战国时期是东胡历史上最强盛的阶段，西汉初年，冒顿单于"大破灭东胡王，而虏其民人及畜产"④，东胡被分衍出的乌桓、鲜卑、契丹等替代。一般认为，东胡族以游牧经济为主，兼营游猎、山林采集和农耕经济，手工业十分发达，青铜器的冶炼技术比较成熟。

东胡的居住地大约在燕国的东北方向，燕山以北的区域。《史记·赵世家》记载赵国"北有燕，东有胡"，"东有燕、东胡之境"，《史记·匈奴列传》载"燕北有东胡、山戎"。林幹结合文献记载和考古发现，指出战国时期东胡的活动范围约在老哈河上游东南至辽宁大小凌河流域，包括今赤峰市、朝阳市、锦州市及其周围的大片地方。⑤王文轶结合史料记载指出山戎、东胡均属戎类族群，两者互不统属，自商周至春秋时并行发展，山戎的分布范围介于燕国以北到燕山以南的冀北地区，东胡分布于燕山以北的辽西地区，西拉木伦河流域一度是东胡的核心活动区域。⑥

---

① 发掘者认为沙井文化遗存属于北狄文化的一支，杨建华认为以甘肃省永昌市的蛤蟆墩、西岗和柴湾岗为代表的沙井文化属于与胡人相关的非典型遗存。参见杨建华《中国北方东周时期两种文化遗存辨析——兼论戎狄与胡的关系》，《考古学报》2009年第2期。
② 参见宁夏文物考古研究所《宁夏彭堡于家庄墓地》，《考古学报》1995年第1期。
③ 黄怀信、张懋镕、田旭东：《逸周书汇校集注（修订本）》，上海古籍出版社2007年版，第880—888、919—921页。
④ （汉）司马迁：《史记·匈奴列传》，中华书局1982年版，第2889页。
⑤ 参见林幹《东胡早期历史初探》，《北方文物》1987年第3期。
⑥ 参见王文轶《山戎、东胡的族属与地理分布》，《中国历史地理论丛》2024年第2期。

截至目前，关于已发现的东胡遗存的考古资料，学术界仍存在一定的争议。朝阳十二台营子墓地发现后，发掘者认为这些出土青铜短剑的墓葬属于东胡族。[1] 靳枫毅认为包括十二台营子在内的夏家店上层文化无论是分布地域、活动时间，还是畜犬殉犬、髡发的习俗及体质人类学特征等都与东胡族相符合，因此，辽西地区的夏家店上层文化是历史上的东胡文化。[2] 但林沄提出了相反意见，认为东北系铜剑不是同一考古文化的代表，其分布范围与时间显示其不是东胡遗存，而与北狄和东夷的活动有关。[3] 朱永刚也提出了相似的观点。[4] 王立新则认为其属于东胡遗存。[5] 由上述研究成果看，多钮镜使用者的族属还存在争议，还有待于更多考古学资料的发现。

北方地区春秋及以前的国族是一个十分复杂的问题，除了一些以农业经济为主的国族，大多为游牧或半游牧的国族，流动性强，留下的遗迹很少，文献资料中也仅有零星的记载。因此，本书中提及的只是比较明确的使用铜镜或与铜镜流行地域相符合的部分国族，一些资料可能不够直接或全面，但它们往往能够揭示当时社会的政治、经济和文化状况，从而为我们理解早期铜镜的使用和传播提供背景支持。

第三节　早期铜镜的功能探讨

毋庸置疑，铜镜作为古代日常生活中不可或缺的用品，其最为显著且直接的功能便是协助人们梳妆照容，是古人整理仪容的主要器具之一，然而，当我们深入历史的长河，通过考古发掘所揭示的丰富资料，不难发现，铜镜所承载的远

---

[1] 参见朱贵《辽宁朝阳十二台营子青铜短剑墓》，《考古学报》1960年第1期。
[2] 参见靳枫毅《夏家店上层文化及其族属问题》，《考古学报》1987年第2期。
[3] 参见林沄《中国东北系铜剑初论》，《考古学报》1980年第2期。
[4] 参见朱永刚《夏家店上层文化的初步研究》，载苏秉琦主编《考古学文化论集》一，文物出版社1987年版，第99—128页。
[5] 参见王立新《探寻东胡遗存的一个新线索》，载教育部人文社会科学重点研究基地吉林大学边疆考古研究中心编《边疆考古研究》第3辑，科学出版社2005年版，第85—95页。

不止于此，它还蕴含了深厚的社会功能与文化内涵。①

一般来说，随葬品在墓葬中的位置及伴出器物不仅代表着该器物在日常生活中的实际作用，也代表着丧葬时被赋予的其他象征功能。早期铜镜常出土于墓主人身体附近，如头部周围、胸部、小臂处、腰腹部、小腿边，或是在棺外的二层台上、妆奁内、填土中等。铜镜放置位置表现出明显的地域差别，如新疆地区铜镜往往出土于墓主人身体附近，河西走廊铜镜多见于二层台上，中原地区铜镜还见棺椁内外或填土中。铜镜放置位置反映了当时人们的用镜观念。

一、映人照物与装饰功能

作为梳妆照容的工具使用是铜镜的常见功能，在新疆地区表现最为明显。天山北路墓地694座墓葬中有26座墓葬出土有铜镜，共计52面，是目前早期铜镜出土最为集中的区域。② 从出土位置看，有20面铜镜出土于墓主人头骨附近，其中12面出土于墓主人面前（图5-3-1，1），应当与铜镜照容的功能有关（见天山北路墓地铜镜出土状态统计表）。天山北路墓地随葬品位置往往与日常生活习惯相关，头顶或脚下靠近墓室处一般有一件陶罐，与饮食有关，铜镜、泡、耳环出土于头部周围，珠或珠串在颈部，泡和牌饰多出土于上半身，串珠或手镯在手腕处，骨牌、铜牌等环绕在腰部。耳环及各种材质的珠串最为常见，约四分之三的墓葬有出土；其次是泡和牌，约三分之一的墓葬有出土。如M266随葬品共计192件，除了铜镜、耳环、手镯，还有铜珠70颗、石珠78颗。可见天山北路人群对装饰品的偏爱，铜镜正是修容装扮的必备用品。

西周时期，铜镜不仅见于头部周围、小臂与面部之间，还往往出土于腰腹部周边，这是因为铜镜使用完毕是挂在腰间随身携带的。萨恩萨伊墓地出土的5面铜镜均位于墓主人腰部附近（图5-3-1，2）。莫呼查汗、阔克苏西墓地、五堡墓地等均发现有铜镜与梳妆用具、珠子等装饰品或日用小工具放置在毛毡或皮革做成的镜袋中挂在腰间的情况。阔克苏西2号墓地M47，铜镜和骨梳放置于毛

---

① 若无明确说明，铜镜即指单钮铜镜。
② 天山北路墓地共发掘墓葬706座，其中12座墓葬资料遗失，因此以694座墓作为统计基础。

布做成的梳妆袋内，五堡墓地出土镜袋内有铜镜和铜刀。铜镜或是位于腰部的左侧或是位于右侧，这可能与墓主人的日常习惯有关，一般是左手持镜右手用来梳妆，因此，大部分铜镜出土于腰腹部左侧。铜镜出土位置的变化反映了当时人们生活方式的变化，随身携带显然是适应游牧生活方式的需要，墓葬中的大量马具也证实了这一推测。

在新疆以外的地区，梳妆照容依然是铜镜的主要功能。妇好墓出土的4面铜镜中有1面出自棺内，旬邑下魏洛墓地出土3面铜镜，其中2面出土于棺，可能是墓主人头部附近（图5-3-1，3），淅川下寺楚墓铜镜与铜削刀、玉饰一起放置于漆奁内，再放置于墓主人左手下方，长子县牛家坡M7铜镜与假发、串珠、木梳等被放入漆盒，再放置于墓主人左臂处。这些铜镜应当是作为梳妆用具随葬在墓主人身边的。

铜镜作为梳妆用具与铜镜的使用者以女性为主有一定的关系。天山北路墓地中，出土铜镜且已知性别的墓葬共15座，仅有2座的墓主人为男性，其余13名均为女性。莫呼查罕墓地铜镜也多出土于女性墓葬中。在夫妻合葬墓中，铜镜亦多出自女性墓主人身边，如焉不拉克墓地M45、阔克苏西2号墓地M59和萨恩萨伊墓地M89为夫妻合葬墓，铜镜皆出自女性墓主人身边，即使多人合葬墓，铜镜依然多与女性相关。显然，在新疆地区，铜镜从最开始出现起就与女性有密切的关联，当然也与当地人群重视身体和衣物装饰的生活习惯有关。然而，铜镜的使用并不是女性的专利，在新疆地区以外的区域，铜镜更多的出土于男性墓葬，如尕马台墓地镜、后迁义墓地镜，以及大华中庄墓地的大部分铜镜等。在公元前7世纪—前6世纪的塔加尔文化中，发现21个铜镜标本，其中有16面出自男性墓葬。[①] 在阿尔泰地区，铜镜不仅出土于女性墓葬，还见于男性墓葬和儿童墓葬。[②] 齐家坪M41铜镜是出土于儿童墓葬中的。相对来说，这些地区铜镜的使用并不普遍，一个墓地出土数量有限，出土铜镜墓葬随葬品较多，表现出这些男性对少量生产资料的占有。

---

① Членова Н.Л., Происхождение и ранняя история племен тагарской культуры, издательство "наука" москва, 1967, C. 81-91.

② Куварев В.Д., Древние зеркала алтая, Археология, этнография и антропология Евразии, № 11, 2002.

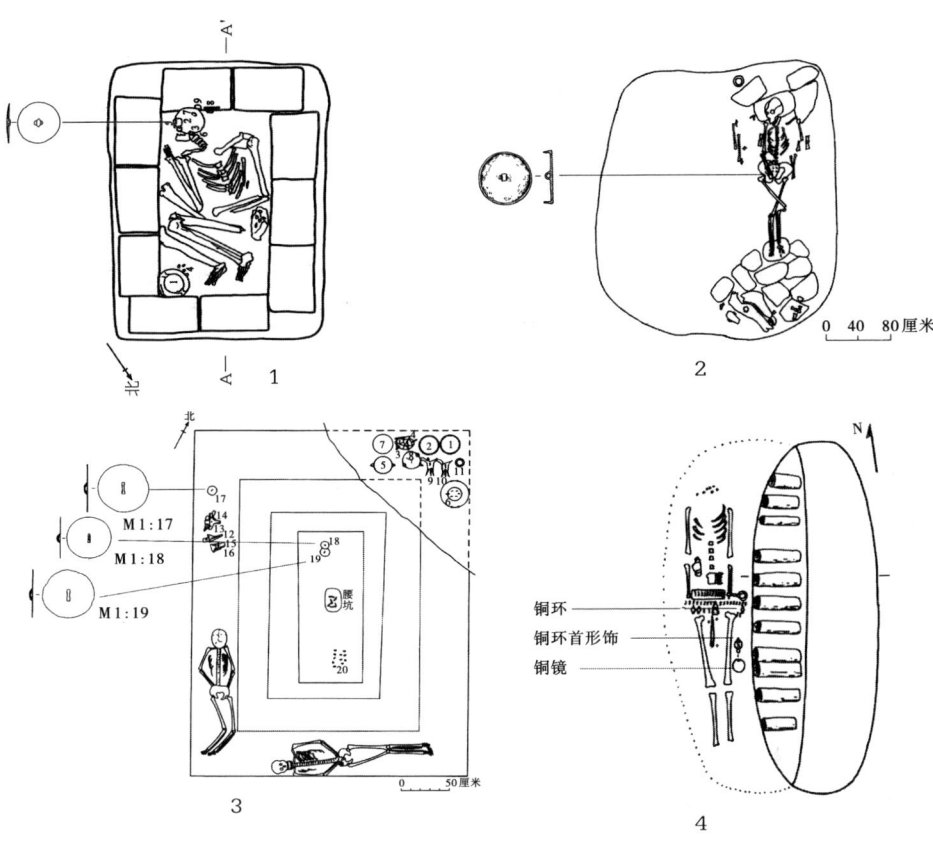

图 5-3-1 铜镜出土位置图

1. 天山北路 M281 2. 萨恩萨伊 M106 3. 下魏洛 M1 4. 西岗 M140

表 5-1-1 天山北路墓地铜镜出土状态统计表

编号	墓号	数量	纹饰特征	出土位置						随葬品总数	铜器数量	性别
				面前	头后	颈部	背部	肩部	胸前	其他位置			
1	M015	3	素面	1			1				92	27	女
			几何纹				1						
2	M065	1	素面								11	6	
3	M073	1	素面								13	2	

续表

编号	墓号	数量	纹饰特征	出土位置							随葬品总数	铜器数量	性别
				面前	头后	颈部	背部	肩部	胸前	其他位置			
4	M125	4	素面	2			2				122	113	
5	M126	1	素面	1							29	21	女
6	M148	2	素面							近膝部2	16	11	
7	M190	2	几何纹	1							282	176	女
			素面				1						
8	M226	1	素面		1						243	49	女
9	M235	1	素面	1							47	3	女
10	M266	4	素面				3				192	112	女
			几何纹					1					
11	M281	1	素面	1							13	7	女
12	M301	4	素面			1			1	肱骨1	65	43	女
			几何纹			1							
13	M307	1	素面								21	14	女
14	M311	3	素面				2				221	92	女
			几何纹				1						
15	M315	2	素面	1							47	14	女
			素面						1				
16	M341	2	素面							髋骨1、胫骨1	54	31	男
17	M400	7	素面	1	1		2		1	肱骨1	105	68	
			几何纹				1						
18	M437	1	素面	1							112	83	女
19	M441	1	素面	1							8	5	女
20	M479	1	素面						1		86	13	
21	M483	4	素面		3						200	112	
			几何纹							耳部1			
22	M502	1	素面								7	5	

续表

编号	墓号	数量	纹饰特征	出土位置						随葬品总数	铜器数量	性别
				面前	头后	颈部	背部	肩部	胸前	其他位置			
23	M606	1	素面			1					13	4	
24	M620	1	素面								189	22	女
25	M640	1	几何纹								13	7	
26	M679	1	素面	1							18	6	男

  铜镜除了梳妆照容，还兼具装饰品的功能。在甘肃永昌西岗墓地，M140墓主人腰部系有三层复杂的带饰，由对马饰牌、S形铜饰牌等50多件装饰品组成，还有一串由皮革穿系铜环、环首形饰、铜镜组成的吊饰，自腰间垂于左腿外侧。这是一面镜钮残损的单钮镜，在镜面边缘凿钻穿孔成为吊饰之一，既是装饰品，又可以随时取用（图5-3-1，4）。

  从镜背的纹样装饰看，素面铜镜和几何纹铜镜作为照容工具使用时可能有一定的选择。如上所述，用以照容的铜镜多出土于面部，天山北路墓地中，出土于面前的铜镜只有1面有几何纹装饰，剩余的11面全部是素面镜。墓地出土的51面单钮铜镜中8面有纹饰装饰，包括多圈同心圆环带镜5面、人面太阳纹镜1面、羊角状纹饰镜1面、散点状环形纹饰镜1面，这8面纹饰镜有3面出土于背部，1面出土于肩部，1面出土时覆盖于耳朵之上，另1面位置不详。显然，新疆地区的人们更多地使用素面镜作为梳妆用具，其他地区的人们则使用纹饰镜。

二、太阳崇拜与"魔力"作用

  铜镜被视为太阳加以崇拜和蕴含的"魔力"作用几乎得到世界上所有使用铜镜人群的认可。古埃及人视铜镜的镜面为太阳圆盘，其稍稍椭圆的形状即是对地平线上初升太阳的模拟，在古埃及语中，"生命"与"镜子"是同一个单词，古埃及人认为肉体的死亡只是生命的一个阶段，灵魂还能够继续生存并在合适的时机回到身体，从而复生，铜镜是灵魂离开和进入身体的重要媒介，墓葬中随葬的镜子有帮助死者重生或复兴的作用。① 在乌拉尔地区，圆形镜面及其边缘环绕的乳钉是太阳和太阳光芒的象征。在卡拉苏克文化中，铜镜与各种材质的珠子、吊饰等装饰品一起串成项链挂在胸前，被认为卡拉苏克人的护身符，同时具有太阳崇拜、动物崇拜和祖先崇拜的含义，与萨满教的流行有关。② 在游牧民族的观念中，铜镜具有驱邪、占卜、崇拜、祭祀、护身符等功能，如斯基泰—塞克时期鄂毕河上游的一女性墓葬中出土有铜镜、石龛、纺轮，俄罗斯学者认为这是一套祭祀用品，墓主人为身份较高的女祭司。③ 斯基泰人视镜缘反折的铜镜为圣物，认为其具有神力，往往用于宗教仪式，巴泽雷克士兵会在胸前和腰带上悬挂镜子参加战斗，因为镜子包含人的灵魂，可以预知过去和未来。④ 匈奴墓葬中还存在破坏随葬品的习俗，包括打碎铜镜，有学者认为这样可以帮助死者转生。⑤ 蒙古鹿石上的镜子被放在盾牌之上，靠近武器，是因为可以增强武器的威力。⑥ 在阿尔泰地区一些被盗扰的墓葬中，铜镜没有被拿走，是因为盗墓者相信镜子中有死者的灵魂，如果拿走就会惊扰死者，受到严重的惩罚。⑦

如前所述，天山北路墓地出土铜镜除了是梳妆照容的工具，一些铜镜可能也具有太阳崇拜的含义。从纹饰特点来看，最为明显的是 M481 出土的人面太阳纹镜，这面铜镜镜钮一端的左右两侧各有 1 个乳钉，与镜钮构成了眼睛、鼻子的形状，环绕的一周凸弦纹与圆形的面部相似，凸弦纹外有长短不一、整齐排列成放射状的短线，如太阳光芒。与出土的其他铜镜上的同心圆环带、压点纹环形纹饰明显不同，这种人面太阳纹饰应当是有意设计而成。这面铜镜的出土位置也很特殊，位于墓主人的耳朵处，这在天山北路墓地是唯一的一例。特殊的纹饰、特

---

① Arielle P. Kozloff, "Mirror, Mirror", *The Bulletin of the Cleveland Museum of Art*, Vol. 7, 1984, pp. 25–61.
② Вадецкая Э.Б., Археологические памятники в степях среднего енисея. Ленинград издательство "наука" ленинградское отделение, 1986, C. 58-60.
③ 参见［俄］A. A. 提什金、H. H. 谢列金《金属镜：阿尔泰古代和中世纪的资料》，陕西省考古研究院译，文物出版社2012年版，第84—86页。
④ Кирюшин Ю.Ф., Тишкин А.А., Скифская эпоха горного алтая Часть I : культура населения в раннескифское время, Издательство Алтайского государственного университета, 1997, C. 82-91.
⑤ 参见［俄］菲利波娃《铜镜在匈奴宗教仪式中的作用》，郑文译，《文博》2007年第2期。
⑥ Куварев В.Д., Древние зеркала алтая, Археология, этнография и антропология Евразии, № 11, 2002.
⑦ Кирюшин Ю.Ф., Тишкин А.А., Скифская эпоха горного алтая Часть I : культура населения в раннескифское время, Издательство Алтайского государственного университета, 1997, C. 82-91.

殊的位置，再加上欧亚草原人群普遍的太阳崇拜，很难不将其联结在一起。

铜镜的"魔力"功能似乎得到了士兵群体的认可，尤其是西周早期关中平原西部地区。北吕墓地ⅡM3、黄家河M23及辛村墓地中铜镜与铜戈共存，宝鸡旭光墓地M74墓主人右肩处有铜镜与戟，左肩有铜镜和泡，这两面镜的镜钮分别为0.5厘米、0.6厘米，明显高于其他铜镜，更便于系挂。这些自士兵墓葬中出土的铜镜很可能也具有增强武器杀伤力的"魔力"功能，或者是作为护身符保佑墓主人在战争中平平安安不受伤害。与蒙古鹿石图像和巴泽雷克士兵的做法有异曲同工之处。此外，一些出土于胸部的铜镜，如虢国墓地M1650出土镜，两镜复合放置在墓主人胸部，可能也具有"护身符""护心镜"之类的功能。这些具有"魔力"功能的铜镜多素面无装饰，应当是有意选择。

三、葬仪用具和宗教功能

墓葬中随葬的铜镜一方面作为死者的日用器具，像其他生活用品一样被带入地下世界，以期继续使用，另一方面被赋予各种寄托和信仰。如古埃及铜镜是献给神灵的祭品，是祭祀仪式中必不可少的器具，也是灵魂进出肉体的窗口，具有明显的宗教属性和功能。

天山北路墓地一些铜镜可能被用于宗教仪式。如《天山北路墓地铜镜出土状态统计表》所见，有11座墓葬出土2面及以上的铜镜，其中有6座墓葬共15面铜镜出土于墓主人背部，2座墓葬共4面铜镜出土于墓主人头部后方，1面出土于肩部，4面出土于胸前，尤其是与圆形的牌饰叠压交错出土。M125的2面铜镜和M311的3面铜镜均出土于墓主人背部，墓主人上肢周围分别出土16件和12件圆形牌饰，M341的2面铜镜与10面圆形牌饰出土于髋骨和胫骨周围。最明显的是M400，这是天山北路墓地出土铜镜数量最多的墓葬，共7面，分别为墓主人面前1、头后1、胸前1、肱骨1、后背处3（图5-3-2），另有17面铜牌位于头骨、肩部、手臂、肱骨处。这些圆形牌饰边缘有一对对称的圆孔，是缝缀在衣服上的饰物。这些背部等位置出土的铜镜很可能与牌饰一样，也是缝缀在衣物上的，显然不是用以照容的。

一般来说，身体上悬挂大量铜镜或牌饰往往被认为萨满教的习俗，是萨满

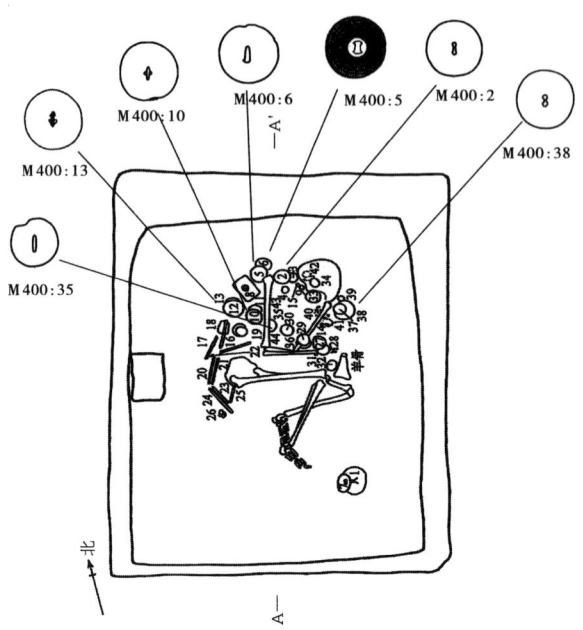

图 5-3-2　天山北路 M400 铜镜出土位置

教巫师法衣上的典型装饰。萨满教是东北亚阿尔泰语系通古斯人的原始宗教信仰，"萨满"是对跳神巫师的称呼。铜镜是萨满教重要的宗教法器和神器，象征着日月，也是巫师与恶魔斗法时的重要武器，一些民族还以是否取得托里（护心镜）为标准判断萨满法力的高低。[1] 萨满巫师用衣服上的镜子来保护自己不受妖魔侵害，作法时通过铜镜撞击发出的声音强化法力，震慑妖魔，铜镜越多，萨满的法力就越强，数量最多者竟然可达120面。[2] 除了跳神作法，巫师还用镜占卜，用镜治病，萨满巫师死后还以生前用过的神镜随葬。[3] 铜镜在萨满教中的作用非同一般。因此，天山北路墓地出土铜镜很可能和阿尔泰地区卡拉苏克文化墓葬中的一些铜镜一样，与萨满教的流行有关。

墓葬中的铜镜有一部分是死者生前的用品，有一部分专门为丧葬所制作。在阿尔泰地区墓葬中出土有木制的铜镜模型，显然是代替日常使用铜镜，此外，

---

[1] 参见郭淑云《萨满教的造型艺术特征》，《民族艺术》2003年第1期。
[2] 参见庄吉发《萨满信仰的历史考察》，文史哲出版社1996年版，第43页。
[3] 参见刘艺《镜文化与萨满教》，《西域研究》2004年第1期。

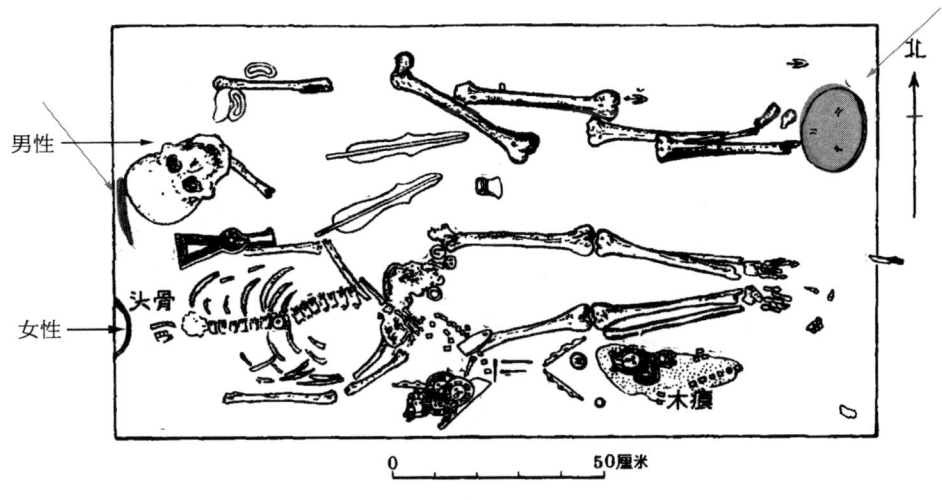

图 5-3-3 十二台营子1号墓

研究者发现,阿尔泰地区大多数奖章形镜(即钮柄镜)是为葬礼专门铸造的。[①] 铜镜作为葬仪用具功能在东北地区表现得最为明显和突出。辽宁朝阳十二台营子1号墓铜镜出土时,两面铜镜镜面向外,镜背相对,分别竖立于墓主人头顶和脚下(图5-3-3)。郑家洼子M6512出土了6面镜形饰,其中2面镜面相对竖立于墓主人头上脚下,4面较小的镜形饰等距离放置于墓主人身体之上(图5-3-4)。郑家洼子M6512出土镜形饰上有锈结的麻布痕,最厚处有六层,据发掘者推测,这些镜形饰可能是生前佩戴,死后作为衣襟裹尸的饰物埋入墓葬中的。[②] 从镜形饰的出土位置、纹饰及大小特征来看,这些镜形饰应是专为丧葬制作的葬仪器具。首先,镜体厚重,镜面微凸,镜体较大,直径在20厘米以上。竖立时,微凸的镜面向外,镜背相对,呈包裹状态。其次,头顶和脚下竖立的镜形饰成对出现,大小纹饰一致,应为有意制作。如十二台营子1号墓出土的2面三钮镜的大小和纹饰相似,直径均为20.5厘米、厚0.5—0.6厘米,2号墓出土的2面四钮镜大小和纹饰也相似,直径20—20.1厘米、厚0.2—0.3厘米,郑家洼子M6512墓主人头顶和脚下的镜形饰为单钮素面,直径均为28厘米。再次,郑家

---

① Куварев В.Д., Древние зеркала алтая, Археология, этнография и антропология Евразии, № 11, 2002.
② 参见沈阳故宫博物院、沈阳市文物管理办公室《沈阳郑家洼子的两座青铜时代墓葬》,《考古学报》1975年第1期。

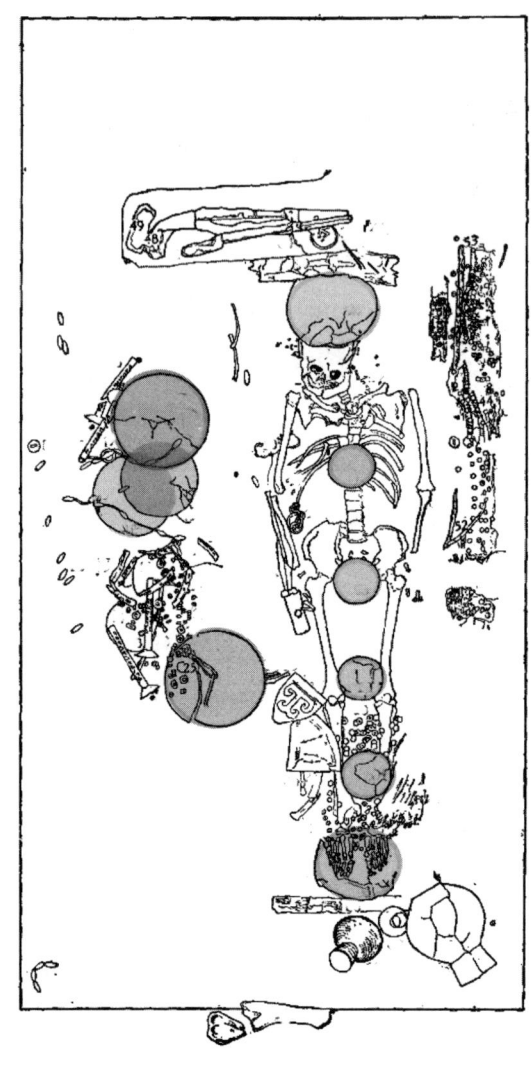

图 5-3-4 郑家洼子 M6512

洼子 M6512 出土的镜形饰显示，头顶和脚下的要大一些，身体上的稍小一些，但直径也达 15 厘米。此外，在郑家洼子墓地的一些小型墓中，墓主人的身体无镜形饰覆盖，但头顶和脚下分别竖立 1 面镜子。有镜形饰的墓主人已知性别的均为男性。如十二台营子 1 号墓为男女合葬墓，镜形饰竖立在男性墓主人头上和脚下，墓主人腰部附近有青铜短剑，女性墓主人无镜形饰，随葬品有铜鱼钩、石网坠、铜刀、铜带具、铜节约、铜管装饰、人面铜牌、有孔砾石等小件日用品。由此可知，这是一项男性墓主人才拥有的特殊葬俗。从一些小型墓葬的墓主人头顶、脚下也竖立镜形饰的情况看，这种葬俗较为普遍，不仅在社会上层流行，也见于中小型墓葬。从严格意义上来说，这种铜镜应该称为镜形饰，与用于梳妆照容的铜镜有区别。

从郑家洼子墓地出土的镜形饰来看，它不仅被放置在墓主人身上，还自马的骨架及车上出土，说明镜形饰不仅为人类所用，动物和日用器具上也有使用，且中小型墓葬中亦有头顶、脚下竖立镜形饰的现象。这种在墓葬中大量使用镜形饰的形式可能是东北地区一种特殊的葬俗，一定包含有特殊意义，可能与萨满教中悬挂铜镜震慑妖魔的作用近似，用以抵御邪祟，保护墓主人不受侵害。只是限于目前的资料，无法明确使用这种葬俗的墓主人是萨满教巫师还是信仰萨满教的信徒，抑或仅仅是萨满教影响下的一种特殊葬俗。

从镜形饰的形制来看，多钮和单钮均有，但多钮镜并不一定都是丧葬用具。建平县大拉罕沟 M851 有双钮镜与镜形饰一起出土。郑家洼子 M6512 不仅出土 6 面镜形饰，还出土 1 面双钮镜，纹饰仅见于镜背，镜面光亮照人，与骨簪、铜簪一起出于剑椟之内。双钮并列，稍偏离镜背中心，从钮孔绦带穿结痕迹看，可能悬挂使用，或手持绦带映照。可见这面铜镜已经成为世俗化的梳妆用具。结合郑家洼子墓葬的时间可知，大约在春秋战国之交，作为丧葬用具的镜形饰已经与日用铜镜区分开来。实用铜镜与同时期出土的其他铜镜大小接近，直径在 10 厘米左右，丧葬用镜则形体较大，直径在 10 厘米以上。

四、身份地位的象征功能

墓葬规模、随葬品的数量和种类往往能够反映墓主人的身份或地位，墓葬规模越大、随葬品越丰富、稀有物品越多，反映墓主人占有的社会资料越多。在古代社会，这种占有总是与相应的社会地位和等级相匹配。

在新疆地区，铜镜的使用较为普遍，与墓主人身份高低及财富的多寡关系不甚密切。如统计表中所见，天山北路墓地出土铜镜的 51 座墓葬中，有 9 座墓葬随葬的铜器数量在 10 件以下，最少的如 M073，仅出土 2 件，M235 出土 3 件，M606 出土 4 件，M502 和 M441 各出土 5 件，这些墓葬的随葬品总数也是整个墓地中较少的，可见，墓主人并不富裕，社会地位应当也不高。有 4 座墓葬随葬的青铜器数量在 100 件以上，M125、M190、M483、M266 分别随葬铜器 113、176、112、112 件，是墓地中随葬铜器数量较多的，随葬品总数也较多，如 M190 随葬品总数达 282 件。无论随葬品多或寡，铜镜总是其中之一，铜镜的使用并没有反映出墓主人明显的贫富差距或社会地位的高低。在西周至春秋时期，新疆地区的这一现象依然较为普遍。

在新疆地区以外，铜镜的身份标识或地位象征意义较为明显。不仅表现在铜镜仅出土于等级较高的墓葬，还表现在一个墓葬往往出土多面铜镜。尕马台墓地仅出土铜镜 1 面，但墓主人的随葬品是墓地中最为丰富的，尤其是颈部的装饰，由 11 枚海贝、583 枚骨珠及 16 枚绿松石珠组成，繁复华丽，在齐家文化中也极为少见。在大华中庄墓地，一个墓葬中往往出土多面铜镜，最多的一个墓葬随葬铜镜 9 面，与其他随葬品一起放置在二层台上，尽管是日用小器具，也表现出对少量、珍贵资源的占有，象征着社会地位和财富，毕竟当时的铜资源并不十分丰富。

商晚期，中原地区出土铜镜明显地具有作为身份标识或地位象征的意义。中原地区出土单钮铜镜的墓葬规格都非同一般，妇好作为商王武丁的妻子，又是商代杰出的女军事家，其墓室长 5 米多，宽约 4 米，深约 7 米，随葬青铜器、玉器、陶器、骨器、象牙器、宝石器等近 2000 件，随葬品极为丰富。大司空墓地是殷墟小型墓葬中较大的一座，葬具为一棺一椁，随葬品除了铜镜，还有青铜礼器、兵器、玉器等多件，较为丰富，显示墓主人生前有较高的社会地位。如前所述，殷墟出土的 6 面铜镜可能有一部分属于北方孤竹国的供奉，一部分是商代工匠的仿制改造品。对于妇好这样身份高贵的古人来说，无论是日常用品还是丧葬用品，都是商代社会中最为精美、最为新颖的。然而，相对于其他青铜器来说，殷墟铜镜纹饰简单，铸造粗糙，与同时期流行的铜镜直径为 7—9 厘米相比，妇好墓出土的 4 面铜镜中有 3 面直径接近 12 厘米，显然这些铜镜在妇好墓中只是作为一种稀有物品而存在，或者只是被当作可资炫耀的异域之物，且是同类器物中形体较大者。此外，这 4 面铜镜，有一面出自椁室之内，位置不详，另外三面均出土于墓室填土第六层随葬品中，与玉盘、铜内玉援戈、铜"丁"字形器、铜镞、铜弓形器等放置在一起，铜镜显然不是作为梳妆用品而是随葬财富出现。同样，在西周中期的张家坡墓地和春秋早期的虢国墓地、春秋晚期的秦景公墓地、太原赵卿墓地，这种并不精美却少见的铜镜在社会上层中被炫耀式使用，与其他大量精美的器物一起显示了社会上层对珍稀资源的占有。

春秋晚期至战国早期，铜镜进入楚地的初期，铜镜一方面还具有身份标识或地位象征的作用，如出土铜镜的淅川下寺楚墓 M3，墓主人可能为蔡侯之女，浚县辛村 M42 为单墓道的甲字墓，墓葬等级较高；另一方面已经与普通民众生活联结，出土于小型墓葬中，往往与梳、篦、脂粉等梳妆用品一起出土，成为有一定经济实力阶层墓葬中常见的日用器具，但纹饰精美罕见、镜体较大的铜镜依然在社会上层流行。

第四节　结语

公元前7000—前6500年，安纳托利亚出现了目前所知的最早的人工制作的镜子，这些镜子由黑曜石制成，经过精心地分割、打磨、抛光，呈半圆形或圆片形，平滑光洁的表面清晰地映照出人们的影像。公元前3000年左右，古埃及人还曾以云母作为镜子。

金属镜子大约在公元前4000至前3000年间出现并流行，泰勒遗址、乌尔遗址、基什遗址中均出土有手柄镜。公元前3200—前2700年，古埃及早王朝时期的墓葬中出土了一些心形镜面带有短柄、需要插接在手柄中使用的镜子，成为古埃及手柄镜的基本形制，并迅速在地中海沿岸、近东地区流行，还出现了手柄和镜面一体铸造、手柄铆接于镜面的新型组合方式。随着欧亚草原人群的持续流动，手柄镜也在西亚、中亚地区流行，不断与当地文化融合并被加工和改制，镜体装饰风格也体现出不同的文化特色。公元前5世纪左右，在欧亚草原东部出现并流行的钮柄镜是游牧民族对手柄镜的改制，较短的柄是为满足游牧民族随身携带物品的需要，那些柄不长不短、介于手柄镜和钮柄镜之间的铜镜可能是两者之间的过渡形态。

单钮镜于公元前3千纪晚期在中亚扎曼—巴巴文化中出现。公元前2千纪，随着欧亚冶金技术传统的兴起，巴尔干—喀尔巴阡、高加索、乌拉尔地区的冶金活动蓬勃发展，在东起阿尔泰山西至第聂伯河的广大区域内出现了多个冶金中心，极大地推动了冶金工艺的进步，青铜器的种类得到了进一步的丰富与扩充，数量也实现了显著的增长。圆形镜面、背部中央有钮的单钮镜正是在冶金技术大变革、人们对装饰品需求增多的背景下出现的，也影响了欧亚草原东部边界的伊犁河谷和河西走廊。单钮镜一方面继续保持与欧亚草原的密切联系，另一方面向东流布至我国北方地区，向南至中原腹地，最终在春秋晚期确立了东方系统铜镜的形制特点与纹样特色。

早商及以前、商末周初、西周晚期至春秋早期、春秋中期至晚期是中国早期铜镜发展的四个阶段，单钮镜、多钮镜、手柄镜、钮柄镜、圆饼镜在不同时期不同区域内此消彼长，在欧亚文明互动的宏大图景中承载着技术选择、文化记忆和社会认同。无论是来自西亚、中亚文明沿伊犁河谷及天山山脉的东进，还是萨彦—阿尔泰地区文明沿阿尔泰山脉的南下，西方文明的输入也伴随着东方文明的输出，或是作为日常照容的实用器物，或是象征社会地位和财富的奢侈品，或是承载人类精神信仰和艺术造诣，西方文明手柄镜与东方文明圆形具钮镜映照着东西方文明交会地带人们的日常生活，与众多器物一道，成为东西方冶金技术、艺术风格、贸易往来、宗教信仰、族群迁徙等文化交流的见证者和参与者。文化的传播是一个复杂的过程，从大的环境背景来看，铜镜的传播与人群的流动有一定的关联，而人群的流动，与气候的冷暖变化、骑马术的传播和使用、游牧与农耕生活方式的变化等息息相关，铜镜的流布、纹饰风格的变化、不同时期镜类的多寡，正是对社会变化的一种局部反映。

主要参考文献

一、外文文献

1. Robert Steven Bianchi, "Reflections of the Sky's Eyes", *Notes in the History of Art*, Vol.4, No.2/3, 1985.

2. Arielle P. Kozloff, "Mirror, Mirror", *The Bulletin of the Cleveland Museum of Art*, Vol.71, No.8, 1984.

3. Pauline Albenda, "Mirrors in the Ancient Near East", *Notes in the History of Art*, Vol.4, No.2/3, 1985.

4. Lenore O. Keene Congdon, "Greek Mirrors", *Notes in the History of Art*, Vol.4, No.2/3, 1985.

5. Cedric G. Boulter, "Graves in Lenormant Street, Athens", *The Journal of the American School of Classical Studies at Athens*, Vol.32, No.2, 1963.

6. Nancy Thomson de Grummond, "The Etruscan Mirror", *Notes in the History of Art*, Vol.4, No.2/3, 1985.

7. Mario A. Del Chiaro, "Etruscan Bronze Mirrors", *Archaeology*, Vol.27, No.2, 1974.

8. Won-Yong Kim, "Bronze Mirrors from Shih-erh T'ai Ying-tzu", Liaoning, *Artibus Asiae*, Vol.26, No.3/4, 1963.

9. Rivkah Harris, "The Conflict of Generations in Ancient Mesopotamian Myths", *Comparative Studies in Society and History*, Vol.34, No.4, 1992.

10. Nancy Thomson de Grummond, "Reflections on the Etruscan Mirror", *Archaeology*, Vol.34, No.5, 1981.

11. Jean M. Evans, "The Square Temple at Tell Asmar and the Construction of Early Dynastic Mesopotamia, ca.2900－2350 B.C.E.", *American Journal of Archaeology*, Vol.111, No.4, 2007.

12.Andre Gunder Frank and William R. Thompson, "Afro-Eurasian Bronze Age Economic Expansion and Contraction Revisited", *Journal of World History*, Vol.16, No.2, 2005.

13.E. R. Eaton and Hugh McKerrell, "Near Eastern Alloying and Some Textual Evidence for the Early Use of Arsenical Copper", *World Archaeology*, Vol.8, No.2, 1976.

14.James Mellaart, "Excavations at Çatal Hüyük, 1962: Second Preliminary Report", *Anatolian Studies*, Vol.13, 1963.

15.James Mellaart, "Excavations at Çatal Hüyük, 1963", *Anatolian Studies*, Vol.14, 1964.

16.Jay M. Enoch, "History of Mirrors Dating Back 8000 Years", *Optometry and Vision Science*, Vol.83, No.10, October 2006.

17.Timothy Kendall, "Urartian Art in Boston: Two Bronze Belts and a Mirror", *Boston Museum Bulletin*, Vol.75, 1977.

18.E. Loubo-Lesnitchenko, "Imported Mirrors in the Minusinsk Basin", *Artibus Asiae*, Vol.35, No.1/2, 1973.

19.Natalia M. Vinogradova and Giovanna Lombardo, "Farming Sites of the Late Bronze and Early Iron Ages in Southern Tajikistan", *East and West*, Vol.52, No.1/4, December 2002.

20.Jianjun Mei, *Copper and Bronze Metallurgy in Late Prehistoric Xinjiang: Its Cultural Context and Relationship with Neighbouring Regions*. Oxford: Archaeopress, 2000.

21.Raymond Allchin, Norman Hammond, Warwick Ball, *The Archaeology of Afghanistan: From Earliest Times to the Timurid Period*, Edinburgh University Press, 2019.

22.Phillip Kohl, "Ceutral Asia Paleolithic Beginnings to the Iron Age", Paris, 1984.

23.Joan Aruz, Kim Benzel, and Jean M. Evans, *Beyond Babylon Art, Trade, and Diplomacy in the Second Millennium B. C.*, The Metropolitan

Museum of Art, 2008.

24.Christine Lilyquist, "Ancient Egyptian Mirrors from the Earliest Times through the Middle Kingdom", Ph.D. Thesis, New York University, Graduate School. February, 1971.

25.Молодин В.И., К вопросу о позднекротовской(черноозерской) культуре (прииртышская лесостепь), Arkheologiia, etnografiia i antropologiia Evrazii ,№ 1,2014.

26.Виноградова Н. М., Памятники эпохи средней бронзы в юго-западном таджикистане, вестник древней истории, № 4, 2011.

27.Кузнецова Т.М., О времени и условиях появления дронзовыз зеркал в Северопонтийском регионе, Археология,этнография и антропология Евразии, № 4, 2018.

28.Кузнецова Т.М. , О соотношений дат курганов, "репяховатая могила", "червона могила" и келермесского могильника, российская археология, № 2,2019.

29.Кузнецова Т. М., Зеркала "ольвийского типа" – показатель влияния античного мира на северном кавказе, российская археология, № 2, 2019.

30.Куварев В.Д., Древние зеркала алтая, Археология, этнография и антропология Евразии, № 11, 2002.

31.Равич И.Г.,Сиротин С.В.,Трейстер М.Ю, Индийское (?) бронзовое зеркало из кочевнического погребения IV в. до н.э. В южном приуралье, Vestnik drevnei istorii, № 4, 2012.

32.Лазаретов И.П., Поляков А.В., Лурье В.М.,Амзараков П.Б., Финал эпохи палеометалла- в Хакасско-Минусинской котловине, Археология,этнография и антропология Евразии, № 1,2023.

33.Таиров А. Д., Раннесаксие боевые пояса, Russian Social Sciences and Humanities Periodicals(UDB-EDU), Российская археология, № 1, 2004.

34.Членова Н.Л., Происхождение и ранняя история племен тагарской культуры, издательство "наука" москва,1967.

35. Вадецкая Э.Б., Археологические памятники в степях "среднего енисея", лениргад издательство "наука"ленинградское отделение, 1986.

36. Кирюшин Ю.Ф., Тишкин А.А., Скифская эпоха горного алтая Часть I: культура населения в раннескифское время, Издательство Алтайского государственного университета, 1997.

37. Кирюшин Ю.Ф., Тишкин А.А., Скмфская эпоха горното алтая Часть II: Погребально- поминальные комплексы пазырыкской культуры, Изд-во Алт. ун-та, 1997.

二、中文文献

发掘报告与简报

1．甘肃省文物考古研究所编著：《崇信于家湾周墓》，文物出版社2009年版。

2．甘肃省文物考古研究所：《永昌西岗柴湾岗——沙井文化墓葬发掘报告》，甘肃人民出版社2001年版。

3．河北省文物研究所：《战国中山国灵寿城——1975—1993年考古发掘报告》，文物出版社2005年版。

4．新疆文物考古研究所编著：《新疆察吾呼——大型氏族墓地发掘报告》，东方出版社1999年版。

5．新疆维吾尔自治区文物考古研究所编著：《新疆莫呼查汗墓地》，科学出版社2016年版。

6．新疆文物考古研究所编著：《新疆阿勒泰地区考古与历史文集》，文物出版社2015年版。

7．新疆文物考古研究所编著：《新疆萨恩萨伊墓地》，文物出版社2013年版。

8．中国科学院考古研究所编著：《考古学专刊 丁种第十号 上村岭虢国墓地》，科学出版社1959年版。

9．中国社会科学院考古研究所编著：《殷墟妇好墓》，文物出版社1980年版。

10. 中国社会科学院考古研究所编著：《偃师二里头——1959年—1978年考古发掘报告》，中国大百科全书出版社1999年版。

11. 河南省文物研究所、河南省丹江库区考古发掘队、淅川县博物馆：《淅川下寺春秋楚墓》，文物出版社1991年版。

12. 湖南省博物馆等编著：《长沙楚墓》（上、下），文物出版社2000年版。

13. 内蒙古自治区文物考古研究所、宁城县辽中京博物馆编著：《小黑石沟：夏家店上层文化遗址发掘报告》，科学出版社2009年版。

14. 青海省文物考古研究所、北京大学考古文博学院编著：《贵南尕马台》，科学出版社2016年版。

15. 甘肃省博物馆：《甘肃武威皇娘娘台遗址发掘报告》，《考古学报》1960年第2期。

16. 顾铁符：《长沙52·826号墓在考古学上诸问题——全国基本建设中出土文物展览内容介绍之一》，《文物》1954年第10期。

17. 辽宁省昭乌达盟文物工作站、中国科学院考古研究所东北工作队：《宁城县南山根的石椁墓》，《考古学报》1973年第2期。

18. 青海省湟源县博物馆、青海省文物考古队、青海省社会科学院历史研究室：《青海湟源县大华中庄卡约文化墓地发掘简报》，《考古与文物》1985年第5期。

19. 沈阳故宫博物院、沈阳市文物管理办公室：《沈阳郑家洼子的两座青铜时代墓葬》，《考古学报》1975年第1期。

20. 中国社会科学院考古研究所东北工作队：《内蒙古宁城南山根102号石椁墓》，《考古》1981年第4期。

21. 朱贵：《辽宁朝阳十二台营子青铜短剑墓》，《考古学报》1960年第1期。

22. 甘肃省文物考古研究所等：《甘肃张掖市西城驿遗址》，《考古》2014年第7期。

23. 袁晓、罗佳明、阮秋荣：《新疆尼勒克县吉仁台沟口遗址2019年发掘收获与初步认识》，《西域研究》2020年第1期。

24. 王永强、袁晓、阮秋荣：《新疆尼勒克县吉仁台沟口遗址2015—2018年考古收获及初步认识》，《西域研究》2019年第1期。

25. 王永强、阮秋荣：《2015年新疆尼勒克县吉仁台沟口考古工作的新收获》,《西域研究》2016年第1期。

26. 新疆文物考古研究所、伊犁哈萨克自治州文物局、尼勒克县文物局:《新疆尼勒克县吉仁台沟口遗址》,《考古》2017年第7期。

专著、图录与论文等

1. 内蒙古自治区文物工作队、田广金、郭素新编著:《鄂尔多斯式青铜器》,文物出版社1986年版。

2. 新疆维吾尔自治区文物事业管理局等编:《新疆文物古迹大观》,新疆美术摄影出版社1999年版。

3. 哈密博物馆编:《哈密文物精粹》,科学出版社2013年版。

4. 甘肃省文物考古研究所、复旦大学文物与博物馆学系编:《广河齐家坪》,文物出版社2023年版。

5. 伊犁哈萨克自治州博物馆编著:《伊犁草原文化——寻找游牧人的历史轨迹》,文物出版社2013年版。

6. 韩建业:《新疆的青铜时代和早期铁器时代文化》,文物出版社2007年版。

7. 乌恩岳斯图:《北方草原考古学文化比较研究——青铜时代至早期匈奴时期》,科学出版社2008年版。

8. [俄]柳德米拉·克里亚科娃、安德烈·叶皮马霍夫:《欧亚之门:乌拉尔与西西伯利亚的青铜和铁器时代》,陈向译,生活·读书·新知三联书店2021年版。

9. 杨建华、邵会秋、潘玲:《欧亚草原东部的金属之路:丝绸之路与匈奴联盟的孕育过程》,上海古籍出版社2016年版。

10. 李刚:《中国北方青铜器的欧亚草原文化因素》,文物出版社2011年版。

11. 潜伟:《新疆哈密地区史前时期铜器及其与邻近地区文化的关系》,知识产权出版社2006年版。

12. 邵会秋:《新疆史前时期文化格局的演进及其与周邻文化的关系》,科学出版社2018年版。

13. 陈小三:《河西走廊及其邻近地区早期青铜时代遗存研究——以齐家、

四坝文化为中心》,博士学位论文,吉林大学,2012年。

14.田继周:《先秦民族史》,四川民族出版社1996年版。

15.张锡瑛:《试论东北地区先秦铜镜》,《考古》1986年第2期。

16.宋新潮:《中国早期铜镜及其相关问题》,《考古学报》1997年第2期。

17.何堂坤:《铜镜起源初探》,《考古》1988年第2期。

18.霍巍:《西藏曲贡村石室墓出土的带柄铜镜及其相关问题初探》,《考古》1994年第7期。

19.霍巍:《再论西藏带柄铜镜的有关问题》,《考古》1997年第11期。

20.霍巍:《从新出考古材料论我国西南的带柄铜镜问题》,《四川文物》2000年第2期。

21.刘宁:《北方式动物纹青铜镜》,《北方文物》2000年第3期。

22.李淮生:《中国铜镜的起源及其早期传播》,《山东大学学报(哲学社会科学版)》1988年第2期。

23.刘学堂:《新疆地区早期铜镜及其相关问题》,《新疆文物》1993年第1期。

24.刘学堂:《商末西周铜镜探源及其它》,载国家文物局团委编《文博青年论丛》第1辑,北京图书馆出版社1997年版。

25.刘学堂:《中国早期铜镜起源研究——中国早期铜镜源于西域说》,《新疆文物》1998年第3期。

26.刘学堂:《论中国早期铜镜源于西域》,《新疆师范大学学报(哲学社会科学版)》1999年第3期。

27.刘学堂:《再论中国早期铜镜源于西域说》,载田卫疆主编《新疆历史与文化·2006》,新疆人民出版社2007年版。

28.刘一曼、孔祥星:《中国早期铜镜的区系及源流》,载宿白主编《苏秉琦与当代中国考古学》,科学出版社2001年版。

29.王仲殊:《论战国及其前后的素镜》,《考古》1963年第9期。

30.仝涛:《三枚藏式带柄铜镜的装饰风格来源问题》,载四川大学中国藏学研究所编《藏学学刊》第6辑,四川大学出版社2010年版。

31.吕红亮:《西藏带柄铜镜补论》,载四川大学中国藏学研究所编《藏学学刊》第5辑,四川大学出版社2009年版。

32. 张文立：《平山三汲出土铜镜初识——兼谈北方系钮柄镜》，载教育部人文社会科学重点研究基地吉林大学边疆考古研究中心编《边疆考古研究》第1辑，科学出版社2002年版。

33. 赵慧民：《西藏曲贡出土的铁柄铜镜的有关问题》，《考古》1994年第7期。

34. 高西省：《论早期铜镜》，《中原文物》2001年第3期。

35. 吴晓筠：《商周时期铜镜的出现与使用》，《故宫学术季刊》2017年第2期。

36. 郭富：《四川地区早期带柄铜镜的初步研究》，《四川文物》2013年第6期。

37. 谈晟广：《中国铜镜的起源新探》，《美术大观》2024年第6期。

38. [韩]李清圭著：《多钮几何纹铜镜的出现与消失》，成璟瑭译，载《鄂尔多斯青铜器国际学术研讨会论文集》编辑组编《鄂尔多斯青铜器国际学术研讨会论文集》，科学出版社2009年版。

39. 梅建军：《关于新疆出土早期铜镜研究的几个问题》，载北京科技大学冶金与材料史研究所、北京科技大学科学技术与文明研究中心编《中国冶金史论文集》第五辑，科学出版社2012年版。

40. [韩]李清圭：《多钮镜的随葬方式及其含义》，载北京大学出土文献研究所编《青铜器与金文》第5辑，上海古籍出版社2020年版。

41. 白云翔：《试论东亚古代铜镜铸造技术的两个传统》，《考古》2010年第2期。

42. 林沄：《中国东北系铜剑初论》，《考古学报》1980年第2期。

43. 安志敏：《中国早期铜器的几个问题》，《考古学报》1981年第3期。

44. 严文明：《论中国的铜石并用时代》，《史前研究》1984年第1期。

45. 张忠培：《齐家文化研究》（上、下），《考古学报》1987年第1、2期。

46. 李水城：《西北与中原早期冶铜业的区域特征及交互作用》，《考古学报》2005年第3期。

47. 林寿晋：《东周式铜剑初论》，《考古学报》1962年第2期。

48. 李水城：《从考古发现看公元前二千年东西文化的碰撞和交流》，《新疆文物》1999年第1期。

49. 王建新：《东北亚系青铜剑分类研究》《考古学报》2002年第2期。

50. 俞伟超：《关于"卡约文化"与"唐汪文化"的新认识》，载《先秦两汉考古学论集》,文物出版社1985年版。

51.翟德芳:《中国北方地区青铜短剑分群研究》,《考古学报》1988年第3期。

52.杨建华:《中国北方东周时期两种文化遗存辨析 —— 兼论戎狄与胡的关系》,《考古学报》2009年第2期。

53.朱永刚:《中国北方的管銎斧》,《中原文物》2003年第2期。

54.靳枫毅:《论中国东北地区含曲刃青铜短剑的文化遗存》(上),《考古学报》1982年第4期。

55.靳枫毅:《论中国东北地区含曲刃青铜短剑的文化遗存》(下),《考古学报》1983年第1期。

56.水涛:《新疆青铜时代诸文化的比较研究 —— 附论早期中西文化交流的历史进程》,载袁行霈主编《国学研究》第一卷,北京大学出版社1993年版。

57.李水城:《中原所见三代权杖(头)及相关问题的思考》,《中原文物》2020年第1期。

58.靳枫毅:《夏家店上层文化及其族属问题》,《考古学报》1987年第2期。

59.韩金秋:《试论殷墟二期中型墓中的北方文化因素》,《中原文物》2008年第6期。

60.陈国科、王辉、李延祥:《西城驿遗址二期遗存文化性质浅析》,载甘肃省文物考古研究所等编《早期丝绸之路暨早期秦文化国际学术研讨会论文集》,文物出版社2014年版。

61.北京科技大学冶金与材料史研究所、甘肃省文物考古研究所:《张掖西城驿冶金遗址调查报告》,《考古与文物》2015年第2期。

62.陈国科、杨谊时、张山佳、王辉:《张掖西城驿遗址新石器时代晚期 — 青铜时代人类冶金活动的元素地球化学记录》,《人类学学报》2021年第1期。

63.陈国科:《西城驿 — 齐家冶金共同体 —— 河西走廊地区早期冶金人群及相关问题初探》,《考古与文物》2017年第5期。

附录1：单钮镜资料统计表*

序号	地点及编号	形制特征及大小	出土状态	类型	期别
1	察吾呼一号墓 M206:4	直径8.5、厚0.25	多人合葬，随葬铜镜、铜扣、铜戒指、骨纺轮	Aa亚型Ⅰ式	四
2	察吾呼四号墓 M165:8	镜缘微卷，饰蜷曲狼纹。直径9、厚0.4	3人合葬，随葬铜镜、铜刀、石珠、带流陶器等	Ca亚型	三
3	察吾呼四号墓 M114	镜缘微卷，饰蜷曲狼纹	多人合葬，随葬带流杯、勺杯、釜、骨马镳、铜马衔、铜镜、砺石等	Ca亚型	三
4	察吾呼四号墓 M154:24	镜缘稍有残缺。直径7.8、厚0.2	6人合葬，有马头2个头。随葬陶器有带流杯、高领罐、翻耳罐、木器盆、纺轮、木杖等、铜器有镜、锥、刀等29件	Aa亚型Ⅰ式	三
5	莫呼查汗 ⅠM8:2	直径7.8、钮长1.6、钮高0.7、钮宽0.9	双人合葬，侧身向左屈肢，头向北面向东。西侧男性成年人额部有铜珠1、胸腹部随葬铜镜1，东侧末成年人头部斜上方有残陶罐1	Aa亚型Ⅰ式	三
6	莫呼查汗 ⅠM10:2	直径6.4、钮长2.1、钮高0.8、钮宽0.9-1.3	女性，35-40岁，左胸下压铜镜1，右手下有铜刀、铜片各1、膝盖前有木柄铜锥1，墓室东部有羊脊椎骨1段	Aa亚型Ⅰ式	三
7	莫呼查汗 ⅠM79:2	直径7.8、钮长1.7、钮宽0.9	女性，50岁以上，侧身向左屈肢。头部上方有双系陶罐1，左腹处有铜镜1，左肱骨处有羊助骨和带骶骨的羊椎骨	Aa亚型Ⅰ式	三

* 注：若无特殊说明，单钮镜均为杯形镜钮，镜面平直，素面无装饰。形制特征一栏，数字后单位省略"厘米"。

续表

序号	地点及编号	形制特征及大小	出土状态	类型	期别
8	莫呼查汗 IM106:18	镜背有一周凸棱装饰，边缘凸起。直径8.6，厚0.4，缘0.6，钮长1.6，厚0.8，钮高0.8	女性，15岁左右，侧身向左屈肢。头部上方有单耳高颈带流陶罐1，颈部有项链1串，后脑及两肩处有连珠状装饰7组13件，铜管饰1，铜扣4，面前及胸部有铜扣，腹部有木别针1，左胸处有铜镜1，双手腕有铜珠串成的手链各1串，头部有毛织物残片及皮革制品残片，膝部有羊尾椎骨及食物	Bc亚型 II式	三
9	莫呼查汗 IM124:2	稍残，直径8.3，厚0.4，钮长1.7，钮高0.8，钮宽1.2	女性，15岁左右，侧身向左屈肢。右肩胛骨处有铜扣1，颈部有3颗铜珠串成的项链1，右腹部处有铜镜1	Aa亚型 I式	三
10	莫呼查汗 IM125:2	镜面微凸。直径6.2，厚0.1—0.2，钮长1.7，钮高0.4，钮宽0.8	女性，20—25岁，仰身，下肢蜷曲。头部上方有陶釜1，右锁骨处有铜镜4，左肱骨处有铜镜1，右骨旁随葬羊肋骨，脊骨各1，右腹部见铜刀1	Aa亚型 I式	三
11	莫呼查汗 IM128:2	钮外及镜缘处均有两周凸弦纹，内填平行线。直径6.5，厚0.1—0.2，钮长1.3，钮高0.4，钮宽0.6	女性，20岁左右，仰身，下肢东曲。面前有铜镜1、单耳带流陶罐1，颈部有铜项链1串，左肱骨处有铜扣1，铜别针1，右肱骨处有铜扣1，腹部有铜扣1，胯部左右各有羊脊骨1段	Bc亚型 I式	三
12	莫呼查汗 IM130:2	镜钮外等分为四区，内填平行的折线纹。直径8.4，厚0.1—0.2，钮长1.6，钮高0.8，钮宽0.6	女性，40岁左右，侧身向左屈肢。面前有残损单耳陶罐1，右腹处有铜镜1，左臂外有羊肋骨和带骶骨的羊椎骨各1段	Bd亚型	三

续表

序号	地点及编号	形制特征及大小	出土状态	类型	期别
13	莫呼查汗 ⅠM150:6	直径8.7、钮长2.6、钮高0.8、钮宽1.1	女性，约40—45岁，俯身向左屈肢。头顶有双系陶罐1、单耳铜别针1、颈部两侧各有铜珠顶链1串，右肱骨处有铜别针1，胸部两侧各有铜铃1，左小臂下正铜镜1，灰壁有羊脊骨，肋骨及骨纺轮各1	Aa亚型 Ⅰ式	三
14	莫呼查汗 ⅠM151:3	直径8.5、厚0.1—0.3、钮长2.1、钮高0.6、钮宽1.3	老年女性，侧身向右屈肢。头部上方有单耳铜高领罐1，肩部有铜珠1组6件，右股骨下有铜镜1、铜刀1，脚腕处有铜珠1组7件	Aa亚型 Ⅰ式	三
15	莫呼查汗 ⅡM15:4	直径7.1、厚0.2、钮长1.5、钮高0.6、钮宽0.6	老年女性，侧身向右屈肢。头顶有单耳高领带流陶罐1、颈部有顶链1，由88颗铜珠顶链1串，左腹部处有铜镜1，右手腕有手链1串，由9颗铜珠穿成，塞茔西壁有羊脊骨，肋骨及骨纺轮各1	Aa亚型 Ⅰ式	三
16	轮台群巴克 ⅠM1:31	镜缘较高向镜背反折。直径15	多人合葬，约42人，为成年男女，随葬陶罐、纺轮、磨石、石锥、石珠、铜镜、带扣、铁刀等小件器物	Ab亚型	四
17	哈布其罕一号墓 M2:4	镜缘稍残。直径7.2、厚0.5	随葬铜镜、铜扣、铜环、铜管等	Aa亚型 Ⅰ式	三
18	克孜尔水库 M30	镜缘较高向镜背反折，上有一小穿孔。直径12.5、厚0.3	不详	Ab亚型	三

续表

序号	地点及编号	形制特征及大小	出土状态	类型	期别
19	萨恩萨伊 M89:3	镜缘较高向镜背反折，镜缘似有凹陷做四等分。直径14.3、厚0.1	似为夫妻合葬。铜镜出自A墓室，成年女性，仰身直肢，头西脚东，头枕小石片。腹部左侧随葬铜镜1、铜刀1、铜簪1，左股骨外侧随葬1骨质纺轮，偏室填土接近死者头端出土石珠36颗。B墓室无随葬品	Ab 亚型	三
20	萨恩萨伊 M106:5	镜缘较高向镜背反折。直径9.6、厚0.2	成年女性，仰身直肢，头脚两端铺有陶片ócio。头右侧随葬彩陶罐1、铜节约1，颈部有2颗玻璃珠和36颗石珠组成的项链，腹部有镜1、铜刀约1，身右侧随葬羊骨及铜马1，脚端随葬马头和羊头约1、铜节约1，马嘴中含铜衔1	Ab 亚型	三
21	萨恩萨伊 M113:7	钮外有两周凸弦纹，镜钮至镜缘间有放射状凸弦纹。直径11.3、厚0.3	成年女性，仰身直肢。头右侧随葬铜罐1、铜锥1及羊骨和马蹄骨，左侧随葬铜刀1和马肋骨，腰部随葬铜镜1、野猪獠牙一对、铜马衔1、北壁有石盖1、羊头1、脚西南有马头2及蹄饰1，石扣1、蚌饰1	Bc 亚型 I式	三
22	加伊墓地 M55	镜背凸弦纹呈不规则的星形，边缘有一周凸弦纹。直径6.5	女性，年龄18～20岁，仰身屈肢葬，颅骨缺失，秸秆制作的葬具。左侧肋骨与肱骨之间有芦苇秆，头顶处有单耳陶罐1、右肱骨顶端有骨扣1、中南部有木纺轮1，腹部有羊头1	Bb 亚型	三
23	昌吉努尔加 M34	直径11.1	M34有四座墓室，出土铜镜的A墓室的墓主人可能为女性，头颈处有料珠，右臂处有铜镜，左臂处有铜刀，右肋处有骨扣	Aa 亚型 I式	三

续表

序号	地点及编号	形制特征及大小	出土状态	类型	期别
24	天山北路 M015出土3面	M015：2 直径8.3、厚0.3；M015：11 直径7.3、厚0.5；M015：13 镜背装饰三周同心圆环带，直径7.7、厚0.5	女性，侧身屈肢，有土坯二层台，随葬品92件，铜镜3面。头部出土耳环2，面前有铜镜，背部有铜泡和铜牌，直径64颗石珠组成的串饰，膝部有彩陶双耳陶罐2，颈部有彩陶双耳陶罐1，面前、颈部、胸前、背部、上臂处有泡和铜牌，铜器共27件	Aa亚型Ⅰ式、Bc亚型Ⅰ式	二
25	天山北路 M065：2	尺寸不详	侧身屈肢，有土坯二层台，随葬品11件，见彩陶双耳陶罐1、铜管1、铜手镯2、玉髓珠1、蚌器3	Aa亚型Ⅰ式	一
26	天山北路 M073：4	直径7，重55.77克	随葬品见彩陶双耳罐1、铜镜1、铜泡1、绿松石珠1、海贝2等	Aa亚型Ⅰ式	一
27	天山北路 M125出土4面	M125：10、M125：12、M125：31、M125：36 直径分别为7.1、6.4、6.6、6.2	侧身屈肢，有土坯二层台，随葬品122件，铜镜4面。膝部和手腕处有彩陶双耳罐1、面前有铜镜2、颈部和手腕处有彩陶铜珠、绿松石珠等组成的串饰，另外2件铜镜与牌饰、泡、管、海贝等位于墓主人上身前后各处	Aa亚型Ⅰ式	二
28	天山北路 M126：1	直径6.7、厚0.2、钮宽0.6，钮长1.4、钮宽0.6，重38.27克	女性，随葬品29件。膝盖处有绿松石珠5颗，颈部有绿松石珠2颗、手臂处有残铜刀1、铜牌1、三联泡18	Aa亚型Ⅰ式	二
29	天山北路 M148出土2面	M148：2—4 镜面微凸、直径5.5—6.2、厚0.2，重41.27克；M148：2—5 直径6.4、厚0.4—0.6，重63.85克	随葬品16件，头骨附近有铜镜2、铜泡2、绿松石珠1，另见铜牌2、铜泡4、铜镜2面。胸前及填土中各有素面双耳罐1、铜镜1、另见近有铜刀1、铜维1、绿松石珠1、海贝1	Aa亚型Ⅰ式	二

续表

序号	地点及编号	形制特征及大小	出土状态	类型	期别
30	天山北路 M190出土2面	M190:12 直径6.4、厚0.3、重54.23克；M190:14 靠近镜缘处有一周内填平行线段的环带，直径7.5、厚0.2，重68.27克	女性，随葬品282件。椁室西北角有双耳彩陶罐1，铜镜2面，头骨附近有目环4，别有铜镜1，腕部有铜手镯2，头前和后背分珠组成的串饰，上肢周围有铜牌、双联铜泡、铜管、海贝等	Aa亚型Ⅰ式、Bc亚型Ⅰ式	二
31	天山北路 M226:2	直径7.5	女性，随葬品243件。髋骨附近有素面双耳罐1，头部近方有铜镜1，面前有牌饰1，颈部有海贝1，手臂处有40颗铜珠组成的串饰及铜泡1，肘部有绿松石珠串1式5颗，腰部有84件骨牌组成的串饰，腹部有铜管6	Aa亚型Ⅰ式	二
32	天山北路 M235:2	近圆形，镜面微凸，直径10.8—12，重89.94克	女性，随葬品47件。椁室东北角有素面单耳罐1，面前有铜镜1，颈部有铜牌1、铜泡1，胸部有骨牌42件，膝部有绿松石珠1	Aa亚型Ⅰ式	一
33	天山北路 M266出土4面	M266:5 略残，镜面微凸，直径6.8、厚0.2—0.3；M266:6 微残，直径7.4、厚0.2；M266:34残损严重，直径6.5—7.5、厚0.4；M266:28镜背装饰四周同心圆环带，直径8.3—8.4、厚0.2、钮长1.6、钮宽0.8	女性，随葬品192件。铜镜4面。膝部有彩陶罐1，头部有目环2，颈部有绿松石珠和玉髓珠组成的串饰共78颗，肩部有铜镜3（M266:34、5、6），肩部有铜镜1（M266:28），右手腕处有手镯2，左手腕有铜珠1串共计70颗，在颈部、两腕上半身还见铜泡、铜管、铜牌等多件	Aa亚型Ⅰ式、Bc亚型Ⅰ式	二
34	天山北路 M281:5	镜面微凸，直径5.5、厚0.75，重42.47克	女性，随葬品13件。椁室东北角有彩陶罐1，滑石珠4，头部有目环2，面前有铜锥1，头后有铜刀1，颈部有玉髓珠1	Aa亚型Ⅰ式	一

续表

序号	地点及编号	形制特征及大小	出土状态	类型	期别
35	天山北路 M301出土4面	M301：12-1，为两件，一件镜背有羊角状装饰，直径7.2；M301：7-2直径6.3；M301：8-1中间厚边缘薄，直径7.6	女性，随葬品65件，铜镜4面。膝部有双耳彩陶罐1，头部前后有铜牌2，上肢前后有铜牌、铜泡、铜手镯、铜珠等多件，4面铜镜为颈部2、胸前1、眩骨处1	Aa亚型 I式、Bc亚式	二
36	天山北路 M307：5	直径4，厚0.2	女性，随葬品21件。膝部有铜器有镜、泡、刀、耳环、镞、管、骨针1珠1、玉髓珠3、骨针1	Aa亚型 I式	二
37	天山北路 M311出土3面	M311：24靠近镜缘处有一周压点形花纹，直径6.5，厚0.2；M311：25-2，为两件，一面直径5.4、厚0.5，一面直径7、厚0.3	女性，随葬品221件，铜镜3面。彩陶双耳罐各1，铜器见耳、手镯、牌饰、泡等共计92件，铜镜3件出土于墓主人背部	Aa亚型 I式、Ba亚式	二
38	天山北路 M315出土2面	M315：11近圆形，直径7.1－8.1，钮长1.9，钮高0.7，重72.03克；M315：13直径7.2，厚0.4	女性，随葬品47件，铜镜2面。足部有素面陶罐1，墓主人面前有铜镜1，颈部和手腕处有串珠，胸前有铜牌、铜镜、膝部有铜镞、铜刀、铜锥、背后有骨管	Aa亚型 I式	二
39	天山北路 M341出土2面	M341：8镜面微凸，直径75.9；M341：25-1直径6.3	男性，随葬品54件。彩陶罐1出土于膝部，铜镜2面分别出土于髋骨和胫骨肩处，盆骨处有铜刀、铜锥各1件，两腿之间有铜菌、铜铓各1件，盆骨、胫骨、胸骨处有铜泡多件，铜耳环4，串珠一串21颗	Aa亚型 I式	二

附录1：单钮镜资料统计表

续表

序号	地点及编号	形制特征及大小	出土状态	类型	期别
40	天山北路M400出土7面	M400:2直径6.9、厚0.2；M400:5镜背装饰同心圆环带五周，直径7.6、厚0.3；M400:6中间厚边缘薄，直径7.7；M400:10、M400:13镜面微凸，前者直径7.4、厚0.5，后者直径7.3、厚0.3；M400:35、M400:38直径分别为6、8.7，厚分别为0.2、0.4	随葬品105件，铜镜7面。彩陶双耳罐出土于墓室东南部，铜镜分别位于墓主人面前1、头前1、胸前1、肱骨1、背后3，铜管、铜泡、铜管位于头、肩、手臂、肱骨等处，另见铜目环2、铜手绳1及石珠33，海贝1	Aa亚型Ⅰ式、Bc亚型Ⅰ式	一
41	天山北路M437:3	直径7.2、重65.71克	女性，随葬品112件。陶罐1出土于椁室东南角，面前有铜镜1，前胸、后背处散落铜牌和铜管，腰部有骨牌24件组成的串饰，左、右手腕处有铜环52件，以及铜珠16、铜绳1	Aa亚型Ⅰ式	二
42	天山北路M441:2	镜面微凸，直径5.5，重24.21克	随葬品8件。足部有双耳陶罐1，眼部有铜泡2，面前有铜镜1，胸部有铜锥1，腰部有铜珠1，胫骨处有滑石珠2颗	Aa亚型Ⅰ式	二
43	天山北路M479:9	镜面微凸，直径11.2，重118.53克	女性，随葬品86件。膝部有铜泡、颈部有串珠5颗，胫骨处有铜牌、铜管等，头部有骨牌67件，铜镜位于墓主人面前，压手肱骨下	Aa亚型Ⅰ式	二
44	天山北路M483出土4面	M483:1太阳人面纹，直径7.9；M483:18镜面微凸，直径9.5；M483:20，为2面，直径分别为8.7、7.7	随葬品200件，铜镜4面。足部有双耳彩陶罐1、手绳1，头部后方有铜镜3。面前及胸前有铜牌、铜泡、铜管等多件，颈部、铜珠、铜管等多件，手腕有串饰	Aa亚型Ⅰ式、Be亚型Ⅰ式	一

续表

序号	地点及编号	形制特征及大小	出土状态	类型	期别
45	天山北路 M502：3	镜面微凸，直径8，厚0.3	随葬品7件。足部双目陶罐1，面前铜牌1，枕骨处铜镜1，另有铜铃、铜管、松石珠各1	Aa亚型Ⅰ式	二
46	天山北路 M606：5	镜面微凸，直径5，重17.95克	随葬品13件。双目彩陶罐位于膝部，头部有铜别针1，颈部有铜镜1，铜牌1，铜片1，以及石珠8颗组成的串饰	Aa亚型Ⅰ式	二
47	天山北路 M620：5	镜面微凸，直径8.5，厚0.5	女性，随葬品189件。出土双耳彩陶罐1及铜镜、铜管、铜泡、铜牌饰、串饰、蚌器、海贝等，铜镜位置不详	Aa亚型Ⅰ式	二
48	天山北路 M640：11	镜面微凸，边缘装饰散点状压点纹环，直径6.3，重29.65克	随葬品13件。双目陶罐1，铜牌1，铜镜4，铜手镯1，铜耳环1，松石珠1，玉髓珠3，另见羊腿骨1，铜镜位置不详	Aa亚型Ⅰ式	二
49	天山北路 M679：2	直径5.6，重19.05克	男性，随葬品18件。膝部有彩陶双耳陶罐1，耳部有铜别针1，头部有铜牌2，面前有铜镜1，手部有铜锥刀1，颈部及头部有松石珠11颗	Aa亚型Ⅰ式	二
50	焉不拉克 M35	大小不详	成年男性，侧身右屈，头向东南。随葬铜刀、铜镜1	Aa亚型Ⅰ式	三
51	焉不拉克 M45：3	矩形镜钮。直径4.5，厚0.1	男女合葬墓，葬式不详，男性30—53岁，女性约43岁。随葬品见单耳杯、铜镜、铜管、铜耳环、石珠、骨珠、木盘	Aa亚型Ⅰ式	三

续表

序号	地点及编号	形制特征及大小	出土状态	类型	期别
52	焉不拉克 M64:3	直径6.7、厚0.2	3人合葬墓，男性30—40岁，女婴约1.5岁。随葬钵、豆、腹耳壶、单耳杯、单耳罐、铜镜、磨石	Aa 亚型 I 式	二
53	焉不拉克墓地	编号不详。镜缘向镜背反卷，直径9.4、厚0.2	不详	Ab 亚型	三
54	焉不拉克墓地 M69	尺寸不详	7人合葬墓，男性3人，女性4人。随葬品见陶钵、陶豆、陶四耳罐、铜纺轮、铜镜、贝	Aa 亚型 I 式	二
55	焉不拉克墓地出土3面	1957—1958年发掘出土3面，直径4.5—6.7、厚0.1—0.2	不详	Aa 亚型 I 式	三
56	南湾墓地出土3面	尺寸不详	不详	Aa 亚型 I 式	二
57	洛克苏西2号墓地 M47:1	边缘微凸，较为厚重。直径9.3、厚0.5	中老年女性，腰部左侧毛布梳妆袋内有铜镜、骨梳各1件	Ab 亚型	三
58	洛克苏西2号墓地 M59:1	中间较厚，边缘稍残。直径8.2、厚0.2	男女合葬墓，女性墓主人腰部左侧有铜镜1	Aa 亚型 I 式	三
59	于田流水 M18	尺寸不详	同出土深腹罐、铜刀、铜扣、铜珠、贝壳、石置笔等	Aa 亚型 I 式	三

续表

序号	地点及编号	形制特征及大小	出土状态	类型	期别
60	克尔木齐墓M22	镜缘较高，向镜背反卷。直径6	墓葬地表有残石，墓室中有块石围成的墓穴。二层台上有马骨，2人合葬墓，屈肢葬，头东面北。随葬品有铜镜1、残陶器2、残铁刀1、铜钉1、金箔若干片及马匹1	Ab亚型	四
61	齐家坪M41:1	镜面微凸，直径6.2，厚0.25，钮高0.5	墓主人为一儿童，随葬品仅有一镜	Aa亚型Ⅰ式	一
62	齐家文化博物馆藏2面	尺寸不详	素面无装饰，其他信息不详	Aa亚型Ⅰ式	一
63	中国国家博物馆藏	镜背装饰两周连续三角形纹，形似多角星纹，直径14.6	相传出土于甘肃临夏	Bb亚型	一
64	永昌西冈M140:14	中间厚、边缘薄，镜缘刃状，残留纤维痕迹，镜钮已残损，在边缘钻有小孔。直径8.2、厚0.1，重60.2克	女性，年龄40—45岁，颈部有绿松石佩4、骨珠2、圆金片1，腹部有铜镶4，腰部系有三层带饰，上层三对马饰牌14、中层S形铜牌25、下层垂吊铜珠2、S形三联珠饰6、葫芦形铜管状饰3、带扣1，左腿外侧、右皮革弓系铜环，环首形铜镜组成吊饰一串，两大腿间有兽头饰2、铜泡1、铜刀1	Aa亚型Ⅰ式	三或四

续表

序号	地点及编号	形制特征及大小	出土状态	类型	期别
65	永昌西岗 M427：9	镜体稍厚，镜面微凸，镜缘素平，桥形钮外环绕似龙凤纹，图案模糊。直径5，厚0.2，重17.1克	性别不详。颈部有骨珠1，腰部及右侧有铜刀1、单蝙蝠形饰1、铜箍3、铜泡4、蛹形四联珠2、铜圆垂饰2、铜环3、铜镜1、S形铜饰1、单梅花形铜饰1、铜刀内有皮鞘，塞内有毛织布残块。铜镜位于右大腿处	Cc亚型	三或四
66	永昌西岗 M56：9-②	镜面平滑，轻薄，正、背面均有纤维纹，桥形钮外环绕蟠螭纹，图案模糊，素缘。直径5.5，厚0.15，重17克	女性，年龄25—35。左耳处有铜耳环1，右耳处有绿松石佩1，颈部有红色玛瑙珠1，腹部又下肢处有四联珠2、双蝙蝠形饰3、铜箍1、虎形饰牌2、铜带扣1、铜刀2、铜锥1、三联珠1、铜圆针线筒1、铜长条饰1、铜环2、三联珠1、铜锥1、铜镜1。铜镜装在皮囊内，位于左腿膝盖处皮囊内装针线筒及骨针	Cc亚型	三或四
67	永昌西岗 M114：2	镜面光滑，正面微凸，其一面有纤维纹印。桥形钮不居中。直径3.9—4.6，厚0.1—0.2，重17.1克	不详	Aa亚型Ⅰ式	三或四
68	永昌西岗 M75：2	正面微凸，一面有纤维纹印，桥形钮偏离镜背中央，直径3.9—4.6，厚0.1—0.2，重5.4克	墓主人为女性	Aa亚型Ⅰ式	三或四
69	永昌西岗 M83：2	镜钮残损，直径7.1，厚0.2，重39.1克	不详	Aa亚型Ⅰ式	三或四

续表

序号	地点及编号	形制特征及大小	出土状态	类型	期别
70	永昌西冈 M114：2	镜面光滑，一面有纤维纹印。正面微凸，背面桥形钮不居中。直径3.9—4.6，厚0.1—0.2，重量17.1克	不详	Aa亚型Ⅰ式	三或四
71	崇信于家湾墓出土2面	84CYM38：3镜面微鼓，略微椭圆，橄榄形镜钮。直径8.5，厚0.15，重68克；84CYM38：4镜面微鼓，斗形镜钮，残存丝织物痕迹。直径8，厚0.2，重50克	壁龛内有陶鬲1，铜镦1，有陶鬲1、蚌泡4，西北角二层台上方随葬有陶鬲1、蚌泡4，西南角二层台上方放置砺石2件。棺内残存的随葬品主要集中在墓主人膝骨以下，两腿间有海贝50枚，另有铜泡2件，铜泡8件	Aa亚型Ⅱ式	二
72	潭县农副收购站拣选镜	镜背装饰两条盘曲的蟠蛇纹。直径6.5，厚0.1，钮长2.1，钮宽0.7，钮高0.4	不详	Ca亚型	三
73	平凉废品站拣选镜	镜面微凸，桥形镜钮外饰双圈凸弦纹，间饰放射状短线。直径6.8	不详	Bc亚型Ⅱ式	二
74	贵南尕马台M25：6	镜钮残损，凸弦纹钮座，内区装饰七角星纹。镜缘装饰凸弦纹，星外填充斜线，镜缘有梨状小孔2，绑缚有圆木手柄。直径8.9，厚0.3	男性，头骨处有11枚海贝，583枚骨珠及16枚绿松石珠组合而成的颈饰，左手腕外侧有铜泡2件，铜镜位于骨架下的胸部处	Bb亚型	一
75	湟源大华中庄墓地出土34面	M101出土铜镜镜面平直，直径10.5；M90出土铜镜镜面微凹，直径9	共34面，墓主人以男性居多，铜镜多出于二层台足端处	Aa亚型Ⅰ式	三

续表

序号	地点及编号	形制特征及大小	出土状态	类型	期别
76	湟中出土2面	一面镜面微凸，桥形钮一端饰扇面状短线纹、锯齿纹，镜面微凸，装饰一周填饰平行线的同心圆环带，直径5.5、厚0.2、重31克；另一饰三周弦纹，制作粗糙，直径6、厚0.2、重18.5克	同出土管銎铜钺1，管銎为圆柱状，中部有方形镂空孔16个，銎上有站立的双马	Bc亚型Ⅰ式、Bc亚型Ⅱ式	三
77	中宁倪丁村M2出土2面	大小形制相似，M2:9，镜体径薄，一周凸弦纹将纹饰区分为内外两部分，内区三只似虎的兽首尾相接，绕钮环绕，外区为六只犀牛，环绕奔走。直径7.4、厚不及0.1	墓主人身体上有散乱的弓匹，马头骨处有当卢。头部有陶勺、绿松石、管銎斧等，盆骨附近有铜镞、铜削刀、铜环、铜镜、铜圆形饰，股骨上有短剑，足下有陶壶，随葬品共计109件。铜镜出土于墓主人右手与盆骨之间	Cb亚型	四
78	西安张家坡M170:061	镜背微鼓，镜体残留丝织品痕迹。直径7.2、厚0.1	M170为一座"甲"字形大墓，是仅发现的三座甲字墓道大墓之一，为井叔家族墓地。长方形土坑竖穴墓，墓室南面连接斜坡墓道，墓室内有棺室、外椁和内椁，椁室底部铺设一层木炭，墓葬虽然被盗仍出土青铜礼器、车马器、玉器等大量文物	Aa亚型Ⅰ式	三

续表

序号	地点及编号	形制特征及大小	出土状态	类型	期别
79	淳化赵家村	镜面呈不规则的圆形，桥形镜钮外围绕四等分的几何纹。直径5.5	不详	Bd亚型	二
80	淳化秋社村	桥形钮，平缘，镜背饰三圈纹饰带，装饰虎、豹、鹿、牛等纹饰，并由凸弦纹间隔。直径7.7	同出土铜壶、陶罐、陶鼎、陶簋等器物	Cb亚型	四
81	淳化史家塬一号墓	素面，尺寸不详	出土于棺内，同出土铜鼎、乳钉纹簋等	Aa亚型 I式	三
82	扶风县博物馆藏2面	0321，镜面微凸，三弦钮，外围绕两周凸弦纹。直径12。另一面镜面微凸近圆形，桥形钮，直径8.5—8.8厘米，钮长2		Aa亚型 II式	不详
83	宝鸡市郊区	镜面平直，制作粗糙，橄榄形镜钮。直径6.5，厚0.22	同出土分裆鼎、饕餮纹鼎、涡纹鼎、蝉纹鼎、乳钉纹簋、云雷纹戈	Aa亚型 II式	二
84	凤翔县隧角公社	镜面微凸，矩形钮。直径7.22，钮长0.8	同出土乳钉纹鼎、乳钉纹簋各1	Aa亚型 I式	二

续表

序号	地点及编号	形制特征及大小	出土状态	类型	期别
85	凤翔南指挥西村2面	制作粗糙。79M39：2直径7.2；79M62：3直径7	不详	Aa亚型Ⅰ式	二
86	北吕ⅡM3：1	制作粗糙，橄榄形钮。直径7.8、厚0.09	左侧二层台上出土铜戈1，右侧二层台中部有铜镜1	Aa亚型Ⅱ式	三
87	宝鸡旭光墓地M74出土2面	M74：2直径7.4、厚0.2，钮高0.5；M74：16直径7.5、厚0.2，钮长2.3、钮高0.6	随葬器物均为青铜器，共25件。壁龛内有鼎3、簋5、盘1、泡1、右肩处有镜1，左肩西侧有镜1、戈1，右腹部有戈2、铜刀1，钺1、策2、弓形器1，两股间有戈1、戟1，棺内东北部有戈2	Aa亚型Ⅰ式	二
88	凤翔秦景公墓	桥形钮外有圆形钮座，纹饰区饰蟠螭纹。直径11	不详	Cc亚型	三
89	武功黄家河M23：2	镜体轻薄，镜面微鼓。直径8.8、厚0.1	M23为长方形竖穴土坑墓，底部有二层台。墓主人性别不详，仰身直肢葬，有棺木。随葬品为陶鬲、铜镜、铜戈、铜泡	Aa亚型Ⅰ式	二
90	旬邑崔家河东村78M1：48	略有残损，桥形镜钮略扁，素面平缘，锈蚀上有席纹痕迹。直径9.5、厚0.2，重100克	不详	Aa亚型Ⅰ式	三
91	旬邑下魏洛出土3面	形制一样，正面微凸，体弯薄。M1：17、M1：18、M1：19直径分别为10、8.8、10.5，厚均为0.2	棺内葬有1具骨架，头北脚南，二层台上有男1女2位殉人。同出土鼎4、簋2、甗2、甑2、尊2、爵2、觯1及铜坠饰1。铜镜共3件，2件出土于棺侧二层台，1件出土于棺内北部	Aa亚型Ⅰ式	二

续表

序号	地点及编号	形制特征及大小	出土状态	类型	期别
92	岐山王家嘴窖穴	桥形钮，素面平缘。直径8.7。现藏陕西历史博物馆	同出土涡纹鼎、夔纹鼎等青铜礼器、兵器、铜饰等	Aa亚型Ⅰ式	二
93	陇县曹家湾集镜1202	直径7.7	不详	Aa亚型Ⅰ式	三
94	安特生在河北张北收集	桥形镜钮外环绕五周同心圆环带。直径6.9	不详	Bc亚型Ⅰ式	二
95	唐山后迁义出土2面	1999LQT2@M4:6桥形钮外环绕六周同心圆纹。直径10.2，厚0.6；1999LQT2@M4:7镜背饰五周同心圆环带，自内向外、一、四周填连续三角纹，其他填饰平行线段，直径9.6，厚0.4	1999LQT2@M4墓葬为长方形土坑竖穴墓，葬具为一木棺，棺内葬骨骼零乱，头东足西，墓主人为男性，年龄45—50岁。头骨左侧有陶罐1，陶罐右上方靠近陶罐处有铜镜1，头骨右侧有金鬓环1，头骨下颌有陶饰1，颈部有绿松石串饰1，颈部左侧有铜镜1，左下肢骨右侧有残损铜鼐1，内有野猪牙1	Bc亚型Ⅱ式 Bc亚型Ⅰ式	二
96	原平刘庄塔岗梁	桥形钮外有圆形钮座，镜背装饰两周蟠螭纹。直径7.5	不详	Cc亚型	四
97	闻喜上郭村出土2面	M54:1镜体轻薄。直径5.7，厚0.2，89WSM19:4直径6.4，厚0.2	一棺一椁墓，被盗扰，随葬品不详	Aa亚型Ⅰ式	四

续表

序号	地点及编号	形制特征及大小	出土状态	类型	期别
98	太原 M251	桥形钮外环三只单翼夔龙纠结缠绕，鱼子纹为底，接近镜缘处有陶索纹一周，镜面平直，略有锈斑。直径9.1，厚0.15	墓葬为大型积石积炭木椁土圹墓，头向东，无墓道，三重棺椁，有4个殉人，殉人有单棺和随葬品。墓主人随葬品共3000多件，青铜器有礼器、乐器、兵器、车马器及生活用具，另有玉器、金器、木器、陶器等	Cc亚型	四
99	长子牛家坡 M7:53	桥形钮外环三只单翼夔龙纠结缠绕，鱼子纹为底，接近镜缘处有陶索纹一周，镜面平直，略有锈斑。直径10.2，厚0.1	可能为成年女性，仰身直肢葬式，有殉人3。铜器大多放在椁室东南部，外椁和2号陪葬椁之间，以礼器为主，有鼎、壶、铃、盆、豆等，椁室西部放置衔、当户、泡、蕙等车马器，外椁的东侧和北侧有木俑。玉器等放在棺内人骨的上半身，人骨左臂外有串珠、镜、假发、木梳、漆盒等，右臂外有带钩、环首刀等	Cc亚型	四
100	新绛东柳泉地采集镜	镜钮为站立的猪形，圆形钮座，内填蟠虺纹，中区以浅浮雕的形式表现六只似虎似兽的葬兽，外圈装饰13组蟠虺纹，鱼子纹地纹。直径15.1，厚0.2	同时采集有豆、匜、车辖、马衔、戈等铜器	Cc亚型	四

续表

序号	地点及编号	形制特征及大小	出土状态	类型	期别
101	鄂尔多斯采集镜5面	E·1639、E·1640、E·1641形制相似，均为桥形钮，镜背饰两圈凸弦纹，外绕两周凸弦纹，弦纹之间填饰放射状短线，前者直径6.3，后者直径5；E·1637，桥形钮，焊接于镜背，直径7；E·1638，桥形钮，略呈椭圆，直径6.2~5.8	不详	Bc亚型Ⅰ式、Aa亚型Ⅰ式	二
102	宁城南山根M101出土3面	M101:59镜体有绿色锈蚀，镜缘凸起，凸起部分宽0.4，厚0.35，镜缘翘起高0.2，直径6.6，厚0.15，钮长1.4，钮宽0.64，钮高0.8，钮孔0.3，镜M101:60镜缘起翘较高，残存50%，直径约8.4，厚约0.15，小桥钮长0.14，钮宽0.4，钮高0.55，钮孔高0.18，M101:59.2镜背有四周弦纹，直径7.5	M101为一座小型石椁墓，长方形的竖穴土坑内用石块砌成，棺木已腐朽，葬式不详。墓葬共出土青铜器500多件，有鼎、簋等容器，刀、斧、凿等工具和戈、矛、剑、盾等兵器，还有衔、銮铃、铜泡等车马器，以及牌饰和镜	Ab亚型、Bc亚型Ⅱ式	三
103	宁城南山根M102:47	桥形镜钮，镜缘微卷。直径7.8	长方形竖穴土坑墓，砺石叠砌墓室四壁，墓主人为男性，仰身直肢葬，有木椁。头骨处有串饰，腰部有铜镜和铜刀，右臂下有刻纹骨板，马骨右侧有凸形铜饰及马衔，人骨右下侧有铜凿、铜锛、铜刀、铜镞，上身有30件铜泡	Ab亚型	三

续表

序号	地点及编号	形制特征及大小	出土状态	类型	期别
104	法库湾柳街遗址采集镜 fw89采:6	桥形小钮，素面平缘，边缘略残。直径8，厚0.5	同时采集到的还有鹿首刀、环首刀、板状斧、有銎斧等青铜器物	Aa亚型Ⅰ式	二
105	喀左道虎沟出土1面	镜背边缘装饰一散点状环形纹。直径6.1，厚0.15	同出铜耳环、玉玦和绳纹陶钵	Ba亚型	二
106	建平大拉罕沟M851	镜面略椭圆形，素面平缘，锈蚀严重。直径5.8，重45克	同出青铜短剑、铜斧、铜刀、镜形饰、石斧、骨镞等11件。出土单钮素面镜1件、双钮镜1件	Aa亚型Ⅰ式	四
107	安阳妇好墓出土4面	标本41饰六周同心圆环带，直径7.1，厚0.2，钮高0.4，重50克；标本45饰五周同心圆环带，直径11.8，厚0.2，钮高0.8，重200克；标本75与786形制相似，三周凸弦纹将镜背纹饰区域分为四部分，每个区域内装饰两组叶脉纹，镜缘有两周凸弦纹，内环一周排列规整的小乳钉，标本75直径11.2，厚0.2，钮高0.7，重200克，标本786直径12.5，厚0.4，钮高1，重250克	墓室长5米多，宽约4米，深7米多，和腰坑，随葬品极为丰富，共出土青铜器、玉器、宝石器、象牙器等1928件及大量海贝。墓室填土随葬品可分为6层，距墓口最深的第6层出土器物最多，上层出有玉盘1，铜内玉援戈1，丁字形器1，铜镜1（标本41），及散乱的骨笄等。下层中部出土有铜弓形器1，铜镜2（标本45、75），铜镜南部有小石牛、孔雀石兽头、弓形器西北侧有小型雕刻件，南部列的铜镜2（标本45、75），铜镜南部有小石牛、蚌蛙、蚌戈、红螺壳、玛瑙珠、玉璇孔等。另铜镜标本786，出于椁室内，具体位置不明	Bc亚型Ⅰ式 Bd亚型	二
108	安阳大司空86ASNM25:20	镜面微凸，饰三周凸弦纹。直径7.5，厚0.3	有熟土二层台和腰坑，葬具为棺和椁。随葬铜戈、铜矛、铜爵、铜锥、玉环、玉柄形饰等、铜礼器及铜饰，铜镜位于腰坑范围内，出土时压于铜觚之下	Bc亚型Ⅱ式	二

续表

序号	地点及编号	形制特征及大小	出土状态	类型	期别
109	安阳侯家庄 M1005	镜背饰两周凸弦纹，内区四等分，缘有水波纹。直径6.7、厚0.2—0.3	不详	Bd亚型	二
110	浙川下寺楚墓 M3:25	桥形小钮，直径8.7、厚0.1	出土时位于墓主人左手下方，与铜削和玉饰一起放于红色漆匣内。随葬青铜礼器和玉璧、玉琮等玉器，并未见车马器和兵器。墓主人可能是蔡侯之女	Aa亚型 I式	四
111	浚县辛村 M42:818	镜钮细小，素面平缘，镜体中间厚缘薄。直径约10	单墓道甲字形土坑墓。墓室较大，有熟土二层台。土层为车器，中层为兵器，下层放置在棺椁之中，中层随葬品放置在二层台上，铜镜出土于东部台上，同出土甲泡、戈、戟、斧等	Aa亚型	三
112	三门峡虢国墓地 M1650出土2面	边沿略凸。M1650:1.1，直径5.9、厚0.2、钮高0.7、边厚0.25，钮长1.7、钮宽0.55；M1650:1.2，直径6.4、厚0.25、边厚0.3—0.35，钮长1.9、钮宽0.5、钮高0.7	葬具为一椁一棺，墓主人为直肢葬式。随葬品为陶鬲1、陶豆1、陶盆1、三足罐1、石戈3、铜镜2。出土时两镜复合，位于墓主人胸部。同出戈、陶鬲、陶豆、陶盆等	Aa亚型 I式	三
113	河南焦作市博物馆藏	饰蟠虺纹。直径12.3	不详	Cc亚型	四
114	洛阳纱西路 M664	残损，桥形小钮，镜体轻薄。直径10.1、厚0.1	不详	Aa亚型 III式	四

续表

序号	地点及编号	形制特征及大小	出土状态	类型	期别
115	江陵溪峨山出土2面	M9:2，镜体较薄，环形小钮，直径8；另一面不详	不详	Aa亚型Ⅲ式	四
116	长沙龙洞坡M826	镜体轻薄，表面光滑，色乌黑，钮小而扁。直径8.8，厚0.2，钮长0.5	有墓道带龛长方形土坑墓，有壁龛，墓底涂有白膏泥。随葬品共计6件，铁匕首1，陶盆1，陶高柄壁龛内有铜镜1，陶盆1，陶高柄后有一堆陶片，可能是件陶壶	Aa亚型Ⅲ式	四
117	长沙烈士陵园M17	小钮，镜身饰凸弦纹一周，镜体轻薄。直径9.8	带高龛的长方形土坑墓。随葬器物4件均置龛内，有陶鬲1，盂1，罐1，铜镜1	Bc亚型Ⅲ式	四
118	长沙子弹库M21	边缘稍卷，色乌黑，镜钮残损不见。直径9.1，厚0.1	长方形土坑墓，墓室四周有台阶。随葬品有陶鬲1，器盖1，罐1，镜1	Aa亚型Ⅲ式	四
119	上海博物馆藏1面	镜背装饰星纹，镜缘有两个小孔	铜镜为扣岑先生捐赠	Bb亚型	一
120	日本东洋美术馆藏镜和守屋孝藏藏镜	桥形钮外环绕蟠曲螭纹	出土于中国	Ca亚型	三

附录2：多钮镜资料统计表

序号	地点及编号	形制特征及大小	出土状态	类型	期别
1	朝阳十二台营子1号墓	2面铜镜形制基本一样，均为三钮镜，镜体厚重，镜面微鼓，三个桥形镜钮呈三角状位于镜背边缘。镜面装饰两圈几何纹纹饰带，由凸弦纹、回纹、斜线纹组成。直径20.4，厚0.5—0.6	方形石室墓，石块和卵石砌筑，夫妻合葬，头端脚东，葬具为木板和草席。男性随葬器物以青铜器为大宗，见琵琶形铜剑及石加重器、Y形铜具、铜斧、铜镞、铜镜。出土时2镜面相对，分别竖立于男性墓主人头顶、脚下。女性墓主人随葬器物较多，腰部左右有铜鱼钩、石磨盘、铜刀、铜带具、铜节约、铜坠、铜锛、铜面牌、铜管状饰、人面孔弦石等	A型Ⅰ式	四
2	朝阳十二台营子2号墓	2面铜镜形制基本一样，均为四钮镜，镜体厚重，镜背边缘有两周几何纹装饰，镜背边缘有方形排列的四个桥形镜钮，钮孔留有绳索的朽痕。直径20—20.1，厚0.2—0.3	方形石室墓，可能为夫妻合葬。出土时2镜面相对，脚下。同出土琵琶形短剑、Y形铜具、铜斧、铜节约、铜镞等铜器	A型Ⅱ式	四
3	朝阳十二台营子3号墓	三钮镜，镜体厚重，镜背、镜钮布满填充线的勾连几何纹。镜钮呈"川"字形横列于镜背一侧。直径22.5，厚0.8，钮长3.3，钮宽1.3，钮高0.5	墓葬遭破坏，仅发现镜1、石枕状物1	A型Ⅲ式	四

续表

序号	地点及编号	形制特征及大小	出土状态	类型	期别
4	沈阳郑家洼子 M6512	镜背装饰粗三角勾连纹，纹饰间填充短线，靠近镜缘处有平行并列的两个镜钮，铜孔有绳结旁结的残痕。直径8.8，厚1，钮长1.4	竖穴土坑墓，一棺一椁，棺底铺席，墓主人为老年男性，头顶足东，仰身直肢。随葬器物极为丰富，共计797件。墓主人头上、脚下各距离放置四面大型铜镜形饰，身上等距离放置四面路小的镜形饰，镜形饰上有绣结的麻布痕，头上戴有小石串珠，颈上胸前佩戴大石串珠，右腰处佩青铜短剑、膝旁有刀囊和斧囊，刀囊内放置锥、斧囊旁有斧、凿。胫骨、脚骨上排列多个小铜泡。铜镜与琵琶形青铜剑一起出土于棺木西部剑椟内	A型Ⅲ式	四
5	建平大拉罕沟 M851:61	双钮镜，镜背边缘装饰长方形纹饰带，中间充填平行线、斜线，内区装饰充填平行线的三角勾连纹，双钮并列于镜背上方。直径14.1，缘厚0.6，中间厚0.3，钮宽1，钮长2.1，钮高0.6	墓葬已遭扰乱，同出土有青铜短剑、加重器，铜斧、铜刀、镜、镜形饰、石条、骨镳等11件，包括单钮素面镜1、双钮镜1	A型Ⅲ式	四

续表

序号	地点及编号	形制特征及大小	出土状态	类型	期别
6	炮手营子M881	双钮镜，镜背内区饰三角勾连纹，镜缘为三角形纹饰带。直径12.5、边缘厚0.3、厚0.4、钮长1.7、钮宽0.9	石椁墓，墓葬已扰乱，随葬品有短剑、铜加重器、铜矛、铜盒、铜扣、铜刀、当卢等铜器，以及石斧、石珠、骨镞等共70余件	A型Ⅲ式	四
7	三门峡虢国墓地M1612∶65	镜身平直，镜背中央有两个平行的弓形钮，无钮座，钮以凸起的线条描绘四只动物，展翅的鸟，两只相对的鸟，一只站立的有蹄类动物，似鹿又似马，鸟身填充斜纹，虎身装饰蜷曲花纹。直径6.7、钮宽0.45、钮长2.1、厚0.35、钮高0.25	葬具为一椁一棺，墓主人直肢葬式，棺椁东南角有铜鼎2，棺内人架胸部有骨戈、串饰，小腿西侧有铜镜	B型	三

附录3：手柄镜资料统计表

序号	地点及编号	形制特征及大小	出土状态	类型	期别
1	天山北路墓地 M036：2	圆形镜面边缘连接针锥状短柄，镜面直径7.2，通长11	出土铜镜1、铜锥1、彩陶单耳陶杯和彩陶筒形罐各1、石化装棒1，以及150颗石珠组成的串饰1	A型Ⅰ式	一
2	群巴克ⅠM34B：1	一体铸造，镜面圆形稍薄，长条形柄较厚，末端有孔。镜面直径8.9，厚0.2，通长14.4	ⅠM34墓葬地表有圆形封土，下有两个墓室，东边的A墓室出土陶纺轮1，B墓室出手柄镜1	B型	四
3	群巴克ⅡM4：12	一体铸造，镜面圆形，长条形柄，末端有孔。镜面直径9.5，厚0.3，通长14.2	不详	B型	四
4	哈密五堡墓地镜	一体铸造，柄末端横铸一高柄形皮手柄，末端连接长条状有系带。通长15.3，镜面直径8.5、手柄长6.8	不详	B型	二
5	吉仁台沟口 M49：1	一体铸造，镜面圆形，中部厚边缘薄。镜面边缘连接短直手柄，柄部尾端卷曲形成穿孔。直径9.4、厚0.2	M49墓室平面呈东西向椭圆形。墓室内填黄色土，包含较多卵石，葬式为单人一次葬，仰身左屈肢，头西脚东，双手置于腿上，头部左侧有铜镜和陶罐各1件	B型	二
6	东麦里 M27：1	镜面圆形，边缘连长条状手柄，手柄末端有横着的桥形钮。直径9.4、柄长5.4、柄宽2.2	不详	B型	四

续表

序号	地点及编号	形制特征及大小	出土状态	类型	期别
7	吉尔赞喀勒 M11:11	镜面圆形，边缘有短柄，上有小圆孔。直径11.9，柄长2—2.1，柄宽0.9—2.6，孔径0.3	三女性合葬墓。铜镜出土自墓主人C处，其颈部有铜铃1，右手腕处有铜镯1，胯骨处有铜镜1，左上臂处有玻璃珠1，小臂处有石眉笔1，手腕处有玛瑙串成的手链，右足处有陶罐1。其他两位墓主人随葬有陶罐、陶盘、陶钵、木盘、铜镯、铁刀、木火坛、木饰、卵石、玛瑙珠	A型Ⅱ式	四
8	吉尔赞喀勒 M14	镜面圆形，边缘有短柄，上有小圆孔，尺寸不详	三男两女合葬，随葬品有陶罐、陶碗、陶钵、铜镜、铜扣、铜镞、铁件、木茎篌、木盘、玛瑙珠、钻木取火工具等，铜镜出自墓主人左胯骨处		四
9	苏贝希三号墓地 M17:8	手柄遗失仅留下圆形镜面，边缘稍残，残缺处有两个小圆孔，为连接手柄的铆钉孔。厚0.1，直径9.3	不详	C型	四

附录4：钮柄镜资料统计表*

序号	地点及编号	形制特征及大小	出土状态	类型	期别
1	察吾呼二号墓地M6	圆形镜面边缘有较小的凸起，上有小孔，直径5.7、厚1	不详	A型Ⅱ式	四
2	察吾呼沟西墓地标本55	镜面圆形略残，镜面直径9、通长11.7、厚0.1	墓地出土单耳带流陶罐、带流杯、壶等陶器，铜器有镜和带扣，另有石化妆棒、骨纺轮、羊骨等	A型Ⅱ式	四
3	永昌西岗M224:6	镜体薄小，镜面椭圆形，边缘有残损的钮状短柄。橙红色底，绿锈正面，反面印有纤维纹。通高4.9、厚0.2、重6.4克	墓主人为青年女性，年龄15—20岁。头侧处有双耳陶壶1，盆骨及左右两股骨外侧有六联珠饰4，四联环1，多孔骨牌1，左腿骨膝盖外侧有连环1，铜镜1，铜圆针线筒1	A型Ⅱ式	三或四
4	永昌西岗M54:6	镜面边缘有凸起，上有三角小孔，钮孔内穿0.6宽的皮带，通高7.2、厚0.1、重19.2克	不详	A型Ⅱ式	三或四
5	永昌西岗M79:9	镜体椭圆形，镜面平滑，磨损严重，镜缘嵌入一路形挂环的铜片，一面残留有纤维痕，通长78.2、厚0.1	不详	A型Ⅱ式	三或四
6	永昌西岗M199:1	镜面微凸，桥形钮，残损后钻两孔。通长7.3、厚0.2、重30.1克	铜镜出土时装在皮质镜套内	A型Ⅱ式	三或四
7	永昌西岗地采集镜采:01	镜呈椭圆形，边缘有短柄，上有近方形穿孔，通高7.5、厚0.2、重28.4克	不详	A型Ⅱ式	三或四

* 注：若无特殊说明，镜面均圆形，素面无装饰。

续表

序号	地点及编号	形制特征及大小	出土状态	类型	期别
8	永昌西岗墓地采集镜采：02	镜呈椭圆形，边缘有短柄，上有横着的桥形钮，通高6，厚0.3，重41.4克	不详	A型Ⅱ式	三或四
9	永昌柴湾岗 M23：7	镜面圆形平直，边缘有一方形短柄，上有较大的方形穿孔。直径6.4，厚0.1，重36.2克	男性，年龄35—40岁。右耳下方有铜镜1，左手下方有铜镜1、铜刀1，另附方形四联环2、铜泡1、铜带扣1	A型Ⅱ式	三或四
10	永昌柴湾岗 M27：3	与M23：7形制相似	出土于墓主人腰部左侧	A型Ⅱ式	三或四
11	永昌柴湾岗 M50：4	镜面为上下大小不等的椭圆形，镜背黏附毛织物的纤维，骨骼之外有各种青铜牌饰，又在柄部下面的镜面上开一小圆孔。厚0.15，镜面最大径7.3，重4.64克	女性，年龄15—16岁。头骨左右有金耳环1、绿松石珠2、骨珠3，盆骨两侧和左腿骨之外有各种青铜牌饰，左手处有S形铜牌饰1、铜泡4、铜带扣1、铜刀1、双铜蝙蝠形铜牌饰2、左至左大腿骨外有吊饰1组，由皮革连缀蝴蝶形铜牌饰2、铜环2、铜镜1而成，铜镜位于吊饰的末端	A型Ⅱ式	三或四
12	永昌柴湾岗 M75：5	镜面圆形，边缘有一突出的方形短柄，柄上有较大的方形孔，镜面微外鼓，镜背黏附物的痕迹。镜面直径8.1，厚0.2，重94.2克	墓主人为30岁左右的女性，左右耳戴有铜耳环，左耳下还有绿松石珠1，颈部有小铜铃1、右手及盆骨处有铜镜1、铜镂孔圆针线筒1、石坠1、铜马形饰2、小蝙蝠铜饰3、S形双联珠铜泡2、右手下铜镜的包装物上装饰铜泡3、单梅花形饰1、小二联珠饰17、铜箍形饰1、木梳形饰大腿处有铜刀1、木柄铜锥1、木梳1、铜带扣1、铜双珠单环饰2	A型Ⅱ式	三或四

附录4：钮柄镜资料统计表 | 301

续表

序号	地点及编号	形制特征及大小	出土状态	类型	期别
13	忻州窑子 M1:2	镜面微鼓，凸起的边缘背面有桥形钮，残留有木柄的痕迹。凸起宽2。镜面直径4.6、通长6.4	不详	A型Ⅱ式	四
14	忻州窑子 M23:2	镜面微鼓，侧面边缘略薄有挂环，边缘薄通长。钮孔径0.7、通长9.9、镜面直径9.2、厚0.2	不详	A型Ⅱ式	四
15	平山三汲 M8004:12	圆形镜面，侧面边缘有梯形柄，上有穿孔。通长6.8、直径4.7、厚0.2	墓葬形制为土圹竖穴积石墓。葬具为一棺，棺外四周置积石。墓主人男性，头顶部有铜笄1，头骨两侧有金丝耳环各1，颈部有管和绿松石扁形珠相间串联的项饰，背部有铜斤1，铜锛1，铜凿1，腰部有铜削1，铜镜1，铜卡条10根，腰腿部有圆形泡饰22枚。在棺外西北角积石下有铜鼎1，鼎肉置小铜匀1件，棺南部土中有箭镞12，西部有铜弓衍1，积石下有铜戈1。铜镜位于男性墓主人腰部左侧	A型Ⅰ式	四
16	炉霍呷拉宗 M2:12	镜面圆形，镜背中央有小孔，饰四组卷曲的蛇纹，镜面镜柄一体铸造，连接处呈束腰状，直径6	长方形竖穴土坑木椁墓，墓内有多层填土。铜镜与双耳陶罐、铜钺形器、玛瑙珠、绿松石珠、铜铃、石斧、铜手镯出土于上层木椁中	B型	四

附录5：圆饼镜资料统计表

序号	地点及编号	形制特征及大小	出土状态	期别
1	察吾呼二号墓地 M218：13	平缘有残损。直径6.8、厚0.2	多人合葬，共计6人，包括2个儿童附葬坑。随葬品有带流杯、陶壶、铜片、铜镜、木纺轮、石箭杆、骨锥、石珠、铁渣等	三
2	萨恩萨伊墓地 M37	直径8.5、厚0.15	墓葬地表无封堆，有一圆形石圈。竖穴土坑墓，墓底四角挖出四个椭圆形坑，使墓底平面形似"田"字，铜镜出土于隔梁中部	三
3	吉尔赞喀勒墓地 M16：6	表面有锈蚀。直径8.8、厚0.2	女性，20岁左右。头骨右侧有木茎箭镞1、陶罐1、木盘1，木盘内有铁刀1及羊椎骨和肋骨，头顶有铜镜1、贝饰1、砺石3，头部左侧有蚀花玉髓珠23颗，手腕处有铜绳锱1，人骨右侧有全羊1	四
4	吉尔赞喀勒墓地 M32：10	锈蚀严重，边缘残损。直径6.5、厚约0.2	似为夫妻合葬墓。A为女性，45—50岁，位于床中部，仰身直肢葬式，头向东北，右手置于胸部。B为男性，35—39岁，与A并排，仰身直肢葬式，双手置于身体两侧。两人头部处有陶罐、铜饰件、带孔兽牙、鹰爪骨、贝饰，女性墓主人颈部有蚀花玉髓珠6颗，右侧胯骨处有铜镜1，身体左侧有铁器和陶盘各1，大腿间有全羊骨	四
5	凤翔南指挥西村 79M46：2	镜背装饰一宽0.5的凸棱及类似文字的符号，直径7.1	出土时置于一长方形漆器内	三
6	鲁台山M31	镜体轻薄，边缘有一小圆孔，直径14、厚0.3	竖穴土坑墓，墓底填一层白膏泥，棺椁上有朱砂。随葬器物多放置于墓底西北角，铜器有爵1、戈1、镜1，陶器有罐1、陶罐倒置，内装有红、白、黑三色石丸各1	二

续表

序号	地点及编号	形制特征及大小	出土状态	期别
7	宁城小黑石沟98NDXAⅡM5:12	边缘内折，两面可见麻布包裹痕。直径8.5、厚0.6	长方形竖穴土坑石棺墓。墓室西侧靠头部处随葬铜鼎1，东部有铜镜1，盆骨处有铜刀和短剑，墓室下半部分散见动物纹牌饰、铜泡、环首刀等小型铜饰件，以及金质豹纹饰件、砺石、骨锥、陶猪等	四

后　记

　　古人今人若流水，共看明镜皆如此，铜镜映照了数千年的时光流转和生活百态。对铜镜的关注始于读研期间，作为女性对梳妆用具的天然亲近和作为考古学专业学生对文物的关注使我眼中的铜镜并不仅仅是一件梳妆照容的工具，也是映照古人喜怒哀乐、悲欢离合的器物，还是一件参与和见证古代社会梳妆历史、手工业发展、艺术审美乃至文明交流的无言史书。翻阅考古报告或在博物馆展厅，眼光总是不由自主地投向铜镜，观察它们的形制、纹饰，推测其铸造工艺和流程，也时时想象铜镜的使用者，是她淡扫蛾眉，对镜贴花黄，还是他正衣冠，修仪容，立品行。读博期间，突然对早期铜镜有一种异乎寻常的执着，铜镜是谁发明的，它在哪里产生，谁首先使用它……尽管这些问题到现在也没有答案，未来也很可能找不到答案，但丝毫没有削减我对早期铜镜探究的热情，于是有了"欧亚文化交流背景下中国早期铜镜"这一研究主题。

　　本书是在我的博士学位论文基础上修改而成的，对部分内容做了相应的增补和删减。以欧亚文化交流为背景进行中国早期铜镜的探究，对我而言是一个不小的挑战。一方面，我是工作十三年之后又读的硕士和博士研究生，又是跨专业的学习，薄弱的科研能力有时让我感到力不从心。另一方面，欧亚视野下的早期文化交流和互动是一个涉及多学科、跨区域的复杂而宏大的国际化学术课题，不仅要求研究者熟悉欧亚大陆不同地区的历史发展脉络，掌握不同时期的政治、经济、社会状况，还需要十分熟悉相关的考古发掘成果，能够从出土文物中解读出文化交流的线索。但对早期铜镜探究的执着支撑我克服研究过程中遇到的诸多挑战，无论资料搜集途径多么艰难，还是实物考察时面临多少不便，抑或晦涩难懂、需要反复推敲的俄文文献资料，重重障碍都没能阻挡我的探索脚步，坚持完成了这项颇具挑战性的研究课题。然才疏学浅，书中难免错误或不足，敬请各位专家和读者批评指正。从目前成书来看，对一些关键性问题的探讨分析不太深入，欧亚草原考古资料搜集掌握不够系统和全面，相关文明的理解停留于表面的描述和介绍，尤其是地图审查制度的限制，导致书中几处重要地图未能使用，如欧亚草原地图、中国早期铜镜的分期分区图等，对阅读造成一定不便。但对于我自己而言，在庞杂的资料中梳理主线，建立框架，总结梳理学者在研究中忽视的其他文明铜镜，图文并茂地将其呈现在读者面前，探究中国早期铜镜的起源、与境外文明的关系、流布路径等问题，既锻炼了我的学术洞察力，提升了资料分析和整合的能力，也让我学会从多个角度去思考问题，对古代文明有了更深入的理解。

最后，衷心感谢所有给予我指导与帮助的师长和朋友们，谆谆教诲和无私支持让我能够不断进步；特别感恩家人长久以来的理解与陪伴，无条件的爱与鼓励给予我前行的动力；同时要诚挚感谢中国艺术研究院提供的出版资助，为本书的顺利问世创造了重要条件；还要特别致谢责任编辑和美术设计师的辛勤付出，专业细致的工作让本书得以完美呈现。我将怀着感恩的心继续前进。

李彦平

2025年7月于北京寓所